现代地理科学理论丛书

城 市 地 理 学

周 一 星著

商 务 印 书 馆

2012年·北京

现代地理科学理论丛书
CHÉNGSHÌ DÌLǏXUÉ
城市地理学
周一星著
责任编辑　周舜武　叶　冰

商务印书馆出版
（北京王府井大街36号　邮政编码100710）
商务印书馆发行
北京中科印刷有限公司印刷
ISBN 978-7-100-01523-3

1995年7月第1版　　　　开本850×1168　1/32
2012年8月北京第6次印刷　　印张14½
定价：35.00元

《现代地理科学理论丛书》

序　言

历史的时针正日益抵近21世纪。作为人类精神力量充分体现的科学，展示出比以往任何历史时期都更加旺盛的活力。无数知识群体在集结增长，学科体系在碰撞凝聚。作为科学之一支的地理学，在漫长的历史发展和激烈的科学角逐中，正以"地理科学"的崭新面貌，孕育着新的进取与开拓。

从地理学到"地理科学"，并不是简单的用词转换或提法的翻新，它标志着内容体系、结构层次与方法论的新构建。这种内在的科学属性的新变革，既渊源于学科内源演化的动力牵引，亦得益于科学整体发展的有力促进，是适应于社会发展迫切需要的产物，是地理学适应时代潮流的必然趋势。

早在20世纪30年代初，地理学家张其昀就断言："中国地理学自有中国优美之国风与其独擅之才力"(竺可桢:《新地学》，南京钟山书局，1933年)。历经几十年的努力，中国地理学界与科学界经过反复酝酿讨论，终于提出了"地理科学"的新概念。钱学森先生一再谦逊地将这一概念的提出归功于中国著名科学家竺可桢，他说："地理科学实际上是竺可桢这位老前辈早就提过的"。

钱学森所倡导的地理科学，与国外地理学者提出过的地理科学有着明显的差异。1963年美国科学院和全国研究理事会成立地理学特设委员会，以考察地理研究对科学总体的促进和潜在贡献。1965年委员会主席E. A. 阿克曼著有《地理科学》(*Science of*

Geography)一书，确定了包括自然和社会内容的4个研究领域，但仍局限于传统地理学领域有限的扩展。苏联地理学家B. Б. 索恰瓦1978年也曾提出过“地理科学”概念，给出了地理科学的组合图式，并明确表示赞成地理学是一个科学体系的提法(B. Б. 索恰瓦:《地理系统学说导论》〈中译本〉，商务印书馆，1991年)，但作者的主旨在于阐述地理系统学说。这两位学者均未对地理科学作为一个科学体系的科学属性与实质进行充分的论述。钱学森提出的地理科学，则是在传统地理学与现代科学基础上的全方位拓展与创新，其主要特点是强调自然科学与社会科学的融合，其科学地位与自然科学和社会科学相并列。按照钱学森的诠释，地理科学是与自然科学、社会科学、数学科学、系统科学、思维科学、人体科学、美学、军事科学、行为科学并列的现代科学门类；不再是单一学科，而是一个学科体系的集合。

世界地理学的发展历程表明，地理学从来不是一门单一的科学，这一特点是由于地理学位于自然科学和社会科学的连接点上。正如地理学家黄秉维所指出的：“地理学传统上是联系自然科学与社会科学之间的桥梁”(黄秉维：“对《地理学与国土研究》的一些希望”，《地理学与国土研究》创刊号，1985年)。地理学从古典时期起，就兼容自然与人文的内容。中国传统的地理学与古希腊、罗马的地理学，虽然各自发源于不同的地理环境和社会经济条件之下，哲学思维形式也有很大的差异，然而在科学形态和内容上却表现出诸多的同一性。长期以来，地理学既要研究地球表面的自然成分，也要研究非自然组分的人文现象，同时研究自然与人的关系。这是地理学区别于其他学科的显著特点，也是地理学的优势所在。这种自然科学与社会科学兼容并蓄的倾向，深植了地理学分化的根源，但也孕育着学科融合的科学基础。到了近代，洪堡(Alexander von Humboldt)主张在复杂性中了解统一性，将人类作为统一体不可缺少的部分；李特尔(Karl Ritter)认为统一性是地理学的特点。但是，他们的理论未能阻止地理学的分化。这是由于地理学的发展不是孤立的，而是与科学技术总体的发展水平、社会对地理学的需求紧密相联的。一方面，社会需求地理学的研究更加深入；另一方面，其他学科的发展提供了地理学深入研究的手段。地理学进入了近代迅速发展时期后，系统地理(部门地理)得到了长足的发展，整个地理学的分化过程日益剧烈。与此同时，地球人文景观的科学体系也日益崛起。在科学大分野面前，地理学家惊觉地理学的研究领域被相关科学所蚕食，可能丧失其传统的科学领域，唯一未受侵犯的领域是地表空间——区域。哲学家康德(Immanuel Kant)提出地理学是空间的科学，开创了地理学为分布论学科的先河。德国地理学家赫特纳 (Alfred Hettner)继承了洪堡、李特尔以空间为中心的19世纪的地理学整体思想，首创了地理学的区域学派和景观学派。美国地理学家哈特向(Richard Hartshorne)、詹姆斯 (Preston E. James)、英国地理学家迪金森(R. E. Dickinson)等继承了赫特纳的学说，力阻地理学的分化，他们关于地理学整体化的一系列论述，被称为统一地理学。它作为地理学发展中的重要学派，建立了现代地理学理论体系模式，努力探索地理学整体综合的发展，反映了地理学发展的本质要求。

地理学的发展过程，是一个不断分化而又不断综合的进化过程。这两个过程并非相互排斥，而是相互交错、相互渗透的，分化以整体化为前提，同时分化又是通向更深入、更广泛的整体化的过渡阶段。地理科学概念的提出，是适应科学大综合的产物，既反映了内源动因的驱动，也得益于相关科学发展的促进。

近代科学与工业技术紧密联系的结果，以自然科学理论的三次大综合和两次技术革命为标志，使19世纪成为“科学的世纪”，自然科学获得长足的进步。“近代科学的先驱者们的数学和实验倾向，不可避免地导致分化成精密科学即实验验证的科学和纯思辨的哲学。”([英]亚·沃尔夫:《十六、十七世纪科学技术和哲学史》，商务印书馆，1985年)分析的方法曾有力地推动了近代科学的分化。然而，伴随着知识的聚集增长，19世纪初叶受到自然科学三大发现——能量守恒和转换定律、细胞学说和进化论的“引爆”，并受到工业化大生产强有力的推动，产生了壮观的“综合效应”，从而迎来了第二次科学综合的发展时期，为近代地理学的创生奠定了科学基础。一些学者认为，洪堡的《宇宙》和李特尔的《地学通论》两书问世，是近代建立在科学基础上的地理学形成的标志，近代地理学是产业革命的产物。第二次科学大综合并不意味着分化的终结。近代地理学从一开始就面临着20世纪分析思潮的冲击。随着学科的分化，各学科理论的成熟和沟通，新的综合要求则必然日趋强烈。

自20世纪下半叶以来，社会经济的发展向科学提出了“学科际研究的整合”(intergration of interdisciplinary studies)的新趋向。然而，审视科学发展态势，多为混合的(comprehensive)和多学科的(multidisciplinary)，而不是融合的(indegration)和多学科交叉的(interdisciplinary)。随着系统论、信息论、控制论的问世，科学结构体系中开始出现了真正的融合交叉。耗散结构论、协同论、突变论既是综合时代的产物，又适应与加强了系统综合的新趋势。当代整个科学世界的图景已发生极其深刻的变化，科学结构体系中骤然出现了众多的知识综合生长点和学科渗透结合部。由于元科学、基础科学、应用科学和工程技术及工艺学多重层次在分化过程中互相渗透，文化、科技、经济、社会与美学的高度协同，出现了纵向研究有所减缓，横向综合有所扩展的趋势。这一切导致了系统综合为标志的科学大发展，自然科学与社会科学真正的汇合与交叉，标志着人类第三次科学综合发展时期的真正到来。在此背景下地理科学应运而生，是第三次科学大综合的产物，必然成为多学科融合的熔炉，也为自身的发展创造了条件。

地理科学的提出，也是社会发展需要的产物。

由于地理学处于自然科学与社会科学交叉的地位，被推到解决当代重大全球性的自然与社会问题的前沿。由于传统地理学的不完善与知识结构的局限，"参与"意识淡薄，缺乏解决实际问题的能力，难以发挥科学潜力。环顾当今全球，人口、资源、环境、经济与社会问题错综复杂，严重威胁地球表层与生命支持系统的自我维持，单一的学科已不能解决如此综合而复杂的问题。地理科学的提出，这种大科学体系的理论，有助于反映协调人地关系的本质要求，即人口、资源、环境、经济与社会的持续发展问题。

地理学家历来关注地理环境的持续发展。苏联地理学家B.阿努钦(Дмитрий Николаевич Анучин)在《地理环境中社会与自然关系以及地理学的哲学问题》(1975)中指出："决定地理环境持续发展的正是生产发展规律和地球上自然综合体演变规律的作用。"然而，这并未引起地理学界足够的重视，而重新提出并引起全球性反响的是生态学。美国生态学会1991年提出生态学认知(ecological understanding)观念，鼓励研究人员创造性地解决当代全球性问题，提出了"关于可持续发展的生物圈的创议(SBI)"，确定了全球变化(Global change)、生物多样性(Biological Diversity)和可持续发展的生态系统(Sustainable ecological Systems)三个应优先研究的领域。其中有大量地理科学研究领域的问题。

地理科学的力量首先在于正确认识自身。现代地理学正处于这样一个关键时期，在限制持续发展的地理环境因素日益深重的当今世界，如果不冲破传统地理学的自我桎梏，不能将知识理论和方法系统地用于全球持续发展，那么无论对社会还是对地理学科本身的建设，都将是一次无法挽救的历史性失误，也不能释放这门学科所蕴蓄的力量。

现代地理学发展至今仍然没有一个公认的科学体系。西欧学者将地理学分为通论地理学（部门地理学）和专论地理学（区域地理学）两部分，通论地理学中分出自然地理学和人文地理学两大分支；苏联学者长期将地理学区分为自然地理学和经济地理学两大分支；一些欧美学者则将地理学区分为自然地理学、经济地理学和人文地理学三大部分。这些传统的分类方法显然未能包容地理学的技术性分支——地图、遥感和地理信息系统，背景性分支如历史地理学、古地理学等在学科体系中的位置也难以确定，不利于构建清楚地理学整体发展的层次。

按照钱学森的理解，地理科学包括地理学及其相关学科，具有三个层次，即基础理论层次、直接应用的技术性层次和介于两者之间的技术理论层次。这一层次结构与现代科学的三个层次结构相对应。其基础理论层次是地球表层学，包括综合自然地理学、综合人文地理学；应用技术层次包括区域规划、资源开发、环境保护、气象和地震预报等；技术理论层次包括计量地理学、生态经济学、国土经济学、城市学、遥感学、制图学等。这一体系加强了应用与应用理论层次，适应了现代科学技术和生产实践的需要。

地理科学的方法论体系可以表述为实现地理科学认识的具体手段和固有步骤及其理论依据。地理学方法论渗透于地理学各个层次结构和一切研究领域之中。许多地理学名著与知名学者将研究重点放在方法论上。从方法论科学本身来看，重大理论的突破和进一步的发展，无不与一定的哲学思考及方法论的探索相联系。科学研究的方法与科学成果或理论是共生的，然而科学方法论的研究和论述，远比对科学成果的总结困难得多。困难就在于必须追溯科学的发端与理论的基础，从纷繁的具体研究过程中抽象出来，而且有普遍性。培根（Francis Bacon）说："当科学发现前进了，科学发现的艺术也会再向前进。”对科学认识过程的哲学总结，构成了科学认识与科学方法论理论的进步。显然，伴随着地理科学理论体系构建的同时，必然要求方法论体系有新的建树，地理科学才有屹立于现代科学之林的坚实基础。

1990～1991年，商务印书馆地理编辑室通过多种形式，广泛听取了我国地理学界专家学者的意见和建议，决定组织编纂出版《现代地理科学理论丛书》，作为一次探索，从一个侧面推动我国学术界建立和发展地理科学。丛书的作者均为具有较高水平与实践经验的专家学者。每一部论著均为理论性学术著作，以阐述现代地理科学理论为宗旨，力求探索现代地理科学发展趋向，反映当代科学发展特点，倡导多学科的交融渗透。选题范围以传统地理学为核心，涵盖与生态、环境、区域、经济、人口、资源等学科交叉的边缘学科。1991年成立编委会，广泛征集选题计划和提纲后，经编委会审查，通过了第一批选题，将陆续出版。

本丛书编纂过程中，得到全国许多大专院校和科研单位的许多专家学者的关心和支持，积极推荐选题与作者人选，为本丛书的顺利出版给予了极大支持与帮助，在此表示衷心的感谢。

囿于我们的理论水平与研究深度，本丛书难免存在不足之处，更不免存在一些值得商榷的论点和问题。我们诚恳地希望得到广大读者的批评指正，更希望本丛书能起到抛砖引玉的作用，迎来地理科学的百家争鸣。

《现代地理科学理论丛书》编委会

1992年12月

目　录

前　言

在 19 世纪的最后一年，有一位纽约康奈尔大学的年青毕业生阿德纳·斐伦·韦伯，发表了一篇题为《十九世纪城市的发展》的论文。他用不同国家无可辩驳的数字概括 19 世纪最显著、最普遍的特点之一就是世界的城镇化。如他所料，在 20 世纪，世界的城镇化过程在继续前进。今天，我们快走到 21 世纪的大门口，尽管极少数起步最早的国家经历过城镇化快速增长以后，乡村人口向城镇的迁移速度已经显著放慢，进入了城镇化离心扩展的新阶段，但因地广人众的发展中国家在本世纪中加入到快速城镇化的行列中，整个世界伴随着人口爆炸而来的城市爆炸始终没有停下来的迹象。

工业革命以后的城市，特别是大城市，给人类带来了空前丰富的物质财富和精神财富，在社会经济发展中的地位日益突出。但它同时也给人类带来诸多麻烦，因其社会问题和环境问题丛生而令人困惑。许多人追求城市的生活方式，不顾离乡背井，千方百计流入城市谋生，而另有一些人却想方设法逃离这个繁华世界。政府决策者在决心推动经济发展时，常常强调通过城市开发来实现他们雄心勃勃的目标，当他们面对管理中出现的种种困难时，又常常想对城市发展加以种种控制，甚至不惜强行疏散城市人口和产业。

城市在迅猛发展中所表现出来的这些两面性，吸引了各个学科和各种观点学者的注意，他们希望在这个纷繁复杂的领域中，发现和总结城市发展的规律性，提高规划、建设和管理城市的自觉性。社会的现实需要给一系列以城市为对象的学科提供了蓬勃发展的无限动力。

城市地理学是城市科学大家庭中毫不逊色的一员。地理学家以其空间地域性、系统综合性的独特视角和以人为中心的人地关系的观念来研究城市，而区别于其它城市学科。第二次世界大战以后，城市地理学获得长足进展，对城市研究作出了贡献，并在学科的相互融合和渗透中，从经济学、社会学、心理学等吸收了必要的营养，又采用了数量方法、计算机、遥感以及地理信息系统等现代手段，成为地理学中最活跃的人文地理分支之一。

中国的城市地理学虽发端不晚，但因特殊的历史背景，在新中国重新起步却已经是70年代末80年代初。笔者以经济地理学的一点专业基础和70年代参加过一些城市规划、城市环境保护方面的实践，意识到城市地理学在我国发展的前景，从而对它产生了浓厚的兴趣。经过一年的自学准备，1980年第一次在北大地理系开设了城市地理课程。从此，笔者的科学研究和社会实践几乎一直没有脱离开中国的城市，从城镇化问题起步，涉猎过城市体系、城市气候、城市政策、城镇体系规划和城市统计概念等方面。教学所要求的系统化思考激起笔者许多研究的思想火花，科研又反过来充实了教学内容。地理系学生学习城市地理的高涨热情，对笔者也是一个鼓舞，笔者的课程从一二十人的经济地理专业的必修课，逐渐扩大为地理系各专业学生选修的六七十人的大课，并吸收过一些外单位的进修教师。

为青年学生提供一本城市地理学导论性的参考书，是写作这本书的最初目的。酝酿写作计划早在1982年，但在进行过程中，于洪俊、宁越敏的《城市地理学概论》和许学强、朱剑如的《现代城市地理学》，分别于1984和1990年问世。这两本论著都有很高质量，且各有特色。前者是我国著名城市地理学家严重敏教授的两位高材生在硕士研究生学习期间的力作，涉及的领域广泛，内容丰富，充分显示了作者当年精力充沛、勤奋刻苦、雷厉风行的年轻人风貌。后者以穗港学者的合作为优势和特色，较多的摄取了城市地理发展的新理论和新趋势。为了避免不必要的重复，笔者先后两次修改写作计划。想不到从当初酝酿到出书，一晃已是10年过去了。

现在奉献给读者的这本书，在内容安排上是这样考虑的。第一章介绍城市地理学的发展概况；第二章介绍和讨论城市地域概念和统计口径，这是对城市进行地理学研究的必要准备和重要基础；第三章介绍和讨论城镇化趋势，它是现代城市发展的背景，构成城市地理宏观研究的基本内容；第四、五章分别从外部条件和内部机制两个侧面讨论城市形成和发展的基本原理。外部条件侧重于城市地理位置的分析，内部机制侧重于城市经济基础理论的讨论；第六、七、八章分别就城市体系的三大支柱，即城市职能结构、等级规模结构和空间网络结构进行比较深入的分析；第九章以前面各章理论和方法的综合应用为结尾，讨论城镇体系规划。各章之间既有独立性，又有明显的衔接关系。

每一章内容的安排以国外国内并重，理论、方法和应用兼容为原则，力求理论和实际相结合。西方城市地理学的一般理论，在前面提到的两本书中有大量的介绍。本书将增加对有些理论的讨论和评价，目的是便于读者在吸收这些理论时，不至于生搬硬套，可以有比较、有选择，在这个基础上才谈得上有创新。笔者认为理论研究的生命力在于能指导实践，解决问题，因此本书在力求讲清楚有关概念和理论的同时，重视有关方法的介绍和探讨，并提供一些应用适当方法去研究我国问题的实例。笔者也一直希望，城市地理研究应该能为国家制订正确的城市和区域发展的方针政策出谋献策，在一些章节笔者也冒昧地发表了自己的见解。不管它正确与否，能否被接受，但它作为一家之说，代表了笔者的思想和为国家服务的良好愿望。总而言之，如果本书能以多一点“研究”的成分，对以前几本我国的城市地理学综论性著作作一点菲薄补充，笔者已心满意足。

用城市地理学的学科体系来衡量，本书远不够全面和系统。有些内容，是因为论述的书籍甚多（如城市发展的历史），无需重复；有些内容，国外的研究很多，但离我国的实际较远，有我国自己特色的研究才刚刚起步（如城市内部结构）；有的研究在我国还没有真正开展起来，缺乏必要的文献。当然，更主要的原因是笔者对这些问题还知之甚少，因此索性不求面面俱到，把未及领域作为笔者努力的方向，留待今后继续探索。我国城市地理学的研究队伍已经相当庞大，而且发展前景十分乐观。笔者深信，以中国为主题的一系列的城市地理学专著正在孕育，它们的问世指日可待。

在本书即将完稿之际，世界风云变幻，全球政治地图发生了很大变化。但书中涉及到一些政治实体的统计资料或论述，如苏联、西德、东德、南斯拉夫等等，都已无法一一修正或替换，现按原稿付印，代表的是原来的政治实体概念，在文中不再一一注出，这是需要特别说明的。

全国经济地理研究会很早就把本书列入“经济地理学理论丛书”的选题之一。成稿以后，有的同志提议，按照学科的分类，该书列入“现代地理科学理论丛书”可能更加贴切。提议得到了两个丛书编委会的支持。就本人而言，该书得以出版，两个丛书编委会的支持和鼓励都是极为珍贵的，在此谨表示深切的谢意。在写作过程中，笔者的老师仇为之、张景哲、胡兆量、杨吾扬、魏心镇等诸位教授，曾给予亲切教诲和热情指导，周舜武、叶冰同志审阅、润色全书，提出了许多宝贵意见。刘威同志清绘了书中插图。笔者还参阅和引用了数百位学者的论著、资料。对各位师长、同行、朋友提供的帮助，笔者都怀着深深的敬意和感激之情。

书中错误和不当之处一定很多，敬请各位不吝指正。

周 一 星

1992年3月于燕园

第一章　绪论

一、什么是城市地理学

（一）城市是人类文明的象征

自人类从自然界分化出来以后，人类的存在一方面离不开自然，更重要的是人类还要利用和改造自然以创造自己的文明。从穴居到宅居；从逐水草而居到定居；从分散的农村聚居到更为集中的城市聚居，人类已经历了漫长的岁月。在这个发展过程中，“物质劳动和精神劳动的最大的一次分工，就是城市和乡村的分离”。①城市的产生，一直被认为是人类文明的象征。在西方，“文明”(civilization)一词就来源于拉丁语的“市民的生活”(civitas)。

城市比旧石器时代的营地和新石器时代的村庄都更能有效地组织和动员人力物力，发展分工合作，促进贸易交流，从而使一部分人有可能脱离必要劳动去从事艺术、哲学和科学事业。这样一种崭新的社会结构，把当时人类拥有的一切发明和革新成果，把天文知识、神祇观念、文学艺术、宗教政治、实用技艺等都组合到一个以宫殿、神庙为中心，以城垣为边界的新型人口群落之中。城市在吸引和集中各种社会人群和文化的过程中，既使人类文化的长期积淀得以保存免于流失，而且又促进了文明发展的飞跃。

（二）城市是一种特殊的地理环境

地理学研究地球表面的地理环境。在地理环境这一广阔的领

① “德意志意识形态”，«马克思恩格斯全集»，第3卷，第56～57页，人民出版社，1960年第一版。

域中，城市是一种相当特殊的地理环境。

城市占整个地球的表面积很小，但集聚了高密度的人口和社会经济活动。以美国为例，1980 年 366 个城市化地区，仅占美国土地面积的 1.5%，但集中了美国61%的人口(1.4亿人)。①中国的城市发展水平还比较低，特点却差不多。1988 年我国 434个城市，市区面积只占全国的 11.7%，却集中了全国人口的 27.2%、运输总量和零售商业的 50%以上、工业产值的 70%以上和几乎 100%的高等教育设施，而这些工业、交通、商业、文教活动实际上又主要发生在只占全国面积 0.13%的城市建成区里。② 城市不仅是人口中心、经济中心，也是国家社会生活的中心。多数决定国家发展的决策是在城市中作出的，多数社会变化开始于大城市，然后才扩散到较小的城镇和乡村。城市是人类物质财富和精神财富生产、积聚和传播的中心，影响和联系的面极为广阔。令人遗憾的是城市常常也是社会藏污纳垢的场所。

人类对自然环境干预最强烈的地方也是城市。城市虽然不能脱离所在地域的地形地貌类型、气候类型、植被土壤类型等地理背景，但是原来的自然环境面貌在城市地域里已经所剩无几、面目全非。大规模的土方填挖和建设已经改造了中小地貌，以水泥、沥青、砖瓦和各种人工热源组成的人工下垫面，取代自然下垫面形成了独特的城市气候，即便是公园、植物园、动物园中的自然物也无一不受人工的控制。总之，城市是包括了自然环境却又是以人造物和人文景观为主的一种地理环境。人类对这一部分自然地域的改造影响深远，作用之大，反过来通过影响自然界又影响到人类本身的生存。

城市是一种不完全的、脆弱的环境系统，是人类受自然环境的

---

① 参见参考文献 91。

② 参见参考文献 106。

反馈作用最敏感的地方。城市的人口永远不能在狭小的生存空间维持。城市的复杂功能注定了它要与外界发生十分密切的联系。包括维持城市生态系统的能量如粮食、副食品、煤炭，甚至新鲜的空气和水分，都主要靠外界输入。而城市的废弃物也必须输送到系统之外。过量抽取地下水，造成地面下沉；排放过量污染物，触发震惊世界的伦敦烟雾事件、洛杉矶光化学烟雾等，都说明城市某一个环节的不协调，主要受害的还是城市。至于自然灾害或病菌肆虐一旦发生，则城市常受到最惨重的损失。震中位于唐山市的1976年特大地震，共计死亡24.2万人；1988年初的上海甲肝流行，使几百万人口的一座特大城市几乎处于瘫痪，都是十分典型的例子。

城市又是一个极其复杂而且处于动态变化之中的巨系统。由于它是自然力与人类创造力共同作用的产物，推动城市发展变化的因素，实在是太多、太复杂了。有来自自然界的和人类自身包括社会的、经济的、文化的和工程技术的因素，有来自城市内部的和城市外部的因素。每个城市在共性之下又都形成了各自鲜明的个性。因此，它们的发展具有很大的不确定性而难以预测。在人类没有完全了解自然界和人类自身以前，也很难完全了解城市，以及完全预知城市的理想未来。这并非宣扬不可知论，只是说明只有真正把握住城市的上述本质的特点，才能使城市的研究和规划，理性的成分更多一点，更接近于实际。

城市地理学就以城市这一特殊的地理环境作为自己的研究对象。

（三）城市地理学研究城市空间组织的规律性

正因为城市是一种特殊的地域，是地理的、经济的、社会的、文化的区域实体，是各种人文要素和自然要素的综合体，所以有许多学科以城市作为研究对象。比较成熟的学科有城市经济学、城市社会学、城市地理学、城市建筑工程学、城市生态学、城市气候学等，它们各从一个侧面研究城市的某种矛盾和运动过程。城市现象的复杂性，使这些研究领域互有重叠交错，保持紧密的联系。而城市规划和管理可以看作是它们共同的应用方向（图1）。一系列以城市为研究对象的学科的组合即城市科学。

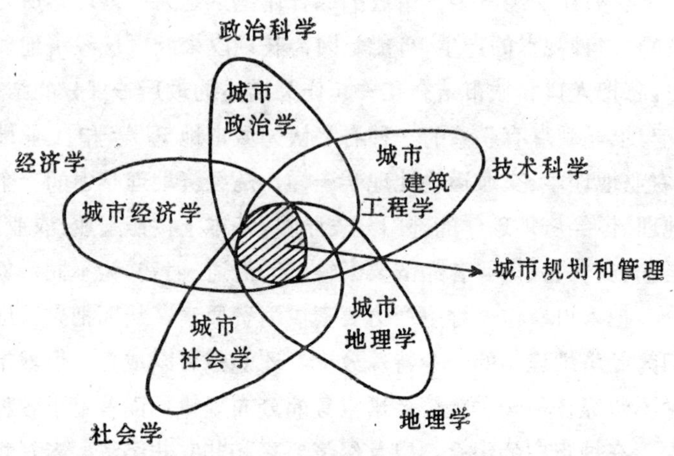

图1　城市学科的领域重叠(根据参考文献9,第2页修改)

城市地理学侧重于城镇区域的地理学研究。各个城市的形成和发展有不同的历史背景和地理条件，各有不同的职能，承担不同的分工，形成各不相同的结构和形态，所有这些不同都不是偶然发生的，有它发展的内在规律。城市地理学就是研究城市空间组织的规律性的学科。按它研究的不同空间尺度，又可以分为国家或区域中的城市的空间组织（也称城市体系）和城市内部的空间组织（也称城市内部结构）两大部分。

城市地理学在地理学中的地位说法很多。

有人认为城市地理是人口地理学的分支学科。理由是人口地理学研究人口的分布和迁移。而人口分布以聚落表现出来，城市不过是人口分布的一种具体的聚落形式。同时，城市也是人口在城乡之间迁移的一种结果。显然，这是可予承认的事实。然而，人口地理学主要从人口学特征诸要素(如人口数量、性别、种族、年龄等)来研究人口的分布和迁移，它只能触及城市地理一小部分的研究内容。城市地理学所说的城市除了是人口的聚居点外，还是许多经济要素和非经济要素组成的综合体，这是人口地理学所无法容纳的。这种观点的产生，可能是因为长期以来的区域经济地理描述中，总把人口和城市结合在一起作为描述的最后一部分的结果。

与上述观点有联系的一种看法认为城市地理学和工业地理学、农业地理学、交通运输地理学一样，是经济地理学中的一个部门地理。但经济地理学的部门分支学科，基本上按照工业、农业、交通运输、商业、人口等各经济要素(生产、流通、消费)为不同对象而划分。把人口看作一种生产力要素或消费要素，从而把人口地理学归为经济地理学的一个特殊分支，还勉强可以成立。但城市地理学不研究任何一种经济要素本身的分布规律，而着重于各种经济要素在城市中的组合，以及经济要素和其它非经济要素互相影响在城市所产生的综合结果。所以城市地理学既不是人口地理学的一个分支，也不是经济地理学的一个部门学科。这种观点的产生，主要由于城市地理学在没有独立以前，一般附属于经济地理学。

现在普遍认为，在地理学的自然、人文二分法中，城市地理学是人文地理学的一个分支学科。就城市主要是一种人文现象而言，这种归类是正确的。值得指出的是，城市地理不是人文地理学中一般的部门地理分支，而是其中一个特殊的综合性的区域性分支。人文地理学的部门分支学科分别以政治、经济、文化、社会、军事等人文要素为对象形成各自的研究领域。而城市地理所研究的城市与这些现象都有关系，但它不研究它们各自的过程，而专注于以上各种人文要素（甚至还要加上自然要素）在城市空间的组合。

在地理学的系统与区域二分法中，城市地理应属于区域地理的范畴。理由有三：首先，如上所述，城市地理不是部门地理；第二，区域地理的对象可以是不同性质的区域，如自然区、经济区、行政区，每一种区域类型又可以有不同的空间尺度（如经济区可以分为大经济区、省内经济区、县级经济区等）。城市是兼有经济、行政和自然性质的一种综合性的区域，城市区域又有市中心、建成区、都市区、大都市带等不同尺度；第三，城市作为地球表面的一种地理现象主要有两方面的特征，一是位置和分布的特征，二是城市内部地域差异的特征。研究前一种城市的地理现象，即研究一定区域里的城市，研究城市体系；研究后一种城市的地理现象，即把一个城市当作区域来研究，研究城市的内部结构。这是一个问题互有联系的两个侧面，联系点就在无论是城市体系还是单个城市，它们都是区域的一部分，区域的缩影或焦点。这也是城市地理与其他区域地理所不同的特殊之点。

城市与自然环境系统之间的关系的研究目前还很薄弱。笔者深信，城市气候、城市地貌、城市水文等城市自然系统的研究，随着城市中人类活动与自然环境之间的作用与反作用日益深刻，今后必定会有长足的发展。

城市地理学理论的主要应用领域是城市规划、区域规划，以及各种形式的城市和区域发展对策研究。在城市规划中，城市地理主要在总体规划中发挥作用，分析城市的发展条件、明确城市的性质、分工和发展规模、发展方向，制订各类用地和重点建设项目的布局方案。在区域规划中，城市地理着重解决区域中不同等级城镇的合理分布、合理分工和合理规模，以城市为中心，把区域中的点、线、面组织成一个有机的整体。城市规划和区域规划日益靠近的结果，使城镇体系规划这部分工作实际成为城市总体规划和区域规划的结合部而受到重视。

二、城市地理学发展简史

城市地理学是地理学的一个分支学科，因此地理学的发展过程和整体研究水平制约着城市地理学的发展，具有大体相应的发展阶段。另一方面，随着城市在社会经济生活中的地位日益重要、城市化的迅速发展和城市问题的日益尖锐，城市地理学作为地理学中一个相对后起的分支，正在蓬勃发展，日渐完善和独立，并反过来给地理学的发展以巨大推动。

城市地理学的发展大体可以分成4个阶段。

（一）描述性的地名辞典阶段

在20世纪以前，城市地理主要是以区域地理描述的一个组成部分而存在的。

西方最早的区域地理的代表作斯特拉波（B.C. Strabo）所著的17卷《地理学》一书，对城市就有了比较系统的描述，主要记叙城市的地理位置、行政隶属、人口、商业和物产。城市描述的这种格式甚至一直延续到近代。变化只是随着商业和对外贸易的发展、城市的增多、人们视野的扩大、所认识的城市在数量上越来越多，在描述内容上对贸易和地理位置给予更多的重视。这种变化在15世纪地理大发现以后尤为明显。

中国区域地理的最早代表作《史记·货殖列传》成书在西汉时期，比古罗马斯特拉波所处的时代还略早一点。作者司马迁在把全国主体分为16个历史、经济地理区的基础上，对分布在各地区的25个重要城市作了描述。例如对燕（今北京）的论述是：“夫燕亦勃、碣之间一都会也，南通齐、赵，东北边胡。上谷至辽东，地踔远，人民希，数被寇，大与赵、代俗相类，而民雕捍少虑，有鱼盐枣栗之饶。北邻乌桓，夫余，东绾秽貉、朝鲜、真番之利”。从《史记·货殖列传》开始，经《汉书·地理志》，直到魏晋以后大量出现的方志和其他有名的地理著作，区域描述成了中国地理学的主流，其中对城市的描述也差不多是采取叙述式地名辞典的形式出现，且内容逐事增华、日趋膨杂。虽然早在17世纪前后，以刘继庄为代表的地理学家们对这种封建主义的地理传统提出了挑战，主张地理研究要“经济天下”、探讨“天地之故”，寻找自然规律。但终因社会历史的局限性，这种地理学的新思想没有在中国成长发展、开花结果。

（二）自然位置论阶段

西方在完全不同的历史条件下，19世纪上半叶洪堡（Alexander von Humboldt）、李特尔（Karl Ritter）得以科学地总结了古代地理学，开始了地理学探讨地理现象分布规律的转折，接着拉采尔（Friedrich Ratzel）、李希霍芬（Ferdinand von Richthofen）等在19世纪后半叶确立了近代地理学。20世纪早期人文地理学异常繁荣，城市地理学作为一个专门的新领域在这种背景下出现了。1901年迪金森（B. B. Dickinson）在一篇发表在《地理杂志》上题为“城镇位置”的论文中总结道：“让我们永远放弃把城镇、物产和名胜作为互不联系的事实加以罗列的学问，而是要对分布和自然位置的逻辑结果有一般的但是综合的了解”。由于当时认识上的局限性，地理学思想以地理环境决定论占优势。反映在城市地理学上，当时的基本思想就是用城市所在位置的自然条件的作用来解释城市的起源和发展。尽管这样，从自然位置来解释城市的发展比堆砌资料的描述进了一步，它为城市地理学发展成为一门科学奠定了基础。

有两部著作的出版可以反映这一阶段城市地理学的特点。一是城市地理学的第一部通论性著作，如卡尔·哈塞特（Karl Hassert）的《城市地理研究》，于1907年在德国出版，①它标志着城市地理学这时从区域描述的附属地位脱颖而出；另一部是布兰查德(R. Blanchard)对法国东南部一个城市的研究成果《格勒诺布尔：城市地理的研究》。当时城市地理以单个城市研究为主，大都以城市的自然位置推导出城市的特点作为结论，布兰查德的这部著作是其中最有名的代表作②。

（三）区域分布论阶段

进入30年代和40年代，地理学从环境决定论的束缚中走了出来，认识到在人和环境的关系中，人是一个积极的因素，人要受到环境的直接影响，但是不能用环境控制来解释一切人生事实。人类生活方式是各种因素包括社会、历史、心理因素的复合体。地理研究领域的中心从极端的自然方面稳步地转移到人文方面。越来越多的地理学家得到共识：地理学是研究地球表面现象分布的科学。各种类型的区域研究成为地理研究的热门课题。

这时，城市地理学的注意力也转移到城市和区域的关系以及城市区域内部形貌区的形成上，这样的兴趣一直维持到50年代和60年代。

早先的位置公式也日益受到现实的挑战。它不能解释有些地方条件并不差或者相当优越，却没有产生城市；而在一些条件明显不利的地点却出现了城市，甚至可能是大城市。它无法解释历史上曾经很发达但已经不存在了的城市。随着19世纪中叶铁路交通的发展和进入20世纪20年代汽车在西方的开始普及，新式的

① Karl Hassert, Die Städte Geographisch Betrachtet, Leipzig.

② R. Blanchard, Grenoble: étude de Geographie Urbaine, Prais, 1911.

运输方式刺激了城市区域的迅速扩大，在英国出现了集合城市(conurbation)，用位置公式也无法解释许多城市成团凝聚的这种现象。至于大城市内部景观的差异更是主要为各种经济和社会力量所决定。地理学家已经感到，把城市研究继续归结在无生命的自然位置和静态图式的形态上，已经是无能的表现，以至不得不重视社会和经济因素对城市发展的影响，注意从区域城市群体的角度来研究城市的分布、职能、规模以及从城市区域的角度来研究城市内部的差异。

这一时期城市地理学的两大贡献是德国地理学家克里斯塔勒(Walter Christaller)中心地学说的诞生和美国芝加哥人类生态学派提出的城市土地利用模式。前一成果的巨大影响虽然在战后才感觉到，但它的出现说明，城市地理已从单个城市的研究向城市体系的研究迈进；后一成果则标志着城市地理学的注意力从对城市简单而肤浅的总体认识转向城市内部景观的复杂性。城市地理学的两大组成部分在这一阶段得以基本确立。

（四）第二次世界大战后的迅速发展阶段

第二次世界大战以后，地理学和其它学科一样，经历了"知识爆炸"浪潮的冲击，进入了现代地理学的发展阶段。冲击波主要来自这样一些世界性倾向，如：

(1) 自从贝塔朗菲(L.Von Bertallanffy)提出一般系统论后，战后在科学界中兴起了系统研究的热潮。地理学在致力于研究地理空间系统的结构、活动和演变中，研究的领域虽然没有大的变化，但研究的基本目的有了新的方向；

(2) 战后，特别是1960年以来，科学和数学受到广泛重视，全世界出现了对计量技术的日益广泛应用和实用理论模型的新的探索。数学概念和统计方法在一向认为无法定量的人地关系的地理研究中也相应传播开来，50年代末和60年代发生了地理学的所谓“计量革命”，这是一次地理学思想方法论的更新；

(3) 空间科学的发展和电子计算机的运用，使人类的观察技术和分析技能发生了一次革命。使地理学获取资料和储存、处理资料的能力发生了难以置信的变化；

(4) 早在20和30年代，不同学科的学者在各学科的边缘领域进行合作，取得了出人意料的进步，出现了生物化学、社会心理学等新的边缘科学。到本世纪中叶，各学科在更多地面向解决现实问题的时候，出现了广泛的跨学科合作的趋势。最好的一个例子也许就是区域科学的出现。区域是地理学的传统研究对象，大量的信息和所提出的问题的复杂性，已经使任何一个地理学者都不可能掌握一个区域的全部有关知识。1954年在伊萨得(Wolter Isard)领导下，一批经济学者、地理学者、其它社会科学家与工程师们组成“区域科学协会”，美国宾夕法尼亚大学的地理系被改名为区域科学系，伊萨得任系主任。

地理学在战后深深地卷入了以上这些世界性的旋涡和潮流之中。

在这之前，城市地理学在西方还并不很发达。第一本英文的城市地理教科书直到1946年才出版；① 二次大战以前，欧洲还没有一所大学专门开设城市地理的课程；② 美国在1920年已有一半的居民生活在设有建制的城镇里，但直到战前确实还没有几个地理学家专门研究城市地理。③然而，战后情况大变，城市地理学后来居上，迅速发展成现代地理学中最大的独立分支之一。甚至可以说，在促进地理学改变其哲学和方法论方面，城市地理学一直处

---

① Taylor, T. G., *Urban Geography*, 1946, New York: E. P. Dutton.

② 参见参考文献2，第1页。

③ 参见参考文献48，第4～6页。

在领先地位。促使这种变化的原因是多方面的。首先城市地理学的初步基础在战前已经奠定，一些基本概念已经确立；第二，东西方各国由于战后恢复战争创伤和大规模的城市重建，许多地理学者投身到城市规划和区域规划工作，城市地理的理论和规划实践相结合，大大促进了这门学科的发展。美国虽未受战争破坏，但30年代经济萧条时期和战时遗留下的大量问题需要解决，也包括了重新规划美国人工作和居住环境的迫切要求；第三，西方商业资本家开始理解到进行商店区位和市场研究的重要性。这些工作大量运用城市地理的理论和调查方法，为接受过城市地理专业训练的人员广开了就业的出路；第四，发达国家的城市化水平迅速提高，大部分人口都已聚居在城市，城市的土地、交通、住宅、环境、犯罪等各种问题都日益尖锐，大量的城市问题向城市地理学提出了挑战。

这一阶段，地理学的新思潮层出不穷，而且在城市地理学里都有最充分的反映，先后形成了区位学派、行为学派和激进马克思主义等几个流派。

地理学以前的典型工作多通过参阅文献和野外考察，借助地图和表格，主要用文字来描述地球表面的差异性，最终将研究地域划分成一系列各具特点的小区域，工作的主要精髓是经验。这样的描述工作在战后新一代的地理学者看来是有缺陷的——不精确和主观性。他们开始注重系统化的计量分析，以区位论为主要理论基础，从距离入手，用统计方法寻找城市分布和内部结构的空间组织模式，并用这些模式模拟现状、预测未来、帮助区位决策。这就是著名的区位学派。

地理学应用数学并不是新方向。"新"在于过去认为不能用数学语言来描述的极为复杂的人文地理分支，开始大量采用了统计方法。由过去的"求异"——过分强调空间差异，走到了"求同"——

寻找一般规律。使地理学走上了理论化、计量化和抽象化的道路，标志着长期称雄于地理学界的区域差异学派开始衰落。美国的加里森(William L. Garrison) 和他领导的华盛顿小组为这一进步作出了贡献。1955 年加里森在美国西雅图的华盛顿大学开办了第一个地理学数量方法讨论班。讨论班的参加者如贝利 (B. J. L. Berry)、邦奇(W. Bunge)、达西 (M. F. Dacey)、盖提斯 (A. Getis). 马布尔 (D.F. Marble) 莫里尔(R. L. Morril)、奈斯丘恩 (J. D、Nystuen)和托布勒 (W. R. Tobler) 等在后来的计量运动中都有很大的影响。美国的地理计量运动很快影响到欧洲以至全世界，在欧洲的代表人物是哈格斯特朗(T. Hägerstrand)、乔莱 (R. J. Chorley) 和哈格特(P. Haggett)。从乔莱概括的模式建立和使用的一般过程（图 2）可以反映出这一学派的工作特点。

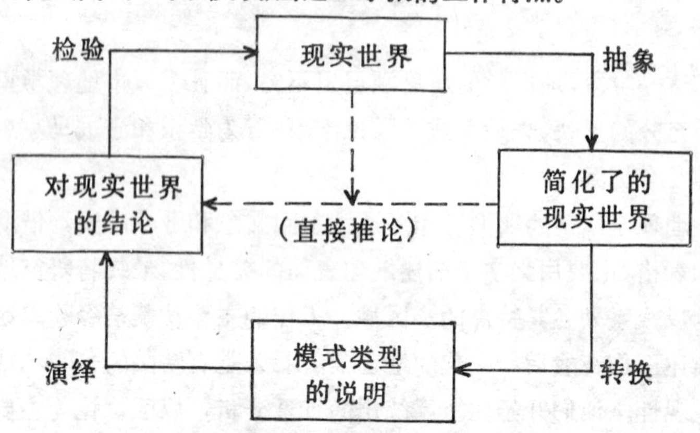

图 2　模式建立和使用的一般过程(引自参考文献 9，第 8 页)

然而，重视科学和数学的世界倾向一度因忽视了历史、语言和文学而产生了反作用。地理学的计量化也一度走向极端，甚至有人声称一个新的地理学境界已经取代了传统的文字性、描述性的研究。把地理研究的目的和手段相混淆，把运用数学符号还是文字符号来解释地理现象对立起来，这显然是不全面的。正如詹姆斯在《地理学思想史》中所说，“实际上，在许多情况下数学提供了一种显然更为精确的叙事方法。文字形式的论著则可为概念的公式提供激发人心的富有创新精神的探讨。”① 不应该偏弃任何一方。西方地理学界在70年代已经对此有所反思。

到60年代中，城市间的空间组织和内部模型的实证研究的积累，表明在实际观察到的状况和预期的模型之间存在着许多差距。模式的运用并不都很有效。各种区位理论的不现实的假设受到批评，对仅仅利用小样本建立的模式运用到大范围地区或者把有限的地区性模型无条件推广到其它地区的做法也提出疑问，甚至用于分析的数据资料的本身也可能就有问题。对数量革命进展的不满，对规范模型可接受性的疑虑，导致60年代后期行为方法的引入，并被称为行为革命而风行于70年代。

行为学派认为任何地理现象，除了纯粹自然地理现象外，都和人与人的群体的决定有关。按照区位学派的客观立场所计算得到的最优区位尽管好，但实际上人的行为往往是非理性的，至少不是

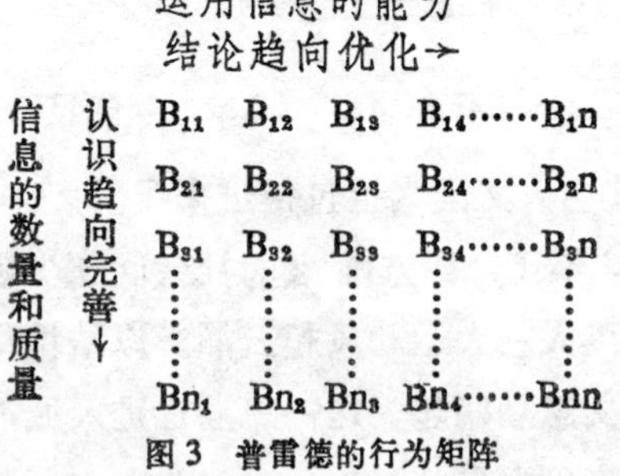

图3　普雷德的行为矩阵

全理性的。实际情况很大程度上由人的不同品质、动机、偏好、态度、心理等因素造成的决策而形成。对规范区位理论最早提出批评的著名学者普雷德(A. Pred)把决策人的行为和理想区位的关系

① 参见参考文献111，第486页。

用行为矩阵表示(图 3)，认为决策结果的正确程度是有关信息的数量、质量以及决策者处理这种信息的能力的函数。不同的决策人处于行为矩阵中的不同位置，只有在理想状态或偶然情况下，才能处于矩阵的右下角，即达到经济人的最优模式。① 行为学派主张，对地理表面人文现象的模式和空间分布的理解，有赖于对影响这些人为现象分布的行为和决策的认识，而不依靠对这些现象本身位置关系的认识。只有注意研究参予创造某种结构的行为者的决策活动，才能揭示过程。② 行为受环境感应的过程如图 4 所示。这样分析城市的发展，除了包括以前的自然因素、经济因素外，把社

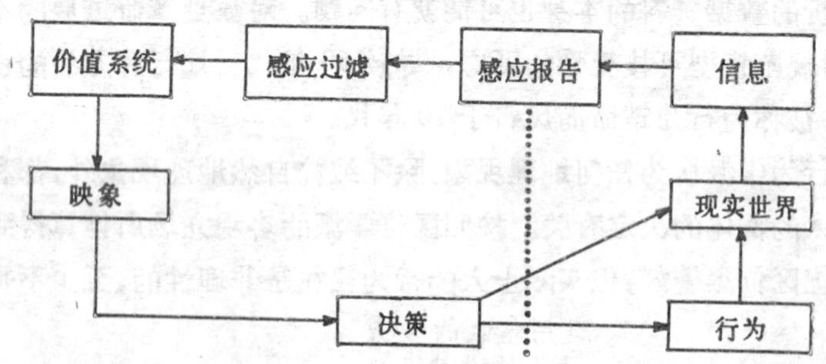

图 4　环境感应与行为(引自参考文献 112，第 13 页)

会、文化和心理等其它人文因素也包括进来了。

60 年代末和 70 年代，西方国家的社会问题尖锐化。特别在美国，反战、妇女、黑人三大运动风起云涌。以结构马克思主义为哲学基础的结构主义思潮盛起。这一思潮也进入城市地理学，出现了所谓的激进马克思主义学派。

如前所述，城市地理学的发展和战后城市规划的实践分不开的。然而到 60 年代末，城市规划对解决众多的城市问题，特别在

① 参见参考文献 69。

② 参见参考文献 112。

解决与社会不公平有关的那些问题中显得软弱无能，导致了对规划理论基础的怀疑，进而扩展到对城市地理以致整个地理学理论基础的怀疑。他们批评区位学派的理论忽视了控制经济决策和制约个体活动的资本主义规律。批评行为学派的行为研究是调查真空中的个体选择，忽视形成这种选择的环境约束和社会约束。认为一切个人行为都是某种政治、社会、文化的系统下的行为，不能把个人和整个系统分开。这些学者接受了马克思主义的部分观点，认为私有制造成人的物化，资本主义社会造成阶级剥削的非人性，只有通过阶级斗争和革命才能恢复人的本质。在他们看来，资本主义国家存在的环境污染、资源浪费、交通拥挤、住房短缺等城市问题是资本主义经济制度的产物，要解决这些问题不能孤立地分析地理空间，而要全面改造整个社会结构。大卫·哈维（David Harvey）是这一学派的主要代表。

各种观点和学派的争鸣，恰恰给城市地理学带来了繁荣兴旺的局面。城市本来就是复杂的综合体，各种方法对于充分理解城市空间形态都是必要的、有益的，只是有时侧重点有所不同。它们不是互相排斥的关系，而是互相补充的关系。人们一直试图在传统地理学的基础上，把定量的区位分析和实证方法、行为方法以及结构主义观点结合起来。

三、中国城市地理学的发展

中国奴隶社会时代的一些早期典籍，如《尚书》、《礼记》、《周礼》、《诗经》、《管子》等，就已经记载奴隶主阶级对城邑、聚落的一些地理知识。这方面的许多珍贵记录，集中反映在先秦时期城址选择的地理原则和城市规划的思想等方面。

例如《礼记·王制篇》记："凡居民，量地以制邑，度地以居民，地、邑、居民必参相得之。"《周礼·大司徒之职》记:"凡造都鄙，制其地域而封沟之,以其室数制之,不易之地家百亩，一易之地家二百亩,再易之地家三百亩。"《管子》记:"上地方八十里，万室之国一,千室之都四。中地方百里,万室之国一,千室之都四。下地方百二十里,万室之国一,千室之都四。以上地方八十里与下地方百二十里,通于中地方百里。""夫国城大而田野浅狭者,其野不足以养其民;城域大而人民寡者,其民不足以守其城。"又说:"凡立国都,非于大山之下,必于广川之上,高勿近旱而水足用，下勿近水而沟防者,因天材就地利,故城廓不必中规矩,道路不必中准绳。"

上古人们的某些观点，与今人的城市地理思想来比，虽说简朴,却很精辟。那时候精心选择的城址,有些甚有战略眼光，如长安、洛阳,其后久而不衰。

在漫长的封建时代,除了前面提到的《史记·货殖列传》、《汉书·地理志》和大量的方志中包含有大量城市的描述外,也有许多描述单个城市的著作,诸如《洛阳伽蓝记》、《汴京遗迹志》、《东京梦华录》、《武林旧事》、《唐两京城坊考》、《日下旧闻考》等，大都是记叙都城的政治、经济、文化、地理、建筑、风俗、掌故等,内容十分庞杂,很难称作城市地理著作。

中国近现代的城市地理学，作为人文地理学的一部分，始于20世纪,其间随着整个人文地理学的沉浮而历经坎坷，其发展大体可分4个阶段。

(一) 1949年以前的兴起阶段

鸦片战争结束以后，许多人认为清政府失败的原因是由于科学技术的落后,所以在各方面提倡向西洋学习,故这一时期的中国城市地理学受欧美的影响最为深刻。一方面中国派遣许多留学生赴欧美留学,包括学习地理;一方面有不少外国地理学家到华考察和讲学。通过这两个途径，西方的地理学开始传入中国。

1909年张相文等仿效欧美的先例创立"中国地学会"，标志着中国近代地质学和地理学的萌芽。20世纪初叶，许多赴欧美留学的学生开始回国，其中以竺可桢、丁文江、翁文灏为代表，是公认的中国近代科学地理学形成和发展的开创者。他们将西方地理学的研究方法和实践工作经验带回中国，用野外考察、因果分析和推理代替了单纯方志性的记叙。他们在国内又亲手培养了一批地理人材，不少人接着在西方深造，取得学位，又回国服务。从1921年起，多所大学相继设立了地学系或地理系，1934年成立了"中国地理学会"，同年出版会刊《地理学报》。到1937年前的若干年中，中国的人文地理学曾经有一个短暂的相对繁荣时期。但好景不长，抗日战争爆发，设有地理系的几所著名大学和地理学会、地理研究所均内迁到重庆、遵义、昆明等地，处境极为困难，人文地理学的研究不得不限于西南、西北等地的路线考察和区域研究。抗战胜利后，情况也未能恢复正常。

综观这一阶段，中国人文地理学毕竟已形成雏形。有了一支有理论有实践的研究队伍，研究的领域几乎在人文地理的每个分支全面展开，在人地关系论、经济地理、人口地理、城市地理、文化地理、政治地理、军事地理等各地理分支领域都取得一定进展。专门的城市地理学的论文始见于20年代，以单个城市的研究为主，论及南京、无锡、重庆、昆明、成都等，面上的研究较少，理论探讨则更是寥寥。①

（二）1949～1966年的相对萧条阶段

新中国成立以后，整个地理学的科研和教育工作得到迅速发展，专业研究队伍日益扩大，成绩是主要的。但是发展很不平衡，

① 参见参考文献113～123。

表现在自然地理和人文地理之间发展不平衡，人文地理学相对落后；人文地理学内部各分支发展不平衡，经济地理一花独放，其它分支相对落后；经济地理学内部发展不平衡，非物质生产部门的经济地理分支相对落后。

这样的发展格局与中国地理学全面学习苏联关系密切。在学习苏联的过程中，没有切实贯彻实事求是、取其精华、弃其糟粕的精神，把苏联地理学中一些左的错误东西，也当成好的东西照样搬到了中国。

在50年代初期，中国地理界曾经不适当地开展了对西方地理学思想的全面批判，批判的矛头主要指向人文地理学。《地理学报》从1950到1953年刊登的本来就不多的几篇人文地理学的论文，几乎都受到公开批评。其结果研究人文地理被视为畏途，一批擅长于人文地理的学者转向于自然地理学，人文地理的论文在地理刊物中的比重显著下降。除了经济地理学以外，整个人文地理学都被认为是唯心主义的伪科学，从而成为研究的禁区。城市地理在绝大多数情况下又成为经济地理区域描述中的一个附属部分。

中国地理学会经济地理专业委员会1961年在上海举行了一次重要的会议。会上提出要学习国际多方面的包括西方的先进经验，建立中国的经济地理学的理论体系，特别要极早填补人口居民点地理学等缺门。根据这些意见，科学院地理所成立了第一个人口居民点地理研究组，北京大学等第一次开设了人口居民点地理的专题课，1964年出版了新中国成立后第一本介绍西方人文地理学发展动态的书籍①，中心地理论也开始被介绍进来②，包括城市

① 中国地理学会经济地理专业委员会，《资本主义国家经济地理学的研究动向》，商务印书馆，1964年。

② 参见参考文献209。

地理在内的人文地理学的发展在新中国成立后第一次有了一线转机。可惜的是刚刚露出的一线曙光很快就在1966年开始的“文化大革命”中消失了。

（三）1967～1976年的停滞阶段

“文革”10年可以分成两个阶段。1966～1971年，几乎所有地理学的科研和教学工作完全被迫停止，许多地理研究机构和教学组织被强行拆散或撤销。1972年以后大部分地理工作者逐步回到原来的工作岗位，为了学科的生存，尽可能在社会上寻找适合自己专业的工作方向，逐步开展了一些工作。1974年北京大学经济地理专业招收城市和区域规划方向的学生，随后各高等院校的经济地理专业都陆续转向城市规划方向，地理研究机构也都组织了专门的力量从事城市课题的研究。在当时的艰苦环境下，经济地理学界进行了大量探索性实践，保存了专业队伍，开拓了一些新的服务方向和研究领域，为后来人文地理学的复兴准备了条件。不足之处是，由于大环境的限制，当时普遍轻视基础理论的学习和研究，与国外（包括西方和苏联）的学术交流和信息资料的往来几乎完全断绝。六七十年代正是世界地理学突飞猛进、发生着重大变革的时期，这就使中国地理学特别是人文地理学和世界水平的差距进一步拉大了。

（四）1978年以后的振兴阶段

国运的兴替和学术的盛衰息息相关。1976年“四人帮”被打倒，文化大革命终于结束。1978年以后中国进入改革开放的新时代，人文地理学走上了复兴的道路。

转折发生在1979年12月至1980年1月在广州召开的中国地理学会第四届代表大会上。李旭旦（1911～1985年）教授第一个提出了“复兴中国人文地理学”的战略口号，受到了会议的拥护。由于多方努力，1983 年 7 月正式成立了中国地理学会人文地理学专业委员会，具体负责推进经济地理以外的人文地理分支的发展。1985 年在无锡召开了第一次全国性的城市地理学术讨论会。1990 年中国地理学会经济地理专业委员会和人文地理专业委员会在上海开会，决定成立城市地理学组，促进城市地理学的发展。从地理学报历年来发表的论文数的统计也表明，城市地理学已成为我国人文地理学中发展最快的一个分支。1934～1948 年间，该刊共发表城市地理论文 5 篇，1949～1966 年间只有 3 篇，1967～1977 年停刊 10 年，1978～1988 年短短 10年已发表城市地理论文 17 篇。

如今，城市地理研究已成为几乎每一个地理研究所和大学地理系的重要组成部分。可喜的是一支年龄结构比较合理的研究队伍也已经初步形成。一些有造诣的老一辈城市地理学术带头人仍在勤奋工作，一批中年学者已经成长起来，近年培养出来的一大批城市地理博士生和硕士生也有良好素质，正在脱颖而出，下面还有更多的青年学生深深地被城市地理学所吸引。城市地理学的中外交流和合作也格外频繁。用英文在国外发表或被国外翻译发表的城市地理论文不断增加。

推动城市地理学发展的最早动因是“文革”后期，大学地理系的经济地理专业为了改善学生毕业后的出路，先后转向城市规划方向，大量的经济地理学者转向研究城市。当时城市规划工作在中国被取消多年，城市发展中充满了混乱现象，从而为地理学的介入提供了机会。1978 年以后，城市在中国社会经济的复苏和加速发展中作用越来越大。城市地理学在这种环境下得到成长壮大。主要进展体现在 3 个方面：

（1）参加了大量的城市规划设计，在城市规划界已经确立了自己的地位。

城市规划在中国历来是建筑学出身的规划师工作的领域。现在各地理系师生进入这一领域参加了数以百计的市镇规划，取得了社会的信任。这是因为城市总体规划中的许多综合性问题的解决，如城市的职能性质、规模、吸引范围、功能区的布局、重点企业和设施的区位选择、城市环境等，是建筑学的薄弱环节，而恰恰是地理学的专业优势。在大量实践的基础上，地理学者还发表了不少有关城市总体规划理论和方法论方面具有明显地理学特色的论文。①南京大学宋家泰教授等编著的《城市总体规划》是地理学研究城市规划的一本总结性专著。

1984 年以后，中国广泛推行市带县的管理体制，各地政府已经不满足于单个城市的规划，迫切要求为一个区域内互有联系的一组城镇的合理发展提供宏观指导。为了满足这种需要，城市地理学者创立了我国的区域城镇体系规划，应用城市地理的理论与方法论，预测规划期内区域的城镇化水平，合理规划区域内城镇的等级规模结构、职能结构和空间网络结构，大大丰富了城市规划的内容。地理学者的许多城市总体规划和城镇体系规划的成果通过法律程序已被各地政府批准并得到实施。

(2) 城市地理学带头兴起了中国城市化的研究。

当西方学者早在六七十年代已经关注中国的城市化过程时，中国却没有人研究这个问题。因为在很长时间里中国对城市化基本上持否定态度。1978 年以后，首先是地理学家借鉴国际城市化的总趋势，总结新中国前 30 年城市化过程曲折发展中的经验和教训，尖锐提出了中国要现代化也必然要伴随着城市化，对城市化有了一个比较正确的认识。经过几年的讨论，城市化的方向已经得到各界包括政府的普遍接受。近 10 年来中国城市化过程明显加速并稳步前进，结束了长达 20 多年的城镇人口大起大落或停步不

① 参见参考文献 124～131。

前的不正常状况。现在，城市化已经成为地理学家、经济学家、人口学家、社会学家和城市规划界共同的研究热点，研究的中心是符合中国国情的城市化道路究竟怎样走？问题的核心是怎样在中国完成规模空前的人口从农业向非农业、从乡村到城镇的大转移。近年来地理界对珠江三角洲和长江三角洲等发达地区的城市化，特别是那里的小城镇研究比较深入。国家的城市发展方针是城市化道路的集中反映，以北京大学地理系为代表的一些学者，近来对我国控制大城市规模、合理发展中等城市、积极发展小城市的城市发展方针提出了不同的见解，正在引起热烈的讨论。

(3) 城市体系研究已经全面展开，城市内部结构的研究也正在起步。

区域性的城市体系研究成果很多，它们大都是区域规划或区域城镇体系规划的产物。至于全国性的城市体系研究在主要领域已经开展起来，其中讨论城市规模分布的较多。最近，有关城市经济空间网络，城市职能分类，城市间信息交互作用，城市的经济效益差异等研究成果也陆续发表。这些成果都采用了不同的统计分析方法，借助计算机来处理大量的原始资料。全国性城市体系研究取得进展，部分归功于中国城市统计资料的日益丰富。

围绕着制订各个城市发展战略而展开的单个城市研究，论文的数量极多，主要内容大都是分析某个城市发展的有利条件和限制因素，确定城市未来发展的方向，提出相应的措施。其中沿海开放城市和经济特区城市的研究尤其受到重视。①

有新意的城市内部结构的研究主要集中在上海、北京、广州和南京等少数大城市，主要涉及城市的市场空间、生产空间和社会空间。② 与此有关的城市形态研究和城市边缘区研究也正在取得进

① 参见参考文献 50，132，133。

② 参见参考文献 134～138。

展。①但是总的说来城市内部结构的研究在中国相对比较薄弱。主要原因是：①虽然地理学者参加了大量的城市总体规划工作，但比较忽视对城市内部结构的理论概括和深入研究；②中国缺乏城市内部各小区域的详细统计资料；③由于社会制度和所有制的根本不同，西方已有的各种城市内部结构的理论和模式，与中国的实际情况差距较远，不易被移植吸收。1986 年中国成立了国家土地局，加强对城市土地利用的管理，正在逐步推行城市土地的有偿使用。这一改革措施必将引起城市内部一系列的连锁反应。城市地理学正在研究城市土地的分等定级，为确定城市地价提供依据，②这很可能成为推动城市内部结构研究的新的契机。城市住宅短缺、交通紧张、生态失调等城市问题的尖锐化也要求加强城市内部结构的地理学研究。

中国的城市地理学从 20 世纪初期自西方国家引进以来，经历了一条在艰辛曲折中奋进的道路。和过去比，是前进了一大步，但和同期的国际先进水平比，差距还很大。从立足于本国的研究到更多地研究世界；从引进国外的理论和方法到创立中国特色的学派；从重于描述到定性定量的高度结合；从重于现状研究到精于预测和政策、决策研究，真正形成一个多角度、多层次研究的生动活泼的局面，还有相当长的路程要走。中国有世界上最多的城镇人口，最庞大而复杂的城镇体系，城镇化的发展正方兴未艾，完全可以期望，城市地理学在中国具有极为广阔的前景。

---

① 参见参考文献 139。

② 参见参考文献 140。

第二章　城市地域概念

一般说来，城市是相对于乡村而言的一种相对永久性的大型聚落。但是在没有进行空间界定以前，它仍然是一个非常抽象的概念。从历史上看，古代、中世纪、近代和现代的城市其内容和形态千差万别；从地理上看，城市有行政意义上、实体意义上和功能意义上的区别，从几万人的聚落点到几千万人的都市带，城市包括了跨度极大的空间尺度。因此任何以城市为对象的研究首先要明确研究的是什么地域概念的城市。在引用城市统计资料进行分析时，选择合适的或可比的城市地域显得尤其重要。由于这方面的失误而导致研究失败的例子屡见不鲜。

一、城镇的定义和城乡划分

（一）城、市、镇、城市、城镇

要找到一个与当代世界相符合的令人信服的城市或城镇的定义是不容易的，更难找到一个可应用于不同时代的解释，因为城市的定义同城市的起源问题联系在一起，而城市的起源在学术界是一个还没有完全解决的问题。

中国古代城市的起源，大体上就有两种意见，争论是由对“城市”这一概念的不同理解而引起的，其实质也可以看作是究竟以“城”还是以“市”来作为“城市”标志的问题。

“城”最早是一种大规模、永久性的防御设施，主要用于防御野兽侵袭，后来演变为防御敌方侵袭，所谓“城成也，一成而不可毁也”。中国最早的城起源于传说时代的三皇五帝之都（约公元前26世纪初）。考古发掘最早的古城为4 000多年前夏代所筑，如山东章丘县城子崖、河南登封县王城岗、淮阳县平粮台等。和城类似的一种居民点的防御性构筑物叫郭(廓)，早在夏代就有“筑城以卫君，造郭以守民”之说，“内为之城，城外为之郭”。但这时的城还不具备宗庙、宫室、商业市场、手工业工场等一般城市所应该具备的物质要素。古代的城市常有城墙，但城市并不非有城不可，城墙对于古代的城市和乡村都是需要的。因此有人认为，原始的只具有防御功能而没有以商品交换为目的的商业市场的城或城堡不能作为城市。①城与城市不可混为一谈，只有商品经济不断发展，在人口比较集中的城市设立市场，城市方才产生。这时历史已进入阶级社会的门槛。②作为一个发展过程来看，有人认为从原始社会后期至夏是“城堡阶段”，商到西周是“都邑阶段”，只有到春秋时期才有完全意义上的城市兴起。③总之这一类意见认为城市是进入阶级社会以后的产物，是国家出现的重要标志。另一类意见则认为原始的城堡从广义的城市概念来看，应是城市的雏型，不能排斥在城市范围之外，因此城市早在国家产生之前的原始社会后期就已经产生。④

“市”是商品交易的场所。在城市产生以前，市没有固定的场所。早期市的位置常在居民点的井旁，故有“市井”之称。人们在特定的地点按特定的时间相互交易，形成集市。商代货币的使用大大促进了商品经济的发展，为了经营上的方便，市逐渐被吸引到人口比较集中，又是奴隶主贵族居住的城中，并有固定的位置，真正意义上的城市方才产生。汉魏之际，市的位置在城外郭内。唐

---

① 参见参考文献141～142。

② 参见参考文献143。

③ 参见参考文献144。

④ 参见参考文献145。

代，市占一坊之地。宋以后，市坊制解体，市由坊内扩展为一整条街。在南北朝时期，在城市的城门外开始设有供农民出售饲料、燃料等产品的市场叫草市，但数量尚不多。唐代还曾规定“诸非州县之所，不得置市”，①中唐以后，因手工业商业兴盛，水陆交通发展，草市在县以下居民点大量兴起，这就是广大农村集镇的前身。

“镇”与市原本有严格的区别，“有商贾贸易者谓之市，设官防者谓之镇”。②镇以军事行政职能为主。到宋代，镇才摆脱军事色彩，以贸易镇市出现于经济领域，成为介于县治和草市之间的一级商业中心，近现代逐渐引伸为一级政区单位和起着联系城乡经济纽带作用的较低级的城镇居民点。

正因为“城市”与“城”和“市”具有发生学上的密切联系，到了近现代，城、市都成为乡的反义词而作为城市的简称。加上镇的介入，就产生了城市和城镇混用的局面而带来许多麻烦。

在许多场合下，城市和城镇这两个概念有严格的区分。只有那些经国家批准设有市建制的城镇才称为城市(city)，不够设市条件的建制镇才称为镇(town)，市和镇的总称才叫城镇或市镇(urban place 或 city and town)，在我国的人口统计中，对应有市人口、镇人口和城镇人口(或市镇人口)之分是最明显的例子。在不严密的情况下，又常常把城市作广义理解，代表城镇居民点的总称。例如我国的城市规划法所称的城市就包括国家按行政建制设立的直辖市、市和镇。出于同样的原因，urbanization (城镇化)也被翻译为城市化，urban system(城镇体系)被译为城市体系，Urban Geography(城镇地理学)被称为城市地理学。在很多情况下，“城市”与“城镇”混用已经难以扭转。

---

① 《唐会要》卷86。

② 乾隆《吴江县志》卷4。

（二）城镇确定的标准

社会发展到今天，人总是组织成大小不等的群体居住在居民点里。居民点在类型和规模上相差悬殊。最笼统地说，中外各国大体都有这样一套居民点的系列：小村(hamlet)—村庄(village)—镇(town)—城市(city)—大城市(metropolis)。村庄和比村庄还小的居民点一般是乡村型的居民点，居民主要从事农业活动；镇和比镇大的居民点是城镇型的居民点，统称城镇，是以非农业活动为主的人口集中点。

城镇不同于乡村的本质特征有这样几个：①城镇是以非农业人口为主的居民点，在职业构成上不同于乡村；②城镇一般聚居有较多的人口，在规模上区别于乡村；③城镇有比乡村要大的人口密度和建筑密度；④城镇具有上下水、电灯、电话、广场、街道、影剧院等等市政设施和公共设施，在物质构成上不同于乡村；⑤城镇一般是工业、商业、交通、文教的集中地，是一定地域的政治、经济、文化的中心，在职能上区别于乡村。当然，这样说还是很不严密的。

在日常生活中，区别城镇和乡村似乎是轻而易举的事。实际上，目前世界上还没有为定义城镇找到一个统一的标准。世界各国各地区根据各自社会经济发展的特点，制订了不同的城镇定义标准。这些标准很少离开上述的城镇本质特征，所不同的是有些国家的标准侧重于强调某一个特征，有些强调几个特征；有的有明确的数量指标，有的只有定性指标。下面分类介绍若干典型例子。

1．单纯用某级行政中心所在地为标准

如埃及规定省的首府和地区首府为城镇；蒙古国规定首都和地区中心为城镇。使用这类标准的有30多个国家，其中以拉丁美洲国家居多。

2．单纯以城镇特征为标准

如智利规定有一定公共和市政服务设施的、具有明显城镇特征的人口中心为城镇。马耳他这个小岛国情况特殊，没有农业用地的建成区即为城镇。

3. 单纯以居民点人口数量划分城镇

采用这种标准最为普遍，如伊朗5 000人以上的市、镇、村；肯尼亚2 000以上居民的镇；墨西哥至少2 500人的居民点；爱尔兰包括郊区在内的1500人以上的市和镇，均为城镇。按此标准划分的不下50个国家。

4. 用居民点的人口数量和密度指标相结合

如瑞典只要人口在200人以上、房屋间距通常不大于200米的建成区即为城镇；加拿大为1 000人以上的设有建制的市、镇、村以及1 000人以上人口密度至少390人/平方公里的未设建制的居民点为城镇。

5. 用人口规模和城镇特征两个指标相结合

如巴拿马1 500人以上且具有街道、上下水系统和电力系统等城镇特征的居民点为城镇；南非规定所有以非农业为优势的、有500人以上居民的地方和邻接的郊区为城镇，同时又规定即使居民在500人以下，只要有接近100个白人居住具有专门城镇特点的镇也属城镇(显然这里含有种族歧视的因素)。

6. 用人口规模和从业构成两个指标相结合

如荷兰以2 000人以上的市，或人口不到2 000人但男子从业人口中从事农业不超过20%的市为城镇。南斯拉夫规定得更具体：15 000人以上的居民点以及人口在5 000～14 999人，但至少30%不从事农业的居民点；人口在3 000～4 999人，但至少70%不从事农业的居民点和人口在2 000～2 999人，但至少80%不从事农业的居民点为城镇。

7. 取两个以上指标作为标准

如印度，镇以及所有5 000人以上、人口密度不低于390人/平方公里、成年男子人口至少3/4从事非农业活动并具有明显城镇特征的地方为城镇。捷克斯洛伐克的规定最为详尽：5 000人以上的大镇建成区人口密度要超过每公顷100人，至少有3个生活区住房面积占15%以上，镇上大部分地区有供水和排水系统，至少有5名医生和一家药店，一所9年制学校，一家超过20个床位的旅馆，有供应本镇以外村镇的商业和分配系统，有周围地区居民在镇上就业的机会，有一个公共汽车总站，非农业人口占90%以上；2 000人以上的小镇建成区人口密度须超过每公顷75人，至少有3个生活区住房占10%以上，镇上小部分地区有供排水系统，至少

表1 城镇定义中包含有人口下限标准的国家和地区

下限标准(人)	国 家 和 地 区
100	乌干达
200	丹麦、瑞典、挪威、冰岛、格陵兰、法罗群岛
400	阿尔巴尼亚
500	南非、巴布亚-新几内亚、新喀里多尼亚
1 000	加拿大、委内瑞拉、格林纳达、澳大利亚、新西兰
1 400	汤加
1 500	巴拿马、哥伦比亚、爱尔兰
2 000	肯尼亚、利比里亚、埃塞俄比亚、加蓬、扎伊尔、安哥拉、塞拉利昂、留尼汪、阿根廷、古巴、玻利维亚、洪都拉斯、瓜德罗普、马提尼克、以色列、阿富汗、捷克和斯洛伐克、卢森堡、法国、西德、东德、南斯拉夫、所罗门群岛、荷兰
2 500	美国、墨西哥、波多黎各、泰国、关岛
3 000	英国
5 000	印度、巴基斯坦、伊朗、孟加拉国、韩国、土耳其、尼泊尔、沙特阿拉伯、约旦、黎巴嫩、加纳、马里、马达加斯加、赞比亚、索马里、苏丹、喀麦隆、奥地利、比利时
10 000	塞内加尔、马来西亚、科威特、希腊、西班牙、葡萄牙、意大利、瑞士
20 000	尼日利亚、毛里求斯
50 000	日本

资料来源：根据参考文献86，121～124页和参考文献87，173～176页汇总。

有两名医生和一家药店。在此标准以下不属于城镇。

8. 其它标准

目前世界上还有近70个国家和地区没有明确的城镇划分标准,有的只公布城镇的名称和数量,有的只说明法律上事先规定的居民点为城镇,有的干脆对此不加任何说明。

很显然,世界各国确定城镇的标准,差异非常悬殊。单是在城镇定义中包含有人口下限指标的80个国家和地区来看,标准最低的只有100人(乌干达),最高的为50 000人(日本)(表1)。因此,不同国家之间城镇的对比研究要注意到这种情况,标准的完全可比是不可能的,修正也很困难。1938年国际统计学会曾建议世界各国以2 000人的规模作为城镇和乡村的界线。二次大战以后,在布拉格召开的欧洲统计会议曾建议2 000人以上、农民不超过20%的居民点即可称为城镇,10 000人以上的居民点均为城镇。实际上没有被各国采用。

(三) 城乡界线的划分

根据各国确定的城镇定义,就可以把城镇从广大的乡村区分开来。城镇作为一级行政单位就有自己的辖区范围。如果从高空来观察一座城市,辖区范围的界线虽然看不见,却能看到完全不同于乡村景观的城镇聚落的实体——有着密集人口的,由各种人工建筑物、构筑物和设施组成的建成区。

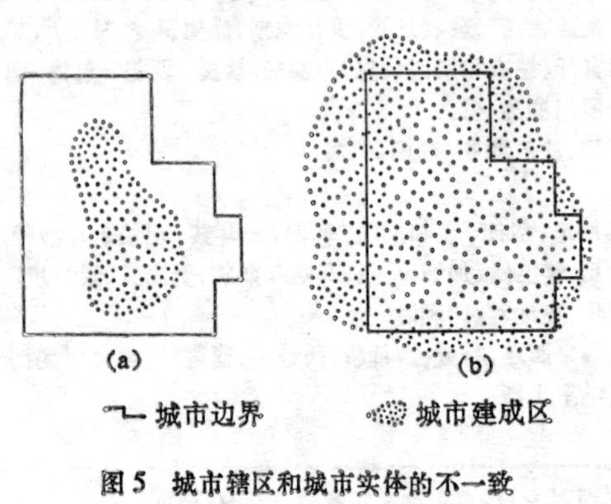

图5 城市辖区和城市实体的不一致

按理说，城镇的辖区界线应该大体上就是城乡之间的分界线，城镇辖区界线内的人口应该就是城镇人口，以外的人口就是乡村人口。然而实际上远非如此。城镇聚落的实体范围和城镇行政界线相一致的情况是很少见的。不一致有两种情况：有的城市的行政管辖范围比城市聚落发展的实际范围要大，包括了一定的乡村地域(图5a)；有的城市的实体发展已经超出了城市的行政管辖范围（图5b)。显然，图5中两个城市的辖区界线并不反映城乡界线，它们辖区范围内的城市人口是不可比的，前者偏大，后者偏小。

可见，为了确定城市实体范围而进行城乡的划分和确定城镇地位的标准是有着内在联系的两回事，而不是一回事。

要真正在城市和乡村之间划出一条有严格科学意义的界线绝非易事。首先这是因为从城市到乡村是渐变的，有的是交错的。这中间不存在一个城市消失和乡村开始的明显的标志点，人们在城乡过渡带或城乡交接带划出的城乡界线必然带有一定的任意性和主观性。第二个原因是城市本身是一定历史阶段的产物，城市的概念在不同的历史条件下，发生着不断的变化。世界各国处在不同的历史发展阶段，甚至在一个国家的不同地区，所处的发展阶段也不尽相同，这也给城乡划分带来困难。古代筑有城墙的城市，城圈以内尽管也常常有大片的农田，但城墙毕竟还可以作为城乡划分的明显界线。工业革命以后，工业在城市的发展使城市突破城圈膨胀起来，城墙一类的明显界线不再存在，但每个城市毕竟还是相对集中、象大饼似的一块。进入现代，由于汽车的普及和城市郊区化的结果，城市变成了中心城市和包括外围若干城镇在内的城郊复合体。城市，尤其是大城市与周围地区的联系在空间上日趋广泛，在内容上日益复杂，使划分城乡界线又增加了难度。

为了解决城市实体与城市行政界线不相符合的问题，使城市与城市的比较能放在同一可比的基础上，人们试图从两个途径来加以解决。

一个途径是用人口密度的标准进行城市可比区域的定界，通过计算城市内部每一个最小行政单元的人口密度，画出不同密度值的城市区域的轮廓。认为只有在相似人口密度值以内的城市区域才能进行合理的、有意义的比较。① 用这种方法进行少数城市的比较也许是合理的，但普遍采用有很多困难。各国人口密度不同，城市人口分布模式不同，相似的密度圈范围内的城市地域也很难说有可比性，另外，这样的资料也很难取得。日本在1960年的国情调查中，把人口密度在4 000人/平方公里以上、整个人口在5 000人以上的地区叫人口集中地区，用它来代表城市的实体，是采用这种方法的一个例子。

另一个途径是对城市实体范围的划定使用详细的规定。在这方面美国的处理方法比较完整，在发达国家具有代表性。

美国国情普查规定，城镇人口由居住在城市化地区（Urbanized Area）的全部人口和城市化地区以外的2 500人以上的居民点（Place）的全部人口组成。美国人口的聚居点有两种：一种是设有市、镇（town and borough）、村建制的居民点，称为"设有建制的居民点"（Incorporated Place），它们按各州的法律设置，有自己的法定边界；另一种是未设有建制的居民点，政府为了普查需要，对于有一定规模的未设建制的居民点划定了统计边界，被称为"普查规定的居民点"（Census Designated Place，简称CDP）。城市化地区是美国为了确定城市的实体界线以便较好地区分较大城市附近的城镇人口和乡村人口的目的而提出来的一种城市地域概念，相当于我国常用的城市建成区（Built-up Territory）。

每一个城市化地区由中心城市和它周围的密集居住区（urban

---

① 参见参考文献42。

fringe)两个部分组成，合计人口在5万以上。中心城市是指城市化地区内人口最多的一个或二个设有建制的市。1980年以前，规定中心城市的规模必须在5万人以上（或为了社会和经济目的组成的双城，合计人口5万以上)。1980年开始为了允许那些较小的人口中心被定义为城市化地区，对中心城市规模的标准已经放

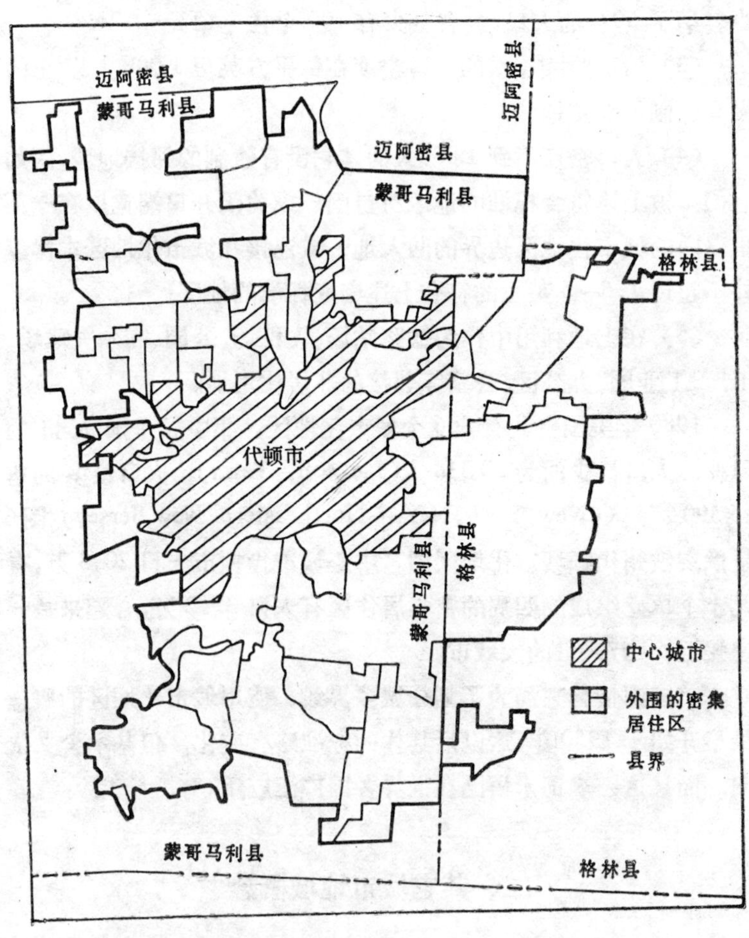

图6 俄亥俄州代顿城市化地区图(根据参考文献91,第346页编绘)

宽。中心城市周围互相邻接的密集居住区由下列地域组成:

(1) 互相邻接的2 500人以上设有建制的居民点或普查规定的居民点;

(2) 人口不到2 500人的设有建制的居民点或普查规定的居民点,人口密度必须达到每平方英里1 000人以上,密集居住区至少容纳了60%的人口,或者至少有100个住宅单元;

(3) 由道路相连接的人口密度在每平方英里1 000人以上的没有建制的邻接地域;

(4) 人口密度不到1 000人的其它没有建制的邻接地域,假如它们:被上述符合标准的地域所包围;或关闭开口端宽度在一英里以内的城市化地区边界的凹入地;或连接在城市化地区本体以外不超过1.5~5英里的符合上述密度标准的地区;

(5) 在土地利用中作为铁路站场、飞机场、公园、高尔夫球场、工厂、工业园、办公区、公墓等邻接的非居住用地。

1980年美国一共有366个城市化地区,集中了全国人口的61%。人口最少的为50 338人(Jackson, Tenn),人口最多的达15 590 274人(New York, N.Y.—Northeastern New Jersey)。图6是俄亥俄州代顿城市化地区图。中心城市代顿市人口20.3万,有几十个单元组成的四周的密集居住区有人口39.2万,合起来是一座接近60万人口的大城市。

美国国情普查局为了划分城乡界线,使用城市化地区的概念最早开始于1950年,这以后具体的标准略有变化,但基本含义依旧。而且这一名词术语已在世界各国广泛应用。

二、其它城市地域概念

城市建成区或城市化地区反映了城市作为人口和各种非农业

活动高度密集的地域而区别于乡村，它不是行政意义上的城市，而是实际景观上的城市。这是城市研究中最基本的城市地域概念。可是，这样的城市地域边界易于变动，取得各年的资料十分困难。更重要的是城市与周围地区有着密切的社会和经济联系，这种联系常常超出城市化地区的范围。城市社会越发达，城市与所在区域之间的联系越频繁，城乡之间的界线也就越模糊，城乡二分的必要性和实用价值也随之下降。这就要求在城市研究中有其它的城市地域概念来适应这种变化。

（一）大都市区

大都市区的一般概念是一个大的人口核心以及与这个核心具有高度的社会经济一体化的邻接社区的组合，一般由县作为构造单元。它也不是一级行政单元，而是城市功能上的一种统计单元。

美国早在1910年就提出大都市地区(Metropolitan District)的概念。1949年定义了具体的统计标准用于国情普查，称作标准大都市区(简称SMA)，1959年改称标准大都市统计区(SMSA)，一直用到1980年。这以后开始实行新标准，并改称大都市统计区(MSA)。

每一个MSA必须至少包括一个50 000居民以上的中心城市或者至少50 000居民的城市化地区，总人口至少100 000人(在新英格兰至少为75 000人)。一个MSA由中心县(Central County)和外围县(Outlying County)两部分组成。

中心县即中心城市所在的县以及县的人口至少有50%以上是在城市化地区里的邻接县。也就是说每一个MSA必须包括一个城市化地区，有时可能包括二个或二个以上的城市化地区。

和中心县结合在一起组成MSA的外围县必须满足某些大都

市特点和到中心县的通勤等特别要求。具有大都市特点要满足的标准有：①这些县的劳动力至少有75%从事非农业活动；②县里被雇佣的非农业劳动力至少是中心县所雇佣的非农业劳动力的10%或至少为10 000名；或者县里居住的非农业劳动力至少是中心县所居住的非农业劳动力的10%或至少定居有10 000人；或者这个县50%以上的居民居住在互相邻接的人口密度至少为150人/平方英里的低级行政区(Minor Civil Division)里，这样的低级行政区要和中心城市相连而不间断。

具有大都市特点的县还必须满足与中心县的通勤条件：住在县里的非农业劳动力至少有15%在中心县工作；或者在县里工作的非农业劳动力至少有25%居住在中心县。

1980年的标准还规定，人口在100万以上包括有两个或两个以上城市化地区的大都市区，假如满足特别的标准，要进一步定义出它们的组成部分"基本大都市统计区"(Primary Metropolitan Statistical Area，简称PMSA)，包含有几个PMSA的大都市复合体则称为"结合大都市统计区"(Consolidated Metropolitan Statistical Area，简称CMSA)。1984年美国一共有256个MSA，和21个CMSA(包含73个PMSA)，大都市区的人口占全国人口的76%，土地面积占全国面积的16%。

可见，确定大都市区地域标准的核心是以非农业活动占绝对优势的中心县和外围县之间劳动力联系的规模和联系的密切程度。更多的反映了就业机会集中(需要劳动力)和人口集中(供应劳动力)的县的组合。中心城市和城市化地区一般说相当于大都市区的核心，大都市统计区一般比它们的核心要大，包括了连续的建成区外缘以外的不连续的城镇和城郊发展区，也可能包括一部分乡村地域，城市化地区是不包括乡村地域的。因为大都市统计区的外界与县界吻合，比较稳定，资料容易统计和收集，所以使用极为广泛。

类似的概念在加拿大称“国情调查大都市区”(CMA),在英国叫“标准大都市劳动市场区”(SMLA),澳大利亚叫“国情调查扩展城市区”(CEUD),瑞典则称“劳动-市场区”等等,虽然各国的具体标准不同,但含义是相似的。

(二) 通勤场和城市场

如果从大都市区的中心向外分别画出到中心城市的不同通勤率等值线,那么大都市区的外界大体和通勤率10～30%的范围相

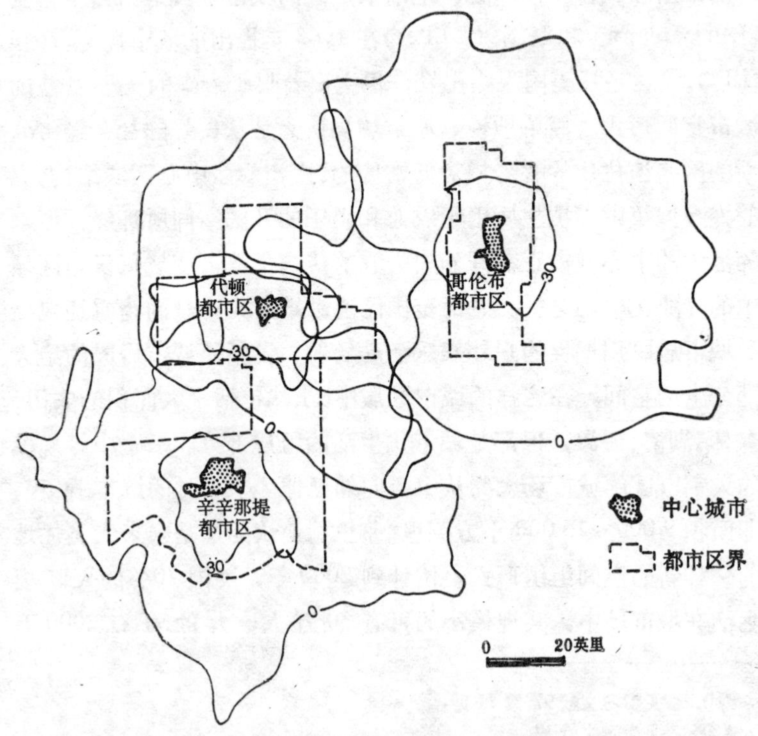

图7 辛辛那提、代顿、哥伦布3个中心城市的通勤场(引自参考文献97,第6页)

当，[①]实际的通勤范围远远超出大都市区以外。通勤场(commuting field)就是到有关中心城市通勤的外界(0%等值线)所包括的范围，是比大都市区更大的功能上的城市地域概念。图7表示代顿、辛辛那提、哥伦布3个相邻的中心城市与它们的标准大都市统计区和通勤场之间的相对关系。城市通勤场有一定的重叠。根据贝利对1960年通勤资料的研究，美国几乎所有的县都有至少5%的职工到某一个大都市区通勤，因而都可以被纳入某一个通勤场。贝利借用daily urban system的术语，进行了美国城市通勤区划。[②]

最新颖、含义最广泛、地域最广阔的城市地域是由弗里德曼(J.Friedmann)和米勒(J.Miller)在1965年提出的城市场(Urban field)。[③]这是从美国现实出发，但主要着眼于未来的一种理想的城市空间形式。简单地说，城市场被认为是从良好的社会经济联系的网络演化成的有着相对低密度的、广阔的多中心区域结构，它的许多城镇中心被主要用于农业和娱乐的开阔空间所环绕，原来的巨大的中心城市正在开始失去它的传统优势，变成仅仅是区域中的专业化中心之一。它的范围比通勤场更大，是因为它还包括了城市居民周期性的户外娱乐活动场所，囊括了城市居民的绝大部分生活空间。在这样的城市区域中，虽然包括了大面积的农田、森林、湖滨、海滩，但都是城市化生活的组成部分。一个中等规模的大都市区的城市场大约从中心向外延伸2个小时的汽车路程，即面积9 000～15 000平方英里。弗里德曼认为这是未来人类住地的一种新的空间组织形式。估计到2000年，美国70%的人口要生活在城市场中，其规模小的可有50万人，大的可有2000万

① 参见参考文献97，第11页。

② 参见参考文献17。

③ 参见参考文献35。

人。①

由于城市场不具有明确的统计标准，使用中这一术语已被逐渐推广而偏离了原意。常常顾名思义地把城市场用于大城市核心向外的各种吸引范围。

（三）大都市带

有许多都市区连成一体，在经济、社会、文化等各方面活动存在密切交互作用的巨大的城市地域叫做大都市带（Megalopolis）。这一概念是法国地理学家戈特曼(Jean Gottmann)在研究了美国东北部大西洋沿岸的城市群以后，于1957年首先提出来的。②戈特曼选择了古希腊时代建立的一个理想中非常大、但从未发展到这么大的城市的名字Megalopolis（意即一个非常大的城市）来称呼这个世界上最大的、当时人口超过3 000万的超级大都市区。在中国，很多人把Megalopolis翻译为特大城市或城市集群或城市带都有点词不达意。大都市带必须具备的条件有：①区域内有比较密集的城市；②有相当多的大城市形成各自的都市区，核心城市与都市区外围的县有着密切的社会经济联系；③有联系方便的交通走廊把这些核心城市联结起来，使各个都市区首尾相连没有间隔，都市区之间也有着密切的社会经济联系；④必须达到相当大的总规模，戈特曼坚持以2 500万人为标准；⑤是国家的核心区域，具有国际交往枢纽的作用。

大都市带的空间形式自提出以来受到极大的重视。在70年代，戈特曼认为世界上有6个大都市带：①从波士顿经纽约、费城、巴尔的摩到华盛顿的美国东北部大都市带(图8)；②从芝加哥向东经底特律、克利夫兰到匹兹堡的大湖都市带；③从东京、横滨经

---

① 参见参考文献34。

② 参见参考文献38。

名古屋、大阪到神户的日本太平洋沿岸大都市带；④从伦敦经伯明翰到曼彻斯特、利物浦的英格兰大都市带；⑤从阿姆斯特丹到鲁尔和法国北部工业聚集体的西北欧大都市带；⑥以上海为中心的城市密集地区，这是研究还比较少的一个大都市带。[1] 还有 3 个可能成为大都市带的地区是：①以巴西里约热内卢和圣保罗两大核心组成的复合体；②以米兰—都灵—热那亚三角区为中心沿地中海岸向南沿伸到比萨和佛罗伦萨，向西延伸到马赛和阿维尼翁的地区；③以洛杉矶为中心，向北到旧金山湾、向南到美国—墨西哥边界的太平洋沿岸地区。

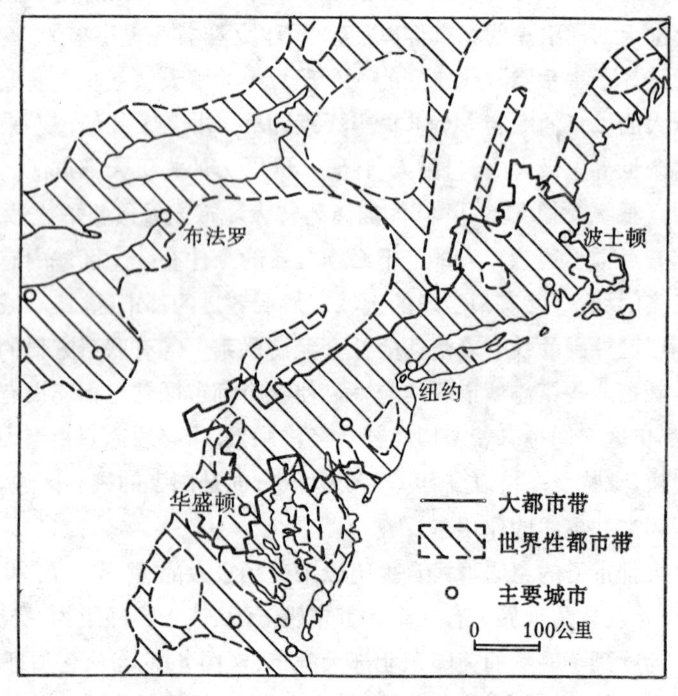

图 8 美国东北部大都市带和世界性大都市带的关系

（引自参考文献 146，第 67 页）

---

① 参见参考文献 39。

到80年代后期，在发展中国家特别是亚洲人口密集的水稻农业国也有类似于大都市带的城市地域出现，例如台湾西海岸、爪哇以及中国东部沿海的几个发达区。①

戈特曼的缺憾之处在于后来提出的不少大都市带，都缺乏比较明确的地域界定。

杜克西亚迪斯(C.A.Doxiadis)从大都市带的发展趋势大胆推断：100年以内由于交通和通讯手段的改善，城市动力场的不断扩大和延伸，以前相对独立的大大小小的城市动力场会逐渐合并形成一个复杂系统，使几个大都市带互相联结而形成一种由许多大的结点或发展极联结成网络的具有巨大空间和人口的聚落形式，叫世界性都市带(Ecumenopolis，有人译为环宇都市带)，各个大陆的都市带联合体形成一个全球性的世界都市。② 欧洲的世界性都市带的主要结点将在西北欧、意大利北部和白俄罗斯-乌克兰地区，它们和欧洲的其它部分之间有大量的联系。美国的世界性都市带以美国东北部为主要结点，通过发展走廊和加利福尼亚、佛罗里达和墨西哥湾沿岸等外围结点联系起来。但是贝利对未来城市聚落的空间形态有不同的看法。③ 他认为人类正从机械时代进入电子时代，这意味着主要的大都市中心的发展将放慢速度，虽然它们变成高度一体化的通讯网络的中心，其实际的优势可能增加了。而现在在城市场或世界性大都市带以外的具有高度舒适环境的较小中心，借助发达的电子通讯网络可能变成美国的主要发展区，获得较快的发展速度。在世界的其他发达地区也会有相似的情况。

总之，从结构简单的小城镇聚落到以中心城市为核心的城市

---

① 参见参考文献59和103。

② 参见参考文献31。

③ 参见参考文献17。

化地区，再到以城市化地区为核心的大都市区、通勤场和城市场，以及有许多都市区连接而成的大都市带，反映了城市概念和城市区域概念的不断发展和延伸。变化的总趋势是从行政城市体向功能城市体方向变化，从单一城市体向城镇复合体的方向变化。

在这样复杂的情况下，根据不同的目的、不同的发展阶段，用具体的标准确定一系列不同空间尺度的城市地域是一种可取的良策，这样既满足了各方面的不同研究需要，又避免了概念上的扭曲。这也告诫人们，在城市研究中对城市资料的使用要十分谨慎，以同一个城市命名的城市资料，可能代表不同尺度的城市地域，比较研究要采用合适的空间尺度并保持概念上的可比性。

三、中国的城镇概念和统计口径

（一）中国市镇设置的标准

国务院在 1955 年公布了第一个确定城镇的标准，采用居民点的人口下限数量和职业构成两个要素相结合的办法。规定常住人口 2 000人以上、居民 50%以上为非农业人口的居民区即为城镇。工矿企业、铁路站、工商业中心、交通要口、中等以上学校、科学研究机关的所在地和职工住宅区等，常住人口虽然不足 2 000人，但在 1 000人以上，非农业人口超过 75%的地区；以及具有疗养条件，每年来疗养或休息的人数超过当地常住人口 50%的疗养区均可列为城镇型居民区。城镇和城镇型居民区以外的地区列为乡村。聚居人口 10 万以上的城镇可以设市，聚居人口不足 10 万的城镇，如果是重要工矿基地、省级地方国家机关所在地、规模较大的物资集散地或边远地区的重要城镇，确有必要时也可设市。市的近郊区无论它的农业人口所占比例大小，一律视为城镇区。县级或县级以上地方国家机关所在地以及聚居 2 000人以上的城镇可设置镇的建制，少数民族地区标准从宽。

为了应付大跃进期间城镇人口增长过快带来的困难，1963年底国务院对上述标准作了较大的修改：①设镇的下限标准提高到居住人口3 000人以上，非农业人口70%以上或聚居人口达2500～3 000人，非农业人口占85%以上；②缩小了市的郊区范围，规定市镇人口中农业人口所占比重一般不应超过20%；③市区和郊区的非农业人口列入市的城镇人口，市区和郊区的农业人口不再作为城镇人口而列入乡村人口。

一次新的变动发生在1984年，这一年人民公社被撤销并恢复了乡作为县以下的乡村基层行政单位。同时规定在20 000人以下的乡，假如乡政府所在地的居民点非农业人口和自理口粮常住人口①在2 000人以上可以设镇。20 000人以上的乡，假如乡政府所在地的非农业人口和自理口粮常住人口超过总人口的10%也可以设镇。简单地说，镇应该至少有2 000以上的非农业人口和自理口粮常住人口聚居。实际上，现在有很多镇的非农业人口规模低于法定标准。

1986年设市标准也作了较大调整：①非农业人口6万以上，年国民生产总值2亿元以上，已成为该地经济中心的镇，可以设市。少数民族地区和边远地区的重要城镇、重要工矿科研基地、著名风景名胜区、交通枢纽和边境口岸，虽不足以上标准，如确有必要，也可以设市。②总人口50万以下的县，县人民政府驻地所在镇的非农业人口10万以上，常住人口中农业人口不超过40%，年国民生产总值3亿元以上，可以撤县设市。总人口50万以上的县，县府所在镇的非农业人口一般在12万以上，年国民生产总值4亿元以上，也可撤县设市。自治州人民政府或地区（盟）行署驻

① 自理口粮常住人口指根据1984年国务院和公安部的有关通知和规定，农民进入集镇务工经商，到集镇办理自理口粮落户手续的人，落户后按非农业人口统计。

地所在镇,虽不足以上标准,如确有必要,也可以设市撤县。③市区非农业人口25万以上,年国民生产总值10亿元以上的中等城市,可以实行市领导县的体制。显然,设市标准比以前也大大降低了。有很多市实际还低于法定标准。

1991年底的资料,我国有设市的城市479个,其中直辖市3个,地级市187个,县级市289个,县辖镇9 308个(不含市和市郊区所辖的建制镇)。

(二)中国的城乡划分

中国的城镇地域在统计上基本以设有建制的市和镇直接辖区的行政界线来划分,市镇辖区以外为乡村。具体到人口的城乡划分,不同时期又有变化。1963年以前,市镇辖区内的总人口(即非农业人口和农业人口)为城镇人口,这以外的人口为乡村人口。这期间市镇的郊区较小,市镇的行政范围接近于市镇实体范围。1964~1981年期间改为市镇辖区内的非农业人口才算城镇人口,辖区内的农业人口属于乡村人口,这时期市镇的郊区也还不算大。但从此开始了城镇人口与城镇地域之间的相互脱节。

1982年第三次人口普查以后,城镇人口的统计标准又回到以前的市镇总人口,包括市镇辖区内的农业人口。但随着"整县设市"和"整乡设镇"的模式逐渐代替过去的"切块设市"和"切块设镇"模式,市镇辖区包括了过多的乡村地域,市镇人口包含了过多的农业人口。城乡划分和城乡人口统计越来越失去其实际意义。

在1982年城乡人口划分的口径已经难以为继之时,1990年的第四次人口普查对市镇人口统计不得不改换口径,规定:市镇人口中的市人口里指设区的市所辖的区人口和不设区的市所辖的街道人口;镇人口是指不设区的市所辖的居民委员会人口和县辖镇的居民委员会人口。如果忽略掉市镇人口中包含的少量常住地与常住户口登记地不一致的人口和户口待定的人口，那么最新的市镇人口统计口径简单地说就是设区的市(直辖市和地级市)统计市区的总人口,不设区的市(县级市)和县辖镇只计其中的非农业人口。实质上是在过去曾经采用过的偏大和偏小的两种统计口径之间，采取了一种折衷的方案,设区的市采用偏大的辖区总人口,不设区的市和镇采用偏小的非农业人口。

既然市镇行政区界是城乡统计的基础，就有必要了解中国市镇辖区的构成特点,这是理解中国城镇统计口径的关键。

我国城市的城郊空间关系可以按3个指标进行分类：①按城市建成区的空间分布形态,可分成单核心分布、多城接近分布、多片分散分布3类；②按城郊组合方式，可分为大郊区和小郊区两类;③按市区组成的空间特征,可分为带飞地和不带飞地的两种类型。综合考虑这3种因素,在理论上可以分出12种类型(图9),① 即:

(1) AIa,单核心无飞地小郊区型,如保定;

(2) AIb,单核心无飞地大郊区型,如呼和浩特;

(3) AIIa,单核心带飞地小郊区型,如徐州;

(4) AIIb,单核心带飞地大郊区型,如德阳;

(5) BIa,多城接近无飞地小郊区型,如兰州;

(6) BIb,多城接近无飞地大郊区型,如银川;

(7) BIIa,多城接近带飞地小郊区型(尚未发现);

(8) BIIb,多城接近带飞地大郊区型,如包头;

(9) CIa,多片分散无飞地小郊区型,如秦皇岛;

(10) CIb,多片分散无飞地大郊区型,如淄博;

(11) CIIa,多片分散有飞地小郊区型,如张家口;

---

① 周一星、史育龙:“中国市镇地域实体划分方法及其应用研究”，1991年(未刊稿)。

(12) CIIb,多片分散有飞地大郊区型,如齐齐哈尔。

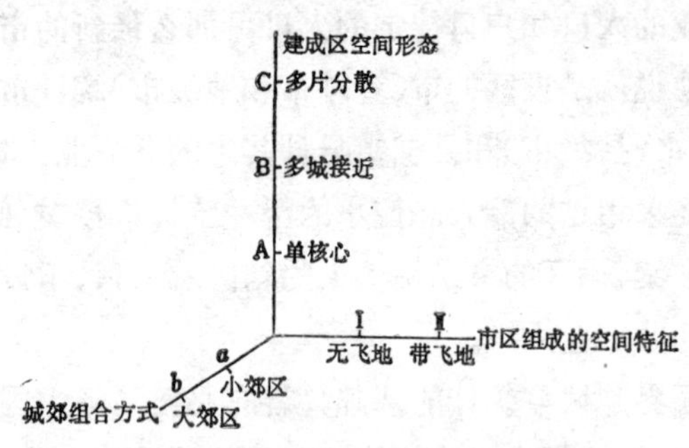

图9　中国城市的城郊空间关系分类指标构成

在中国，几乎所有城市的直接辖区（即市区，不含辖县）都远远大于城市的建成区，1988年434个城市中，建成区面积占市区总面积超过10%的仅有59座城市，这一点是和西方国家非常不同的。

需要说明的是,有关市领导县的体制是在1982年以后开始广泛实行的,1982年以前,只有少数大城市为了确保蔬菜、牛奶、鸡蛋等副食品的供应而管辖若干个县。1982年以后，为了发挥城市带动地区经济发展的作用,源于辽宁、江苏等发达地区的市领导县的体制大面积推广到大中城市，甚至某些小城市。到1990年底，168个市领导了700个县(不含由市代管的县级市)。市辖县不属于城市市区的统计范畴。我国的县不论它受谁领导，其中的镇属于城镇,其中的乡属于乡村。

包括辖县在内的直辖市和地级市的市域范围，是中国特定条件下的一种行政上的城市地域。不同城市之间辖县的范围变化很大，并没有明确的标准。小城市可能带很多个县（如乐山市带12个县),大城市可能只领导很少的县(如沈阳市带2个县)。因此包括辖县的中国城市地域,相互之间并无可比性,与国外的大都市区也是完全不同的两个概念,无可比性而言。

(三）中国城市统计口径的讨论

我国城市地域和城市统计存在的问题有:

(1) 没有一个保持稳定的城镇和城镇人口的定义，频繁多变的标准使我国的城镇统计失去了有意义的国际比较的基础，很多情况下用它来分析中国城市本身的发展也感困难。

表 2 是用国家公布的市镇总人口和使用过 18 年之久的市镇非农业人口两种统计口径衡量的中国城镇化水平，由表可见两者差距越来越大。1990 年第四次人口普查又公布我国市镇人口比重为 26.23%，不仅使不了解内情的人难以理解，而且又使以前的各种统计失去连续性，有必要重新修补。

表2　按两种不同统计口径计算的我国城镇人口比重

年份	按市镇总人口计(%) (1)	按市镇非农业人口计(%) (2)	(1)—(2)
1949	10.6	9.1	1.5
1960	19.7	16.6	3.1
1970	17.4	12.2	5.2
1980	19.4	13.7	5.7
1985	36.6	16.9	19.7
1989	51.7	18.9	32.8

(2) 用现在的市镇行政区为基础的各种城镇统计指标难以反映我国城镇的实际情况。

以市镇总人口反映的城镇发展速度被大大夸张了。1949～1980 年，中国市镇总人口的比重从 10.6%上升到 19.4%，31 年增加了 8.8 个百分点。然而 1980～1989 年间，从 19.4%上升到 51.7%，9 年增加了 32.3 个百分点。虽然改革开放以来我国城镇发展速度确实比以前快，但如此惊人的速度是不实的。水分来自 3 个方面：首先，设置市、镇的标准比以前大大降低了，还出现了许多达不到标准的市镇；第二，大量的县(1983～1987 年间约有 136 个)和大量的乡(1984～1987 年间约有 6 300 多个)整个地被晋升为市和镇，这些新设市镇，农业人口占压倒优势；第三，许多原来的市、镇也扩大了行政辖区。因为如此，近几年新增加的市镇人口，80%以上是农业人口，说明主要是行政因素而不是经济因素导致了市镇人口的快速增长。

随着市镇总人口中农业人口比重的增加，历年的市镇总人口在时间上已经失去了可比性(表3)。

表3 中国市镇总人口中农业人口的百分比(%)

年份	农业人口占市镇总人口比重(%)
1949～1963	15～17
1964～1980	23～30
1981～1984	31～50
1985	54
1986	58
1987	62
1988	63

同样道理，用现在的市镇行政区为基础的人口规模指标和各项人均指标及人口密度指标反映的城镇发展情况也受到严重扭曲。表4所列城市是具有典型意义的两组规模相似的城市。第一组中的邓州等8个城市都是近年来新设的县级市，它们全市的非

表4 总人口规模相当的两组城市的比较(1988年)

I					II				
城市	总人口(万人)	非农业人口(万人)	建成区面积(km²)	人口密度(人/km²)	城市	总人口(万人)	非农业人口(万人)	建成区面积(km²)	人口密度(人/km²)
邓州	133.4	7.8	20	582	石家庄	125.9	102.1	83	4 100
麻城	103.7	7.9	18	288	洛阳	112.8	72.4	44	2 073
禹州	101.3	7.4	4	688	乌鲁木齐	106.7	100.5	62	1 278
定州	95.6	6.5	10	751	合肥	95.4	69.2	64	2 082
汝州	78.4	6.0	14	508	苏州	82.8	68.7	36	6 291
利川	75.0	4.4	22	163	阜新	71.7	62.0	41	1 600
辉县	67.9	4.7	25	338	保定	61.4	46.8	51	4 875
乐陵	56.3	3.9	10	504	温州	55.2	39.1	23	2 952

农业人口都不足8万，但县改市后，全县人口都成了市区人口，于是这些小城市的规模和第二组中石家庄等8个“货真价实”的大中城市规模相当。实际上这两组城市的许多指标都没有可比性。

(3) 虽然城镇非农业人口资料的连续性比较好，但它在两个方面是不理想的。一方面它不包括居住在城镇并从事非农业活动的农业人口，这一部分人口的数量正在日益增长。即使居住在城镇的从事农业的农业人口，也是城镇的当然组成部分，不应排除在外；另一方面它却包括了城镇建成区以外很远的分散居住在乡村的非农业人口。两者相抵，城镇非农业人口作为城镇人口总的而言口径偏小。

(4) 第四次人口普查的市镇人口统计对设区的市和不设区的市及镇采用双重标准，其全国性的总体结果是可以接受的，以往的严重虚夸状况得到改善。但也正因为如此，这样的折衷方案既部分继承了过去口径偏大的缺陷，又部分继承了口径偏小的缺陷，使得市镇人口的普查数据在市镇之间和省区之间不具有可比性。中国城镇概念和城镇人口统计长期存在的问题，在这次普查中仍未得到根本解决，甚至变得更复杂化了。

(5) 不同空间尺度的城市辖区没有相互区别的专用名称，造成了概念和城镇统计口径上的人为混乱。执行市领导县以后，这种混乱变得更严重了。以北京市为例，从不同的出版物中可以得到7种所谓北京市人口数据(表5)。假如对这些北京市人口的概念不作特别的说明，就很难明白它们的确切含义。报刊上一度声称，中国最大的城市是重庆而不是上海，深圳特区不等于深圳市等。这都是由于带县的“市”和不计辖县的“市”都叫“市”带来的误解。

以上问题产生的根源是我国简单地用市镇的行政界线来代替城乡界线。人们一直忽视中国市镇的行政辖区与城镇设置标准的严重脱节，前者远比后者为大。

表 5 北京市人口——7种不同的规模(1987年)

人口(100万人)	含　义
① 9.88	北京市总人口(包括辖县)
② 6.70	北京市区总人口(包括4个城区，4个近郊区和2个远郊区)
③ 5.74	北京市城、近郊区总人口
④ 5.47	北京市区非农业人口
⑤ 5.11	北京市城、近郊区非农业人口
⑥ 4.50(1984年)	北京市建成区人口
⑦ 2.40	北京市城区人口

通过缩小市镇的行政辖区来解决这个矛盾涉及面太大，几乎是不可行的。在不更动现有行政地域划分体系的前提下，笔者认为:

(1) 我国应建立一种反映城镇实体界线的城镇地域概念，并确定相应的标准，作为城镇统计的基本单元。

建成区最符合于城镇实体的概念，但是建成区的外界随时间不断变化，统计较为困难。为了保持地域上的完整性和稳定性，又兼顾科学性和简单易行，建议城镇实体的范围应该包括城镇的建成区和它们的近郊区。市和镇两级按其规模和建制可分别命名为“近市区”和“近镇区”，合称“市镇区”。在中国，城市不论大小，原来都有近郊区的概念，在相当长时间内城市建成区不会越出近郊区界。近郊区的范围不应太大，以近市区或近镇区人口中农业人口不超过 20～30%为宜。

(2) 在城市实体概念的基础上，建立一套不同空间尺度的互相衔接的城市地域概念，以满足不同目的的需要，并和国际上的城市统计建立起可比的基础。这一套系列的组成详见图 10。

比近市区小的城市地域概念依次是城市建成区、旧城区和市中心，这些概念在中国和西方都一直流行。

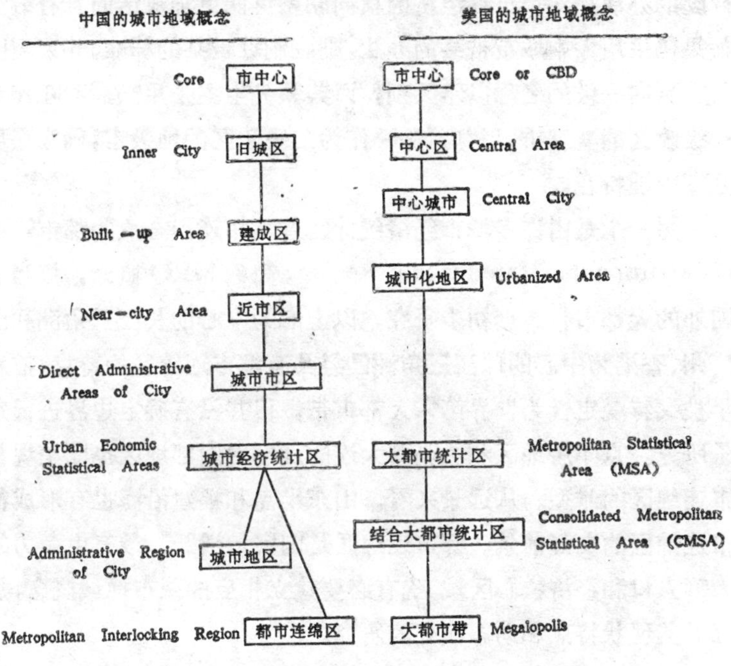

图 10　中国不同空间尺度城市地域概念设想(引自参考文献 102)

比近市区大的下一个城市地域概念是城市的直接辖区，即行政上不含辖县的城市市区。现在郊区较小的市县分设的城市市区则和近市区范围一致。

比城市市区大的下一个城市地域概念是城市经济统计区(Urban Economic Statistical Area,简称 UESA)，这是较大的城市与周围已经以二、三产业占绝对优势、并保持密切社会经济联系的县的组合，大体相当于国外的大都市区，但统计标准应适应中国的特点。

比城市经济统计区要大的城市地域概念有两个，一个是中心城市加上它带县范围的城市地区概念。对市领导县体制的利弊有许多不同的见解，从长远来说，用组织城市经济区的办法而不是用行政的办法来实现市县经济的横向联系可能更加灵活而且有效。如果仍采用大中城市带县的办法，则应制订带县的标准，并采用比"市"更高一级的名称以示区别。谭其骧先生主张用"道"称呼作为一级政区的直辖市，用"府"称呼作为二级政区的地级市，确实必要且富中国特色。

另一个是由许多城市经济统计区首尾相连组合成的都市连绵区(Metropolitan Interlocking Region，简称 MIR)概念，相当于国外的大都市带。据初步研究，以上海为中心的长江三角洲和以广州、香港为中心的珠江三角洲已经具有都市连绵区的特点，前者早被戈特曼定性为世界第六大都市带，但并没有确定边界进行定量研究。京津唐地区和沈阳到大连的辽宁中南部地区也已呈现都市连绵区的雏型。从远景来看，山东半岛和福建沿海也有形成都市连绵区的良好前景。都市连绵区是国家最活跃、最有生命力的大型人口和经济核心区域，确有必要建立相应的城市地域概念，加强对其现状特点和动态演变的研究。

如果上述设想得以实现，将给各个领域的中国城市研究和中外城市对比研究提供坚实的科学基础。中国的城市地理将可能在这个背景上描绘出更真实的图画。」

第三章　城镇化——当代世界的潮流

一、基本概念

（一）城镇化、城市化和都市化

1867年西班牙工程师A. Serda 在他的著作《城镇化基本理论》一书中首先使用了urbanization的概念。20世纪，这一名词已经风行世界。70年代后期，从urbanization转译而来的中文术语在中国流行开来以后，由于中国词语的特点却变得复杂起来。本来urban（城镇）是rural（乡村）的反义词，人类各种聚落类型除乡村居民点外，就是城镇居民点。城镇居民点粗分包括不同规模尺度的城市(city)和镇(town)。按这样推敲，urbanization直译为"城镇化"是比较准确的。然而在很多情况下，中国把"城市"和"镇"也统称"城市"，① 在日本也统称"都市"。因此，同一个词也被翻译为"城市化"或"都市化"。如果这些翻译名称的含义相同，那么用哪一个都无关紧要。但是有人认为中国要强调发展小城镇，控制发展大城市，所以应该叫"城镇化"，不叫"城市化"。还有人认为古代的城市才叫"城市"，发生了本质变化的现代城市应叫"都市"，因此主张用"都市化"。这样，同一来源的不同翻译术语就被赋予了不同的含义，用英文来表达，相应变成了urbanization, citification, metropolitanization。为了不至于在国内外产生混淆，笔者主张在统一含义的基础上统一词语，"城镇化"较为准确，"城

① 如《中华人民共和国城市规划法》，见参考文献218。

市化”已经较为普及,从二者择其一。在本章中,笔者统一用“城镇化”,在其它章节有可能混用。

（二）什么是城镇化

简单地说，城镇化是乡村变成城镇的一种复杂过程。对这一过程的理解,不同学科有很大的差别。归纳起来有社会学的、人口学的、经济学的和地理学的不同概念。

社会学家认为,城镇化是一个城市性生活方式的发展过程,它意味着人们不断被吸引到城镇中,并被纳入城镇的生活组织中去,而且还意味随城镇发展而出现的城镇生活方式的不断强化。

人口学家认为城市性生活方式的扩大是人口向城镇集中的结果。因此,城镇化就是人口向城镇集中的过程,这种过程可能有两种方式,一是人口集中场所即城镇地区数量的增加,二是每个城镇地区人口数量的不断增加。

从经济学的角度来看，城市性的生活方式是一种以非农业生产为基础的生活方式,人口向城镇集中是为了满足第二、第三产业对劳动力的需要而出现的。因此，他们把城镇化看成是由于经济专业化的发展和技术的进步，人们离开农业经济向非农业活动转移并在城镇集聚的过程。

从地理学的角度来看,第二、第三产业向城镇的集中就是非农业部门的经济区位向城镇的集中，人口向城镇的集中也是劳动力和消费区位向城镇的集中。这一过程包括农业区甚至未开发区形成新的城镇,以及已有城镇向外围的扩展,也包括城镇内部已有的经济区位向更集约的空间配置和更高效率的结构形态发展。

上述对城镇化的不同理解，不是互相抵触而是互相补充的关系。城镇化过程是一种影响极为深广的社会经济变化的过程。它既有人口和非农业活动向城镇的转型、集中、强化和分异,以及城镇景观的地域推进等人们看得见的实体的变化过程，也包括了城市的经济、社会、技术变革在城镇等级体系中的扩散并进入乡村地区，甚至包含城市文化、生活方式、价值观念等向乡村地域扩散的较为抽象的精神上的变化过程。前者是直接的城镇化过程，后者是间接的城镇化过程。

由于城镇化过程本身的复杂性，它几乎成了整个社会科学所共有的研究对象。人口学、人类学、历史学、地理学、社会学、经济学、政治学、规划学等都将城镇化作为自己的热门课题。在实际研究中，与城市有关联的各种问题，大如社会生产方式对城市发展现象的解释，小到城市发展结果带来的某一具体问题，都可能冠以"城镇化"的标题，内容极为庞杂。地理学更多的研究城镇化的空间现象和空间过程。以上是从横剖面上对城镇化概念的简单分析。

在纵剖面上，对城镇化也有不同的理解。国外有人把城镇化过程追溯到几千年前城镇出现的年代，分古代的城镇化和现代的城镇化。国内也有人把城市在地球上出现之日起到乡村城市化完成、城乡融合时止这样一个长过程作为城镇化过程；另一种观点认为城镇化只是工业革命以来开始的过程。作者持后一种看法。

从一个世界性过程来看，在漫长的采集和渔猎社会，人类经历过上百万年的穴居和逐水草而居的生活。在旧石器时代向新石器时代过渡的时期和新石器时代初期，养畜业和农业先后起源，人类才开始进入分散的乡村聚居的阶段，并长期停留在半永久的农牧业村舍形式。城市和定居农业差不多同时出现，大约在公元前5 000年和3 500年这段时间，人类开始进入城市生活的时代。但是直到二三百年以前，城市总的发展水平一直是很低的。即使古代也出现过有数的几个大城市，但兴衰起落很大，发展很不稳定，自给自足的农村自然经济始终占统治地位。这几千年的古代居民点的发展史，与其说是城镇化的历史的一部分，不如说是乡村居民点扩展、发展、完善的过程，即乡村化的过程。

只是到了18世纪后半叶工业革命开始以后，现代工业从手工业和农业分化出来，才开始了二、三产业和人口向城镇稳定的、持续不断的和急剧集中的世界性过程。工业革命以来，社会生产力得到了巨大发展。城镇，作为这种先进生产力的组织形式也得到迅猛发展，逐渐成为社会生产和生活的主导力量。马克思曾经做过这样的概括："古典古代的历史是城市的历史，不过这是以土地财产和农业为基础的城市；亚细亚的历史是城市和乡村无差别的统一（真正的大城市在这里只能干脆看作王公的营垒，看作真正的经济结构上的赘疣），中世纪（日耳曼时代）是从乡村这个历史的舞台出发的，然后，它的进一步发展是在城市和乡村的对立中进行的；现代的历史是乡村城市化，而不象在古代那样，是城市乡村化。"①这段话的中心意思是漫长的古代城市的历史以土地财产和农业为基础，在整个社会经济中不占统治地位，本质上不过是乡村的一部分。

赋予"城镇化"这一专门术语以特定时代、特定规律的内涵界定，也许比把它推广延伸，等同于人类城市发展过程的概念要科学一点。

如果城镇化只是工业革命以后的一种世界性现象，接着就产生了这一概念的社会属性问题。有人认为城镇化是资本主义社会下城乡对立的产物，是和社会主义制度不相容的。社会主义要缩小城乡差别，以便最后消灭城乡差别，当然不能走城镇化的道路。有人则认为城镇化是近现代人类社会的共同过程，社会主义制度下也不例外。至于更久远的未来，城镇化的前途则另当别论。笔

---

① 马克思："政治经济学批判"，《马克思恩格斯全集》，46卷（上），第480页，人民出版社，1979年第一版。关于这段话的译文的讨论，可参见《城市问题》杂志，1987年1期和2期。

者持后一种见解。

正象城市是分工的产物，它虽然出现在奴隶社会，而资本主义和社会主义社会也需要城市一样，城镇化是现代工业和技术进步的产物，它虽然开始于资本主义，却不是资本主义所特有的现象。列宁很早就密切注视着欧美各国和俄国的城镇化现象。他指出"城市人口(一般地说是工业人口)由于农村人口减少而增加，不是目前的现象，而且正是反映了资本主义规律的普遍现象。这个规律的理论基础，……第一，在于社会分工的发展使愈来愈多的工业部门脱离了原始农业；第二，耕种一定面积的土地所需的可变资本一般地说是减少了。"① 列宁说这话时，还没有社会主义国家。但在社会主义制度下，社会分工的发展也要促使愈来愈多的人脱离农业；科学技术的发展，使投入单位面积耕地的活劳动也要逐步减少。城镇化规律的两个理论基础在社会主义国家也同样存在。列宁在批评某些伤感的浪漫主义者斥责城镇化现象是资本主义"制度"的某种缺点时明确指出："如果城市的优势是必然的，那么只有把居民吸收到城市去，才能削弱(正如历史所证明的，也确实在削弱)这种优势的片面性。如果城市必然使自己跃居特权地位，使乡村变成从属的、落后的、无助的、闭塞的，那么只有农村居民流入城市，只有农业人口和非农业人口混合和融合起来，才能提高乡村居民，使其摆脱孤立无援的地位。"② 列宁以后的世界各国包括非资本主义国家的历史，也雄辩地证明了城镇化是当代世界的历史性潮流。

综合上面的见解，可以说城镇化的实质含义是人类进入工业社会时代，社会经济的发展开始了农业活动的比重逐渐下降、非农

① 列宁："农业中的资本主义"，《列宁全集》第4卷，第132页，人民出版社，1958年第1版。

② 列宁："评经济浪漫主义"，《列宁全集》第2卷，第192页，人民出版社，1959年第1版。

业活动的比重逐步上升的过程。与这种经济结构的变动相适应，出现了乡村人口的比重逐渐降低，城镇人口的比重稳步上升，居民点的物质面貌和人们的生活方式逐渐向城镇性状转化或强化的过程。

（三）量测城镇化的指标

城镇化度量指标有单一指标和复合指标两种。在舆论倾向上单一指标经常遭到批评，认为它不能反映内容如此丰富的城镇化特点。但是在实践上又始终找不到理想的、在时空上可比的、能被大家接受的复合指标。

这一问题不能得到圆满解决，可能有两个原因。一是把两种城镇化的地域尺度混在一起。按照地域尺度来分，可以是研究以宏观区域为单元的城镇化（例如亚洲、东南亚、中国、华北、河北省等），也可以是以单个城市或其中一部分为单元的城镇化（如北京市、北京城区、海淀区等）。研究前者要找到不同国家、不同地区间不同时期可比的复合指标是不容易的。研究后者，不仅需要、也有可能使用复合指标。二是把反映城镇化不同侧面的指标混在一起。度量城镇化的指标可以有城镇化水平、城镇化规模、城镇化速度、城镇化质量、城镇人口增长因素等多个方面。要把这几个有联系又有区别的特点用一个复合指标来度量是不容易的甚至不可能，但对其中的某一个方面采用多指标是完全可能的。

例如，在日本使用过的"城市成长力系数"，①采用了①总人口，②地方财政年支出，③制造业从业人数，④商业从业人数（包括批发、零售），⑤工业产品上市额，⑥批发业年销售额，⑦零售业年销售额，⑧住宅开工面积，⑨储蓄余额，⑩电话普及率等10个指标，计算各城市每个指标在相同时期（3年或4年）的增减率，然后

① 参见参考文献165，第62～65页。

用全国的平均增减率作标准换算成增长指数，把10个增长指标进行算术平均即得到反映一段时间内各城市的成长力大小。“城市民力度系数”① 采用上述②、⑤、⑥的人均值和⑦、⑧、⑨的户均值，加上电话普及率和彩电普及率等8个指标，以各自的全国平均数为100，换算成系数，把8个系数进行算术平均，得到某一年份各城市的综合实力。这两个综合指标都以单个城市为单元。中国潘德惠等曾用城市生态、经济、居民生活、医疗卫生、文化教育、文化生活、娱乐、交通等方面共10项指标综合评价118个20万人口以上城市的发展状态②，发现特大城市的发展状况普遍好于大、中城市。这一类单个城市的复合指标不如说是度量城市的发展状况更确切。

衡量城镇化水平的指标一般是对区域或国家而言的，很少对单个城市而言。虽然劳动力构成、产值构成、收入水平、消费水平、教育水平等都可以在一定程度上反映城镇化水平，但能被各家都接受的指标却是人口统计学指标。其中，最简明、资料最容易得到、因而也是最常用的指标是城镇人口占总人口的比重。

$$PU=\frac{U}{P}\times 100\% \tag{1}$$

U——城镇人口；

P——总人口。

在使用这一指标时要注意把城镇人口的增长和城镇化水平的提高区别开来。如果城镇人口在某期间只有绝对量的增加，而城镇人口在总人口中的比重没有提高，甚至下降，即说明城镇人口的增长速度等于或低于乡村人口的增长速度，那只能说明城镇人口

---

① 参见参考文献165，第62～65页。

② 潘德惠，郭亚平：“城市发展状况的综合评价方法”，《城市问题丛刊》第8辑，第1～7页。

有了增长。这种增长依靠城镇人口的自然增长就能维持，与人口向城镇的迁移和集中过程没有必然的联系，不反映区域或国家城镇化水平的提高。表6所示是我国出现过的3种情况：情况(1)城镇人口数和城镇化水平都下降了；情况(2)城镇人口数虽有增长，但增长速度低于总人口增长速度，城镇化水平反而下降了；情况(3)城镇人口增长速度高于总人口增长速度，城镇化水平上升了。理论上应该还有第四种情况，即城镇人口减少了，但乡村人口减少得更快，城镇人口的比重也可能上升。这只能是经历战争、灾害等特殊事变后的特例，已经失去了城镇化过程的前提，也谈不到城镇化水平的提高。

表6 城镇人口与城镇人口比重关系例示

年份		城镇人口数(万人)*	城镇人口占总人口比重(%)	说明
(1)	1960	12 900	16.6	城镇人口减少，城镇化水平下降
	1962	11 660	14.5	
(2)	1964	9 791	14.1	城镇人口增加，城镇化水平下降
	1973	10 902	12.3	
(3)	1976	11 360	12.2	城镇人口增加，城镇化水平上升
	1979	12 860	13.3	

* 此处城镇人口数为城镇非农业人口。

由上可见，区域城镇化水平和城镇人口增长是两个有联系又有区别的概念。只有在城镇人口增长速度快于总人口或乡村人口增长速度的前提下，即存在乡村人口向城镇净迁移时，城镇化水平才可能提高。

用城镇人口占总人口比重作为城镇化水平指标的主要缺陷是各国因定义城镇的标准不同，削弱了该指标值相互间的可比性。李玲曾对这一问题做了比较详细的对比分析，颇有参考价值。① 她

① 参见参考文献166。

试图通过各国城镇人口比重值与非农业人口比重值之间的对比关系的判断，对各国公布的城镇化水平加以修正，加强可比性。问题是修正的幅度缺乏依据，而且各国非农业人口比重的资料是否可比也存在疑问。城镇人口比重指标受经济发展水平、经济结构、自然环境结构、历史因素、城镇定义标准等许多因素影响，① 加以修正的难度很大。

一种可取的修正办法是从各国的城镇等级规模资料中选取某一规模标准以上的城市人口来计算城镇化水平。例如各国5万或10万人以上城市人口占总人口的比重。在这种情况下，又要注意不同城市地域概念要保持可比。

还有一种衡量城镇化水平的指标叫人口中数居民点的规模(size of locality of residence of the median inhabitant)。计算步骤可以概括如下：

(1) 从小到大计算不同规模组聚落的人口数、占总人口百分比和累计百分比；

(2) 找出累计百分比中恰好低于50%的规模组(i)和下一个规模组($i+1$)的累计百分比 PP_i 和 PP_i+1；

(3) 确定 i 组和 $i+1$ 组的规模上限 Q_i 和Q_i+1；

(4) 采用公式计算人口中数居民点规模：

$$MI=Q_i+(Q_{i+1}-Q_i)\frac{50-PP_i}{PP_{i+1}-PP_i} \qquad (2)$$

MI 即人口中数居民点规模，以表7的数据为例：

$$MI=2499+(4999-2499)\frac{50-49.3}{57.78-49.3}=2705。$$

MI 值越大，表明城镇化水平越高。方法的原理是在规模组边界值的基础上用线性内插法得到人口中数居民点的规模。在进行比较

① 参见参考文献167。

研究时，如果规模组的划分不相同，则最好把线性内插法中规模组的边界值取对数后进行计算。[①] 这时改用(3)式：

$$\ln MI=\ln Q_i+(\ln Q_{i+1}-\ln Q_i)\frac{50-PP_i}{PP_{i+1}-PP_i} \quad (3)$$

$$MI=e^{\ln MI}$$

(3) 式是 (2) 的代用物，结果接近，并不是(2)取对数后的展开。

表7 人口中数居民点规模应用例示

(1960年墨西哥*)

规模组	人口(人)	百分比(%)	累计百分比(%)
1 000人以下	12 222 347	35.00	35.00
1 000～2 499人	4 995 644	14.30	49.30
2 500～4 999人	2959 460	8.48	57.78
5 000～99 999人	8 233 426	23.57	81.35
100 000 人以上	6 512 232	18.65	100.00
总人口	34 923 129	100.00	

* 指行政上的城市，不考虑都市区。

这一指标的优点是可以避开各国不同的城镇定义，而且使城镇化水平包括了城镇规模的内容。缺点是不如城镇人口占总人口比重指标直观，而且这种方法受研究区域城镇人口分布的影响很大。不适合那些城镇数量很少，规模等级不多的国家。对于乡村人口超过 50%，而对乡村居民点又没有进行规模分类的国家，则无法进行计算。人口中位数城镇规模还可能掩盖不同国家城镇化所处的发展阶段的差异。例如阿根廷和美国 1950 年人口中位数城镇规模都是 9 000人，同年两国城镇人口占总人口百分比分别是 63.3% 和 67.0%；1960 年时，阿根廷的中位数城镇规模为

① 参见参考文献 37。

212 000 人，美国却是 112 000 人，而相应城镇人口比重分别为 64.0%和 69.1%。

量测城镇化速度的指标，与城镇化水平指标有关。最常用的是城镇化水平百分点的年变化。

$$TA=\frac{1}{n}(PU_{t+n}-PU_{t}) \tag{4}$$

式中：

TA——城镇化速度；

n——两时刻间的年数；

PU_{t+n}、PU_{t}——在 $t_{+}n$ 年和 t 年的城镇人口百分比。

要注意，这个时候城镇化速度(TA)的单位是城镇人口比重年均增长(或减少)的百分点，而不是百分比(%)。

如果用人口中数居民点规模表示城镇化水平，那么城镇化速度可看成是中数居民点规模的年平均指数变化率，此指标不常用。

$$TMI=\frac{1}{n}\ln\frac{MI_{t+n}}{MI_{t}} \tag{5}$$

由于城镇化过程反映在许多不同的方面，因此不可能有一个理想指标综合量测这一过程。每一个指标都只量测了城镇化过程中某一方面的特殊侧面。使用最多的城镇化水平的量测指标并不能满足各种目的的城镇研究。具体采用哪一种指标，取决于研究的目的、对象和可能获得的资料。

二、世界的城镇化

(一) 历史背景

迄今为止，人类世界在聚落的型式和聚落组织上已经历了三次大的变化。第一次大的变化是渔猎到农业的革命，发生在新石器时代。它使人类从根本没有聚落到出现半永久性的农牧业村舍，然后过渡到定居的乡村聚落(今天叫村庄)。半永久性村舍阶段存在长达5 000年，是当时落后的种植业还不足以维持人口的增长决定的。一旦地力衰竭，整个村舍即被迫迁移，甚至当个别村落人口增长，也需要分裂成较小的组团，寻找新的住地，以保证起码的人均耕地。从史前到出现聚落，整个人类可能最多只有几百万人。由于采取定居农业，人口很快就达到了几千万人。

第二次大的变动是城市的出现。由新石器时代进入城市生活的时代大约经历了1 500年。定居的结果，促进了农业技术的发展。灌溉和耕作技术的进步，产生了剩余农产品，使一部分人力有可能解放出来去从事建筑业、手工业、服务业，促进了社会分工进一步复杂化。轮子的使用把人们从滑走式的笨重运输中解放出来，使人口流动、人际交往和交通运输的能力发生了第一次飞跃。一般来说，一个村庄无力供养那些专职的工匠、艺人和其他非农业人口。他们开始只好游荡于各村落之间，辗转谋生。逐渐在交通方便、安全、人口比较密集的地方聚集成市。定居还使人类居住条件日臻完善，建筑材料的质量、坚牢度都不断提高。这些经济因素促使人口日增，其结果使村庄变成集镇、变成城市。

在从分散的村落经济向高度组织化的城市经济进化过程中，最重要的参变因素是国王，或者说是王权制度。是他占据中心地位，象磁体一样把一切新兴力量吸引到城市文明的心腹地区来，并把宫廷和庙宇置于他的控制之下。国王有时兴建一些新城，有时将乡村小镇改建为城市，并派出行政长官去代他管辖。国王的统治使这些城市从形式到内容都发生了本质的变化。

宗教很可能也起到了根本性的作用。狩猎部族的酋长，借助僧侣阶层的扶持，才能谋取到庞大的权力和通天的权威，乃至最后上升到国王的地位。据认为城市形成过程中的“小城”即城堡，最初也可能是为敬奉神明而设计的，属于宗教性质。当然它还是一种贮存性据点，安全地存放酋长首领的私产，主要是粮食，可能还有女人。只是到后来才更显出其军事防卫的实际效用。王权制度扩大了僧侣阶级的职能，使僧侣阶级踞于社区的支配地位，他们掌管着时间和空间，预言节令性的大事件。庙宇还有着丰厚的经济基础。

王权和神权的融合所产生的各种力量把城市的种种起源性因素组合到一起，使之具备了新的形式。城堡的主人主宰着城市的命运，从而把最大限度的社会分化、职业分化同统一、整合的发展过程结合在一起。前面所述的城市形成过程，实际是很漫长的。如果进行一个简单的概括，那么城市的出现大致和阶级与国家的出现以及奴隶占有制的兴起是一致的。

刘易斯·芒福德(Lewis Mumford，1895～1990年)甚至认为单纯的新石器文化不足以形成城市。城市的起源是两种史前文化，即旧石器文化和新石器文化密切结合的结果。这种接合造成人类文化第一次在空间上形成聚合，他称此过程为最早的城市性聚合过程。这就是城市的成胚时期。①他认为，人类城市文明生活方式的最早萌动，实际开始于以墓地表达对祖先的怀念和祭祀以及到岩洞举行礼仪活动的行为需要。当时，永久性的村庄聚落形式可能还没有踪影。从某种意义上说，远在活人形成城市之前，死人就先有"城市"了。墓地作为死人的城市是活人城市的前驱和前身，也是活人城市的形成核心。而原始礼仪中心的岩洞，逐渐演变成以后的宗教性的圣祠和庙宇。正是由于古代社会的社会性和宗教性推动力的协同作用，这些固定的地面目标和纪念性汇集地点逐渐地把有共同的祭祀礼俗或宗教信仰的人们，定期地或永久地集中到一起，这就是城市形成的最初的胚胎。许多古城如今仍然

① 参见参考文献 104。

记载有并且在继续追求这些原始的目的。精神的要素和经济物质的要素在城市的形成中是同样重要的。芒福德通过大量考察所作的这些分析，弥补了考古学者力求从最深的文化层中找到足以表明古代城市结构的物质性遗迹的不足之处。①

至此，本书还没有正面回答城市是怎样起源的。这个问题之所以难于回答，是因为学术界对此并没有取得一致的见解。

从19世纪末20世纪初，地理学论述城市起源主要归结为三个基本原理：①拉采尔提出的地理环境决定论，认为当生产力水平十分低下，盲目的原始自然力量起作用时，人类聚居的文化形式是不同环境因素的产物。近东河谷低地的特殊自然环境，特别有利于耕作和动物驯化，为城市起源提供了条件；②传播论，这种理论把城市看作是中近东河谷低地这一独特环境下的特殊产物，通过由近及远的传播，向东传到印度河流域，向西传到克里特岛，然后又传到希腊和罗马，进而传遍了欧洲；③进化论思想，人类地理分布学家提出人类发展的三个时期依次是原始时代、野蛮时代和文明时代，相应的人类的定居形式由渔猎时期的营地性质，后来演化为小村，进而进入平原谷地的村庄，最后发展成城镇。这些理论把城市的起源因素与发展因素混淆在一起，他们的理论假设已经面临挑战。

现代社会科学家，包括考古学家和历史学家提出了4种有关城市起源的理论。

1. 水力论或环境基础论

该论点以伍利(L. Woolley)和威特福格尔(K. A. Wittfogel)为代表，认为：①只有在土地和气候有可能并且容易在一个较大的范围内创造出剩余农产品的地区，城市文明才能产生；②剩余农产品很大程度上是灌溉的结果；③灌溉导致特殊形式的劳动分工，它

① 他的详细分析可参见参考文献105。

强化了耕作，促使人口集中；④灌溉使大规模合作成为必要，它导致管理体系的形成。这些因素使住宅建设集中化，出现城镇。简言之，城市是随灌溉的发展而发展的。

2．经济论或市场起源论

持这种观点的人有的认为城市是长距离贸易的产物，有的认为城市起源于集中了内部交换过程的区域中心。总之，由于市场贸易引起的高度集中才兴起城市。他们的根据主要来自商业是中世纪欧洲城市的创造者这种传统观念。城市的市场起源论的一位主要代表人物雅各布斯(Jane Jacobs)与众不同地坚信"城市发展在先，乡村发展在后"，她把农业的发展看作是城市发展的后果。她通过分析安那托利亚一个起源于公元前 7560 年的具有矿物资源的城镇，认为这是由于邻近的狩猎群体习惯性地成为这里黑曜石 (obsidian)的顾客。贸易的建立，产生了专门化和所有与城市有关的其它变化，包括对农业的需求。

3．军事论或防御据点起源论

人们注意到埃及象形文字中的"城市"是圆圈中划一个十字，圆圈代表防御墙。相应地也就有人提出，城市是人们为寻求保护的需要而起源。他们用最古老的著名城镇都存在坚固的防御工事这一事实来证明军事需要促进了聚落集中和职业分工，是城市的起源因素。

4．宗教论或宗庙起源论

哈桑(Riaz Hassan)认为：如果没有对权威的尊重、对某种场所的依附及对他人权力的服从，城市文化就不可能存在。他用前伊斯兰阿拉伯社会的游牧文化向后伊斯兰阿拉伯社会的城市文化的转变为例说明，这种转变需要一种新的社会组织的理论基础，这就是宗教。宗教产生一种比家族更巩固的忠诚和社会团结的力量。伊斯兰教就是城市发展最有效的工具。这种观点实际上派生于氏族主义与现代城市化的联系和权力结构是城市的关键等论点。

这4种理论都有一批支持者和他们的事实依据。但又都因为缺乏普遍意义而遭到另一些人的非议，最后陷入类似于究竟先有鸡还是先有蛋的循环之中。剩余农产品、灌溉、市场、防御墙、庙宇等都可能是某一些城市起源的关键因素，但是把它们当作城市起源的唯一直接原因，似乎又过分简单化。城市是在长时期的社会、经济变动和文化适应等多种因素错综复杂的过程中产生的。①

从考古发掘所得到的实物证据而言，一般同意世界上的第一批城市在公元前3500年左右出现于西南亚地区，以两河流域中下游最为集中，包括厄尔克(Erech)、厄里都(Eridu)、乌尔(Ur)、拉戈什(Lagash)、吉什(Kish)和巴比伦城(Babylon)等。尼罗河流域的最早城市出现在大约公元前3100年包括孟菲斯(Memphis)、太阳城(Heliopolis)及稍后的底比斯(Thebes)等。印度河流域的古城莫亨朱达罗(Mohenjo-Daro)、哈拉巴(Harappa)则形成在公元前3000～前2500年左右。迄今为止，我国有考古发掘证明的最早城市在河南偃师二里头，年代约为公元前2100～前1700年，稍后的有位于郑州二里岗的早商都城(公元前1500年)和安阳殷墟的晚商都城(公元前1400～前1100年)。

蔡尔德(Vere Gordon Childe, 1892～1957年)曾经把人类社会向城市过渡的这个过程称作"城市革命"。用这一措辞来表达城市的积极作用是可以的，但所谓"革命"却不能恰当表述这一过渡的实际过程，因为直到近代的城镇化时代以前，数千年间城市仅仅容纳了人类的很小一部分。

表8和表9提供了历史时期世界城市发展的某些定量研究成果，有助于了解城市形成的有关地理概貌。对古代部分的城市人

① 详见参考文献24，第1～9页。

口不能要求有很高的准确性，但基本结论是可信的。

诞生在美索不达米亚的最早的城市，虽然为数众多，但因政治上的分裂，人口规模却很小，大约只有5 000～25 000人。第一个超过10万人口的城市可能是古埃及的首都底比斯。到公元前5世纪，城市文明在地理上的扩展已经比较充分，除巴比伦外，波斯、希腊、印度、中国都开始有10万人以上的城市。公元前后，西方的罗马帝国和东方中国的汉朝，都在兴盛时期，首都罗马和洛阳的人口

表8 一定规模以上的世界城市数

(公元前1360～公元1925年)

年份	规模级						世界最大城市
	10万人	20万人	50万人	100万人	200万人	500万人	
公元前							
1360	1	—	—	—	—	—	底比斯(埃及)
650	3	—	—	—	—	—	尼尼韦(伊拉克)
430	12	2	—	—	—	—	巴比伦(伊拉克)
200	14	4	—	—	—	—	巴特拿(印度)
100	16	6	2	—	—	—	罗马(意大利)
公元							
361	12	6	—	—	—	—	君士坦丁堡(土耳其)
622	8	5	1	—	—	—	君士坦丁堡(土耳其)
800	14	6	2	—	—	—	长安(中国)
1000	17	5	—	—	—	—	科尔多瓦(西班牙)
1200	24	5	—	—	—	—	杭州(中国)
1400	23	9	—	—	—	—	南京(中国)
1500	23	11	2	—	—	—	北京(中国)
1600	37	15	3	—	—	—	北京(中国)
1700	41	20	7	—	—	—	伊斯坦布尔(土耳其)
1800	65	24	6	1	—	—	北京(中国)
1850	110	44	11	3	1	—	伦敦(英国)
1875	165	73	17	6	2	—	伦敦(英国)
1900	301	148	43	16	4	1	伦敦(英国)
1925	450	213	91	31	10	3	纽约(美国)

资料来源：引自参考文献26，第5页。

表9　世界25个最大城市的地理分布

(公元前430～公元1925年)

年　份	南亚①	东亚②	欧洲③	非洲	美洲④
公元前					
430	11	8	4	2	0
200	13	7	2	3	0
公元					
100	15	4	3	3	0
361	13	4	4	3	1
622	17	5	1	1	1
800	12	9	2	2	0
1000	7	10	4	4	0
1200	7	10	4	4	0
1400	7	8	8	2	0
1500	8	9	6	2	0
1600	5	10	8	2	0
1700	5	10	8	2	0
1800	4	11	9	1	0
1850	4	8	11	0	2
1875	4	3	13	1	4
1900	2	4	12	0	5
1925	2	3	13	0	7

资料来源：引自参考文献26，第6页。

①　中国、朝鲜、日本和土耳其以外的亚洲；　②　中国、朝鲜、日本；　③　包括土耳其和苏联；　④　北美和拉丁美洲。

可能达到65万左右，但随着战乱和这些帝国的衰落，城市发展一度一蹶不振。罗马在公元900～1500年间，人口剧降到不足40 000人，1377年可能只剩17 000人。欧洲的其它部分，城市的数量虽然很多，但在长时期政治分裂的状况下，规模却一直相当小。11世纪，意大利的威尼斯、热那亚、佛罗伦萨，法国的巴黎，英国的伦敦都很著名，当时的规模也都不过几千人。伦敦在14世纪有4万人，就算是个很大的城市。东方的情况有所不同。中国在汉朝以后，经过三国、两晋、南北朝的分裂，到隋唐又建立起统一的中央集权帝国。城市发展至少在总体上又恢复到以前的规模。在公元800～1800年之间的大部分时间，中国的城市数量和规模几乎都属世界各国之冠，不过领导城市变迁很大，从西（长安）到南（杭州、南京），又从南到北（北京）。从古罗马帝国分裂到隋唐兴起这几百年的间隙中间，位于欧亚之交的东罗马帝国的首都君士坦丁堡，在城市规模上曾经一领风骚。但从7世纪开始，它又随帝国领土不断缩小、经济衰败而趋于衰落，在1453年东罗马帝国灭亡时，陷落敌手的君士坦丁堡又遭浩劫，人口只剩40 000～50 000人。据钱德勒(Tertius Chandler)和福克斯(Gerald Fox)的考证，世界上第一个超过百万人口的城市是中国唐朝时期的长安，它在763年因安史之乱受到洗劫而趋衰落。第二个一度达到百万人口的城市是巴格达，到10世纪却又衰落了。此后，一直到18世纪北京才又达到这个规模，不过很快就被伦敦超过了。综合许多学者对历史城市资料的估测，公元100～1800年之间世界城镇人口占总人口的比重变化在4.5%到6.0%之间，总的水平很低。

工业革命开始了人类聚落型式和组织的第三次大变动，即世界性的城镇化过程。

（二）世界城镇化进程的特点

18世纪中叶开始的工业革命是人类历史上的一个重要阶段，它实现了从工场手工业到大机器生产的飞跃。工业革命的浪潮从资产阶级革命首先获得胜利的英国起源，继而席卷欧美以至全世界。从此世界从农业社会开始迈入工业社会，从乡村化时代开始进入城镇化时代，世界城镇化的进程可以归纳为以下几个特点：

第一，增长势头猛烈而持续。

从城市起源以后的几千年里，世界的城镇人口和城镇人口比

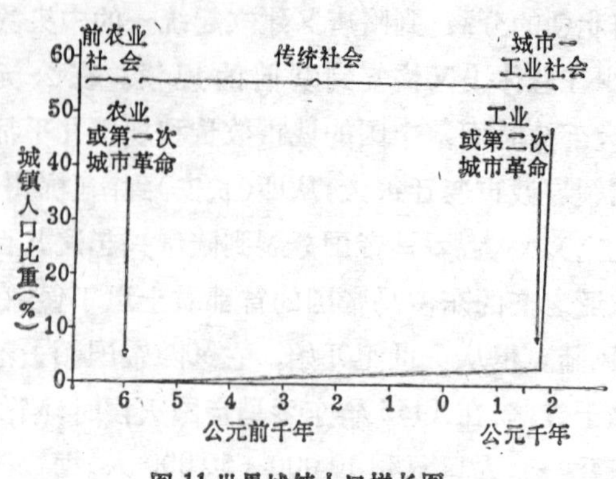

图 11 世界城镇人口增长图
(引自参考文献 3，第 49 页)

重呈很低水平上的缓慢增长。在缓慢之中则包含了城镇发展的相对繁荣地区在不同时间的频繁变动。1800年世界总人口为9.78亿，大约5.1%居住在城镇。从这以后态势完全改变(图 11)，世界人口的自然增长率不断提高，世界的城镇人口以更高的速率增长，城镇化的发展迅猛异常，势不可挡。

在 19 世纪的 100 年里，世界人口增加了 70%，城镇人口增加

表10　世界人口、城镇人口和城镇人口比重变化表
(1800～1990年)

年　份	总人口(100万人)	城镇人口 (100万人)	城镇人口比重(%)
1800	978	50	5.1
1825	1 100	60	5.4
1850	1 262	80	6.3
1875	1 420	125	8.8
1900	1 650	220	13.3
1925	1 950	400	20.5
1950	2 501	724	29.0
1960	2 986	1 012	33.9
1970	3 693	1 371	37.1
1975	4 076	1 564	38.4
1980	4 450	1 764	39.6
1985	4 837	1 983	41.0
1990	5 246	2 234	42.6

资料来源：1800～1925年的数据引自参考文献40，第32页；1950～1960年的数据引自参考文献86，第11～16页；1970～1990年的数据引自参考文献88，第8页。

了 340%，1900 年城镇人口比重从 5.1% 提高到 13.3%。20 世纪前 50 年世界人口增加了 52%，城镇人口增加了 230%，1950 年城镇人口比重提高到 29%。1950～1980 年这 30 年中，世界人口增加了75%，城镇人口增加了150%，1980年城镇人口比重逼近了40%。合计这180年里，世界人口增加了 3.5 倍，而城镇人口却增加了 35 倍有余。(表 10)

如果把表 10 中的数据稍加换算，显然可以看出，1800 年以来的城镇化是一个不断加速的过程(表 11)。

表11　世界城镇化速度变化表

年　　份	总人口年均增长率(‰)	城镇人口年均增长率(‰)	城镇人口百分比年均增长百分点
1800～1850	5.11	9.44	0.024
1850～1900	5.38	20.44	0.14
1900～1950	8.35	24.11	0.314
1950～1990	18.69	28.57	0.34

第二，城镇化发展的主流已从发达国家转移到发展中国家。

在世界城镇人口的普遍稳定增长中，城镇化发展的主流是有变化的。最早欧洲一度是世界城镇化程度最高的地区。1800 年世界有 65 个 10 万人口以上的城市，只有 21 个在欧洲，到 1900 年世界 10 万人口以上的城市增加到 301 个，欧洲却占了 148 个。英国在 1850 年成为第一个有一半以上的人口居住在城市和镇的国家。20 世纪初美洲的城镇发展具有更高的速度。世界发达地区①的城镇化在 1925 年前后达到高潮，以后其主流又逐渐到了欠发达地区，尤其是本世纪中叶以来，民族独立解放运动的普遍胜利，这

① 根据联合国秘书处国际经济和社会事务部人口司的划分，欠发达地区指亚洲(不含日本)、非洲、拉丁美洲和大洋洲(不含澳大利亚、新西兰)，较发达地区包括欧洲、苏联、北美洲、日本、澳大利亚、新西兰。

一趋势更见明朗，亚洲和非洲的城镇发展势头尤为迅猛。

1800～1925年，现在的发达地区占当时世界总人口的比重从27.9%上升到36.7%，其城镇人口占世界城镇总人口的比重从40%上升到71.2%，发达地区的城镇化水平从7.3%上升到39.9%。发达地区的乡村人口经历了100多年相对比重的不断下降以后，1925年开始进入绝对量也下降的过程，使城镇化水平迅速在1980年达到70%。但是由于1925年以后发达地区的人口增长率趋于下降，它在世界人口和城镇人口中的比重也从高峰趋于跌落。

现在的欠发达地区，在1800年时城镇人口大约3 000万，比发达地区还多1 000万。但是因为城镇化起步晚，发展速度慢，到1850年发达地区的城镇人口数追上了不发达地区，此后差距越拉越大。1925年时，欠发达地区总人口占世界63.3%，城镇人口只

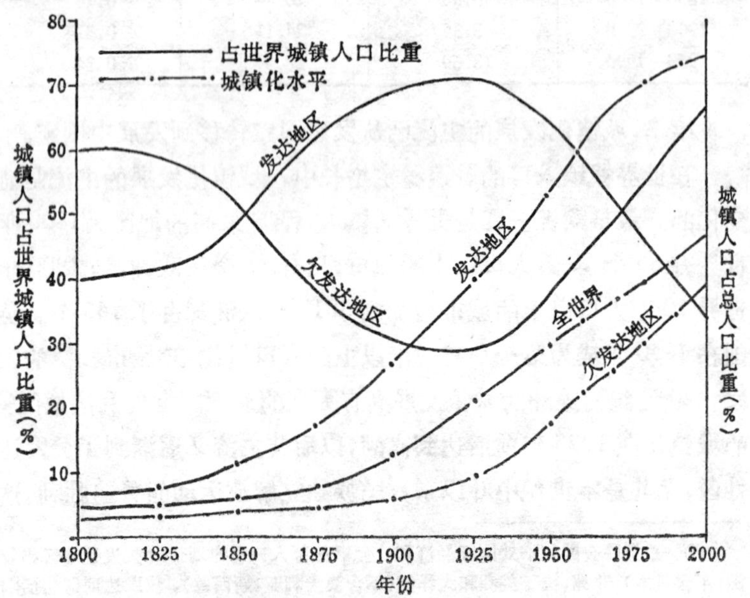

图12 城镇人口和城镇化水平在发达地区与欠发达地区的对比

占世界28.8%。1800～1925年城镇化水平相应只从4.3%上升到9.3%。二三十年代以后，特别是50年代以后，欠发达地区的城镇人口增长突然加速，年增长率从1925～1980年间接近甚至超过4%，1950～1960年期间最高曾达到4.68%，这种速度不仅超过同时期的发达地区，而且比发达地区以往的最高速度还要快。1975年，欠发达地区的城镇人口数又开始超过发达地区，而且差距也越拉越大，目前约集中了世界全部城镇人口的60%。只是因为欠发达地区的乡村人口基数很大，且增长速度也很快，所以城镇化的水平还远远落后于发达地区，1980年时只有30%左右。

表12 世界发达地区和欠发达地区总人口、城镇人口和城镇化水平比较

年份	发达地区			欠发达地区		
	总人口(100万人)	城镇人口(100万人)	城镇人口(%)	总人口(100万人)	城镇人口(100万人)	城镇人口(%)
1800	273	20	7.3	705	30	4.3
1825	305	25	8.2	805	35	4.3
1850	352	40	11.4	910	40	4.4
1875	435	75	17.2	985	50	5.0
1900	575	150	26.1	1 075	70	6.5
1925	715	285	39.9	1 235	115	9.3
1950	854	449	52.5	1 647	275	16.7
1960	975	572	58.7	2 011	439	21.9
1970	1047	698	66.6	2 646	673	25.4
1975	1095	753	68.6	2 981	811	27.2
1980	1137	798	70.2	3 313	966	29.2
1990	1210	877	72.5	4 036	1 357	33.6
2000	1277	950	74.4	4 845	1 904	39.3

资料来源：同表10，作者经过整理。1990和2000年数据为预测数。

发达地区和欠发达地区之间城镇人口增长速度的差异首先被它们人口增长速度的差异所决定。据分析，具有200万人口以上的108个国家两次人口普查期间的城镇人口增长速度和总人口增长速度之间的相关程度为0.819，而城镇人口增长速度和初期的城镇化水平、人均国民生产总值的初期水平和人均国内生产总值的增长速度等指标的相关程度，其绝对值都低于0.550。①

第三，人口向大城市迅速集中，使大城市在现代社会中居于支配地位。

标志之一是10万人以上城市的人口占世界城镇人口比重不断提高。1950年为56.34%，1960年为59.01%，1970年为61.51%，1975年已达到62.25%。而10万人以下的小城市和小城镇所占比重不断下降。

标志之二是城市规模级越高，人口的发展速度越快。例如在1950～1975年期间，400万人以上城市的人口增长指数为340，200～400万人口的城市相应为264，50～200万人口的城市为233.5，25～50万人口的城市为230.1，10～25万人口的城市为151.5。不同规模级城市的个数和在城镇人口中的比重也有类似的发展趋势。

标志之三是大城市在地域空间的不断扩展，形成了许多以一个或几个城市为中心、包括周围城镇化了的地区的巨大城市集聚体，在统计单元上常称大都市区。百万人口的城市集聚体已经比比皆是，且人类历史上从未有过的1 000万人口以上的城市集聚体(大都市区)也已有12个。许多大都市区还首尾相连，形成了若干个包括几千万人口的大都市带。

据来自联合国的资料，1970年只有62个人口200万以上的城市集聚体，1985年已经增加到99个，其中在发达国家的有35个，在欠发达国家有64个。② 现把前25位城市的有关数据列在表

① 参见参考文献86，第12～13页。

② 参见参考文献88，22～34页。根据原资料99个城市集聚体中，中国有14个，它们是：上海、北京、天津、沈阳、武汉、广州、重庆、成都、哈尔滨、台北、淄博、西安、六盘水、南京。显然中国的城市统计在这里受到误解。

表13 世界前25位城市集聚体人口一览表(100万人)

位次	城市	国家或地区	1970年	1985年	2000年
1	东京/横滨	日本	14.91	18.82	20.22
2	墨西哥城	墨西哥	9.12	17.30	25.82
3	圣保罗	巴西	8.22	15.88	23.97
4	纽约	美国	16.29	15.64	15.78
5	上海	中国	11.41	11.96	14.30
6	加尔各答	印度	7.12	10.95	16.53
7	布宜诺斯艾利斯	阿根廷	8.55	10.88	13.18
8	里约热内卢	巴西	7.17	10.37	13.26
9	伦敦	英国	10.59	10.36	10.51
10	汉城	南朝鲜	5.42	10.28	13.77
11	孟买	印度	5.98	10.07	16.00
12	洛杉矶	美国	8.43	10.05	10.99
13	大阪/神户	日本	7.61	9.45	10.49
14	北京	中国	8.29	9.25	11.17
15	莫斯科	苏联	7.07	8.97	10.40
16	巴黎	法国	8.34	8.68	8.72
17	雅加达	印尼	4.48	7.94	13.25
18	天津	中国	6.87	7.89	9.70
19	开罗/吉萨	埃及	5.69	7.69	11.13
20	德黑兰	伊朗	3.29	7.52	13.58
21	德里	印度	3.64	7.40	13.24
22	米兰	意大利	5.52	7.22	8.15
23	马尼拉/奎松	菲律宾	3.60	7.03	11.07
24	芝加哥	美国	6.76	6.84	7.03
25	卡拉奇	巴基斯坦	3.14	6.70	12.00

资料来源:引自参考文献88。

13,从表中不难看出,世界最大的一些城市集聚体都分布在人口众多的那些国家;除纽约和伦敦以外,这些大都市区在1970～1985年期间人口都在增加,发展中国家增长的速度尤其快(也许只有北京、上海是例外);估计到2000年这些大都市区还要继续膨胀,到时千万人口以上的大都市区将达到23个,而且位次要发生很大的变化。

标志之四是大城市在现代世界的地位和作用，还不仅在于它人口数量的浩大，更在于所集聚的这些人的技能和组织水平。以日本的东京都加神奈川县为例，它集中了日本全国人口的16.1%，但居住在这里的律师却占50.8%，作家占66.3%，大学教师占35.0%，美术家占46.9%，音乐家占40.1%，建筑家占32.7%，这些比率都是指占全国同业者总数的比率，① 从而使东京圈明显地凌驾于全国之上。难怪恩格斯早在1845年论述伦敦这个大都市时说，"这样的城市是一个非常特别的东西。这种大规模的集中，250万人这样聚集在一个地方，使这250万人的力量增加了100倍"②。而今天的伦敦，已经远不是250万人，而是4个250万！

第四，从80年代开始，世界总人口、城镇人口和乡村人口的增长速度都开始趋于下降，对世界未来城镇化速度的过高估计正在得到修正。

联合国秘书处从1975年以来每隔两年修订和公布世界最新的城镇/乡村人口和城市集聚区统计资料。根据1984～1985年最新版本的数据，对世界城镇化的未来趋势进行了新的展望，主要的结论可作如下概括：

(1) 1970～1985年世界城镇人口比重从37%上升到41%，估计2010年前超过50%，2025年达到60%。这比过去的估计要低，过去曾经预测2000年世界人口的51.3%将居住在城镇（现在修正为46.6%），其中发达国家平均水平为79%（新估计值为74%），欠发达国家平均水平为43%（新估计值为39%）。

---

① 参见参考文献168，第311页。

② 恩格斯："英国工人阶级状况"，《马克思恩格斯全集》第2卷，第303页，人民出版社，1957年第一版。

(2) 2000年世界人口可能达到61.22亿,比1985年增长0.3

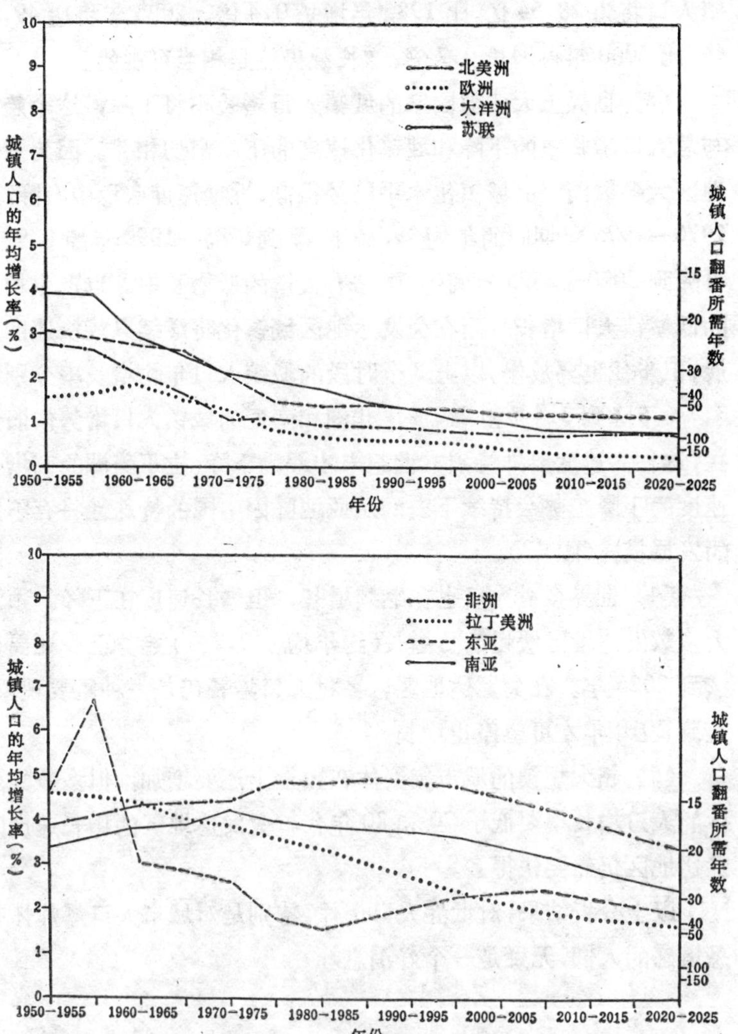

图13 世界城镇人口年均增长速度和城镇人口翻一番所须的年数(1950～2025年)(引自参考文献88,第18页)

倍,2025 年达到 82.06 亿,比 2000 年再增长 0.3倍。2000 年的城镇人口将为 28.54 亿,比 1985 年增长 0.4 倍。2025 年将达 49.32 亿,比 2000 年再增长 0.7 倍,增长量仍然是相当可观的。

(3) 世界上大多数国家的城镇人口增长率将下降，这个趋势与总人口增长率的下降和城镇化速度的下降密切相关。因为发达地区大多数国家的城镇化水平已经很高,近期速度会稳中有降,从 1970～1975 年期间的年均 1.5%下降到1985～1990 年的 0.9%,再降到 2020～2025 年间的 0.4%; 人口的低增长率，也产生相应的低城镇人口增长。而在欠发达地区城镇化将继续以较快速度发展,但步伐也要放慢,以上 3 个时段的城镇人口年均增长率分别从 3.7%下降到 3.4%和 2.3%。非洲和南亚的城镇人口增势依旧迅猛,这种高速度要维持到本世纪末才缓慢下降;拉丁美洲的高增长速度的下降趋势会持续下去; 东亚地区因中国的特殊性将有不同的发展模式(图 13)。

(4) 世界乡村人口也在继续增长，但增长速度在下降。预计大多数发达地区缓慢的负增长(约年均 -0.2%) 趋势至少还要延续到 2025 年。在欠发达地区，乡村人口增长仍是一种重要现象，直到 2010 年才可望停止增长。

(5) 超大规模的城市集聚体在数量上还要增加，但多数集聚体的人口增长率要低于 70 和 80 年代，欠发达地区的增长速度比发达地区仍然要快得多。

以上分析结果,对世界人口爆炸,特别是对城市人口爆炸怀有恐惧感的人们,无疑是一个好消息。

(三) 世界城镇化水平的地域差异

前面已经较多涉及到了世界发达和欠发达地区之间城镇化发展中的差异。如果再具体化一些,按世界 24 个大区的城镇化水平

来排队，1985 年的序列分成 4 个档次如表 14 所示。由表可见，城

表14　世界24个大区城镇化水平比较(1985年,%)

地　区	城镇化水平	地　　区	城镇化水平	地　　区	城镇化水平	地　　区	城镇化水平
①北欧	86.1	⑧其它东亚	66.8	⑮南非	52.5	⑳南亚	25.2
②澳、新	85.2	⑨苏联	65.6	⑯北非	42.1	㉑西非	24.9
③温带南美	84.3	⑩中美	63.3	⑰密克罗尼西亚、玻利尼西亚	41.6	㉒中国	20.6
④西欧	79.6	⑪南欧	62.5			㉓美拉尼西亚	20.2
⑤日本	76.5	⑫东欧	61.5			㉔东非	18.1
⑥北美	74.1	⑬加勒比	56.5	⑱中非	35.6		
⑦热带南美	70.4	⑭西亚	55.0	⑲东南亚	26.3		

镇化水平最高的地区主要是工业化历史较早的西欧、北欧、北美、澳新和日本，温带南美(包括阿根廷、乌拉圭和智利 3 国)和热带南美(巴西等其它南美国家)属于例外，它们都已达到70％以上。其次是苏联、欧洲其它国家、中美洲和日本、中国大陆以外的东亚国家和地区，已经超过 60％。城镇化水平最低的地区集中在亚洲的东南亚、南亚和中国，非洲的 西非和东非等。如果按照 1970～1985 年间城镇化水平提高的幅度，把这 24 个地区重新排队 (表 15)，出

表15　世界24个大区1970～1985年城镇人口比重增长幅度(%)排序表

地　区	增长幅度	地　　区	增长幅度	地　　区	增长幅度	地　　区	增长幅度
①其它东亚	19.4	⑦密克罗尼西亚、玻利尼西亚	9.3	⑫西非	7.3	⑲美拉尼西亚	5.1
②热带南美	14.3			⑬温带南美	6.4	⑳北欧	3.7
③西亚	11.8			⑭南欧	6.3	㉑西欧	3.2
④中非	10.8	⑧苏联	8.9	⑮东南亚	6.1	㉒澳新	0.8
⑤加勒比	10.7	⑨南非	8.4	⑯南亚	5.7	㉓中国	0.5
⑥中美	9.4	⑩东欧	8.0	⑰北非	5.6	㉔北美	0.3
		⑪东非	7.8	⑱日本	5.3		

现了一个有意思的现象，城镇化速度最快的地区既不主要是目前城镇化水平最高的地区，也不主要是水平最低的地区，而是目前处

于中等或中等偏高水平的那些地区。城镇化速度最慢的地区却主要是目前城镇化水平最高或最低的那些地区。笔者也检验过1950～1975年间各大区城镇化水平变化的资料，出现类似的结果。这一现象可以在本章以后的内容中得到解释。

如果把空间尺度缩小到国家一级，城镇化水平的差异就更悬殊了。新加坡、摩纳哥、直布罗陀、百慕大、马耳他等国家和地区人口的100%或接近100%都居住在城镇，而在大洋深处的一些偏僻小岛，不久前还没有称得上城镇的居民点。除了这些领域狭小的特例以外，在具有一定规模的国家中，以比利时（95%）、西德（92%）、冰岛（88%）、澳大利亚（86%）、新西兰（85%）等国家的城镇化水平最高。以布隆迪（2%）、卢旺达（5%）、不丹（4%）、乌干达和尼泊尔（7%）等国最低。发达地区和欠发达地区城镇化水平的差距平均在75年左右，而国家之间的差距最大有一二百年之遥。

（四）城镇化过程曲线

世界各国各地区城镇化过程的开始时间、发展速度和已达到的水平存在着悬殊的差异。但世界城镇化过程并非没有一般性的规律可循。

诺瑟姆（Ray M. Northam）把一个国家和地区的城镇人口占总人口比重的变化过程概括为一条稍被拉平的S型曲线，并把城镇化过程分成3个阶段，即城镇化水平较低、发展较慢的初期阶段，人口向城镇迅速集聚的中期加速阶段和进入高度城镇化以后城镇人口比重的增长又趋缓慢甚至停滞的后期阶段（图14）。虽然不能期望任何国家的城镇化过程随时间的发展留下一条完全相同、平滑连续的轨迹，但无疑，这种概括符合城镇化的基本原理，符合一般正常发展过程的实际。有助于理解现实的城镇化地域差异和预测未来的发展。

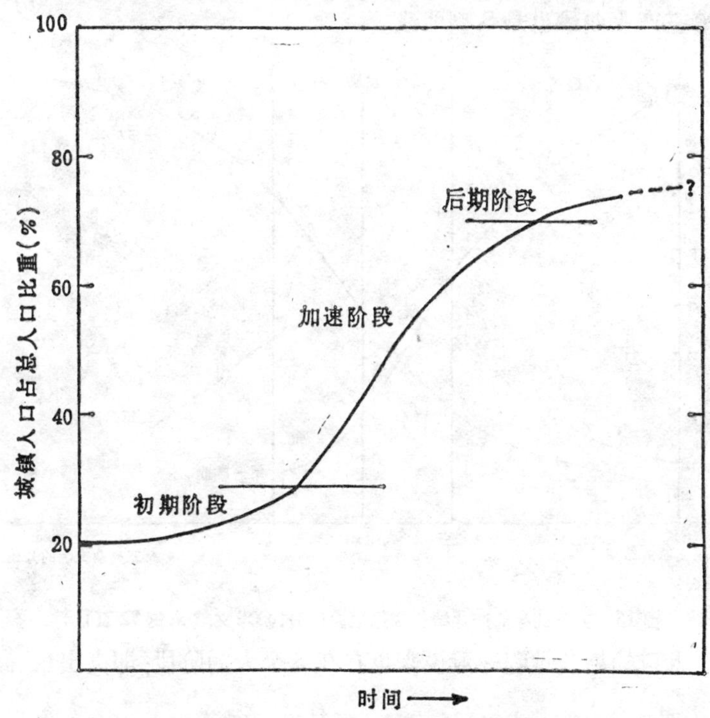

图14 城镇化过程曲线(引自参考文献8,第66页)

城镇化过程曲线反映的阶段性是和导致城镇化发展的社会经济结构变化的阶段性和人口转换的阶段性密切联系而不可分割的。

福拉斯蒂埃(J. Fourastié)把人类文明分为3个时期,即以第一产业或农业为基础的文明,以第二产业或工业为基础的文明和以第三产业或服务业为基础的文明。与城镇化过程相应的第二个时期被看作是第一和第三阶段之间的过渡。其间,第一产业的比重稳步下降;第二产业的比重先上升,达到高峰后又趋于下降;第三产业的比重稳步上升(图15)。按照三个产业的消长关系又可以把第二个时期细分成起飞、发展和完成 3 个阶段。值得注意的是第三产业曲线也是 S 型曲线。

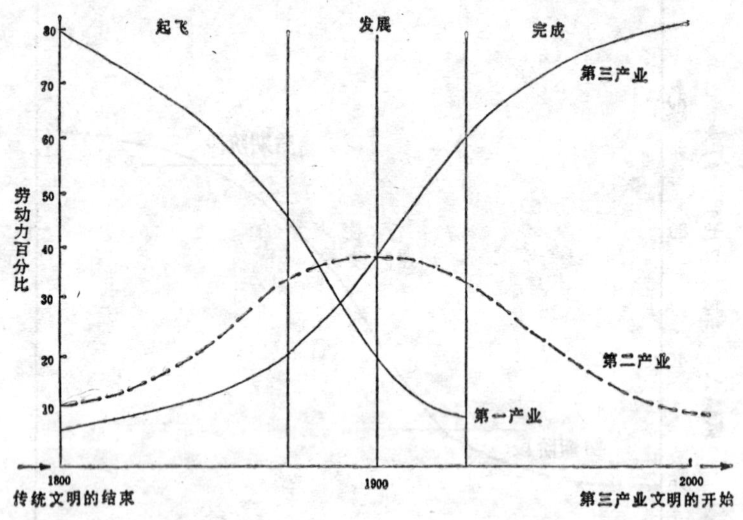

图 15　工业社会的产业结构变化模式(引自参考文献 5,第 72 页)

人口的增长过程一般说来也存在 3 个大的阶段:即高出生、高

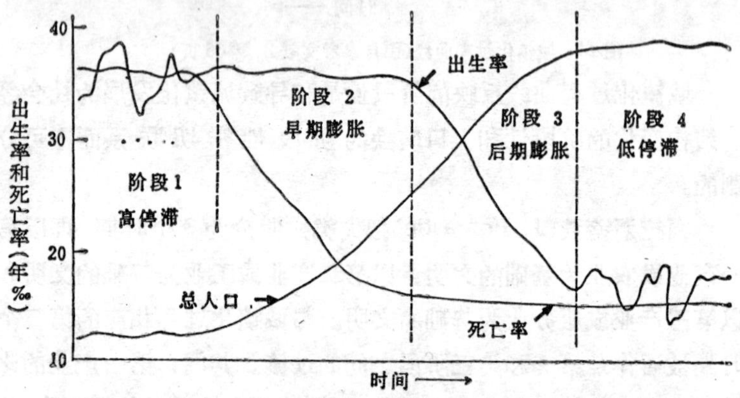

图 16　人口转变模式(引自R. J. Johnston, The Dictionary of Human Geography, 第 98 页)

死亡的低增长阶段，高出生、低死亡的高增长阶段和低出生、低死亡的低增长阶段。第二个阶段又可以分成出生率稳定、死亡率迅速下降的前增长阶段和死亡率稳定、出生率下降的后增长阶段(图16)。总人口增长曲线也近似于S型曲线。

以人口从乡村向城镇迁移为特征的城镇化过程与上面所说的经济过程和人口过程不无关系。人口从乡村向城镇转移的规模和速度受两种基本力的控制，一是城镇的吸力，一是乡村的推力。城镇的吸力主要来自：工业建设和生产规模的扩大对劳动力的需求；与工业发展相应的其它非农业活动对劳动力的需求；以及城市相对于农村在就业、工资、文化生活、发财致富、社会地位等物质和精神方面的优越地位所产生的不可抗拒的诱惑力。乡村的推力来源于：农业人口的增殖超过土地开发的速率，使人均的生产对象——土地的拥有量绝对下降；农业技术尤其是农业机械和农业服务社会化的进步，提高了农业生产率，造成农业劳动力的剩余；因种种原因造成的农村破产，迫使贫穷的农民背井离乡；随着时代的变迁在逐渐开放的条件下，世代祖居乡村的农民寻求理想“乐土”的精神推力。吸力和推力的消长使城镇化过程出现上面所说的阶段性。

在初期阶段，农业社会的色彩还很浓，国民经济中农业占很大比重，乡村人口占绝对优势，农业生产水平比较低下，剩余农产品有限，农产品的商品率还不高。在一段时间里人口增长速度不是太快。现代工业的规模还比较小，发展中普遍遇到技术落后和资金不足的困难。因此乡村的推力和城市的吸力都是缓慢地释放，要有一个较长的时期，城镇人口才从百分之几或十几上升到三十几或四十几。国家社会经济发展的起点愈低，外部的作用愈小，则自发的城镇化的初始期也就可能愈长。

随着工业化基础的逐步建立，经济实力有所增长，各项建设的规模和速度有可能明显超过前一阶段，城镇大量需要劳动力。同时，农业劳动生产率也大大提高了，剩余农产品日益增加，为非农业活动的发展提供了日益可靠的粮食、原料和劳动力的条件。因营养、卫生和医疗技术改进的结果，死亡率明显下降，人口猛增已经或正在形成农业劳动力的剩余，农业人口有可能也有必要向城镇转移。这时城镇的吸力和农村的推力都同时增大，逐步进入了城镇化加速发展的中期阶段，可能在较短时间内，城镇人口比重从原来百分之三四十很快超过半数而达到百分之六七十。

以后，城镇化的进程又步入一个相对缓慢的后期阶段。在这一阶段，全社会的人口再生产进入低出生率、低死亡率的阶段，人口增长缓慢。在前阶段的城镇化发展中，农村人口先后经历了相对比重和绝对数量的减少，从事农业的绝对人口规模已经不大，为了保持社会必需的农业生产规模，农村剩余劳动力趋于减小，人口向城市转移的过程显著放慢，甚至可能趋于停滞。现代工业则因为技术水平和管理水平的发达，生产的发展主要不再依靠劳动力的增加，工业上剩余的大量劳动力相应在城市内部调整，走向所谓第三产业。乡村的推力和城市的吸力都趋疲软，城镇人口比重或者缓慢上升或者徘徊不前。

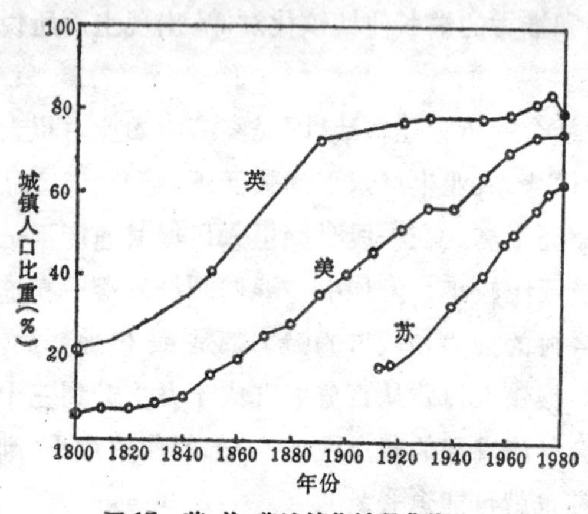

图 17　英、美、苏城镇化过程曲线
(引自参考文献169，第361页)

图 17 表明英、美、苏 3 国的城镇化过程曲线都接近 S 型轨迹。英国早就进入了后期阶段，美国正在进入

后期阶段，苏联还要继续上升一个时期才会进入后期阶段。图18

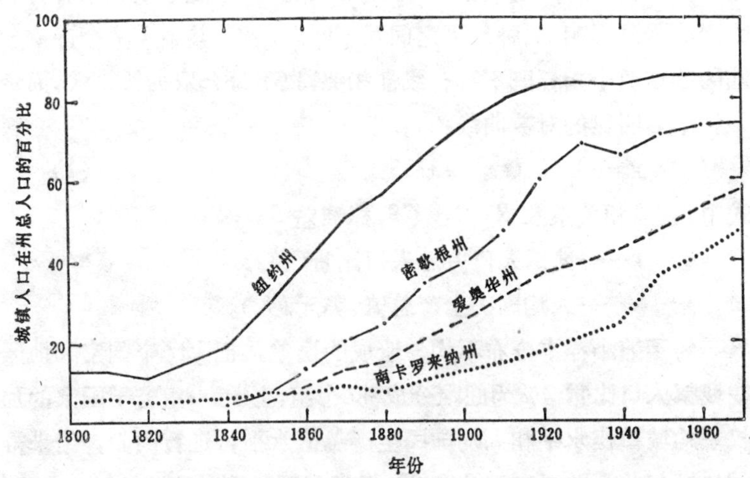

图18 美国4个州的城镇化过程曲线(引自参考文献8,第79页)

以美国为例说明在一个国家的内部各组成部分也遵循同样的规律。

(五) 城镇化与经济发展的关系

一个国家的城镇化水平受很多因素的影响，这些因素有国土大小、人口多寡、历史基础、自然资源、经济结构和划分城乡人口的标准等。但所有因素中，城镇化水平与经济发展水平之间的关系最为密切。

诺瑟姆认为城镇化水平与经济发展水平之间是一种粗略的线性关系，①即经济发展水平越高，城镇化水平也越高。

为了证实这种关系，笔者采用和诺瑟姆同样的指标，以城镇人口比重代表城镇化水平，人均国民生产总值代表一国经济发展水

① 参见参考文献8,第68页。

平，对1977年世界157个国家和地区的资料进行统计分析。发现除了科威特、新加坡、瑞士、乌拉圭等大约20个国家因受某种特殊因素的强烈影响，两种水平之间互不匹配以外，其余137个国家和地区的这两个指标既不符合线性相关，也不符合双曲线模式，而是一种十分明显的对数曲线关系。

$$y=40.62\ lg\,x-75.83 \tag{1}$$

式中，　相关系数 $R=0.9079$，标准差 $S=9.8$

y——城镇人口占总人口比重(%)；

x——人均国民生产总值(美元/人)。

为了缩小样本分布不均匀造成的误差，把137个国家和地区按城镇人口比重2%为间距分成40个组，以每一组若干国家的加权平均城镇化水平和人均国民生产总值水平再进行回归，结果得(2)式，相关系数提高到0.9609，标准差下降到7.15。

$$y=40.55\ lg\,x-74.96 \tag{2}$$

方程(2)的拟合曲线较好地反映了世界各国城镇化水平和经济发展之间普遍存在的关系。选取日本、苏联、美国和南斯拉夫等

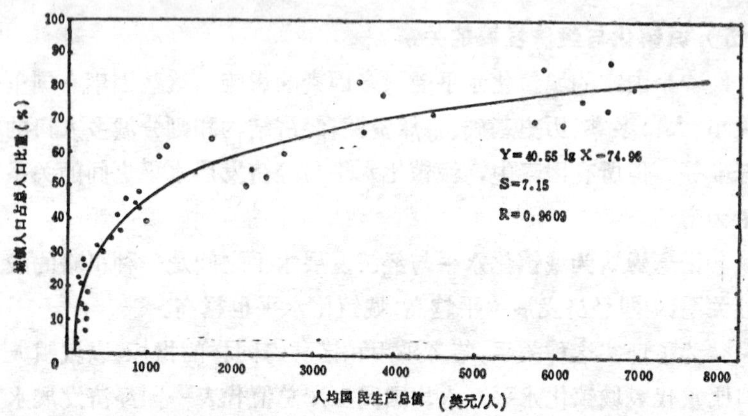

图19　40个国家组的城镇化水平与人均GNP关系曲线(引自参考文献167)

典型国家1950～1975年的发展过程加以检验，也初步证明在一个国家的发展过程中二者之间具有类似的对数曲线关系(图20)。

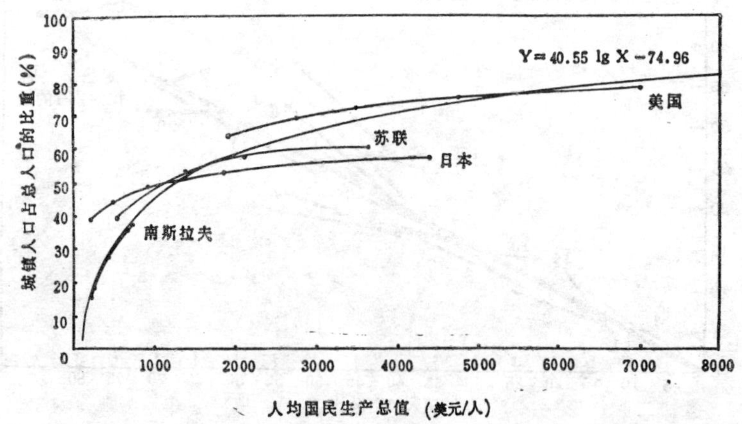

图20　1950～1975年日、苏、美、南城镇化水平与人均GNP的关系
(引自参考文献167)

这一规律性的揭示主要有两点意义：①在理论上很好地解释了城镇化过程的阶段性。因为对数曲线关系表明城镇化水平的增长和经济水平的增长在不同的阶段有不同的数量关系。在工业化发展的前期，人均总值增加一定数量，需要相应提高的城镇人口比重却相当大。在经济水平很低的情况下，实际的城镇化速度是较慢的。但越往后，人均总值增长同一数量，相应需要提高的城镇人口比重就趋于减少，直至后期阶段，经济发展的同时，城镇化水平提高很慢而趋于稳定。以(2)式的模型为例，在人均国民生产总值分别在200、500、1 000、3 000、5 000、8 000美元时，人均国民生产总值再增加100美元，相应增加的城镇人口比重依次按8.8、3.52、1.76、0.58、0.35、0.22个百分点递减。另一方面对数模式修正了城镇化是工业化的简单后果的认识。早就有资料证明，许多发达国家城镇化水平在提高的同时，工业劳动力的比重反而在下降(图

21)。比较准确的说法是城镇化与经济发展存在着一种互相促进、

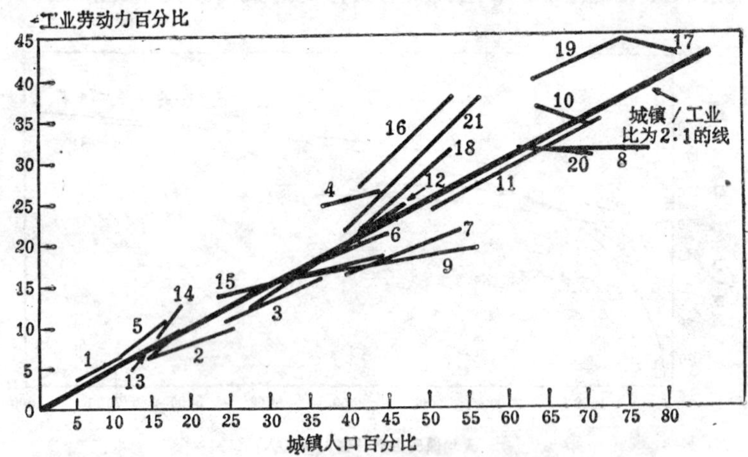

图21　1950～1970年城镇人口比重与工业劳动力比重间的关系

1.东非　2.中非　3.北非　4.南非　5.西非　6.加勒比
7.中美　8.温带南美　9.热带南美　10.北美　11.日本
12.东亚(不含中国)　13.东南亚　14.中南亚　15.西南亚
16.东欧　17.北欧　18.南欧　19.西欧　20.大洋洲
21.苏联

(引自参考文献86,第19页)

互为因果的关系，而且二者关系的侧重点前后有所不同。在前期主要表现为工业化的进展要求并促进人口向城镇的集聚，在后期主要表现为较高的城镇化水平所直接带来的生产集约化、生活集约化、管理科学化和文教科技的进步等一系列结果促进了包括工业在内的整个社会经济的发展。诺瑟姆的粗略线性关系，不能解释这些阶段性现象，与他自己提出的S型过程曲线也互相矛盾。显然，对数曲线关系既包含了线性关系的基本内涵，又更准确地反映了城镇化和经济发展的客观过程。②在实践意义上为预测城镇化水平建立了一种可行的模式，并已在区域性的规划中得到运用。该

模式在调控城镇化步伐与经济发展保持协调中也有参考价值。

这里探寻城镇化过程的一般规律性，并不抹杀不同社会制度下和不同国家之间城镇化道路的特殊性。规律性是有层次的，这可从两方面得到说明:

第一,推动城镇化发展的动力无非是推力和吸力的共同作用，但是推力和吸力的具体内容可以很不相同。例如帝国主义国家都曾经以剥夺殖民地作为大规模扩大再生产的资金来源，从而加快了城镇化的进程。国外移民的拥入和西方资本主义国家的城镇化也有很密切的关系。资本主义国家城市的发展,特别是发展早期,总和农民的破产联系在一起,破产农民对城市生活的梦幻追求,常使过量的农民盲目拥入大城市,挤进贫民窟,扩大失业队伍。社会主义中国的城镇化当然不希望也不应该与它们有共同之处。

第二,城镇化是人类社会进入工业社会后的必然趋势,城镇化水平与经济发展水平之间有着某种规律性，这并不意味着城镇化在积极推动社会经济发展的同时,不会带来某些消极作用,譬如城市失业、贫民窟、城市交通拥挤、环境污染、侵占耕地等等。中国面对的问题显然不是要不要城镇化，而是如何发挥社会主义制度的优越性,尽量克服其消极影响,使城镇化健康发展的问题。

（六）过度城镇化和低度城镇化

按城镇化的实际进程与经济发展的关系来考察，可能存在两种城镇化的状态。一种是积极型的，表现为城镇化的进程与经济发展同步协调,互相促进,城镇的数量和规模增长适度，城镇化的速度和质量同步上升。另一种情况是消极型的，那就是城镇化进程与经济发展相脱节。主要表现在过量的乡村人口盲目向城市、特别是大城市迁移，超过了国家经济发展所能承受的能力。当国家经济基础相当薄弱的时候，城镇化发展的失控会造成城镇人口增加与就业机会不足和农村人口减少与农业生产集约化水平下降之间的不相协调，从而影响经济发展，城市病也随之产生。这种消极型的城镇化就叫做过度城镇化(overurbanization)。

斯里兰卡、巴基斯坦、印度等国在六七十年代就出现过总人口增长率超过农业产值的增长率，城镇人口的增长率超过工业产值的增长率等不正常现象。叙利亚1960～1968年城镇人口比重从26.4%增加到31.3%，而工业劳动力在总劳动力中的比重并未增加。过度城镇化这一术语常在比较发展中国家和西方发达国家的城镇化时使用。认为某些发展中国家的城镇化水平比发达国家在相似工业化水平时要高得多，因此，相对于它们的经济发展水平而言，这些发展中国家有过多的城镇人口，导致城市中产生高的失业率，出现贫困、贫民窟、犯罪、社会动乱等问题。例如，70年代发展中国家的工业就业人口只有15%左右，这大约相当于现在发达国家19世纪初的水平，而当时它们的城镇化水平只有7.3%。但也有一种意见不同意用20世纪的发展中国家和19世纪的西欧国家简单类比。

近年，有人提出了和过度城镇化概念相对的另一个概念叫低度城镇化(underurbanization)①，意思是城镇人口的实际增长速度低于城镇工业生产率发展所需要的人口增长速度。判断的依据是托利(G. S. Tolley)模型：

式中：$\hat{N}_{ut}=N_t+(F_{at}\ A_{ut})/(1-E)-(F_{at}\ A_{at})/(1-E)$ (1)

$\hat{N}_{ut}$——计算所得的t年城镇人口增长百分比；

N_t——t年城镇人口自然增长率(在封闭系统中，即等于t年总人口的增长百分比)；

F_{at}——t年居住在乡村地域的人口比重；

A_{at}——t年乡村/农业生产率非劳动力来源的增长百分

① 参见参考文献73。

比；

A_{ut}——t 年城镇/工业生产率非劳动力来源的增长百分比；

$1/(1-E)$——乘数；

$(F_{at}\ A_{ut})/(1-E)$——城镇生产率因素；

$(F_{at}\ A_{at})/(1-E)$——乡村生产率因素。

城镇人口增长是有自然增长和机械增长两部分组成的：

$$\hat{N}_{ut}=N_t+M_{ut} \tag{2}$$

而机械增长：

$$M_{ut}=(F_{at}\ A_{ut})/(1-E)-(F_{at}\ A_{at})/(1-E) \tag{3}$$

用托利模型来检验 1962～1972 年期间世界各国城镇人口增长速度发现，中非地区和印度是过度城市化最集中的地方，实际城镇人口平均增长速度比计算所得速度高 3%，而中国、苏联、东欧实际值比计算值低 3%，属于低度城镇化状态。据研究者认为，这种低度城镇化主要是人为政策的结果。把资源最大限度集中到工业增长上的导向，造成城市住房、基础建设、社会服务等投资不足，而投资政策又通过控制人口向城市迁移得到加强。

（七）城市郊区化和逆城镇化

如果从城市中心来考察城市发展过程，也有两种类型：向城市中心集聚的向心型城镇化和从城市中心向外离心扩展或扩散的离心型城镇化。一般说来，向心过程和离心过程贯串于城市发展的全过程，但是城市发展的初中期主要是向心型的，城市发展的中后期，可能主要是离心型的。城市郊区化和逆城镇化是城市离心发展过程中的两种不同类型和不同阶段。

城市郊区化(suburbanization)，简称郊区化(suburbanization)。简单地说，这是人口、就业岗位和服务业从大城市中心向郊区迁移的一种分散化过程。"郊区化"指的"郊区"是中心城市行政边界以外的邻接地域,主要是城市化地区核心以外的城市边缘。

从本世纪20年代以来,西方发达国家的城市(主要是大城市)发生了一次又一次从城市中心推向郊外的浪潮。

第一次浪潮是人口的外迁。推动人口外迁的主要原因是人口自然增长和机械增长给城市中心带来了巨大的人口压力,这种压力增加了对住宅的需求。房地产开发者们通过改善进出城市的交通设施,加速在地价相对便宜的郊区投资开发,使不断富裕起来的、拥有私人交通工具的中产阶级首先逃离环境不断恶化的市中心。50年代以后人口的这种离心移动尤其普遍,这可从1951~1961年伦敦人口分布变化图上得到清楚反映(图22)。在美国,由于人口外迁,中心城市所占的人口比重迅速下降(表16),1980年美国全部的城市化地区人口中,居住在中心城市和外围密集区的人口比例为48:52。同年,全部大都市区人口中,中心城市和郊区县的人口比例为40.69:59.31。据报道,70年代以来,美国黑人家庭也被卷入到人口郊区化

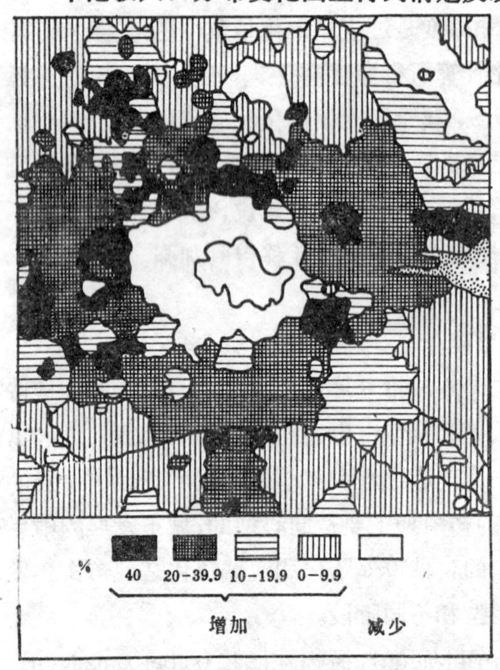

图22 1951~1961年伦敦人口变动图
(引自参考文献22,第49页)

表16 美国大都市区人口在中心城市和郊区比重的变化(%)

年 份	中心城市人口比重	郊区人口比重	年 份	中心城市人口比重	郊区人口比重
1900	62.05	37.95	1950	56.77	43.23
1910	64.77	35.23	1960	50.17	49.83
1920	66.00	34.00	1970	45.81	54.19
1930	64.46	35.54	1980	40.69	59.31
1940	62.61	37.39			

的大潮之中，1970～1980年间，黑人在大都市郊区的增长率比在中心城市快2.1倍，1980～1986年又扩大到4倍。①

第二次浪潮是工业的外迁。外迁的高潮比人口和住宅要晚，出现在60年代以后。中心城市工业衰落的主要原因有:集中在老工业城市中心的工厂大多是传统的制造业，设备陈旧，房地产费用高昂，利润率下降，甚至纷纷倒闭或在郊外选择新址。1966～1974年间伦敦老区减少了39万个工业就业岗位，其中67%是因为老企业的关闭或规模缩小，27%是因企业外迁。在这同时，市中心工业的新生率是极低的。城市郊区成为工业的理想区位，主要原因是:有大面积较为廉价的土地吸引迁出企业的扩建和新建;接近铁路、港口，特别是高速公路等交通设施，能满足大量使用灵活、快速、安全的汽车运输。这两个优点对于采用流水作业、需要大面积单层厂房的大型现代化工厂是必不可少的条件。这些有生产活力的大厂在郊区的新建和迁建，又会引起连锁反应，使与它们有联系的小厂也跟着外迁。②

第三次浪潮是零售业的外迁。这是在人口外迁中，市中心商业面对来自新郊区商店的激烈竞争而被迫采取的措施。在大规模

① 参见参考文献96。

② 参见参考文献171。

的郊区住宅开发的情况下，沿马路退红线集中布置的商业带已经不能适应需要。代之而起的是在具有较高消费能力的社会群体能够方便到达的地方建立超级市场或商业中心。它一般以几乎无所不包的丰富货物、大面积的附属停车场、相对廉价的汽油、长时间的昼夜营业服务吸引了大量的顾客。超级市场通过直接进货，对市中心及其附近的批发业和仓库的需求也相应减少。

近年来办公室也在一些主要城市的郊外得到了强有力的发展，形成了城市郊区化的第四次浪潮。像伦敦、巴黎、法兰克福、纽约等世界性的大城市都对办公用地有许多需求。城市中办公室经济的日益发达，已经引发了市中心的空间压力，抬高了办公室租金，增加了交通拥挤的程度。一些政府和企业也倾向于把非决策性的日常工作机构分散到地价和工资较低、劳动力又有保障的新区，城市郊外的新城镇、机场附近、地铁站或新购物中心周围都是优先选择的区位。

早期的郊区是中产阶级为逃避大城市的混乱而作出的一种努力，但最后还是走到了它的反面。它不再是缺乏经济行为的"卧城"，现在却是拥有许多雇员的城市综合体的一部分。在很多情况下，郊区与郊区之间的差异已经不比传统观念里郊区与中心城市间的差异小。郊区化形成的长期后果也许是大量人口每天的长距离通勤，既包括住在花园般住宅里的人每天从郊区到中心城市的通勤，也包括雇佣在郊区商业中心、旅馆、零售点、快餐店和工厂的低技术蓝领工人从中心城市到郊区的反向通勤。

从各种意义上讲，城市郊区化并不意味着大城市的衰落，因为城市的建成区仍在扩张，只是扩张的方式以分散化或低密度蔓延为特点。大都市区的人口仍在增加。郊区化只是城镇化总进程中的一个阶段，即城市由高密度集中向离心低密度扩张的转变。

逆城镇化(counterurbanization) 指的是人口从大城市和主要

的大都市区向小的都市区甚至非都市区迁移的一种分散化过程。这种和人口向大城市集中的传统城镇化的迁移方向不同的人口移动过程是70年代首先在美国出现并被贝利命名的,[①]然后在英国等欧洲发达国家也发现类似的分散过程。

1970～1976年美国人口增加了5%,而大都市区只增加了4%,第一次出现了都市区人口的增长速度低于全国的情况。4%的大都市区人口的增长,是以中心城市人口减少3.5%,大都市郊区人口增加10%为基础的。也并不是所有大都市区的中心城市人口都减少,100万以上人口的大都市区的中心城市人口将近减少4%,不到100万人口的大都市区的中心城市还增加了1%稍多。说明这期间大都市区出现了人口净迁出大于净迁入的现象,迁出的人口主要来自规模很大的大都市区,特别是它们的中心城市。而迁出的人口主要流向较小的大都市区(尤其是美国阳光带的大都市区)和非都市地区。不过有迹象表明,进入80年代,美国人口又开始返回城市。

英国在1971～1981年间,伦敦大都市区人口下降了3.4%,而同期全国人口增长0.16%。人口的迁移和城镇等级的关系出现

表17　1951～1981年英国人口变动(%)

地　　区	1951～1961年	1961～1971年	1971～1981年
独立的乡村	-0.5	5.8	9.4
独立的城镇	5.7	9.0	5.4
全部的独立地	5.0	8.6	5.8
次要的大都市区	9.4	12.4	3.9
主要的大都市区	2.8	-1.4	-6.4
全部的都市区	5.0	3.5	-2.4
全国	5.0	5.3	0.6

资料来源:引自参考文献25。

① 参见参考文献19。

了完全相反的趋势(表17),50年代人口分散主要在大都市区里进行,从主要的大都市区流向次要的大都市区。到60年代进而流到大都市区以外的独立地区。70年代则走得更远,形成了独立的乡村地区人口增长速度最高、其次是独立的城镇、再其次是次要的大都市区,而主要大都市区却出现了不同往常的人口明显减少的局

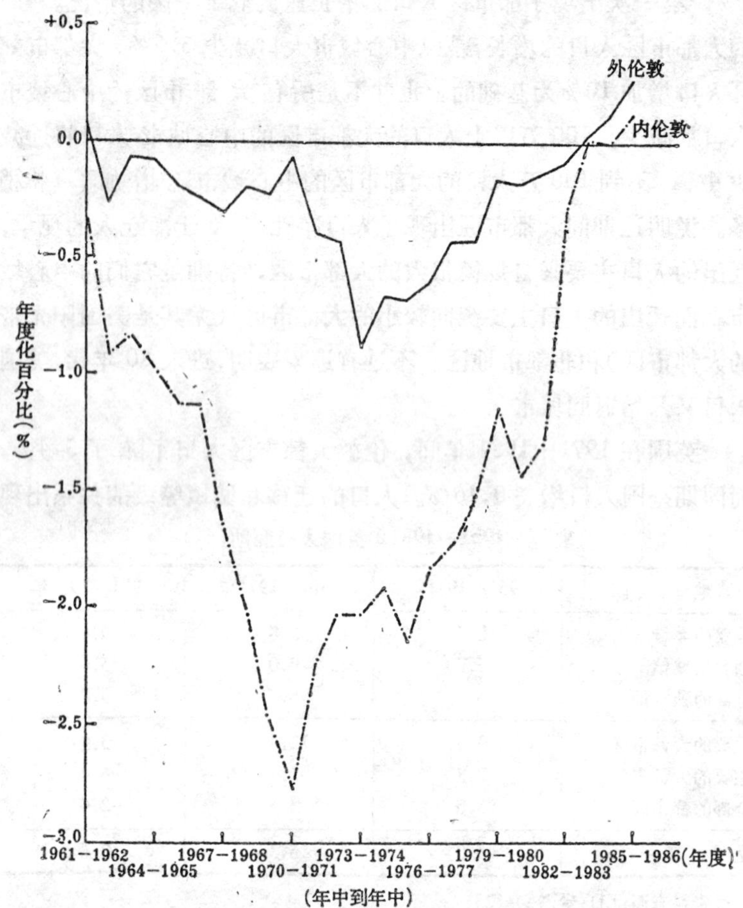

图23　内伦敦和外伦敦1961~1986年人口变动曲线(引自参考文献25)

面。如果说逆城镇化现象正在加速又并不正确。大伦敦的人口在降到最低点后,80 年代又有了回升趋势(图 23)。

有的学者将净迁移率和城市规模之间的正相关关系作为城镇化的特征,将逆城镇化定义为符合净迁移率与城市规模之间的显著负相关关系,然后归纳西欧发达国家的变化趋势,认为:本世纪 50 年代城镇化是西欧所有国家人口分布的主要趋势;60 年代,净迁移与城市规模之间的关系失去了规律;到了 70 年代,大多数西欧国家发现了净迁移与城市规模之间的逆城镇化关系;80 年代早期,逆城镇化变为非支配性的,然而,却未被城镇化替代,处在净迁移和城市规模之间的关系不明朗的形势下,只是在西德和意大利仍保持着逆城镇化的过程。①

完全解释逆城镇化现象尚有困难。各家提出的原因大致有这样几个:①对居住环境喜好的变化。以前,人们被城市的繁荣所吸引,现在他们对城市的环境感到厌烦,为追求宁静迁到乡村和小城镇。这是富裕退休者的主要迁移倾向。②发达国家生产地理格局的变化。50 年代以后发达国家经历了较长时间的经济增长,这种增长在 70 年代以前基本上是以区域部门专门化为特点的集聚的大批量生产(称为福特式的生产,例如汽车、服装、家用电器的生产),福特式生产导致高薪、高生活水平和激烈的国际竞争,同时意味着降低利润。因此到 70 年代,资本主义工业普遍采取空间分散,到大城市以外寻找廉价劳动力,开设子公司和分厂,形成新的劳动空间分工。在大都市区边缘、独立的中小城镇和乡村增加投资,从而吸引了劳动力的移动,包括为分散的生产提供管理和技术服务的“服务阶层”的流出。③交通和通讯技术的高度发达。它使工业选址的限制因素减少,灵活性增加,便利了经济活动的分散和人口的流动。④70 年代的特定经济背景。70 年代初期开始的能

① 参见参考文献 32。

源危机使发达世界被20世纪30年代以来最严重的经济衰退所支配，阻止了制造业的发展，特大城市的制造业普遍地不景气而持续出现缩减。

70年代的逆城镇化到了80年代虽然已经大大消退，却给人们留下深思：城镇化发展的未来趋势会怎样呢？逆城镇化以后，发达国家会简单回复到战后早期的向大城市集聚的城镇化过程吗？或者进入发达阶段后，必定会出现周期性的逆城镇化，以促使区域发展的进一步均衡？或者干脆人类重又向乡村化方向回归？现在的发展中国家会不会在城镇人口占50%或60%时提早进入城镇化的后期发展阶段？在逆城镇化的机制还不十分清楚的情况下，这些问题目前还无法得到明确的回答。

不过有一点可以相信，逆城镇化也不意味着国家城镇化水平的下降，它只导致城市发展新的区域再分配。事实上，逆城镇化正在推动城镇化更广泛的传播。在可以预见的将来，城镇，包括城市和大城市，作为集中居住和社会经济活动中心的作用不会下降。

三、中国社会主义阶段的城镇化

中国城市发展有着悠久的历史。中国古代城市规划和城市建设的理论和实践在世界城市发展史上具有重要的地位。北京、西安、开封、洛阳、南京、杭州等历史上的著名都城，在当时，无论其规模之宏大、布局之严谨、规划之完整、管理之周密、文化之昌盛都雄冠世界。还有很大的一批地方城市，在规划建设上也达到过很高的成就。

中国的近代城市是在鸦片战争以后才出现的。由于帝国主义势力的入侵和民族资本主义的兴起，在沿海、沿江、铁路沿线开始出现了拥有近代工业、交通运输和公用事业的工商业城市。这些工商业城市与其它大多数有着风雨剥蚀的古老城垣、街巷狭窄曲折、没有供水供电、没有近代工业的封建式城池不同，它们是一定程度上资本主义化的城市。中国的城镇化过程从这时开始了。然而，旧中国社会经济的发展十分迟缓，直到1949年，除了东部沿海若干帝国主义势力盘踞的大城市和内地个别的经济中心得到畸形的发展外，绝大多数的城镇都相当破败，经济衰微。1949年中国城镇人口不到5 000万，占全国人口的比重不足10%，比当时发展中国家的平均水平还落后大约25～30年。

（一）中国城镇化过程的特点

新中国成立以后，中国开始了大规模有计划的社会主义工业化建设，相应地，城市化过程也开始有计划地迅速展开。40年来，中国在艰难曲折的发展中取得了伟大的成就，经验和教训都是很丰富的。中国城镇化过程的主要特点有：

第一，新中国成立后，城镇的数量和城镇人口的总规模有了很大的发展，城市建设取得了举世瞩目的成就。

据南京国民政府内政部1947年编印的全国行政区域简表称，当时全国有69个设市城市（院辖市和省辖市），其中台湾9个，大陆部分60个。新中国成立后，经过调整新设，1949年底城市数增加到136个，建制镇2 000多个，城镇人口4 900万。① 40年后的1989年底，城市数已增加到450个，县辖建制镇9 088个，城镇人口20 849.8万人。净增城镇人口近1.6亿，这是一个很大的数字。城市普遍都有了自己的工业职能、交通运输职能、行政或其它职能，成为不同规模和级别的区域中心。城市建设和各项市政服务设施都有了惊人的增长（表18）。和中国一穷二白的基础相比，这

① 本书中所指中国的城镇人口除特指的以外，均为城镇辖区内的非农业人口，城市人口指城市辖区内（不含辖县）的非农业人口。此口径偏小，但可比性较强。

些成绩实实在在，国内外有目共睹。

表18　1949、1986年中国城市主要公用事业、公共设施对比表

年　份	城市道路（公里）	城市公共电汽车（辆）	供水管道（公里）	供水能力（万米³/日）
1949年底	1.1万	2292	6589	240.6
1986年底	3.72万	45474	72557	4162.1
年　份	**下水道（公里）**	**污水处理能力（万米³/日）**	**城市燃气年供量（亿米³）**	**用气人口（万人）**
1949年底	6035	4	0.397	26.8
1986年底	34352	176.7	82.46	3068.0

资料来源：引自参考文献172。

第二，中国城镇化的速度与世界进程相比相对较为缓慢，目前的城镇化水平仍然很低。

发展缓慢主要在前30年。1950～1980年中国城镇人口的年均增长率达到3.3%，不算太低，但是由于总人口的增长率也相当高(1.92%)，城镇人口比重的上升幅度不大。城镇人口增长的主要因素是自然增长。世界城镇人口比重在1950～1980年期间每年大约平均上升0.36个百分点，同期中国平均只有0.13个百分点，无论与发达国家或发展中国家相比都差得很远。1980年以后，中国城镇人口增长速度明显加快了，1989年底城镇非农业人口占总人口的18.9%，即使按照第四次人口普查的统计口径，市镇人口占全国26.23%，仍然还是低水平的。

第三，中国城镇化过程的反复性和曲折性是世界上其它国家所少见的，大起大落是中国的主要教训。

图24中中国城镇人口比重的起落和国家政治经济的发展过程基本上是一致的。按其特点可以分成几个段落：

(1) 1949～1957年城镇化的短暂健康发展。经过3年医治战争的创伤，恢复了国民经济，使中国很快进入了“一五”计划时期

大规模的工业化建设和城市建设。围绕着694项重点建设项目，采取了“重点建设、稳步前进”的城市发展方针，新建了6个城市，

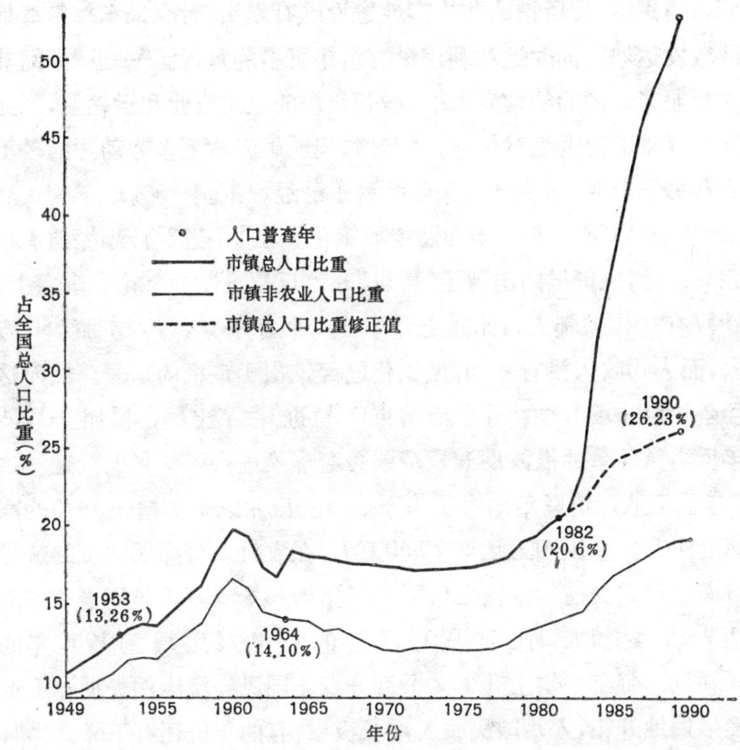

图24 中国城镇化水平变动曲线

大规模扩建了20个城市，一般扩建了74个城市。由于重视按科学规律办事，各项比例关系比较协调，取得了较好的经济效果。除了1955年发生过局部的收缩以外，城镇人口比重基本上稳定上升，8年间平均每年增加城镇人口445万，年均增长率7.06%。同时期的总人口年均增长率为2.24%，所增加的城镇人口中，机械增长占了56%。短短8年城镇化水平由9.05%上升到13.08%，年均增长0.504个百分点，略高于世界平均速度。

这一阶段为中国长远的工业化和城镇化发展奠定了良好的基础，当时的这种主流是值得充分肯定的。但另一方面，急于求成、盲目冒进、忽视所谓的非生产性建设已有露头，对原来东部沿海地区较发达城市的改造和利用没有给予更多的重视。“一五”期间非农行业劳动力的结构变动中，增长最快的是建筑业和运输业，工业发展以重工业占绝对优势，相对忽视能够吸收更多劳动力的轻工业和第三产业，经济结构失衡的种子已经埋下。

(2) 1958～1960 年的过度城镇化。在“一五”计划提前 1 年完成以后，决策层内出现了“冒进”和“反冒进”的争论。事实上，1957 年中国城镇人口比重上升了 0.7 个百分点，共增加 650 万人，而人均收入没有增加，城镇化已经发出了危机的信号。然而这场争论以一场“反右”斗争而结束，“冒进”占了上风，再加上 1959 年反右倾斗争的推波助澜，全国轰轰烈烈进行了 3 年大跃进。这 3 年重工业产值以年均增长 49%、轻工业以年均增长 14%的高速度上升。全国职工猛增 2 860万人，在农村人口涌入城市的疏导方面也严重失控，城镇人口平均每年增加 833 万，年均增长率高达 9%，城镇人口比重从 1957 年的 13.08%猛增到 1960 年的 16.61%，每年平均上升 1.2 个百分点。国民经济比例失调、工业发展遍地开花，人均国民收入增长极微，有的年份还有下降。当时的这一切说明以乡村人口向城镇的过高迁移率为主和以城镇高自然增长率为辅为特征的城镇人口剧增，已经具有过度城镇化的特征。它既不是经济正常发展的需要，也不是中国当时经济发展水平所能承受的。国外学者称之为“假城镇化”。

(3) 1961～1965 年第一次反向城镇化。城市劳动力的不正常过速增长，使劳动生产率下降，购买力的增加与商品供应不能平衡，造成市场物资供应的压力。再加上一些地方自然灾害、工作中的缺点错误和中苏关系的恶化等其它因素，1960 年后国民经济进入了困难时期。为了保证城镇居民的基本生活，不得不精简职工，动员1958年1月以来从农村进城的新职工及其家属回乡。仅到1963年6月，全国共减少职工1 887万，共减少城镇人口2 600万人，形成中国城镇人口第一次大规模倒流。城镇人口下降的趋势到1965年才停住。1964年又调整了市镇建制，缩小郊区范围、撤销了39个城市，这一系列措施使城镇人口比重从16.61%的高峰跌到1965年的14.02%。在当时的历史条件下，采取这样果断的、有计划的调整措施是完全必要的，对于加强农业生产，减少工资开支和城镇粮食销量，缓和城市各项设施的压力，争取财政经济状况的好转，起了很大作用。但是客观地说，这一次有计划的调整却起因于无计划或计划失误的"跃进"。在调整阶段中逐渐形成起来的户口管制、限制人口流动、知识青年上山下乡、以分散为特征的三线建设、取消城市规划等政策措施影响深远，为后来很长一段时间的城镇化确定了基调。

(4) 1966～1976年第二次反向城镇化。正当国民经济经过5年调整，开始全面好转的时刻，接踵而至却是文化大革命的10年动乱。对城镇化过程影响较大的是："文革"初期大批知识分子和干部下放劳动；1 752万名知识青年上山下乡（包括1962年以后）；1970～1972年还出现过一面城市知青大量下乡，一面又向农村大量招工的相向流动；由于对国际形势的严峻估计，在保持高积累率的同时，大小三线建设进入高峰期，工厂进山、入洞、不建城市；控制大城市规模、发展小城镇的思想作为真理被广为推行，因当时小城镇发展缺乏必要的政策，农民被禁锢在耕地上，小城镇发展实际缺乏动力；城镇建制的工作基本停顿，新设市极少，建制镇减少；城市建设投资的比例，比调整时期还有下降，城市问题逐渐积重难返；城市中的计划生育工作已经初见成效，出生率大幅度下降；乡镇企业在江浙等发达地区已经悄悄兴起，等等。

“文化大革命”后期，全国各方面工作虽出现转机，但整个经济战线总的说是“左”的思想占统治地位。“文革”10年城镇人口在波动中略有增长，年均增长率只有1.3%，还远远低于全国人口的自然增长率(2.32%)。城镇人口比重从1965年后继续下降，1971年达到最低点12.08%，这以后多年徘徊在12.2%左右。包括前两个阶段在内的城镇人口的几次大进大出中，结果是以出为主，合起来可以看作是中国长达19年之久的城镇化不正常发展阶段。

(5) 1977年以来的城镇化新阶段。“文革”结束后，特别是1978年以后，全国工作的重点转移到社会主义现代化建设上来，政治经济各方面都发生了革命性的变化，城镇化也重新走上了正轨，出现了一些新的动向。

首先是城镇化终于走出倒退和停滞的低谷，城镇人口比重连续12年保持增长，1990年达到了18.96%的水平，年均增长量达到0.53个百分点，总趋势是健康的。不过个别年份城镇人口增长一度偏快。1984和1985年城镇非农业人口的比重分别比上年上升1.2和1.1个百分点，达到或超过1958～1960年的平均速度。虽然增长的原因与大跃进时期并不完全一样，主要是由于城镇设置标准的下降和新设置的市镇数量增长过热，但也不能忽视基建规模过大带来的影响。

其次，城镇人口增长速度最快的地区已从前30年的中国边远省区转移到沿海省和鄂、晋等内地重点建设省份。这与中国建设重点由中西部向东移动，并实行改革开放的总趋势相符合，后面的章节将进一步论证它的合理性。

再次，大城市和特大城市的可比增长率虽然仍比中小城市低，但和六七十年代的增长率相比，大城市人口增长率回升的速度却远远超过中小城市(表19)。特别是那些最大的中心城市如上海、北京、天津、广州等，城市人口已经结束了长时期的停滞，有了大幅

表19 1964～1980年和1980～1989年各规模级城市人口增长速度比较(‰)

规模级	1964～1980年		1980～1989年		增长率指数
	城市数	增长幅度 ①	城市数	增长幅度 ②	②/①
大于200万	5	3.59	7	24.16	673
100～200万	8	10.95	8	25.41	232
50～100万	18	14.89	30	28.47	191
20～50万	43	23.55	70	34.22	145
10～20万	51	26.78	62	44.91	168
小于10万	42	38.10	46	70.39	185
平均	167	15.87	223	31.63	199

度的增长，没有列入正式统计的流动人口的增长更是前所未有。大城市人口的行政控制已不完全有效。

最后，中国的城镇化按自上而下和自下而上两种力量和两种形式并行不悖的发展格局已日趋明显。由乡村工业化所带来的乡村城镇化的势头比 10 年前明显增强了。

第四，中国缓慢的城镇化过程并没有出现大城市人口过分膨胀的现象。

这和世界其它国家是很不一样的。如前所述，中国城市的机械增长主要发生在“一五”期间，在 1980 年以前中国特大城市总的人口增长速度相当低，机械增长相对于自然增长更是微不足道。据胡开华的分析，1949～1979 年 30 年间 14 个特大城市的人口增长中机械增长部分只占 10%左右，而同时在全国城镇人口的增长中，机械增长约占 30%，故绝大部分机械增长分散在广大中小城镇，并非涌向大城市。上海、天津、广州、南京的机械增长还呈负值。①笔者以 1964 年的城市规模为基准，也分析发现 1964～1980 年期间 50～100 万、100～200 万和大于 200 万的 3 个城市级人口

① 参见参考文献 173。

的实际年均增长率不仅低于城市人口的年均增长率，而且远远低于全国人口的年均增长率，说明人口迁出大于迁入。这本身是不正常的政治、经济背景下出现的不正常现象。1980年以后经济进入正常发展，各级城市人口增长都明显加快，但3个大城市级的增长率仍然低于全国城市人口的平均增长速度(表19)。

对于这样一个十分清楚的现象，也有许多人持完全相反的观点，坚持认为中国大城市人口长期处于失控状态，大城市数量过多，城市规模结构头重脚轻，大城市人口的过速增长带来了严重的"城市病"等等。但大量的资料和分析可以证明，这些论点的事实根据和理论根据都不充分，产生这些不正确的结论有思想认识和对比方法上的原因，也有城市概念和城市统计口径使用上的错误。①

第五，中国的城镇化不是伴随着农村的破产和城乡关系的尖锐对立展开的，它是城乡居民共同富裕、城乡经济共同繁荣的道路，这是中国社会主义城镇化的本质特点。今天和未来的城镇化发展战略是中国社会经济发展战略的重要组成部分，与波澜壮阔的农村和城市的经济体制改革密切相关(表20)。

表20　中国城乡人民收入对比表

年　份	1957	1978	1982	1984	1986	1988	1989
农民家庭平均每人纯收入(元)①	73	134	270	355	424	545	602
城镇居民家庭平均每人生活费收入(元)②	235	316	495	608	828	1 119	1 261
②/①	3.22	2.36	1.83	1.71	1.95	2.05	2.09

资料来源：引自《中国统计年鉴》。

① 详见参考文献174。

（二）制约中国城镇化发展的主要因素

农业是社会生产的起点。“因为农业劳动不只是农业范围内的剩余价值的自然基础，并且是其它一切劳动部门所以能够独立化的自然基础”。①因此，一般而言，城镇化的发展受到农业能够提供多少剩余农产品和剩余劳动力的制约。中国人口多，粮食需要量大，城镇人口的增长不可能主要靠进口粮食。农业提供商品粮的多少对中国城镇化的制约作用尤其明显。中国农业生产率提高较慢，1952 年平均每个农业劳动力生产粮食 1 893斤，1979 年才 2 230斤，1989 年提高到 2 513斤，粮食的商品率比较低。这是中国采取严格控制城镇人口的政策和城镇化速度较慢的重要原因之一。1957 年以前，中国城镇人口与粮食生产差不多都以 7%的年增长率共同增长，发展比较适应。“二五”计划前期城镇人口急剧膨胀，农业连年减产，造成严重困难，“二五”计划后期不得不压缩城镇人口使之与粮食生产水平相适应。这是二者关系最典型的正反两个例证。有人认为中国非农业人口在 80 年代以前基本徘徊在 15.5%左右，和中国粮食商品率 16%左右大体相近，决不是偶然的巧合，而是客观规律的反映。②

另一方面也不应忽视城镇化对农业发展的促进作用。特别在中国，耕地格外的少，劳动力格外的多，粮食商品率低和农村有大量的剩余劳动力有关。在人均粮食基本自给的条件下，人在城市要吃饭，在农村也要吃饭。如果让边际效率是零甚至是负数的农村剩余劳动力，一部分不失时机地向几十亿亩草原、大面积的山林、广阔的江湖河海进军，另一部分有计划地向非农业部门（包括向城镇）转移，结果将不是损害而只会促进粮食生产，提高商品率，推动整个农业和国民经济的发展。农村产业结构调整得比较好，耕作

① 马克思：《剩余价值学说史》第 1 卷，第 42 页，三联书店，1957 年。

② 参见参考文献 175。

业实现了规模经营的那些县、乡和村就是很好的证明。从全国来看，80年代中国乡村劳动力中从事农业的比重明显下降，全国按人口平均的粮食产量也有上升，粮食商品率上升则更快（表21），也是一个证明。

表21　80年代中国粮食商品率变化表

年　份	1980	1985	1988	1989
农业劳动力占乡村总劳力的比重(%)	89.20	81.89	78.51	79.24
按人口平均的粮食产量(公斤/人)	327	363	362	369
粮食社会收购量占产量比重(%)	19.12	28.39	30.44	29.78

资料来源:《中国统计年鉴》。

人口的自然增长通过影响社会剩余农产品的数量、社会可用于扩大再生产的能力和城镇就业岗位的数量制约着城镇化的进程。中国人口在基数很大的情况下自然增长率一直都比较高，是中国城镇化速度比较缓慢的重要原因之一。50年代初，中国人均国民收入仅有几十美元，而城市人口死亡率已经降至10‰以下，出生率却保持在40‰以上。由于医疗技术、政府福利政策等经济以外的因素，使中国人口提早进入了超速增长的转变形态，给城镇就业造成压力，这在发展中国家几乎是普遍的现象。

当大规模工业化建设蓬勃开展、各部门经济都顺利增长的时候，人口和就业的压力还并不明显，一旦经济受到破坏，发展停滞的时候，矛盾就十分突出了。因此中国的城镇化受到经济发展过程的约束是更直接的。

图25清晰地反映了中国城镇化水平与经济发展水平之间的关系。横座标是以1949年为100的人均国民收入对数值的指数，纵座标是以1949年为100的城镇人口占总人口比重的指数。显

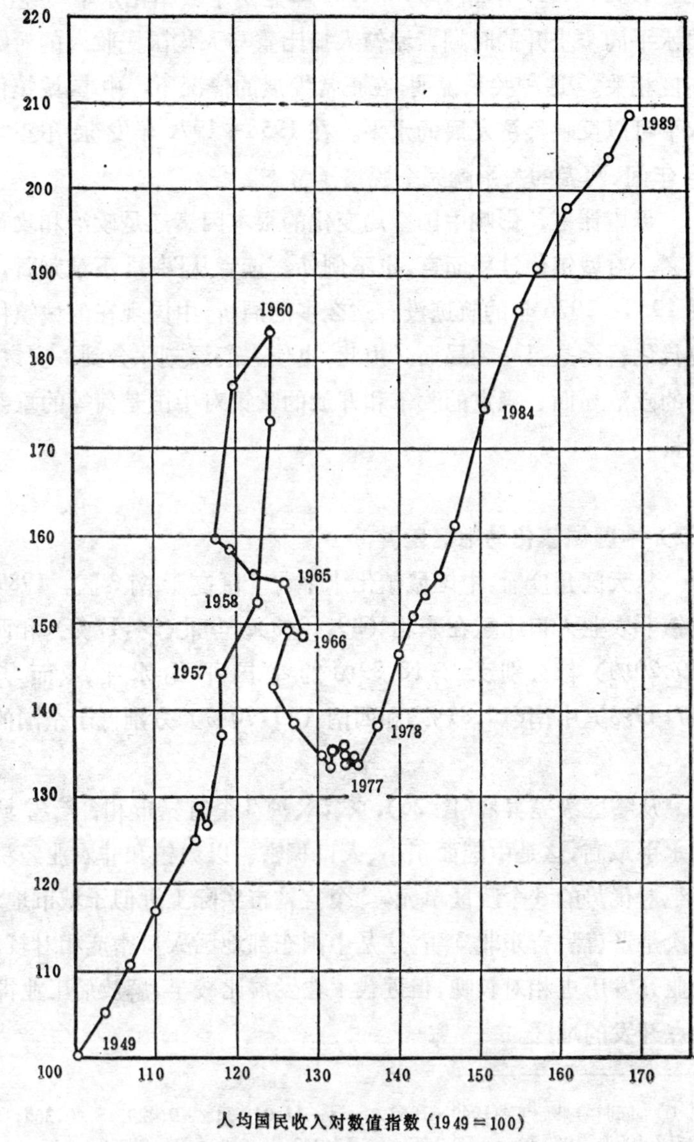

图25　中国城镇化指数和人均国民收入指数的逐年变动曲线

然，1949～1957 年和 1977～1989 年是两个城镇化水平与经济发展水平同步上升的时期，城镇人口比重与人均国民收入的对数值高度相关。①这种关系说明，在正常发展的情况下，中国城镇化的水平可以反映经济发展的水平。在 1958～1976 年发展不正常的 19 年间，两者的关系就完全脱离了常态。

毋庸讳言，影响中国全局变化的根本因素还是政治和政策的因素。对城镇化过程而言，也不例外。读者从图 25 不难判断，如果 1958～1976 年的轨迹没有这么多的周折，中国现在的城镇化和现代化将会是另一种局面。由此，也使人们深刻体会到，安定、团结的政治局面、稳定的改革和开放的政策对中国是何等的重要和宝贵。

（三）中国城镇化的地区差异

从大区角度看，中国城镇化水平北 3 区高于南 3 区。1989 年城镇非农业人口比重在东北（39.12%）、华北(24.17%）和西北（19.29%）都分别大于 18.89% 的全国平均水平，②而华东（17.49%)、中南(15.81%)和西南（11.70%）分别低于全国的水平。

从省区级差异看(图 26)，京、津、沪 3 个直辖市和台湾省城镇化水平最高，这是中国面积小、人口稠密、以城镇和非农业经济占了绝对优势的 4 个政区单元，3 个直辖市实际上近似于城市地域。其次是辽、黑、吉东北 3 省，这是中国东部地区人口密度相对较低、农业开发历史相对较晚，但近代工业发展比较早，解放后工业得到重点开发的地区。

---

① 回归结果如下：1949～1957 年，$y=11.018\lg x-9.429$，$S=0.365$，$R=0.9618$；1977～1989 年，$y=11.261\lg x-15.342$，$S=0.234$，$R=0.995$。

② 不包括台湾和港澳。

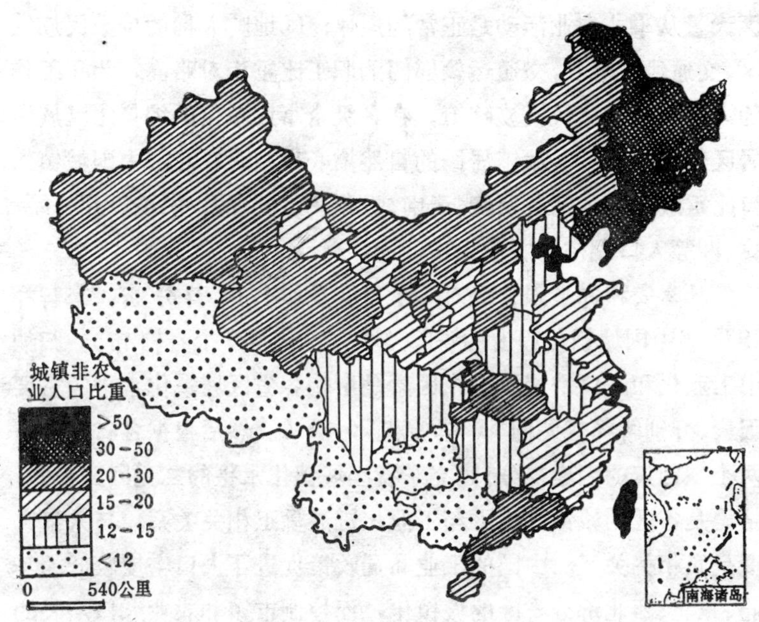

图26 1989年中国各省、直辖市、自治区城镇非农业人口比重图

一个有意思的现象是内蒙古、新疆、青海、宁夏4个边远省区城镇人口比重都不算低，超过全国平均水平，和它们的经济发展水平似乎不尽一致。形成这一现象的原因很复杂，从经验分析可以初步认为：①这里人口密度低，人口稀少，农业中放养畜牧业占重要地位，农业人口的规模和相对比重与一般农业以种植业占绝对优势的省区相比相对低得多；②这里的种植业以发达的绿洲农业称著，在绿洲上人口密集、商品农业发达，有利于城镇的形成和发展，城镇的商业和手工业已有悠久的历史；③新中国成立以后，这里因资源丰富，国防安全，又是少数民族经济落后区，为了合理布局生产力，国家在这里曾经进行了大规模的开发和建设，是中国前30年工业发展速度最快的地区之一；④为了支援这里的建设，前30年有大量的人口迁入(包括有组织的和自发的迁移)，移民在迁入

区大量从事非农业活动是正常的规律；⑤地旷人稀的少数民族地区，交通线拉得长，交通运输部门的职工比重相对略高。为了工作的方便和更好执行民族政策，在各级企事业单位的编员比汉族聚居区都要略高；⑥城镇居民的自然增长率相对较高。中国城镇人口比重最低的省区是西藏、云南、贵州3省区以及桂、豫、川、皖、冀、湘等人口稠密的农业大省(区)。

叶嘉安和许学强曾经对7个自变量作主因素分析，来解释1978年中国城镇化程度的省际差异（不包括3个直辖市)。归纳出工业化和人口密度两个主因素是影响各省区城镇化水平的主要因素，分别解释变差的51.21%和26.25%。然后根据各省区对这两个主因素的因素得分，建立了省区城镇化水平的二元回归模式。结论是省区的城镇化水平与工业化进展呈正相关关系，与人口密度呈负相关关系；中国的工业布局政策促进了人口密度较低的华北、东北、西北部分省区的城镇化，而控制市镇非农业人口增长的政策，又制约了东部和中南部分省区的城镇化。①

把中国执行改革开放政策以后的10年和以前的30年进行对比，可以发现：虽然各省区的城镇人口都在增长，但增长有快有慢，而且城镇化快慢的地区分布前后有了巨大的变化。以1954年和1980年作为基期，可分别求出1980年对1954年、1989年对1980年各省(市)区城镇人口占全国城镇总人口比重的增长指数。指数大于100的省区，城镇人口增长的速度大于全国平均速度，表明城镇化速度较快；指数低于100的省区说明城镇人口增长的速度小于全国平均速度，城镇化速度较慢。计算所得的数据见表22，由表可见，前后的对比关系十分清楚。前30年内蒙古、新疆、青海、宁夏、黑龙江等北方边远省区是城镇化水平增长幅度最大的省区，其次是新建工业较多的贵州、湖北、江西等内地省。而沿海的河北、

① 详见参考文献98和11，第74～80页。

表22 各省区城镇人口占全国城镇总人口比重的变动指数比较表

省区	1954～1980年指数	位序	1980～1989年指数	位序
北京	133	9	81	26
天津	91.5	20	78	28
河北	77	26	109	7
山西	104	13	110	6
内蒙古	238	1	90	22
辽宁	112.6	11	89	23
吉林	112.8	10	91	21
黑龙江	148	5	86	24
上海	66	27	78.4	27
江苏	80	25	108	8
浙江	61	29	111	5
安徽	102	15	103.3	10
福建	102	14	94	18
江西	125	8	98	16
山东	84	23	146	1
河南	91.6	18	106	9
湖北	131	7	116	3
湖南	111	12	103.2	11
广东	91.3	21	131	2
广西	99	16	102.3	12
四川	91.1	22	95	17
贵州	139	6	85	25
云南	82	24	93.8	19
西藏	65	28	77	29
陕西	91.5	19	100.4	14
甘肃	95	17	100	15
青海	177	3	102.1	13
宁夏	152	4	112	4
新疆	225	2	93.8	19

天津、山东、江苏、上海、浙江、广东、广西等都是城镇化发展较慢、在全国的比重相对下降的省区，只有北京和辽宁例外。1980 年以

后情况发生了根本变化:原来速度最快的边远省区除宁夏以外,在全国的位序都退后起码10位以上,而过去最慢的沿海省山东、广东、浙江、河北、江苏却纷纷进入前10位,成为速度最快或较快的省区,湖北、山西、河南等中部省也有明显发展。京津沪3大市和城镇化、工业化基础较好的东北3省却都落到全国最后10位的行列。总的来讲是:南方比北方快,沿海比边远快。

(四)绝对均衡论和相对均衡论

旧中国城镇分布过于偏集在东部沿海地区的现象相当严重。从1947年设市城市的不完全统计看,不计台湾在内的设市城市共60个,分布在沿海省区的有30个,占50%,在内地的23个,占38.3%,边远地区仅7个,占11.7%。因大城市偏集沿海更严重,故相应城市人口的分布,沿海占68.78%,内地为29.8%,边远地区只有1.42%。新中国成立以后,政府采取了大规模建设内地、大力开发边疆的政策,在一定程度上改变了这种不合理状态。1950~1980年间,新设市103个,其中69个在内地省区,17个在边远省区,沿海仅新设17个。表22和表23都证实了这一变化。

表23 三大地域城镇人口在全国的比重变化

地区*	面积(%)	人口(%)	占城镇人口比重(%)			
		1980年	1954年	1957年	1980年	1990年
东部沿海	13.58	41.05	52.7	51.1	45.6	46.8
内地	31.35	52.83	42.6	43.5	46.5	45.8
边远地区	55.07	6.12	4.7	5.4	7.9	7.4

* 此处东部沿海包括辽、京、津、冀、鲁、沪、苏、浙、闽、粤、桂、琼,边远地区包括内蒙古、甘、青、宁、新、藏,其余为内地。

还有一种相当普遍的观点认为,中国东西部之间城镇化水平的差距太大，内蒙古、新、青、藏等边远地区面积占全国一半以上，但城市稀少，城镇化程度极低，虽然新中国成立后的工业布局和城市发展注意平衡的原则，城镇化程度在沿海和内地之间仍然相差悬殊，效果不大。

这样就出现了一个问题：什么是城镇化的均衡与不均衡发展，以及怎样衡量均衡与不均衡的程度。

为了分析这一问题，可先用图27的方法确立一个衡量全国城镇化地域差异程度的指标——城镇化不平衡指数I。图中横座标X代表各地域单元的面积占全国面积的比重，纵座标Y是各地域单元1980年城镇人口占全国城镇总人口的比重。点位落在对角线上的省区，两指标数值相等，表示城镇人口与它的面积相适应。落在对角线以上的省区是城镇人口比重大于面积比重，称为城镇化不平衡指数为正。相反，落在对角线以下的省区称为城镇化不平衡指数为负。每点位距对角线的垂直距离为：

$$d_i=\frac{\sqrt{2}}{2}(Y_i-X_i)=0.707(Y_i-X_i) \qquad (1)$$

综合考虑全国各省区的状况，可得到全国对面积而言的城镇化不平衡指数Ia为：

$$I_a=\sqrt{\frac{\sum_{i=1}^{n}\left[\frac{\sqrt{2}}{2}(Y_i-X_i)\right]^2}{n}}=\sqrt{\frac{\sum_{i=1}^{29}d_i^2}{29}} \qquad (2)$$

此处n以29个省、直辖市、自治区计(为了前后比较，海南与广东合而为一)。

用同样的方法，只需横座标分别改变为各地域的总人口、耕地面积、播种面积、粮食产量、农业总产值、工业净产值在全国的比重，也就分别得到全国对其它因素而言的各种城镇化不平衡指数。均衡不均衡是一种空间现象，必须有一个参照系才具有实际意义。

图 27 说明，从空间面积的角度看，中国城镇人口分布的不平衡性确实相当严重：西部诸省区特别是新、内蒙古、青、藏地域辽阔，城镇人口甚少，d_i 负值的绝对值很高；而东部各省区都在对角线以上，尤其是辽、沪、苏、京、津与边远省区相比处在另一极端，d_i 的正值很高。全国对面积而言的城镇化不平衡指数 I_a 在 1980 年高达3.4751。

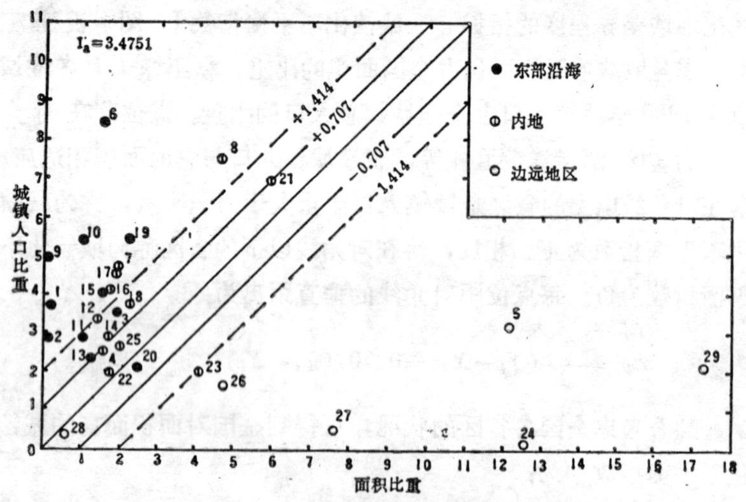

图 27　中国对面积而言的城镇化不平衡指数分析

1 北京　2 天津　3 河北　4 山西　5 内蒙古　6 辽宁　7 吉林　8 黑龙江　9 上海　10 江苏　11 浙江　12 安徽　13 福建　14 江西　15 山东　16 河南　17 湖北　18 湖南　19 广东　20 广西　21 四川　22 贵州　23 云南　24 西藏　25 陕西　26 甘肃　27 青海　28 宁夏　29 新疆

然而，城镇化的发展是不能单纯从空间面积来看的。因为同是地表空间，城市发展的地理条件差得太远了，而中国却是世界上地理条件的区域差异最为悬殊的国家之一。追求城镇和城镇人口在空间面积上均衡分布的论点可称作“绝对均衡论”，这在中国是不可能达到的。

城镇分布首先是人口分布的一种形式，有人居住的地方才能有城镇分布。从人口分布的基础上来看城镇分布，同年中国城镇化的不平衡指数骤降到 $I_p = 1.4680$。而且西北边远省区城镇人口在全国的比重超过了其人口在全国的比重，因此它们的城镇化水平并不低，而是相对较高；但东部许多人口稠密省区反而偏低（图 28）。

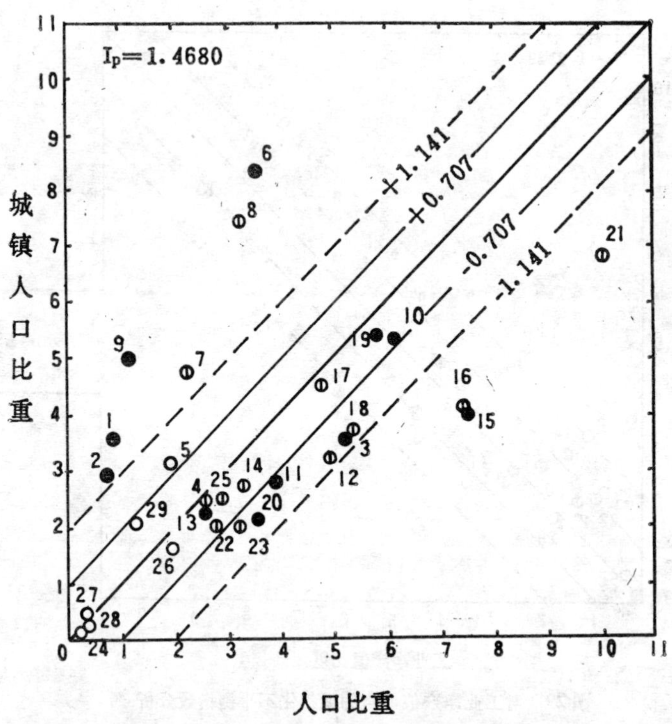

图 28　对人口而言的城镇化不平衡指数分析

人口分布又不能离开用于维持生存的一定数量的耕地。不同耕地又由于水热条件不同有不同的复种率，表现出不同的生产能力。城市发展的农业基础中，粮食生产的状况又具有特殊的作用。

综合的农业发展水平除种植业外，还包括林、牧、副、渔，尤其是工副业发达的地区，人口从农村向城镇的转化会更顺利一些。从这些因素的空间格局来考察中国城镇化的地域差异，情况又有变化。同年中国对于耕地面积、播种面积和粮食产量而言的城镇化不平衡指数分别下降到1.3988、1.3975和1.4051，对于农业总产值而言的不平衡指数只有1.3111。①

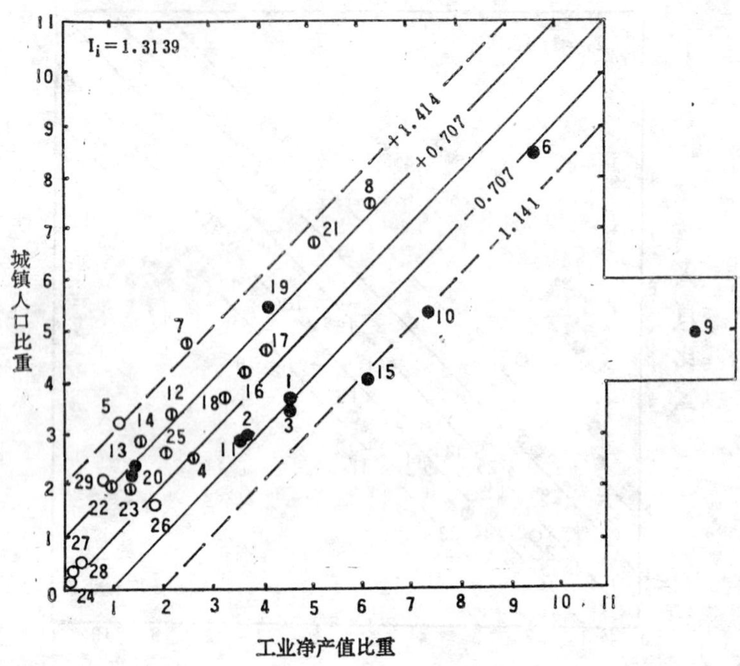

图29 对工业净产值而言的城镇化不平衡指数分析

城镇作为区域的经济中心，由于地理位置、交通条件、历史基础、技术水平、协作配套、产业结构等条件的地区差异，不同地区的

① 这四个与农业有关的不平衡指数，在计算时，把京津冀和沪苏分别合并，因为这样更符合实际。

城镇人口所创造的价值是不等的。城镇化并不是目的，它是经济发展的结果，又是促进经济发展的力量，应该追求经济效益。若以1980年各省区工业净产值在全国的比重来衡量城镇化的地域差异，用前面的数学式可以求得，中国城镇化的不平衡指数只有1.3139。如果把上海作为特例除外，其余28个省区的不平衡指数只有0.8105。沪、鲁、苏、冀、辽、京、浙、津和晋、甘10个省市创造的工业净产值大于它们城镇人口在全国的比重，其中又以前8个沿海省市城镇化的经济效益最好(图29)。

以1980年数据为基础的分析充分说明:从城镇发展的人口条件、自然条件、农业条件以及产生的经济效益来看，中国城镇化的宏观地域差异远没有前面所说的那样悬殊，而且这种差异根植于深刻的自然基础和深远的历史背景之中，不可能有大的改变，在生产力水平还较低的阶段，甚至可以适当加以利用。从城镇化发展的多种条件来评价城镇化地域差异的观点，可以称为“相对均衡论”。从这一点出发，笔者认为中国城镇化的地域差异与中国各地区的发展条件是基本相适应的，即从宏观上来看大体是均衡的。

不均衡的一面当然也存在，但在内容上不是沿海高、内地低的差异，而主要是北部高、南部低，其次是沿海、内地、边远地区内部存在着区域差异，再其次是省内也有不少的差异。

从上面分析出发，笔者积极主张城市的区域发展战略应与现阶段的国家经济发展战略结合起来。中国处在社会主义的初级阶段，经济基础薄弱、资金不足、技术落后，以最好的效益尽快提高中国的经济实力是当务之急。不应把遥远未来的事不适当地带到现在来实现。如西北边远省区的城镇人口比重已经远远超过总人口的比重，已从过去的余粮区变成缺粮区，它们的城镇化的进一步发展，应该在加强农牧业基础、改善交通运输条件、开发国家急需资源、挖掘现有城镇的经济潜力上下工夫，为今后的大规模全面开发作好准备。而城镇人口比重最低、发展最慢的省区都在南3区，其中不少省除了煤炭资源比较缺乏以外，其它条件都不错，应该给予重视，尤其是南方的沿海省区。80年代以来，中国实施沿海发展战略，加强了沿海地区和内地条件较好区域的建设，这种战略不仅正确而且应该坚持相当长时期。跟踪分析表明，80年代以来中国新的发展战略的实施结果，对面积而言的城镇化不平衡指数略有上升，但是对各种农业条件、人口分布和工业效益而言的不平衡指数全面下降，越来越趋向于相对的均衡，这是一个非常令人鼓舞的趋势（表24）。这一趋势从长远来说将会加速实现中国合理地均衡分布生产力和城镇的最终目标。

表24　80年代中国城镇化不平衡指数变动表

年份	城镇化不平衡指数，相对于:						
	面积	人口	耕地	播种面积	粮食产量	农业产值	工业净产值
1980	3.4751	1.4680	1.3988	1.3975	1.4051	1.3111	1.3139
1988	3.5081	1.2268	1.3338	1.2996	1.2077	1.1844	0.9290

（五）中国城镇化面临的基本问题及对策

从中国的国情看，中国将背负着长期不正常的城镇化所累积下来的众多难题走向新的起点，从城镇化的初期阶段迈入中期加速阶段。新老问题的迭加，使中国面临着尖锐的矛盾与艰难的抉择。这些问题概括起来是一个基本问题，即今后相当长时期内，中国城镇化都将面对着农村对人口的强大推力与城镇对农村剩余劳动力有限的消纳力之间的矛盾。

农村对人口的强大推力来自：

(1) 中国农村一直保持着很高的人口自然增长率。1980年以前，除个别年份外，一般都在20～30‰之间。农村劳动力的数量在1949～1980年间接近翻了一番，平均年增长率2.08%。1980

年以后，城镇化速度加快了。但农村劳动力增长的速度也在加快，1980～1987年年均增长率为2.94%。

（2）由于长期以来中国依靠农业为重工业建设积累资金，致使农业无法依靠自身积累提高技术装备水平，不得不主要依靠投入大量劳动力来维持低水平的农业生产。政府也对农业劳动的转移和流动采取严格限制的政策，长期阻遏农村剩余劳动力正常转移的渠道。

（3）在六七十年代经济发展缓慢的那些年月，城市知识青年上山下乡、干部下放，把城市就业出现的困难转嫁到农业身上，进一步加重了农村的人口压力。

（4）耕地面积逐年有所减少，每农业劳动力平均拥有耕地的数量从1949年的8.9亩，减少到1980年的4.7亩。80年代耕地减少的速率还在加快，单位面积耕地上的劳动力密度增高。

（5）在农村经济改革以前，束缚在小片耕地上的过量劳动力已经成为农业生产发展的抑制因素。农村对剩余劳动力的排斥力在城乡隔离的局面下无处释放，日积月累。农村经济一改革，这股巨大的洪流迅速奔泻出来而一发不可阻挡。

中国城镇化道路是否成功，从一定意义上说就是能否成功地吸引这批长期积聚、突然爆发、数量罕见的农村剩余的劳动大军。

然而相比之下城市对农村移民的容纳力却相当有限，原因是：

（1）60年代和70年代经济停滞时期留下相当数量的城市待业人员首先需要安置，1978年城镇待业人员数为530万，1980年541.5万，目前虽有缓解，但没有彻底解决。

（2）在执行计划生育政策以前的50年代和60年代，城市的人口出生率和自然增长率一直高于农村，而在这个生育高峰里出生的人口正进入劳动年龄，需要城镇提供就业岗位。而且他们又带来新的一轮生育高峰。

（3）绝大多数企事业单位已经机构臃肿，人浮于事。城市经济改革的逐步深入将会把在业职工中的潜在失业日益暴露出来。估计现在的城市企业就白养在职“失业者”达1 500万①。

（4）在现行体制下城市财政能力的限制是农村人口向城镇转移的重要制约因素。对城镇人口的巨额财政补贴已成为政府的沉重负担，仅中央和地方财政每年投向城镇的食物补贴，就约占国家财政总收入的1/5②；绝大多数城市基础设施欠帐很多，人口增加需要跨越投资门槛。因此城市政府总是倾向于控制人口流入。

面对现实，不让剩余劳动力流动，是所有对策中的下策。过去，由于人们对城镇化缺乏正确的认识，没有处理好城乡之间、农业非农业之间的相互关系，致使这一对矛盾演化成一种恶性循环：农村劳动力日益过剩⟶过剩劳动力没有正常的流动渠道⟶过剩劳动力的积累导致农业劳动力的边际效率下降⟶并不丰富的农产品大部分满足农村低水平自耗后，只有很低的商品率⟶农业的低商品率限制了非农业经济特别是轻工业的发展⟶导致城镇经济缺乏活力，城镇就业岗位不足⟶进一步严格限制乡村人口向城市转移⟶被束缚在耕地上的贫困农民企图以低成本的劳动力再生产来增加收入，导致高出生率⟶农村劳动力更加过剩⟶……。

要把长期运行的恶性循环转化为良性循环，决不是一件轻而易举的事，必须采取系统化的综合措施。其中最重要的几个环节是：

（1）无论是城市或乡村、发达或不发达地区，都要坚持不懈地控制人口增长，以取得调控城镇化过程的主动权。国际经验表明，

①② 农业部经济政策研究中心、政策法规司：“关于我国农村工业化、城市化与现代化问题”，1988年7月（未刊稿）。

降低人口增长速度的措施要比控制农村人口向城镇迁移更为有效。

(2) 农业在广度和深度上的不断开拓是中国城镇化稳定健康发展的基础，对这一点应有深刻认识。从耕地上游离出来的劳动力应首先导向林、牧、渔、副各业和为农业服务的行业，而不是首先导向非农行业。这既可以加强农业基础，又可缓和农村推力对城市的冲击。以1978～1987年计算，林、牧、副（不包括村办工业）、渔吸收的转移劳动力高达2083.3万人，竟相当于同期转移到农村非农产业部门劳动力总数的82.9%。①中国农业的深度开发潜力还很大，关键是要保证农产品价格符合价值规律，逐步缩小城乡收入差（近年来有扩大趋势）。

(3) 调整城镇的经济结构，包括企业所有制结构、产业结构、企业规模结构和技术结构，争取以有限的投资取得较大的产出效益，又同时能容纳更多的有效劳动力。以企业所有制的情况而言，1987年城市中集体所有制工业每个职工占有固定资产值大约只占全民所有制工业的1/4(25.3%)。而每个职工创造的工业总产值和净产值，集体所有制企业是全民的56.3%和51.4%。百元固定资产所实现的工业产值和利税，集体所有制企业是全民的2.2倍和1.41倍。1953年时中国有城镇个体劳动者900万，1978年只剩下15万，经过近十几年的发展，1989年也才只有648.2万。中国城市中第三产业劳动者的比重比发展中国家的一般情况也低得多。天津1952年商业和服务业的劳动力占总劳动力的37.2%，到1977年下降到11.8%。仅此几个数字也足以说明，适当调整所有制结构和产业结构，可以把发展经济和吸收乡村剩余劳动力兼容起来。中国需要一批大中型、技术先进的企业作为带动经济发展的火车头，但是工业的规模结构和技术结构也必须符合中国

① 徐天琪、叶振东："农村剩余劳动力转移"，1989年7月（未刊稿）。

劳动力过多的实际国情，采用大中小相结合和高技术、中等技术和适用技术相结合。总之，如果城市经济发展的路子更宽一点，城市吸收劳动力的潜力仍然是很大的。

（4）通过发展乡镇企业推动乡村工业化和乡村城镇化不失为中国城镇化的重要途径之一。乡镇企业的前身社队工业是农民为摆脱贫困，自己开辟出来的一条道路。在较为宽松的社会政治经济环境下，农民追求富裕的欲望终于迸发出来，乡镇企业一发而不可收，为 80 年代农村经济的繁荣、为实现国家第一步战略目标、为容纳大量乡村剩余劳动力作出了重大的贡献。

把乡镇企业离土不离乡、进厂不进城、发展小集镇的模式过誉为具有中国特色的社会主义城镇化的唯一正确道路，对此还有争论。但是，乡镇企业发展方兴未艾，无法遏制的趋势，却现实地摆在人们面前，不容人们否认。关键是对它发展中存在的一些问题，应高度重视，国家要给予必要的引导。80 年代中期乡镇工业超高速发展一定程度上忽视了对种植业、林牧渔副和农田基本建设的投入。乡镇工业应该是城市工业的延伸和补充，而在不少情况下，它却在争夺原材料、能源、产品市场甚至抢夺自然资源方面形成与城市工业、国营矿山相竞争的关系。在大中型企业深化改革、获得更多自主权以后，乡镇工业在平等的竞争中未必处于有利地位。另外，传统工业的生命力仍然在于能够取得集聚经济效益和规模经济效益。象现在这样乡村工业村村点火、处处冒烟，村办工业必须办在村里，乡办工业必须办在乡里的布局形式，造成经济效益低下，耕地大量蚕食，污染面扩散，于经济、社会、环境均无好处。

笔者在山东泰安 40 个镇的调查表明，分布在镇驻地的乡镇工业平均不到 50%，而经济效益分析证明，在镇驻地企业的每一工业职工的产值比平均值高 10%，每个工业职工创造的利润高出 20%，资金利税率则高出 110%，显然集中在镇驻地的企业经济效益好得多。阻碍乡镇工业集中的根本原因是资金分散、政企不分和农村土地使用权的固定化。因此迫切需要一种机制能把乡镇企业的经营权和所有权分离，能够集中乡镇和农民个人的资金，使乡镇企业不局限在自己耕种的土地上，而能在城镇集聚或形成新的小城镇。企业可按股份多少在各乡、各镇、各村吸收农民职工。乡村工业如果不与城镇发展结合起来，而满足于那种"似城非城"、"似乡非乡"、"似工非工"、"似农非农"的局面，决不可能带来有效益的"乡村城镇化"。乡村城镇化从根本上说是城镇化的一部分，而不是乡村化的一部分，它强调通过各级城镇（在这里主要是指小城镇或小城市）作为结节点来组织城乡的交互作用。历史的教训也告诉人们，只有以城镇形式组织非农业生产特别是工业生产，才是唯一的健康道路。

概括以上几点，控制人口、发展生产是解决城镇化难题的主要办法。在中国人口增长率低、经济最发达的地区，农村劳动力转移的阻力就较小。例如在上海郊区，滞留在耕地上的闲置剩余劳动力反而不多，农业人口向非农业转移的形态，已从70年代的"溢出型"转变为80年代的"吸出型"，今后进一步会变为"析出型"。①

从更深层的意义上讲，中国城镇化的基本矛盾要靠理顺城乡关系才能得到根本解决。众所周知，在户籍、住宅、粮油副食品供应、教育、医疗、保险、就业、婚姻等许多方面城乡之间存在着非对抗性的利益冲突，这样的城乡二元结构已经在中国运行了40年。对农村剩余劳动力的流动要不要开放，开放到什么程度，直接关系到城乡之间、市民与农民之间的利益关系的调整，特别是难免要触动到市民的既得利益。现在的一些改革措施，对这种二元结构已经有所触及，今后城镇化能够迈出多大的步伐，取决于国家对旧有城乡关系触动的深度以及对可能带来的社会震荡的承受能力。

---

① 参见参考文献177。

四、区域城镇化水平预测模型

国土规划、城镇体系规划以及各种关于城市和区域的发展战略研究中，都需要预测若干年后区域的城镇人口数和城镇人口在总人口中的比重。预测期限常常是 10 年、20 年甚至更长，属于长期或超长期预测，要求得到的是一种控制性指标。下面介绍的是几种常用的预测模型。

(一) 联合国法

这是联合国用来定期预测世界各国、各地区城镇人口比重时常用的方法。它的关键是根据已知的两次人口普查的城镇人口和乡村人口,求取城乡人口增长率差,假设城乡人口增长率差在预测期保持不变,则外推可求得预测期末的城镇人口比重。

根据假设:

$$\frac{1}{U(i)}\cdot\frac{dU(i)}{dt}-\frac{1}{R(i)}\cdot\frac{dR(i)}{dt}=K \qquad (1)$$

式中

$U(i)$——i 时的城镇人口;

$R(i)$——i 时乡村人口;

t——时间;

K——城乡人口增长率差。

对(1)式取不定积分:

$$\int\frac{dU(i)}{U(i)dt}-\int\frac{dR(i)}{R(i)dt}=\int k$$

最终可以得到:

$$ln\ U(i)-ln\ R(i)=Kt+c \qquad (2)$$

设 $PU(i)=\frac{U(i)}{T(i)}$，$U(i)$是城镇人口，$T(i)=U(i)+R(i)$即总人口，则$PU(i)$为城镇人口比重，(2)式可变成：

$$ln\frac{U(i)}{R(i)}=Kt+c$$

$$\frac{U(i)}{R(i)}=e^{kt+c}$$

$$\frac{R(i)}{U(i)}+1=\frac{R(i)}{U(i)}+\frac{U(i)}{U(i)}=\frac{T(i)}{U(i)}=1+\frac{1}{e^{kt+c}}$$

$$PU(i)=\frac{U(i)}{T(i)}=\frac{1}{1+e^{-kt-c}}=\frac{1}{1+\alpha e^{-kt}} \qquad (3)$$

(3) 式正是S型曲线的数学模型。可见联合国法预测城镇人口比重符合正常的城镇化过程曲线的原理。

在实际应用中，从(2)式可以找到一种求取城乡人口增长率差的简便方法：①

$$URGD=ln\left(\frac{\frac{PU(2)}{1-PU(2)}}{\frac{PU(1)}{1-PU(1)}}\right)\Big/ n \qquad (4)$$

式中：

URGD——城乡人口增长率差；

PU(1)——前一次人口普查的城镇人口比重；

PU(2)——后一次人口普查的城镇人口比重；

n——两次普查间的年数。

(4) 式的优点是避免了用城镇和乡村人口的绝对值进行计算的麻烦。

假设 URGD 是一个常数，就可以从下式 (5) 向前估计两次普查年之间每一年的城镇化水平，也可以向后预测某年的城镇化水

① 参见参考文献 86，第 9 页。

平：

$$\frac{PU(t)}{1-PU(t)}=\left(\frac{PU(1)}{1-PU(1)}\right)\cdot e^{URGD\cdot t} \quad (5)$$

式中：

t——距离第一次人口普查的年数。

例如，1982 年中国第三次人口普查公布市镇人口比重为 20.6%，当时这一数字比较接近中国城镇化的实际水平，但后来各年因市镇范围扩大，国家公布的市镇人口比重已失去意义。1990 年第四次人口普查用新的统计口径，公布当年市镇人口比重为 26.23%，也比较接近实际。作者用联合国法求得 1982～1990 年中国城乡人口增长率差为 0.03939，据此修补了 1983～1989 年各年的城镇人口比重。按这样的情况发展，可预测 2000 年中国市镇人口约为 34.5%，2010 年可能为 43%。①

（二）城镇化与经济发展水平的相关分析法

城镇化与经济发展水平之间具有紧密的内在关系。而且，这种关系实际是多因素的综合。利用本章第二部分关于城镇化水平与人均国民生产总值之间存在对数曲线关系的原理，只要得到国民经济发展水平的计划指标，则可通过下式预测计划期末的城镇人口比重：

$$y=b\lg x-a \quad (6)$$

式中：

x——人均国民生产总值；

y——城镇人口比重。

式中 a,b 可利用足够长年份或足够多地区的 x 和 y 的实际资料，通过回归求得。在没有 GNP 资料时，也可以用国内生产总

① 参见参考文献 159。

值、国民收入、工农业总产值等其它人均指标。

作者用1977年时的世界模型预测过中国人均GNP达到800～1000美元时的城镇化水平。用此法预测山东省、济宁市域等具有一定规模区域的城镇化水平时，效果也不错。地域范围过小时，如县、市区，则不一定适宜，要视相关性检验而定。此法的优点是简单易行，符合城镇化的内在机制。

（三）劳动力转移法

从乡村对劳动力的推力的角度，也可以预测区域城镇化水平。笔者和几位同志在山东济宁工作时，曾设计了这样的式子：

$$P_n=P_oe^{rt}+(gB_oe^{rt}-\frac{S}{Q})\cdot\alpha\cdot\beta+m \qquad (7)$$

式中：

P_n——规划期末城镇人口；

P_o——基期城镇人口；

g——农业人口中的劳动力比例；

B_o——基期农业人口；

S——规划期末总耕地数；

Q——期末每个劳动力平均负担耕地；

t——预测时间；

r——规划期内人口自然增长率；

α——种植业的剩余劳动力进入城镇从事非农业活动的系数；

β——进城劳动力的带眷系数；

m——可能从区外迁入的城镇人数。

（7）式右边第一项代表现有城镇人口的自然增长，第二项是本区因乡村劳动力富余向城镇的迁移，其中α，β，Q需要参照全国和本地区的情况进行估计，S可根据本区历史上耕地变化趋势求得，第三项取值是考虑到今后区内新建、扩建工矿业可能从区外迁入的人口。

这个方法需要通过调查研究取得的系数较多，工作量比较大。

（四）时间趋势外推法

这种方法是选用一种数学模型来拟合城镇化水平变化的历史过程，然后按时序外推，适合于历史资料比较长，发展比较平稳的地区。

可选择的模型通常有：

$y=a+bt$，

$y=a(1+b)^t$，

$y=ae^{bt}$ 或 $y=k+ae^{bt}$，

$y=a_0+a_1t+a_2t^2+\cdots+a_nt^n$

式中：

a、b、k——均为常数，通过回归求得；

t——时间；

y——城镇人口数。

（五）系统动态学方法

系统动态学是研究社会大系统的计算机仿真方法。它可以方便地对各种决策进行实验、分析，选择合理的符合实际的结果，应用面很广。用它来预测区域城镇化水平时，可以把人口过程、城镇化过程和经济发展过程连结在一起，构成一个互相制约、互相影响的复杂的动态系统。系统内一个因素的变动往往会引起其它众多因素的连锁反应，运用一般的传统方法就很难对此做出全面正确的分析和估计。

北京大学在泰安市域城镇体系规划中试用过这种方法。整个系统包括人口模块、城镇化模块、乡村人口转移模块。各模块主要系统变量各不相同，因而具有不同的功能。人口模块主要研究和反映人口的发展和控制、人口构成、劳动力供给、农业人口和非农业人口的自然增长以及人口密度和人均耕地的变化。城镇化模块的重点在于研究工业生产与城镇化的关系、非农业人口比重、城镇人口及城镇驻地人口的变动趋势。乡村人口转移模块着眼于分析伴随着城镇化，乡村人口向城镇的集聚过程，涉及耕地变动、农业劳动力需求和供给、乡村剩余劳力向城镇的转移等问题。各模块之间相互联系，互为条件，共同构成一个复杂的动态系统。系统内一个因素的变动往往会引起其它众多因素的连锁反应。工作步骤分为：①明确系统目标、边界，选择相关变量；②分析系统内机制，确定各种因素之间的因果反馈关系；③画出流图，运用 Dynamo 语言，构造方程式，建造 SD 模型；④计算机仿真和结果分析。

此方法的突出优点是对那些受政策和人为因素影响较大的决策变量进行调整，可以得出多方案的仿真结果，供决策者选择。

（六）目标优化法

城镇人口、非农业人口虽然一般而言要比乡村人口、农业人口创造更多的价值，但他们数量的增加并不是无条件的，而要受到人口、用地、粮食、投资、水资源、能源、城市基础设施等多种条件的制约。在满足区域的各项约束条件的前提下，兼顾生活和生产，寻求与区域国民经济优化目标（如国民收入最大）相适应的城镇人口的合理比重，就可以采用城镇化水平分析的线性规划模型。模型的建立包括选择优化变量，确定目标函数，寻找约束条件，确定每个约束因素的数量关系。预测结果是否合理主要取决于：①目标函数中对各优化变量的系数的确定，这些系数实际上是赋予各优化变量以不同的"权重"；②约束条件中各项系数及常数项的确定。考虑的优化变量和约束条件越多，模型就与实际的系统越吻合，计算的结果也就越符合实际。但是需要收集的资料也越多，城镇化与这些变量之间确定性数量关系的分析的工作量也越大。

第四章　城市形成发展的地理条件

社会生产方式是制约城市形成发展的根本因素。它首先反映在城市形成和发展的大的历史阶段。人类社会的第一次大分工，农业和畜牧业相分离，人类开始定居，出现聚落；第二次社会大分工，手工业和农业相分离，出现了直接以交换为目的的商品生产，城市才随之产生；商品生产和商品交换的发展，交换地域的进一步扩大，商业和商人阶级从农业和手工业中分离出来，城市才有了较完备的职能和结构，具有相当的规模，并在地域上获得较广泛的分布；当资本主义机器大工业替代工场手工业，才产生人口向城市的迅速集聚，掀起了城镇化的世界浪潮，出现前所未有的工业城市和现代化大城市；信息产业的独立和信息社会的到来，必将使城市在许多方面发生深刻的变化。

其次，在同一个历史阶段内，城市的兴衰也受到整个社会政治、经济兴衰的制约。就以徘徊了2000多年的中国封建社会为例，大凡政治统一、经济繁荣的朝代，城市都得到很大发展，且均有世界城市建设史上的光辉杰作传世。但在朝代更迭，政治上动荡、分裂，战乱频仍的时代，城市发展也处于低潮，即使有发展也是局部的，甚至连昔日都邑也衰为废墟。新中国建立40多年来，城市发展虽取得了辉煌的成就，但也并非一帆风顺，城镇化的过程仍始终服从于整个国家政治经济发展的起伏跌宕。这一城市形成发展最基本的规律性，古今中外概莫能外。

在这一前提下，处在同一发展阶段的不同地区，甚至同一地区的不同城市，城市的分布和发展的状况也有差异，地理条件在这种差异的塑造中起了很大的作用。

一、城市群体分布的区域基础

区域地理条件是城市形成发展的基础和背景，不同的区域为那里的城市发展提供了不同的舞台，形成了城市分布的宏观差异。

（一）城市宏观分布与区域自然地理条件

自然地理条件如地质地貌、气候水文、土壤植被首先作为人类生存环境，通过影响人口分布而影响城市的形成发展。世界上不少城市分布现象明显反映出自然条件的影响。一般说来，大城市对自然条件的依存关系比非特殊职能的小城镇要紧密得多，因此大城市地域分布上的规律性更典型。

世界人口以不同的密度在地球表面分布很广泛，不受人类活动影响的自然环境几乎已不复存在，但世界的城市，特别是大城市的主要分布区却明显集中在气温适中的中纬度地带。世界100万人口以上城市的平均纬度在本世纪20年代初是44°30′，在50年代初是36°20′，70年代初是34°50′，具有在中纬度范围内向低纬方向缓慢移动的趋势(图30)。1981年初，全世界有100万人口以上城市197个，其中近90%(175个）在北半球。在北半球的这些大城市向北不超过北纬60°，其中137个（占总数的78%）在北纬25°以北。南北纬25°之间的低纬度地区一共只有50个。①在低纬度的大城市有两种主要区位类型。一种是坐落在海拔较高的气候凉爽的高原或山间盆地。例如距赤道最近的首都城市基多（南纬0°13′)海拔2 818米，各月平均气温都在13℃左右，丝毫没有热带气候灼人的酷热。类似的例子如：哥伦比亚的波哥大，北纬4°36′，

① 参见参考文献180。

海拔 2 556米；玻利维亚的拉巴斯，南纬 16°30′，海拔 3 632米；墨西哥城，北纬 19°24′，海拔 2 259米；非洲埃塞俄比亚高原上的亚的斯

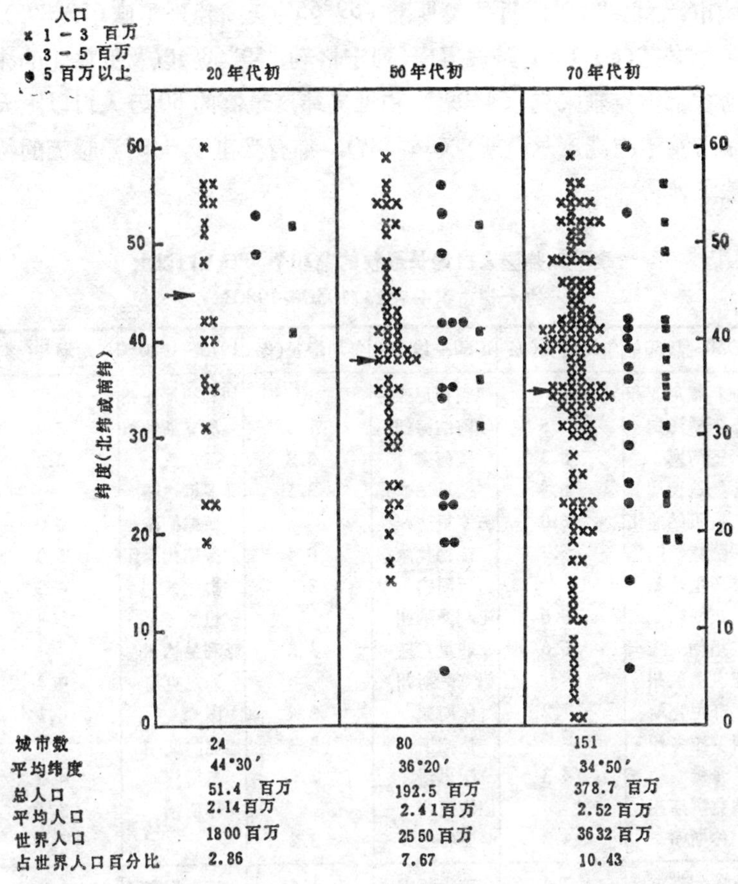

图 30　世界百万级城市的纬度分布（1920～1970 年）（引自参考文献 1，第 481 页）

亚贝巴，北纬 9°02′，海拔 2 450 米，等等。另一种类型则分布在低纬度地带能接受海洋调节的滨海低地，如新加坡（北纬 1°17′），雅加达（南纬 6°10′），利马（南纬 12°03′）等。少数低纬度大城市则两种条件兼而有之，如委内瑞拉首都加拉加斯，地处北纬10°30′，

城址在海拔1 000米的山谷，北距加勒比海也很近，既避免了严寒酷暑，又可享受热带海滩的乐趣。世界一批纬度最高的首都或大城市，如北纬60°附近的奥斯陆（59°55′）、斯德哥尔摩（59°20′）、赫尔辛基（60°10′）、圣彼得堡（列宁格勒，59°58′）以及更靠北的冰岛首都雷克雅未克（64°09′）和世界纬度最高的50万人口以上大城市及不冻港摩尔曼斯克（68°58′），都有受惠于大西洋暖流的特殊条件。

表25　美国人口增长最快的前10个50万人口以上的大都市区分布表（1950～1980年）

1950～1960年	年均增长(%)	1960～1970年	年均增长(%)	1970～1980年	年均增长(%)
加利福尼亚州		加利福尼亚州		加利福尼亚州	
阿纳海姆	12.5	阿纳海姆	7.3	奥克斯纳德	3.4
圣何塞	8.3	圣何塞	5.2	圣迭戈	3.2
圣迭戈	6.4	圣贝纳迪诺	3.5	佛罗里达州	
圣贝纳迪诺	6.0	佛罗里达州		西棕榈滩	5.0
萨克拉门托	5.7	劳德代尔堡	6.4	劳德代尔堡	5.0
佛罗里达州		迈阿密	3.1	奥兰多	4.3
迈阿密	6.6	亚利桑纳州		坦帕	3.8
坦帕	6.6	菲尼克斯	3.8	亚利桑纳州	
亚利桑纳州		德克萨斯州		菲尼克斯	4.4
菲尼克斯	7.2	休斯顿	3.4	图森	4.1
科罗拉多州		达拉斯	3.3	德克萨斯州	
丹佛	4.3	沃思堡	2.9	奥斯汀	4.0
德克萨斯州		佐治亚州		休斯顿	3.7
休斯顿	4.2	亚特兰大	3.2		
全美大都市区	2.4	全美大都市区	1.5	全美大都市区	1.0

大多数城市的分布，既要求气温适中，又要求有适度的降水。中国近60个50万人口以上的大城市，只有包头、兰州、西宁、乌鲁木齐等4个城市是在年降水不足400毫米的西北部干旱、半干旱地区。美国10万人口以上的城市，绝大多数分布在30～50英寸

降水量的较湿润地区（1英寸相当于25.4毫米）。有趣的是从50年代以来，美国城市人口出现持续几十年的从北方“雪带”到南方“阳光带”迁移的趋势。人口增长最高的前10个50万人口以上的大都市区全部在南部州，除了佛罗里达州等温暖的滨海著名风景城市外，大多数却是分布在年雨量不足20英寸的干旱、半干旱地区，如那些在加利福尼亚州、亚利桑纳州、科罗拉多州的城市（表25）。产生这种现象的重要原因之一，恰恰是进入城镇化后期人们对适于户外活动和有益于健康的气候环境的追求。富裕阶层和老年退休者是这种人口迁移流的主体。

区域地形条件与城市分布也有密切关系。1981年世界197个100万人口以上大城市的80%以上（160个）分布在海拔不足200米的滨海、滨湖或沿河的平原地带，其中又以位于海拔100米以下的居多。中国的设市城市分布在地形的第一、第二、第三级阶梯上的比例大致分别是1%、32%和67%（1983年）。

中国城市按其所在的区域地形分类，有10种类型：

（1）滨海城市。有两种情况，一种是城市建成区直接面海（如大连、青岛）；一种是城市位于短小河流的河口，距海很近（如椒江、温州）。它们多依托优良港湾或便利的海运条件而形成发展，这类城市所在的滨海平原极为狭窄，背靠着低山丘陵是其共同的特点。

（2）三角洲平原城市。城市距海远近与三角洲大小有关，但一般说距海较近。与滨海城市的差异在于周围平原广阔，水网稠密，土肥人众，农产资源丰富是城市形成发展的主要优势。以南方长江三角洲和珠江三角洲的密集城市群最为典型。北方的河口三角洲开发尚不充分。

（3）山前洪积冲积平原城市。这是中国城市形成发展中最重要的一种区域地形类型。山前堆积平原地形平坦、土壤肥沃而有坡度，水源丰富又排灌条件良好，为古代陆路交通线开辟和古代城市发育提供了优良环境，这种影响一直延续到近现代的城市分布。这类城市在中国北方分布十分广泛，尤以华北平原外侧沿着燕山南麓、太行山东麓、淮阳丘陵北麓、鲁中南丘陵山地外缘的一连串城市数量最多。在祁连山北麓、天山南北麓、川西山地东麓等也很典型。

（4）平原与低山丘陵相邻接的城市。这类城市处在窄狭平原和低山丘陵的交接地带。城市本体虽是平原地形，并都临河，但因平原狭窄，间有残丘起伏或周围一侧地形破碎。最典型的是镇江以上长江中下游平原边缘的城市。在古代它们都具有城市建设所必备的良好防卫、交通、农业基础等条件。

（5）低山丘陵区的河谷城市。低山丘陵地貌在中国有大面积分布，这里的城市多位于河谷，临河是共同特点。当低山丘陵区的河谷平原较宽阔时，如湘江平原，城市地形较平坦；当河谷平原比较窄小时，城市则有山城特点，如重庆。当河谷平原成盆地状时，如"金衢盆地"，则城市均靠盆地边缘。不论位处哪一种河谷平原，城市周围多地形破碎，起伏较大。这类城市在江南丘陵区数量最多、最典型。

（6）平原中腹的城市。城市位于广阔的平原面上，不临海、不背山、面坡小、地势低平甚至低洼。在古代，这种区域的城市发展条件相对较差。同在华北平原，但平原中腹，城市发展相对稀而小的状况与平原外围洪积、冲积平原城市多而密恰成鲜明对照。华北平原中部较大而且历史上著名的城市几乎都沿纵贯平原南北的大运河一线分布。

（7）高平原上的城市。数量很少，都分布在开阔平坦、海拔在1 000米上下的蒙古高原面上。

（8）高原山间盆地和谷地的城市。在中国地形二级阶梯的高原上，绝大多数城市均集中在相对低平的山间盆地或谷地，并滨临河流。典型的如位于云贵高原坝子和谷地中的城市、黄土高原上河谷盆地里的城市。

（9）中山谷地城市。在海拔500～3000米的中山地区，相对高差较大，城市一定位于狭窄的河谷平原，如南平、三明、汉中、十堰、攀枝花、西昌。

（10）高山谷地城市：在3000米以上的高山地区，城市极少。必定在河谷之中，如拉萨。

1983年中国289个城市在上述10类地形区的分布频数如表26。概括地说，中国平原地区的城市多于低山丘陵地区，中山、高山地区数量极少；除了大平原中腹和三角洲平原外，城市选择两种地形过渡或交接的部位形成发展非常普遍；除了平原城市要滨临江河湖海以外，丘陵、山地区的城市多趋于河谷，临水也是普遍要求。

在不同的区域自然地理条件下，城市建设的投资费用可以差别很大。这也是城市选址需要考虑自然条件的重要原因。

表26　中国城市在不同区域地形类型的分布

地形类型	城市数	分布频数(%)
(1)　滨海平原/丘陵	21	7.3
(2)　三角洲平原	17	5.9
(3)　平原中腹	29	10.0
(4)　山前洪积冲积扇平原	63	21.8
(5)　平原与低山丘陵邻接地带	20	6.9
(6)　低山丘陵区的河谷	76	26.3
(7)　高平原	6	2.1
(8)　高原山间盆地或谷地	41	12.2
(9)　中山谷地	15	5.2
(10)　高山谷地	1	0.3
1983年全国城市	289	100.0

苏联曾对各山地自然地理区域城市建设的投资额与理想自然

地理条件下的城市建设投资额进行过对比研究。所谓理想的自然条件指的是：气候不次于莫斯科；地表坡度不超过0.5～3°；底土虽松软但不下沉，可承受2公斤/厘米²的压力；地震不超过6度；地下水位在5米以下；有天然林木；无多年冻土、喀斯特、滑坡、雪崩、沙质底土、沼泽化土壤和沼泽等。各山地区域城市建设的投资额比理想条件下要增加的比率为：阿尔卑斯—喀尔巴阡地区45%，诺沃泽麦尔—乌拉尔地区70%，克里米亚—高加索地区75%，中亚细亚山区95%，前亚细亚高原区100%，中央亚细亚高原区160%，等等。造成苏联山区城市建设投资额增长的自然因素中，最明显的是雪崩、滑坡危险以及多年冻土。

（二）城市宏观分布与区域经济地理条件

区域经济地理条件的内容更加丰富多样。矿产资源、淡水资源、水热资源、动植物资源的丰饶度及其组合，基础设施的状况，区域劳动力的数量和质量，经济发展的历史传统，现状经济的发展水平和结构特征，未来的开发潜力等等都可以影响区域的城市发展。这些条件有的是自然地理条件的衍生转化，有的是区域经济开发的历史积累，还有的是未来的发展可能性。

城市与区域经济地理条件之间具有密切关系的基本原理就在于城市在任何时候都是一个复杂的开放系统。城市要从区域获取发展所需要的食物、原料、燃料和劳动力，又要为区域提供产品和各种服务。城市和区域之间的这种双向联系无时无刻不在进行。它们互相交融、互相渗透。区域能够向城市提供多少食物、原料、燃料、劳动力，区域又能够吸收多少城市的产品和服务，城市与外界区域目标有什么样的交流手段，就成了城市发展的基础。可以这样说城市是区域的缩影，是区域的中心和焦点。区域整个历史的特殊状态，规定每个城市的特点。

这里不可能充分展开讨论每个区域因素与城市群体分布的关系。实际这些因素都是结合在一起综合发展作用的。为什么同一个江苏省，南部的长江三角洲地区与北部的徐淮地区有明显不同的城市发展水平和分布格局？为什么四川的城市分布有盆地内和盆地外的显著差异，而云南省的城市分布却基本上均匀分布，没有集中区域呢？为什么东北有我国最高的城镇化水平，而西南却最低呢？许多这一类区域性的城市现象，除了历史上生产力和生产关系在不同区域影响的原因外，就只能从区域地理背景的差异中去寻找答案。

忽视区域条件的工业布局和城市发展，中国是有过教训的。中国六七十年代曾经耗费巨资而进行的三线建设，不完全成功的一个重要原因就是工业布局和城市发展脱离了区域条件。许多星散在西部深山沟中的军工企业和机械制造工业，常常原料来自东部，产品也主要流向东部，既脱离区域的资源优势，又脱离区域的消费市场。这些需要密集技术的工业却被包围在边远山区教育和技术水平非常低下的文化氛围中，工人技术人员也要大部来自东部发达城市。在管理体制上，它们也是自成体系，自成社会。本来工业是现阶段促进我国城市发展的主导因素，然而，这种单纯以地形隐蔽为前提的不顾及区域条件的新工业，犹如大海中的孤岛，没有生命力。这些集聚着成千上万人的工业点，游离在区域之上，与区域之间没有紧密的双向联系，因而始终不过是一个工业居民点，形不成完整意义上的城市。许多难以为继的三线企业，已经被迫转产适应地方资源和市场，或者搬迁到附近的大中小城市，以便使它们成为区域经济的有机组成部分。

二、城市地理位置的影响

从更小尺度来看，为什么一个城市会在某一地点形成发展起来？为什么这个城市发展得很大，那个城市却很小？为什么有的城市长盛不衰，即使城市毁于天灾人祸，往往又在原地重建，而有些城市却在历史上昙花一现？揭示某个城市形成、发展的特性，除了上面所述的条件外，还必须深入到城市的地理位置。

（一）概念

巴朗斯基曾给地理位置下了这样一个定义：位置就是某一地方对于这个地方以外的某些客观存在的东西的总和。如果这些客观上存在的东西是赤道和本初子午线，那么就是数理地理上的位置。如这些客观上存在的东西是山、海等自然地理方面的东西，那么就是自然地理位置。如果某一地区或城市对于它外部存在的具有某种经济意义的东西的关系——不管这些客观上存在的东西是属于自然条件方面的，还是在历史过程里创造出来的，都是经济地理位置。当然还有政治地理位置，那是在一定国际形势下，一国与它的敌人和朋友的相对位置。①

如此说来，城市的地理位置是城市与它外部的自然、经济、政治等客观事物在空间上相结合的特点。有利的结合即有利的城市地理位置，必然促进城市的发展，反之亦反。

国家或区域的地理位置对国家或区域发展的意义是不容置疑的。马克思主义经典作家们经常用地理位置来解释国家的发展。马克思在1859年分析当时的情况说，跟美洲的地理位置比起来，欧洲的地理位置是不利的，因此欧洲的工商业有衰落的可能。而

① 参见参考文献179，“经济地理学上的位置”，第106～128页。

且提出只有通过社会革命的办法，才能减轻地理位置带来的损害。[①] 恩格斯也分析当时德国的状况认为："造成德国工业的这种落后状况的原因很多，但是只要举出两个就足以说明问题了：第一是国家的地理位置不利，距离已经成为世界贸易要道的大西洋太远；第二是从16世纪到现在，德国不断卷入战争，而这些战争又都是在它的国土上进行的"。[②] 这类例子不胜枚举。区域的地理位置也是区域地理条件的一部分。

对于城市发展来说，城市地理位置的作用就更显得重要了。一个国家闭关自守，虽然要导致落后，但毕竟还有自给自足地存在的可能性。而城市这种特殊空间，它的存在一天也离不开与外部空间的联系。城市以外或远或近的各种自然、经济、政治的实体都会对城市产生各种影响。

城市地理位置的特殊性，往往决定了城市职能性质的特殊性和规模的特殊性。矿业城市如大同、金川等必定邻近大的矿体；大的工商贸易港口城市如武汉、广州、上海、天津等必定滨临江河湖海；城市腹地的大小、条件和城市-腹地间的通达性决定了上海比天津、广州、武汉要发展得大，而不可能颠倒过来。

宋元时代曾是世界最大贸易港口之一的泉州，因倭寇入侵，明朝实行海禁政策，加上港湾日渐淤积，城市昔日的区位优势逐渐丧失，导致了城市的衰落。鸦片战争后，沿海港口纷纷对外通商，却又因最先的通商口岸厦门、福州位于泉州南北不远，分别瓜分了泉州的腹地，三城市间的相对位置关系使泉州继续处于弱势，人口大量外流，成了全国三大侨乡之一。直到新的改革开放时代，泉州的城市建设重有起色，但地位仍在福州、厦门之下。

---

① 转引自参考文献179，第123页。

② 恩格斯："德国的革命与反革命"，《马克思恩格斯全集》，第8卷，第8页，人民出版社，1961年第1版。

深圳是大陆通向香港的口岸。长期以来它作为紧临资本主义世界的"前线"，戒备森严，不过是人口数千的边陲小镇。1979 年决定组建深圳市，1980 年又设立经济特区成为对外开放的前沿。从此海内外的投资纷至沓来，城市人口和各项建设均以绝对第一的速度飞速发展。短短 10 年常住人口已超过 30 万，加上流动人口已是一座全新的大城市，城市人均产出值高居全国首位。把这种翻天覆地的变化归之于深圳政治地理位置的质变也并不为过。

城市地理位置是绝对个性化的特点。地球表面充其量只有某些方面地理位置相似的城市，而没有地理位置完全相同的城市。这是因为：自然、经济、政治地理要素包括的内容过于丰富；城市与这些要素的空间组合关系又千变万化；各种要素本身在历史上又在不断的变化之中，尤其是人文要素变化更加频繁；即使是变动相对较小的自然条件，对城市发生的作用过去、现在和将来也不断有所变化。正因为如此，富于强烈地理性的地理位置分析始终吸引着城市地理学者。

（二）城市地理位置的类型

城市的地理位置从不同角度考虑，可有不同的分类。对城市地理位置进行分类有助于更好地了解、评价城市地理位置的优越性。现列举一些常见的城市地理位置类型。

1. 大、中、小位置

这是从不同空间尺度来考察城市的地理位置。大位置是城市对较远的事物的相对关系，是从小比例尺地图上进行分析的。而小位置是城市对它所在城址及附近事物的相对关系，是从大比例尺地图上进行分析的。有时还可以从大小位置之间分出一种中位置。

以上海为例，它的大位置的特点是位于中国南北海岸线的中点以及东西向长江的出口处。对内它是广阔富饶的长江流域以至更大地域的门户，对外它是中国大陆向东最接近太平洋世界贸易要道的城市。它中位置的特点是位于长江三角洲的东南端和太湖流域的下游，整个长江三角洲平原，特别是太湖流域作为上海的直接腹地，为上海城市的形成和繁荣奠定了区域基础。饶有趣味的是，自宋中叶以至明初，经济与交通的因素已经要求在长江口一带出现一个大港市，长江口岸市舶司设置的地点多有变动，或在华亭（今青浦县），或在江阴，或在上海，或在太仓。① 所有这些地点都有类似的大中位置。为什么最后上海崛起，不能不说是历史对城市小位置优选的结果。黄浦江和吴淞江在此相汇的特点，使大中位置的区域优势得以结合，城市职能得到最好的发挥。这一构架也决定了后来上海城市的发展空间和发展方向。

天津与上海比，相似中有差异。天津的大位置处在中国北部海域最深入内陆的渤海湾的顶端，对内它在关内关外、西北高原与华北平原联系通道的交点上。华北、西北通过天津出海陆上距离相对近便，对外在海路上则不一定比周围诸港方便，故优势不如上海。华北、西北的自然、经济条件以及与天津的联系显然与上海的腹地也有较大差别。天津的中位置特点是位于海河流域的“九河下梢”，海河流域是它的直接腹地，腹地内的农产品在丰度上虽不如长江三角洲，但对天津轻工业的发展仍有很大影响，而腹地内丰富的盐、铁、煤、石油、建材等资源，则为上海所不及。天津与北京的相对位置关系，构成天津中位置的重要内容，长期以来天津作为首都的河海漕运枢纽、贸易外港和防卫上的东大门，在不同的时代对天津的发展一直起着巨大的促进或限制作用。上海与南京的相对关系虽也含有类似的地理成分，但对上海发展的影响从时段和深远程度上则远不如天津重要。天津的小位置被古代开发最早、

---

① 参见参考文献181。

航运最发达的卫运河注入海河的位置所决定。早期城址在两河汇口以南地势稍高的三叉口附近。海河远没有浦江宽深，天津可以跨河在两岸差不多均衡发展，而上海一直偏于浦西一侧，开发浦东最近才提到议事日程。两城市都有向下游方向发展的趋势，以适应现代水运对水深的要求。天津受海河航运条件的限制更甚，解放初就跳跃式地开发了塘沽新港，而上海与浦江的矛盾是慢慢尖锐化的。两城市的结构模式和空间演变受城市小位置的影响十分明显。因此要从地理上全面了解和对比上海与天津的地位、职能、规模、结构、历史发展过程，就不能抛开对它们各自大、中、小城市地理位置特点及其影响的分析。

2. 中心、重心位置和邻接、门户位置

这是根据城市和它腹地之间的相对位置关系来区分的。

如果城市位于某一区域的中央，则城市与它以外各个方向的联系距离都比较近。这一种有利的中心位置既便于四面八方的交通线向这里会聚，也促进从中心向外开辟新的交通线，从而促使城市的发育。

一国的首都位于一国中心位置的例子如马德里对于西班牙、亚的斯亚贝巴对于埃塞俄比亚、莫斯科对于俄罗斯的欧洲部分、布拉格对于捷克、柏林对于历史上的德意志帝国等。美国独立战争以后，纽约是临时首都，1789 年底首都向南迁到费城，1801 年又向南迁到组成美国最初的东部 13 个州的中心位置华盛顿。日本的首都也有变动，709 年从大阪迁到奈良，793 年从奈良迁到京都，1819 年从京都迁到日本的中心位置东京后，再没有变动。

中国的例子也很多。太原盆地的农业条件并没有南部的运城盆地好，但得益于中心位置的太原历来是山西的首府；再如贵阳位于贵州的中心，成都处于四川的中心，广州处于广东的中心。更有大量的县城位于它们县域的中心。安徽省会从安庆迁到合肥、河南省会从开封迁到郑州，也都是为了取得中心位置。

食糖加工中心最好在甘蔗和甜菜原料产区的中心位置，木材加工中心要求在木材采伐区的中心位置，而商业服务中心也要求在它服务区的中心位置。

这种中心位置并不一定是严格意义上的地区几何中心，很多情况下可能是地区的重心位置。当一个地理区内人口分布和开发条件差异较大时，假想按不均匀性进行加权，就会有一个偏向于优势区域的重心位置。在这里形成的中心城市也具有和中心位置一样的总联系距离最短的效果。如西安、杭州、南昌、乌鲁木齐等省会城市均不在各省的中心位置，却都接近于省域的重心位置。

与中心位置相对的是邻接位置，即城市区位追求邻接于决定其发展的区域，不必要或不可能在本区域的中央。渔港要求邻近渔场，如舟山的沈家门、广西的北海；矿业城市要求邻接矿体，如煤城淮北、鸡西；耗能工业要求接近廉价电源等。

大量的例子还可以从许多县和省的边缘部分去寻找。县城常常位居全县中心，而其它镇却经常明显偏离中心而靠近县域边缘。这些镇就是为了避免与中心县城竞争，在县城引力较弱的边缘地区利用两县产品和商品价格的差别开展县际贸易而发展起来的。它们追求的正是邻接位置。

一种特殊的邻接位置可叫门户位置或出入口位置。当一个地理区的对外联系集中在某一方向上时，这个区域的中心城市常常不在本区中央，而明显偏于主要联系方向一端。

河口港是最典型的门户位置。位于闽江口的福州就是在能控制福建省整个闽江流域集散的地理基础上发展成省会城市的。

哈尔滨曾经是松江省省会，偏于全省西南偶，后来是合并后的黑龙江省省会，它的位置优势就是扼守全省与东北南部和关内联系的主要通道。也是门户位置。

位于太行山与京广铁路之间的行唐、灵寿、平山等县向东与平原上的联系比向西与山西高原的联系要密切得多。长期发展的结果，这些县域都成长为条形，县城极端偏于东部，处在控制全县、接近对外联系方向的门户位置。

至于中心位置优越还是门户位置优越，应具体分析，不能一概而论。如现泰安市域最西边有一个东平县，历史上县城一直在州城镇，大体是全县的中心位置。古代大运河与大汶河有航运之利，它又是大汶河流域物资西入大运河的门户。但是清末年间，县西部东平湖及其周围划归梁山县，州城不再是全县中心位置。大运河航道淤塞，主要交通方式改为陆运以后，主要联系方向转而向东。再加上州城地势低洼、内涝严重，于是70年代东平县要求把县府迁到当时全县的相对中心并位于公路干线上的后屯村，即今天的东平镇。花费3 700万元，经几年建设，1982年正式搬迁。然而，1987年东平湖地区重新划归东平县，州城镇重新处于全县中心位置，又有意把县府迁回州城。调查认为，这时州城的中心位置已不足以成为搬迁县城的主要根据。因为东平县有黄河阻隔，大运河的航运价值已大不如前，全县的主要联系方向主要是通过公路向东与泰安方向联系。东平镇虽已不具有中心位置，但仍是全县最靠近主要对外联系方向的最大城镇，工业产值占全县一半，是州城的3倍，地理位置仍优于州城。只有当京九铁路采纳东线方案取道州城时，全县主要对外联系方向才可能再次转而向西，州城的地理位置有可能随之得到改善。

因此，一般而言，中心位置更利于区域内部的联系和管理，门户位置则更利于区域与外部的联系，各有优势。当一个城市能同时体现这两种位置的作用时，它无疑会成为区域的首位城市。两者的优势不能兼得时，则可能出现并立的或一正一副的双中心局面。

3. 城市沿交通线成长的区位类型

所有城市原则上都要求依托一定的对外交通设施。

河运是早期城市形成的主要因素。从中国城市发展史来看，大部分城市都是沿江河湖海交通要津处发育壮大起来。就沿河城市论，可以分成6种区位类型：

(1) 航运端点：因上游水道太浅或有瀑布、急流等航行障碍的地点，货物必须在此上岸，而成为形成城市的一个因素。美国东部阿巴拉契亚山脉东侧的山前地带有一串所谓瀑布线城市，就都位于各河流进入平原以前的急流段的下方。

(2) 梯级中转点：指的是航道因深度发生变化，航船的大小或船型必须变换的地方，因有中转活动发生而促使城市形成。德国科隆所在地是莱茵河水深9英尺的界线，从下游到瑞士巴塞尔需在科隆换船。在洪水期，万吨级船在长江上最远通到武汉，3000吨级船最远到重庆。常水位5000吨船可到武汉，1000吨船可到宜宾。枯水期3000吨船只到宜昌，1000吨船只到重庆，500吨船最远到宜宾。这些城市的发展都借助了梯级转运中心的区位。

(3) 河流交会点：通航支流与干流汇合的地方是城市形成的良好区位，因为有大量人流、物流在这里集散、中转，腹地广阔。长江沿岸凡有通航支流汇入处，历史上都形成较大城市，且延续到今天，如宜宾(岷江)、泸州(沱江)、重庆(嘉陵江)、涪陵(乌江)、岳阳(洞庭湖水系)、武汉(汉水)、九江(鄱阳湖水系)、芜湖(青弋江)、镇江和扬州(大运河)等，这类例子极为普遍。在河流汇合处的城市一般首先在干流接纳支流汇入的一侧形成，而不会座落在其对岸，城市跨江发展一定是后来有其它因素促成的。

(4) 河曲位置：在通航河流大拐弯的地方，常常是该流域最便于和其它邻接地域进行物资中转和交流的地方，吸引范围相对较大，有利于城市形成和发展。在苏联欧洲部分，伏尔加河、顿河、第聂伯河各有一处大的弯曲。在河曲位置有伏尔加格勒和第聂伯罗彼得罗夫斯克两座大城市。伏尔加格勒恰恰在伏尔加河向西弯曲、离顿河向东弯曲最近的地方。考古学的发掘证明，远在俄罗斯人到达伏尔加格勒以前，附近就有一个很大的城市。俄国革命胜利以后，两河曲之间修通了运河，又有铁路通过。伏尔加格勒的位置优势利用得更加充分。

(5) 过河点位置：在河岸坚固或河道较窄成为良好筑桥或渡口的地方也会形成城市。最早的伦敦城就是在古罗马统治不列颠时，在距泰晤士河口63公里处较为狭窄的地方架设第一座木桥的附近建立的，罗马军队就是从这里进入了英格兰内地。

在渡口基础上形成的城市，兰州是一个典型。兰州正处于中国东部季风区和蒙新荒漠、青藏高原三大自然区的交汇处，以及东部汉族和西北少数民族的接触部。兰州盆地又正当黄河、洮河、大夏河、湟水、庄浪河等河流的汇集之处，这些河谷是黄土高原的重要交通孔道，尤其是西出关中平原越乌鞘岭至河西走廊的古"丝绸之路"的干线，必须经过兰州盆地过黄河。兰州盆地为串珠状的河谷盆地，既有河面宽阔水势平缓宜于舟渡之处，又有河面狭窄，宜于建桥之所。早在2 000多年前的西汉时期，兰州已是黄河上游的重要渡口，主要聚落在西平原的西古城(今西固)。后来，河道北移，东平原南岸陆地渐宽，金城关渡口日趋重要，成为"丝绸之路"干线的必经之渡。西魏时(公元6世纪)兰州盆地的主要城市聚落随渡口转移也东移到东平原。7世纪隋代时正式改名兰州。唐代，丝绸之路更加繁荣，兰州作为丝路的重要渡口和通往河西、新疆、青海、西藏、宁夏、内蒙古、陕西、四川等地的交通中心的地位基本上固定下来。北宋时，宋和西夏在此对峙，为了兼顾兰州古城和金城关渡口，于是在金城关对岸地势较高的原河心石质岛屿上另筑新城，这是现在兰州城的前身。尽管宋以后，中国向西的陆上对外交通趋于衰落，但历宋、元、明、清上千年，兰州在渡口基础上的区域性交通中心的地位没有改变，且逐渐衍生出经济、军事、政治中心的职能。解放以后，兰州更成为陇海、兰新、兰青、包兰四大铁路干线的路网枢纽，多处铁路桥和公路桥横跨黄河，以古渡口起家的交通中心发生了质变。①

(6) 河口：如前所述，河口港位居江海之中，为全流域物资吐纳之口，拥有广大的腹地，在河口港基础上发育起来的特大城市不乏其例。如伦敦、上海、天津、广州、曼谷、布宜诺斯艾利斯等等。纽约在19世纪前半叶能战胜波士顿、费城、巴尔的摩等附近港口城市的竞争，脱颖而出，一跃成为美国以至世界的最大城市，很大程度上是由于它拥有位于哈德孙河河口的便利。1825年连接哈德孙河和五大湖的伊利运河通航，使广大的美国中西部从此成了纽约的腹地。

随着航运技术的发展，船型不断加大，吃水不断加深，河口港城市向下游出海口方向推移是带有普遍性的规律，到近现代，这种趋势更加明显，在中国如广州向黄埔、天津向塘沽、福州向马尾、宁波向镇海和北仑、上海向宝山，都是国内典型的例子。

至于海港城市的区位，除了河口港类型外，还有位于海湾(如青岛、大连)、岛屿(如香港、厦门)、陆连岛(如澳门)、陆岬(如开普敦、直布罗陀)等其它位置类型。

铁路是现代快速大运量运输的主要方式。铁路的修筑可以促使沿线城市的诞生和兴盛，又可能抑制另一些城市的发展。石家庄市原不过是正定县的一个小村，当初京汉铁路修到正定县城时，因怕破坏了正定县的风水，把车站向南迁了十几公里，建在了石家庄。不料后来石德、石太铁路又在这里与京汉线相交，石家庄成了重要的铁路枢纽，大大促进了城市的发展，其地位不仅超过了正

① 详见参考文献182。

定县城，而且成了省城，人口已超过100万，正定县城仍不过是3万人的小城。再例如湘黔铁路没有通过河池县城，而取道东北方的金城江镇，此后，前者默默无闻，后者相对兴盛繁荣，并取代后者成为河池市。历史上临淮关是淮河流域的经济中心，1908年津浦铁路选在蚌埠跨越淮河，临淮关的商业活动很快转移到了蚌埠。

城市与铁路的关系也有不同的类型。若有几条铁路线在城市衔接或交汇，则城市在铁路网中处于枢纽位置。一般来说这里通达性好，城市腹地范围比较广大，地理位置比较重要，有利于城市发展。中国1990年289个20万人口以下的小城市，只有10%的城市是3个或3个以上方向出线的铁路枢纽；在119个20～50万人口的中等城市里，这类城市占29%；50～100万人口的大城市，相应为50%；100万人以上的特大城市，高达84%。铁路枢纽城市按它们在路网中的地位和作用，还有主要枢纽、一般枢纽、次要枢纽和专业性枢纽的区别。若城市有2个方向的铁路对外联系，称为通过位置，在中国这种类型是大量的，约占总城市数的38%。城市只有一个方向的铁路对外联系，则为端点位置，不少港口城市（如烟台、厦门）和矿业城市（如东营、枣庄、茂名）属于这种类型。城市被干线铁路连接还是被支线铁路连接，其城市地理位置的意义也不一样。

铁路、公路、内河、海运、空运等多种交通方式之间在一个城市的组合状况和联运条件，又构成城市间交通地理位置的复杂差异。

从以上三个方面所述可知，城市地理位置的特点千变万化，难以概括出若干分析的固定套路。不过笔者认为有几点应给予注意：①不要忽视对城市自然地理位置的关注，并要赋予它经济意义；②对外交通运输是城市与外部联系的主要手段，是实现社会劳动地域分工的重要杠杆，因此城市地理位置的核心是城市交通地理位置；③为什么一些交通地理条件很好的区位，城市并没有得到理想的发展呢？例如老铁路枢纽德州、陇海铁路端点的深水良港连云港等。说明交通位置尽管重要，却并非全部，还要重视城市所在地域或城市直接腹地的经济发展过程和经济特征的分析；④城市地理位置不是一成不变的，要用历史的、发展的观点来加以分析；⑤对若干城市进行比较分析，可以加深对某城市地理位置特点的理解。

本书把影响城市形成和发展的地理条件，简单概括为区域地理条件和城市地理位置。这是两个不同层次的因素。区域条件涵盖了地理位置，地理位置并不能等同于区域地理条件；城市地理位置实际是城市与区域若干要素的空间关系，并不是城市与区域各要素关系的总和。这两个因素对城市发展所起的影响在层次上也是不同的。区域条件从总体上影响了一国或一个区域的城市群体的面貌，城市的地理位置则是在区域背景基础上，对单个城市发挥影响。

社会生产方式是从更高层次上影响甚至决定城市形成发展的因素，它影响的深刻性和广泛性远远超过区域地理条件和城市地理位置。它虽然不是地理因素，但仍有时空的差异。这里没展开讨论，并非说明它不重要，恰恰相反，无论研究某区域的城市或某单个城市的发生发展规律时，都必须运用历史唯物主义观点，把分析的对象放在一定的历史背景上，放在当时整个社会政治经济的背景上。

三、城镇发展地理条件的综合评价

在城镇体系规划或区域规划中，常常需要对许多城镇的发展条件进行综合评价，分出优劣等级，为未来的生产力布局和人口规模的预测提供部分依据。在针对某一时候的某一区域时，就可以把生产方式和宏观区域条件看作是接近一致的，把重点只放在那些影响城镇发展的较微观的地理条件的评价上。由于地理条件很多，完全用定性分析方法已不能满足于几十个甚至上百个城市的比较，必须结合定量分析。下面主要以泰安市域为例，介绍评价的步骤和方法，这也是笔者的一次初步尝试。

（一）因子选择

因子选择的基础是对工作区域的条件和特点有充分的了解，因地制宜地选择影响本区城镇发展的主要因素。

泰安市域包括泰安地级市的2个区、2个县级市和3个县。泰山、鲁山和蒙山向西的余脉盘亘在市域的北、东、南部边缘，分别成为泰安市与济南市、淄博市、临沂地区和济宁市之间的天然屏障。大汶河的干支流在向西开口的E字型山地丘陵的环抱下，堆积了肥沃富饶的泰莱肥宁平原。煤、铁、自然硫、石膏、岩盐等矿产资源在省内甚至国内都居重要地位，目前只有煤铁资源得到较充分开发。基本化工和建材资源具有大规模开发利用的条件，有可能成为今后本区的支柱工业之一。水资源总量不足，但水资源的空间分布很不平衡。除了泰山是具有国际意义的风景旅游地外，还有一些其它景点可能开发。交通条件和城镇现状条件是任何情况下都必须纳入评价的重要指标，泰安也不例外，无须赘述。

根据对泰安地区城镇发展的促进因素和限制因素的分析，笔者选择了6个主要评价指标，以乡镇为基本单元对每个因子确定了给分标准(列表见下页)。

因子的选择和给分标准完全以不同区域的特点而异。例如梧州地区水运是重要交通手段，交通条件就必须考虑通航河道现状和规划的等级。位于福建沿海的漳州地区，更有海运之便，交通条件还增加了“港口对城镇影响位势”的指标。漳州缺乏矿产资源，

指　　标	得　分
1．地形地貌条件	
(1) 剥蚀堆积盆地和冲洪积平原	1.00
(2) 湖积平原	0.75
(3) 喀斯特中低山丘陵	0.50
(4) 弱切割和中度切割丘陵	0.25
(5) 强烈切割中低山丘陵	0.00
2．矿产资源的种类、规模和开发可能性	
(1) 有计划上马的大型煤、铁、石灰石矿	1.00
(2) 有部、省、市属的大型煤铁矿山和有开发条件的大型非金属矿(岩盐、硫磺、石膏等)	0.80
(3) 有乡、镇、村办煤铁矿	0.50
(4) 有一般建材资源	0.30
(5) 缺乏有价值的矿产资源	0.00
3．水资源的丰富程度和开发潜力	
(1) 富水区且适宜规划扩大开采	1.00
(2) 较适宜扩大规划开采	0.70
(3) 富水地段但需控制开采	0.50
(4) 水资源较贫乏，需控制开采	0.20
(5) 水资源贫乏区	0.00
4．风景旅游资源的价值和开发可能性	
(1) 有国家或国际级旅游地	1.00
(2) 景点集中、质量较高、近期有开发计划	0.30
(3) 景点单一、但质量较好，并有开发计划	0.20
(4) 景点单一、质量较好，有一定开发潜力	0.10
(5) 无景点或远期才有开发可能的一般景点	0.00
5．交通条件	
(1) 铁路二等站，每一个方向	0.15
(2) 铁路三等站，每一个方向	0.10
(3) 铁路四等站及以下，每一个方向	0.05
(4) 一级公路，每一个方向	0.10
(5) 二级至四级公路，每一个方向	0.05
(6) 通四级以下公路	0.00
(每个居民点的得分按上述标准累加，得分最高的泰城为1.00分)	
6．城镇的现状基础(以驻地非农业人口计)	
(1) 10万人以上城市	1.00

续表

指　　　　标	得　分
(2) 5～10万人城镇	0.80
(3) 1～5万人城镇	0.60
(4) 0.5～1万人城镇	0.50
(5) 0.2～0.5万人城镇	0.40
(6) 0.1～0.2万人乡镇	0.30
(7) 0.05～0.1万人乡镇	0.20
(8) 0.025～0.05万人乡镇	0.10
(9) 小于0.025万人乡镇	0.00

农副产品成为制造业的主要原料和商业贸易的主要物资。来自海外侨胞的资金、技术和信息是促进经济发展的重要力量。根据这些特点，城镇的农业资源位势和海外华侨、港澳台同胞的数量被分别作为物质资源和社会文化资源列入评价指标的行列。①

（二）综合评价

这类评价在有足够多的样本时更显示其优越性。当研究区域包括若干个县时，要以乡镇为评价的基本单元，当研究省级区域时，可以县市为基本单元。对每单元各因子的赋值一定要依据有关的中、大比例尺地形图、国土资源分析图和详尽的统计资料给定，避免主观任意性。

在泰安的例子中，每个因子的给分全部是按 0～1 间的相对值设计的，并且各因子的重要性难以分出高下，因此把各因子得分直接累加，计算算术平均值，就得到 133 个小地域单元城镇发展条件的综合评价得分。根据得分多少就不难把它们的城镇发展条件分出优良中差。

当各因子的得分取值标准量纲不同时，需要进行标准化处理，都变成 0～1 间的相对值：

① 参见参考文献 183。

$$V_i=\frac{U_i-U_{\min}}{U_{mcz}-U_{min}} \qquad i=1,2,3,\cdots\cdots n。$$

式中：

U_i——地域 i 因子 V 的初始值；

U_{min}——所有地域单元中因子 V 的最低值；

U_{max}——因子 V 的最高值；

V_i——地域 i 因子 V 标准化后的评价值。当 U_{max} 和 U_{min} 的绝对量相差过分悬殊时，也可以对初始值取对数后再标准化。

当各因子对城镇发展的影响力有明显差异时，可以通过层次分析法，综合专家打分，给每个因子确定一个权重值，然后得到各单元的综合评价得分：

$$S_i=\sum_{j=1}^{m} W_j\cdot V_{ij} \quad (j=1,2,3,\cdots\cdots m。)$$

式中

S_i——地域 i 的综合评价得分；

W_j——因子 j 的权重；

V_{ij}——地域 i 因子 j 标准化后的评价值。

以梧州地区为例，9 个因子的权重值如表 27。

表27 梧州地区城镇发展条件综合评价的各因素权重

因素(单位)	权重数
城镇现状基础	0.2788
非农业人口(人)	0.0847
工业产值(万元)	0.1094
乡镇工业产值(万元)	0.0847
交通条件(0～1相对值)	0.2275
用地条件(耕地占面积百分比)	0.0887
矿产资源条件(0～1相对值)	0.1050
风景资源条件(0～1相对值)	0.0550
农民人均纯收入水平(元/人)	0.1112
集市贸易成交额(万元)	0.1338

（三）综合评价应用实例

城镇发展条件综合评价可为区域规划和城镇体系规划提供多方面的依据。

城镇体系的空间网络结构是区域规划和城镇体系规划最重要、最具综合性的规划内容。它要兼顾点（城镇）、线（交通）、面（区域）之间的关系，确定区域内不同等级的发展轴线和重点城镇。发展轴在此处主要是重要交通线，有时也包括动力供应线、富水带、矿产资源带等有开发潜力的地带。高级别的发展轴一般串联尽可能多的具有活力和优先发展的重点城镇。这样做的目的是引导工业布局和城市发展，正确处理好集中和分散的关系。城镇体系的空间结构应该符合该区的地域结构特点，而城镇发展条件的综合评价恰恰揭示了地域结构的特点。

把泰安市域133个小单元的城镇发展条件分成好（得分大于平均值加1个标准差）、较好（平均值以上）、较差（平均值以下）和差（得分小于平均值减1个标准差）4级，并反映到图（图31）上，可以清晰看出泰安市城镇发展条件地域结构的特点是：

（1）津浦铁路以东地区城镇发展条件好或较好的单元呈一环状分布，其中发展条件最好的基本单元都在津浦—泰辛—磁莱铁路构成的环线上。此区中部和外围的北、东、南3面，发展条件较差。

（2）津浦铁路以西，发展条件较好的地域分成3片。一片是西北部的肥城盆地；一片在大汶河两岸和宁阳县西南部，是东部环向西部的延伸；第三片是西南部的东平湖湖积平原和冲积洪积平原。后两片如果不是汶上县的楔状插入，本来是连成一片的。这3片之间是条件较差的泰安、肥城、东平境内的岩溶低山丘陵。

之所以形成这样明显的地域结构，原因是清楚的：

（1）泰安市域影响城镇发展条件的基础是地质地貌条件的地

域差异；

(2) 受地质地貌条件的控制，市域内的平原、水资源、煤铁资源等的分布格局基本一致，区内的主要干线走向及重点城镇的分布又和平原、水资源及矿产资源的分布基本一致。

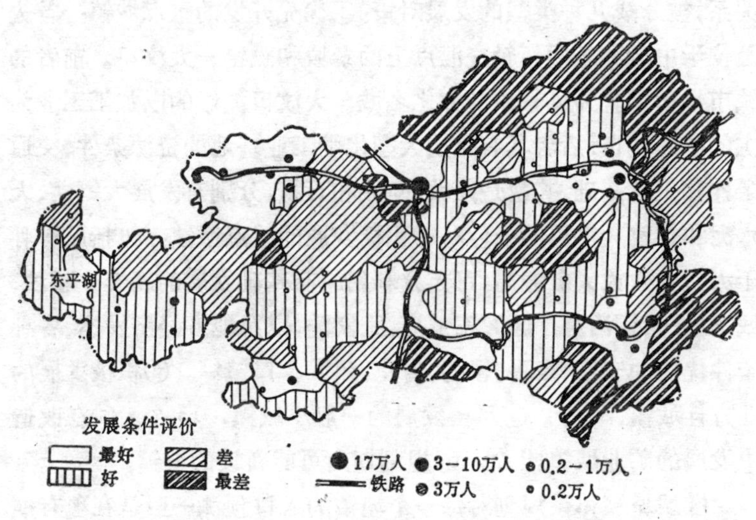

图 31　泰安市城镇发展条件和地域结构分析图

根据这样的地域结构特点，笔者把泰安市域城镇体系的规划空间结构概括为“双环结构”。以津浦线和 104 国道为中轴，两侧各形成一个环轴。东部环实际已经形成，西部环还没有贯通，却也形成了某些相对发达的区段，如泰安到石横的泰肥路一线和磁窑到宁阳一线。如果把宁阳、东平、肥城 3 个城镇发展条件较好的地区串联起来，形成西部的第二个环，那么就可以把全市发展条件最好的地方都沟通起来。抓住这两个环，也就抓住了全市经济和城镇发展的主体，它包括了东部矿产资源已经得到开发的较发达地区，中部交通地理位置优越、化工资源丰富、经济开发潜力很大却长期受到忽视的地区，以及西部目前发展水平还比较低的农副产品资源丰富的地区。为了加强中心城市泰安到新泰—新汶和东平的联系，确定两条呈对角线状的3级发展轴作为双环的补充。3级轴也沟通了若干发展条件较好的乡镇。

全市域的大小城镇，按照它们的综合评价得分和与发展轴的关系，被分成几种类型的发展对策：①优先开发的重点城镇：首先是位于中轴和东西环轴交汇点上的泰城和磁窑—大汶口。前者的城市性质调整为风景旅游文化名城、大汶口流域的以加工工业为主的中心城市；后者具有建成大型化学工业基地的资源条件、交通条件和工业基础。其次是莱城、新城和石横，分别有发展大钢铁、大水泥和扩建大电厂的条件。②积极发展的重点城镇：包括已有骨干大型企业或大矿务局，可充分利用原有基础发展的新泰—新汶、城子坡（莱钢冶金厂区）、王瓜店、张家洼，以及地方经济发达、各种条件优良的宁阳、东平、楼德、省庄、州城、口镇等。③积极发展的地方性城镇，26个。④可望发展的一般小城镇，13个。⑤在改造中发展的矿业城镇，9个。⑥规划期内可能新设的城镇。

区域城镇体系规划对每一个城镇的人口预测一般是在现有规模基础上给予一个规划的增长速度。而增长速度的确定，除了依据以往的人口增长趋势以外，城镇的发展条件的综合评价也不失为一种重要的参考，至少可以对初步预测的人口规模进行或上或下一定幅度的调整。

第五章 城市发展的经济基础

一、城市经济活动分类

（一）城市经济的部门划分

人类正常生产和生活的前提条件是劳动场所和生活居住场所在空间上的合理结合。任何类型居民点的分布和结构形式要和人们所从事的经济活动的性质和特点相适应，要和他们所采取的交通方式相适应。

农业和非农业是经济活动的两种基本类型。农业是人们通过劳动去强化或控制植物、动物、微生物的生命过程，来取得符合社会需要的产品的一种活动，这就决定了农业活动的主体分散于广大的“面”，而服务于“点”。一般要以分散聚居的形式来组织生产和生活。非农业活动由各种工业和服务业所组成。他们把天然的或人为的各种物质通过力学的、物理学的和化学的处理和加工取得符合社会需要的产品，或为人们提供各种劳务。这种经济活动的主体必须集中于“点”而服务于“面”。一般以集中聚居的形式组织生产和生活。

根据社会生产活动历史发展的顺序对经济结构的划分，产品直接取自自然界的部门称为第一产业，对初级产品进行再加工的部门称为第二产业，为生产和消费提供各种服务的部门称为第三产业。这是世界上通行的产业结构分类，但各国的划分不尽一致。发达国家进入后工业社会以后，第三产业的比重越来越大，又从中划分出第四产业甚至第五产业。目前中国的第一产业指农业（包括林业、牧业、渔业等）。第二产业指工业（包括采掘业、制造业、自来水、电力、蒸汽、热水、煤气）和建筑业。除一、二产业以外的各业都属第三产业，其中又可分为4个层次，第一层次是流通部门，第二层次是为生产和生活服务的部门，第三层次是为提高科学文化水平和居民素质服务的部门，第四层次是为社会公共需要服务的部门。①

在大的产业部门下面，国民经济又分成若干行业。各国的行业分类也不完全相同。中国经济（包括城市经济）的行业分类目前分为13个门类，即：①农、林、牧、渔、水利服务业；②工业；③地质普查和勘探业；④建筑业；⑤交通运输、邮电通讯业；⑥商业、公共饮食业、物资供销和仓储业；⑦房地产管理、公用事业、居民服务和咨询服务业；⑧卫生、体育和社会福利事业；⑨教育、文化艺术和广播电视事业；⑩科学研究和综合技术服务事业；⑪金融、保险业；⑫国家机关、政党机关和社会团体；⑬其他行业。

在13个门类内部又可以分成75个大类，314个中类，668个小类。②以工业为例，最新的分类体系把工业分为40个部门。

每个物质生产部门可以用产值或净产值来衡量它们的经济活动量，非物质生产部门可以用纯收入来计量它们的经济活动量。

货币形式的城市各部门经济活动量的资料常常不容易收集。考虑到所有的经济活动无不通过劳动力来进行，城市劳动力的数量大小是城市经济的一个重要方面。因此，劳动力在各经济部门的数量是更加常用的衡量城市各部门经济活动量和城市经济结构的指标。

城市按各经济部门本身的特点而进行的部门分类是十分重要的。然而这种分类只说明城市所生产的产品和劳务的数量，不能

① 详见《中国统计年鉴1990》，第85～86页。

② 《中国统计年鉴1990》，第109页，详见国家标准《国民经济行业分类和代码》(GB 4754—84)。

说明这些产品和劳务消费在什么地方。

另一种城市经济活动的分类包含了城市产品和劳务的生产和消费的区位因素。这是研究城市经济活动更重要、更有效的一种概念。

（二）城市经济活动的基本与非基本部分

一个城市的全部经济活动，按它服务的对象来分，有两部分组成。一部分是为本城市的需要服务的，另一部分是为本城市以外的需要服务的。为外地服务的部分，是从城市以外为城市创造收入的部分，它是城市得以存在和发展的经济基础，这一部分活动称为城市的基本活动部分，它是导致城市发展的主要动力。基本部分的服务对象都在城市以外，但细分又有两种情况。一种是离心的基本活动，例如城市生产的工业产品或城市发行的书刊报纸运到城市以外销售；另一种是向心的基本活动，例如，外地人到这个城市来旅游、购物或接受医疗、教育。

满足城市内部需求的经济活动，随着基本部分的发展而发展，它被称为非基本活动部分。细分也有两种，一种是为了满足本市基本部分的生产所派生的需要；另一种是为了满足本市居民正常生活所派生的需要。

虽然基本部分是城市发展的主导力量，但不言而喻，基本和非基本两部分是相互依存的（图 32）。城市的非基本部分应该和基本部分保持必要的比例，当比例不协调时，就会使城市这架复杂的机器运转不正常。

城市经济活动的基本部分与非基本部分的比例关系叫做基本/非基本比率（简称 B/N 比）。例如一个城市的钢铁工业，它产品的 80％供给外地，20％在本城市消费，则钢铁工业部门在本市的 B/N 比是 1:0.25，或 100:25。也可以按该部门产品从外地和

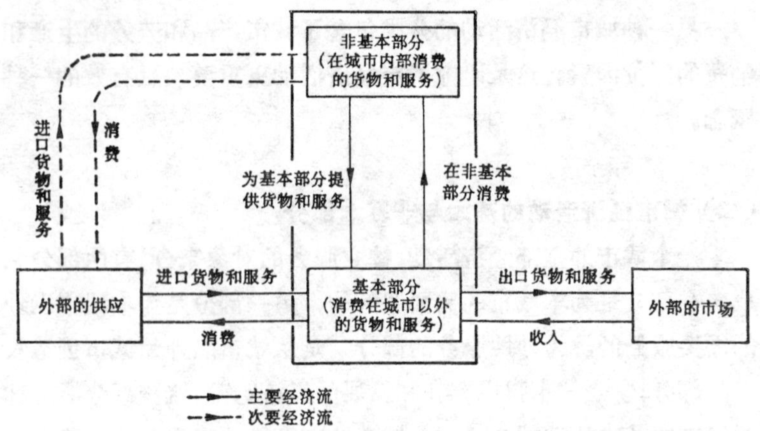

图 32 城市经济活动基本和非基本部分的构成(引自参考文献 3,第 41 页)

从本地获得的收入来求取 B/N 比。更多情况下是折合成劳动力来表示 B/N比。如果城市各经济部门都把从业职工划分成基本和非基本两部分,即可得到整个城市的 B/N 比。

现代城市的每一个经济部门都可能既为外地服务又同时为本地服务,不过二者的构成状况,即 B/N 比可能很不相同。有时也把以基本活动部分占明显优势的经济部门叫做基本部门,以非基本活动部分占明显优势的经济部门叫非基本部门。然而不应该把城市经济活动中的基本、非基本部分和基本、非基本部门等同起来。

一个城市,如果它的经济生活中基本活动部分的内容和规模日渐发展,这个城市就势不可挡的要发展。如果城市的基本活动部分由于某种原因而衰落(如采矿城市因矿产资源的耗竭,港口城市因港湾淤塞或腹地丧失,加工工业城市的输出产品失去竞争力等),同时却没有新的基本活动发展起来,那么这个城市就无可挽回地要趋向衰落。当城市的条件发生变化,促进新的基本部分萌发时,衰落的城市还会复兴。这是一切城市成长发展的机制。

城市基本和非基本活动的概念最早是1902年萨姆巴特（W. Sombart)在德国提出的。①后来这个概念通过城市规划进入英、美等国，经过海格(Robert M. Haig)②和霍伊特(Homer Hoyt)③等人的发展，成为著名的城市经济基础理论。这一理论在50年代也开始在中国的城市规划中用来预测城市人口，这就是所谓的"劳动平衡法"。

二、划分城市基本和非基本活动的方法

城市经济基础理论中关于区分城市经济活动的基本和非基本部分的观念是简单明瞭的，但要具体区分却不容易。下面按发展顺序介绍几种有代表性的方法。

（一）普查法

通过发调查表和现场访问获得每一个企业和单位基本和非基本活动的信息，最后都折合成职工数，进而得到整个城市的B/N比。这一方法虽然可以得到比较准确的结果，但整个调查过程非常繁琐、冗长和乏味。当城市规模较大时，工作量浩瀚异常。如果想同时对比研究几个城市，简直就无法靠个人的力量得到第一手资料。

（二）残差法

这是霍伊特为了简化直接调查的程序而提出的一种间接方法。他先把已经知道的以外地消费和服务占绝对优势的部门，作

---

① 参见参考文献80。

② 参见参考文献43。

③ 参见参考文献95。

为基本部分先分出来，不再过细的区分内部可能包含的非基本部分。然后从基本活动不占绝对优势的部门职工中，减去一个假设的必须满足当地人口需要的部分，霍伊特具体假设这部分职工中基本和非基本的比例为1:1。例如一城市有100 000劳动力，其中20 000名明显属于以基本活动占绝对优势的部门，那末余下的80 000名按假设对半分为基本部分和非基本部分。这样，这个城市的B/N比为60 000:40 000＝1: 0.7。这一方法的缺点是比较粗略，1:1的假设比率是主观确定的。

中国城市规划在调查基本人口时，为了简化过程也曾采用过这一方法。不过为了比较准确起见，常常是分别和有关的主管部门，共同讨论估计出每个部门的合适比例。①

（三）区位商法（也称宏观法）

这个方法的实质是认为全国行业的部门结构是满足全国人口需要的结构，因此各个城市必须有类似的劳动力行业结构才能满足当地的需要。低于这一比重的部门，城市需从外地输入产品或取得服务。当城市某部门比重大于全国比重时，认为此部门除满足本市需要外还存在基本活动部分。大于全国比重的差额即该部门基本活动部分的比重，把各个部门和全国平均比重的正差额累加，就是城市总的基本部分。

马蒂拉(J. M. Mattila)和汤普森(W. R. Thompson)首先提出这种方法，②其数学表达式为:

$$L_i = \frac{e_i/e_t}{E_i/E_t} \quad (i=1,2,\cdots\cdots,n) \qquad (1)$$

式中

---

① 参见参考文献128。

② 参见参考文献57。

e_i——城市中 i 部门职工人数；

e_t——城市中总职工数；

E_i——全国 i 部门职工人数；

E_t——全国总职工数；

L_i——区位商。L_i 大于 1 的部门是具有基本活动部分的部门。

$$B_i = e_i - \frac{E_i}{E_t} \cdot e_t \qquad (2)$$

(2)式中 B_i 为剩余职工指数。当 B_i 小于 0 时，i 部门只为本地服务；当 B_i 大于 0 时，B_i 就为 i 部门从事基本活动的职工数。

$$B = \sum_{i=1}^{n} B_i \quad (B_i > 0) \qquad (3)$$

式中

B——城市中从事基本活动的总职工数。

区位商法大大简化了区分城市基本和非基本部分的复杂过程。适宜于对若干个数量不多的城市进行经济结构的对比研究。对大城市按中等尺度进行部门分类的对比研究效果较好。这一方法也可推广到省区级地域单元的城镇研究，用省区的平均结构作为标准来揭示省区内各城镇的经济基础的差异。

但是，区位商法的假设只有在国家没有外贸出口和全国各城市都有相同的生产率和消费结构的前提下才能成立。对于重要的出口部门，用全国比重去衡量城市满足本地需要的部分，显然标准就偏高了。城市之间在同一部门生产率的实际差别和消费习惯的不同也会影响计算的准确性。一些更尖锐的批评者认为，全国平均比重是一个非常容易变动的数，但大多数城市的经济结构，并不会随着全国平均数的变化而发生变化。而且全国的平均百分比数，从理论观点来看，是一个很难解释的统计学上的抽象。对并不是每个城市都可能有的所谓“散在部门”尤其如此。

（四）正常城市法

瑞典地理学家阿历克山德森在评价区位商法时，举例道：美国汽车工业职工占全国的1.5%，但只有12%的城市能有这么高的比例，最高的底特律为28%，而70%的城市只有0.2%甚至更少。因此1.5%的全国平均比重很不确切。为此，阿历克山德森在1956年研究美国城市经济结构时企图为各部门寻找一个“正常城市”作为衡量所有城市应有的非基本部分的标准。低于这一标准的部门，只为本地服务，在这标准以上的部分，是城市的基本活动部分。①

阿历克山德森收集了美国864个10 000人以上城市的职工资料，按36个部门计算了每个城市的职工构成百分比。分别把每个部门的864个城市按职工比重从小到大排列起来，并据此画成各部门职工百分比的累积分布图。他经过大量的对比，最后确定选取各部门序列中第5个百分位（即第43位）城市的职工比重作为该部门满足本地需要的正常比重，并称之为K值。超出K值的部分为基本活动部分。

举例来说，图33a是美国城市批发业职工比重的累积分布曲线。在864个城市中，批发业比重最低的城市为0.01%，第2位是0.2%，……，第43位是1.4%，……，第863位是16.9%，最高的一个是18.7%。阿历克山德森即把K值定为1.4%，第43位以后的城市，批发业都具有为市外服务的作用，大于K值的部分即该市批发业的基本活动部分。

不是所有部门都象批发业那样存在于所有城市。有20%以上的城市就没有采矿业，这时K值等于0.0（图33b）。

---

① 详见参考文献186。

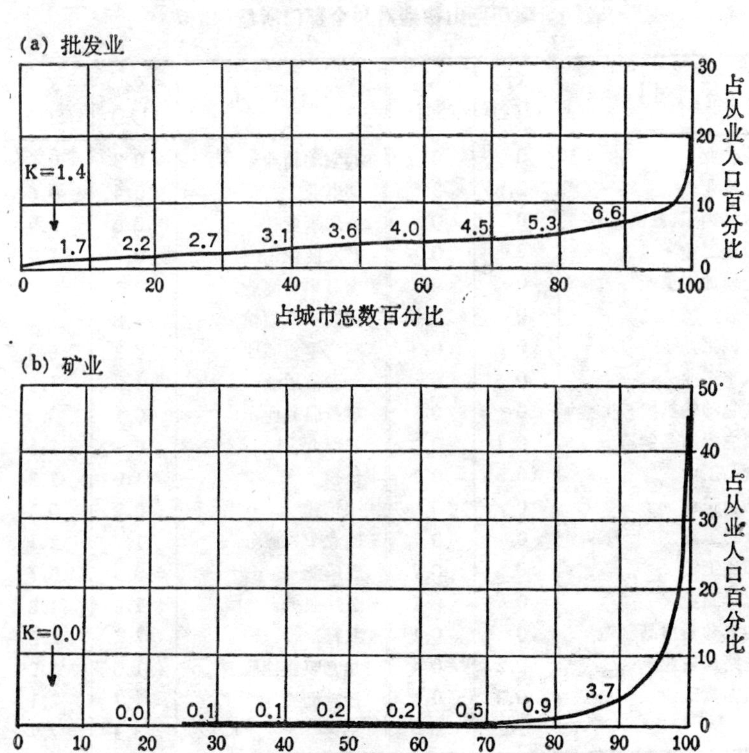

图 33 美国城市批发业和采矿业职工的累积分布曲线(引自参考文献 186)

36 个部门的 K 值加起来一共是 37.7%(表 28)。意味着美国城市当时为本市服务的"正常的"职工比重应该在 37.7%左右，即 B/N 比约为 1:0.6。

阿历克山德森在大量的城市中寻找一个所谓"正常城市"的思想颇有新意。然而，尽管他在研究中曾尝试使 K 值分别取用第一个百分位(即第七个城市)和第五个百分位城市的职工比重(表 28)，经过大量对比，最后选用了第五个百分位，但这仍然带有较大的主观性，很大程度上是经验性的决定。在实际上，接近于作者想象中

表28 阿历克山德森对36个部门所取的k值

部　　门	K_1 (1%)	K (5%)	部　　门	K_1 (1%)	K (5%)
采矿业	0	0	其它动输业	0.3	0.5
建筑业	2.6	3.5	邮电业	0.4	0.6
木材加工、家俱工业	0	0	公用事业	0.6	0.9
冶金工业	0	0	批发商业	0.9	1.4
金属加工工业	0	0	食品零售商业	2.3	2.7
一般机械制造	0	0.1	餐馆和啤酒馆	1.8	2.1
电机工业	0	0	其它零售商业	6.3	8.0
汽车工业	0	0	金融信用业	1.2	1.8
其它动输机械	0	0	事务服务业	0.1	0.2
其它耐用品制造	0.1	0.2	修理业	0.8	1.1
食品工业	0.3	0.7	仆役	1.0	1.3
纺织工业	0	0	旅馆业	0.2	0.3
缝纫工业	0	0	其它个人服务	1.7	2.1
印刷工业	0.5	0.7	娱乐业	0.5	0.7
化学工业	0	0.1	医疗服务	1.3	1.8
其它非耐用品制造	0	0.1	教育	2.2	2.6
铁路运输业	0.2	0.4	其它职业性服务	1.0	1.2
汽车货运业	0.3	0.5	行政机关	1.7	2.1
			总计	28.3	37.7

资料来源：引自参考文献186。

的具有37.7%非基本部分的所谓"标准结构"的城市，如罗得岛州的维索凯特，宾夕法尼亚州的塔摩库瓦，北卡罗来纳州的托马斯维尔等，都是人口仅1～5万的小城市。连他本人也为此提出疑问，这样选择出来的K值是否适合于内部交换比小城市大得多的较大的城市。

莫里塞特(I. Morrisset)1958年在阿历克山德森研究的基础上继续进行工作，从原来864个城市中删去了123个部门结构比较特殊的城市，余下的741个城市再分成美国东北部和西部南部两个地区，又把每个地区中所包括的城市分成7个规模组，分别找出

了 36 个部门每个规模组城市的 *K* 值。分析得到了两个重要结果：①

表29 美国各部门职工比重、阿历克山德森的K值和莫里塞特的K值比较

部门	全国的百分比值	阿历克山德森的K值	莫里塞特的K值													
			东北部							南部和西部						
			10	25	50	100	250	500	1000	10	25	50	100	250	500	1000
矿业	0.9	0	0	0	0	0	0	0	0	0	0	0	0	0	0	0
建筑业	6.2	3.5	2.4	2.7	3.0	3.4	3.8	4.0	4.2	4.2	4.4	4.6	5.0	5.7	6.1	6.4
耐用品制造业	15.9	0.3	0.4	0.8	1.1	1.7	3.4	5.4	5.7	0.3	0.3	0.5	0.8	1.6	2.5	3.5
非耐用品制造业	14.2	1.6	1.2	1.4	1.8	2.4	3.7	5.3	5.8	1.3	1.6	1.7	2.1	3.1	4.8	6.2
运输和公用事业	9.2	2.9	2.4	2.7	2.9	3.1	3.8	4.6	5.4	2.9	3.2	3.5	4.1	5.1	5.9	7.6
商业	22.6	14.2	12.7	14.2	13.9	14.7	16.4	17.6	18.0	15.2	15.7	16.5	17.7	19.8	21.2	21.7
服务业	30.8	15.2	12.4	13.3	14.1	15.4	17.5	18.7	19.5	15.0	16.0	16.9	18.2	21.4	23.3	24.8
总计	100	37.7	31.5	34.1	36.8	40.7	48.6	55.6	58.7	38.9	41.2	43.7	47.9	56.8	64.3	71.0

资料来源：根据参考文献 61。原表中36个部门这里归并简化为7个大部门，个别规模组的累加值与总计有差误。

（1）*K* 值在经济发展水平不同的地区是有差别的。经济发展较早，制造业高度专门化的美国东北部城市，除了制造业以外，其它部门的非基本部分的比重（*K* 值）都比发展历史相对较晚、城市密度相对较小的南部和西部要低；

（2）各部门的 *K* 值以及 *K* 值的和，无论在美国东北部或南部西部地区，都随着城市规模级的上升而提高，进一步证实了随着城

① 参见参考文献 61。

市规模的增加，城市的非基本部分一般也相应增加。这也就说明，阿历克山德森对864个从1万人到数百万人的庞大城市体系，统统使用第五个百分位的“正常城市”作为标准划分基本/非基本活动仍有缺陷(表29)。

(五) 最小需要量法

1960年乌尔曼(E.L. Ullman)和达西(M. F. Dacey)提出了另一种划分基本/非基本部分的方法，叫最小需要量法。它和区位商法、正常城市法的不同在于：①他们认为城市经济的存在对各部门的需要有一个最小劳动力的比例，这个比例近似于城市本身的服务需求，一个城市超过这个最小需要比例的部分近似于城市的基本部分；②把城市分成规模组，分别找出每一规模组城市中各部门的最小职工比重，以这个比重值作为这一规模组所有城市对该部门的最小需要量。一城市某部门实际职工比重与最小需要量之间的差，即城市的基本活动部分，把城市各部门的基本部分加起来，得到整个城市的基本部分。

用最小需要量法分析美国城市的经济基础，同样证实了城市的非基本部分随着城市规模的扩大而提高(表30)。

乌尔曼和达西分城市规模组来确定城市经济的基本/非基本部分，又向前跨出了一步，但仍不是尽善尽美。批评主要集中在两个方面。

首先，假如被选择出来作为衡量某一规模组最小需要量的那个城市，经济结构恰恰很特殊，不能代表一般状况，那就会影响一大片城市的计算的准确性。乌尔曼和达西的研究只把美国城市分成6个规模组，规模间也不连续，每个规模组只随机选择38个城市(100万人以上级为24个样本)。由于种种原因，的确使某些所选城市的代表性受到怀疑。例如首都华盛顿特别低的耐用品制造业和批发业比重被选作100万以上城市的最小需要量指标就是最突出的例子(见表30)。

表30 美国14个部门不同规模组城市的最小需要量(%)

部门 \ 规模	100万以上	30～80万	10～15万	2.5～4万	1.0～1.25万	0.25～0.3万
样本数	24	38	38	38	38	38
农业	0.4	0.6	0.9	0.3	0.1	0.0
矿业	0.1	0.0	0.0	0.0	0.0	0.0
建筑业	4.0	3.4	3.5	3.2	2.7	0.4
耐用品制造业	2.8	3.8	1.5	1.3	0.5	0.9
非耐用品制造业	4.0	3.5	3.4	3.0	1.0	1.0
运输业	5.1	4.0	3.3	3.2	2.5	1.8
批发业	2.2	2.3	1.7	1.4	0.6	—
零售业	12.9	12.6	12.3	12.2	10.5	9.7
金融业	3.5	2.6	2.2	2.1	1.4	0.4
事务服务	1.9	1.6	1.6	1.0	0.6	0.5
个人服务	3.7	3.7	2.5	3.3	2.3	1.9
娱乐服务	0.6	0.4	0.4	0.2	0.2	0.0
专业服务	10.1	9.3	8.0	7.8	6.0	5.9
公共行政管理	2.9	2.2	2.2	2.4	1.6	0.9
总　计	54.2	50.0	43.5	41.4	30.0	23.4

资料来源:引自参考文献90,第26页。

另一种更尖锐的批评认为，假如按照乌尔曼等的方法认为具有最小需要量比例的城市能满足自身需要,其余城市都有输出,那么就会得出一个矛盾的结论:几乎所有的城市都有输出,却没有一个城市需要输入。这一点也许正是最小需要量法与区位商法、正常城市法相比，在理论上的一个漏洞。批评者半认真半开玩笑地说:不是所有高于最小需要量的城市输出货物或服务,而是所有高于最大需要量的城市输出货物和服务。①

① 参见参考文献68。

以上两个缺陷已经被另一些研究者设法克服，使最小需要量法日益趋于完善。

为了避免第一个缺陷，莫尔(C. L. Moore)把城市按规模分成连续的14个等级，从每一个规模级的城市样本中，找出每个部门的最小职工比重和中位城市的规模。然后将两者进行回归分析，利用回归方程可以求到任何规模城市某部门相应的最小需要量。①数学表达式如下：

$$E_i = a_i + b_i \lg P \quad (1)$$

式中

E_i——i部门P规模城市的最小需要量；

a_i, b_i——为参数。a_i, b_i用下式求得：

$$E_{ij} = a_i + b_i \lg P_j \quad (2)$$

式中

E_{ij}——第j规模级城市中第i部门实际找到的最小职工比重；

P_j——第j规模级城市的人口中位数。

表31　莫尔回归分析的相关指数(R^2)

部　门	R^2	部　门	R^2
1. 非耐用品制造业	0.557	7. 金融、保险、房地产业	0.855
2. 耐用品制造业	0.864	8. 业务服务	0.718
全部制造业(1+2)	0.918	9. 个人服务	0.667
3. 运输业	0.818	10. 教育	0.569
4. 通讯业	0.651	11. 其它服务	0.722
5. 批发商业	0.736	12. 公共行政	0.719
6. 零售商业	0.241	全部经济活动	0.861
全部商业(5+6)	0.516		

资料来源：引自参考文献60，第352页。原表还有每个回归方程的 ai,bi 和标准差，此处从略，可从图中判断。

---

① 参见参考文献60。

莫尔对1970年美国333个城市的分析结果表明(表31,图34),大多数部门的城市规模级与最小需要量之间有很高的正相关。出乎意料的是零售商业相关性不强。建筑业、健康服务业和农业则没有相关性,故没有包括在图表中。所有部门都表现出最小需要量随城市人口增加而上升的趋势,其中以耐用品制造业最显著。

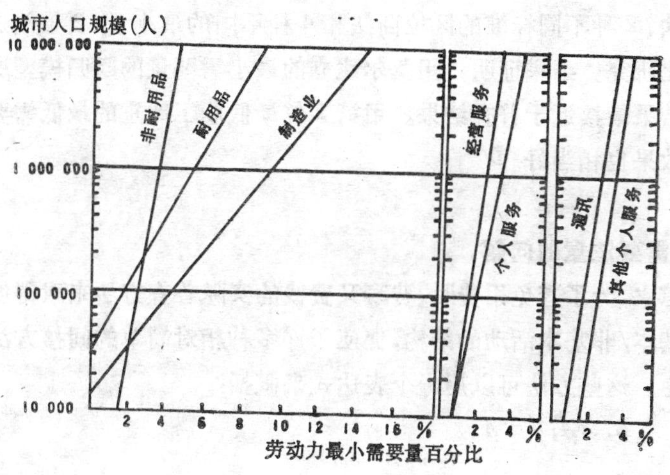

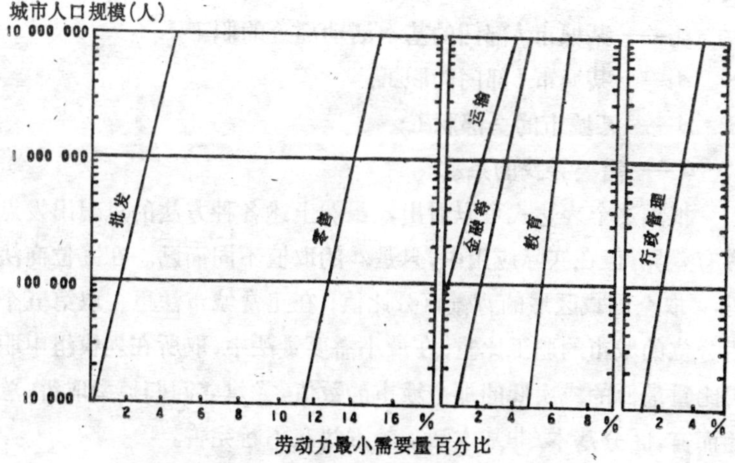

图34 莫尔关于各经济部门的回归曲线(引自参考文献60,第353页)

为了克服乌尔曼等方法中的理论缺陷，吉布森(L.J Gibson)和沃登(M.A.Worden)改用各规模组中第2位最低的城市职工比重作为每个规模组城市的最小需要量。他们为了从各种方法中找出最佳区分基本/非基本的间接方法，曾经对亚利桑那州的20个小城镇(人口从1 838人到15 000人)用普查法、3种不同方式的抽样调查法、2种不同标准的区位商法和4种不同的最小需要量法进行对比研究。结果证明，用莫尔建立的最小需要量的回归模型所得的结果最接近于普查结果。用第2位最低职工比重的最低需要量法效果也相当好。①

(六)需要注意的问题

总之，为了避免用费时、费事又费钱的实际普查方法来取得城市的基本/非基本活动的结构，促使了许多种相对简单的间接方法的诞生。这些方法可以用一个表达式来概括：

$$B_i = A_i - \alpha A$$

式中

B_i——某城市i部门的基本活动部分的职工；

A_i——某城市i部门的职工；

A——某城市的全部职工；

α——需要寻找的系数。

根据这个表达式可以看出，虽然上述各种方法的思想出发点各有差异，但在实际应用中，只是α的取值不同而已。在区位商法里，α取全国或区域的背景百分比值；在正常城市法里，取第五个百分位的城市的职工比重；在最小需要量法中，取所在规模组中职工比重最低的或次低的那个城市的数值，或建立回归模型取得。总的而言，区分基本/非基本活动的方法在不断完善。

① 详见参考文献37。

尽管如此，在运用中仍有一些难题需要注意解决：

1．计量单位的选用

无论哪种方法，当区分基本/非基本部分时取用的指标不同，所得的结果是不同的。从经济基础理论的原意讲，以产品指标或收入指标比较理想，但常常物质生产部门与非物质生产部门之间无可比性。即使考虑城市产品或服务的输出收入，又常常排除了城市其它的基本收入来源，如外来的投资、政府的拨款、补贴等，这也是从城市以外得到的收入，而且对城市发展常常起重要作用。经常使用的劳动力指标，好处是资料易得，但它隐含的前提是同一部门的职工生产效率一样，人们的工资水平和消费结构一样，这一前提实际上并不存在。

2．地域单元的确定

基本/非基本活动的划分以供给外地或本地消费为标准。如果把地域缩小到每个企业单位，则它们的经济活动几乎全部是基本的；如果把范围扩大到全球，则几乎全部是非基本的。对城市也一样，使用不同空间尺度的城市地域界线，会取得不同的结果，相互间也无可比性。这一问题在国外大城市尤显突出。因为那些城市有大量通勤人员，常常在中心城市工作并取得收入，住在中心城市以外甚至中心县以外，并在居住地纳税和消费。按大都市区为地域单元时，这些人很大部分属于大都市区的非基本人口，但是按城市化地区等建成区概念计，他们却是所在居民点的基本人口。在我国应用时也会碰到类似问题。

3．部门单元的划分

部门单元划分粗一些或细一些，所得到的基本/非基本比例也不同。一般说来，部门分得越细，区位商法的结果就越准确。而最细的分类，却使各部门的最小需要量几乎都为零，结果城市就没有了内部需求，因此最小需要量法就适合于比较粗的部门分类。遗憾的是上述方法的所有作者，对于他们为什么分成36个部门或14个部门等都没有加以解释。至于象一个钢铁联合企业，假如最终输出产品是钢材，但本身有铁矿、烧结、炼铁、炼钢等生产过程，还有一套为自己和向社会开放的服务设施，类似这样的企业是归到一个部门还是分成若干部门计算基本/非基本活动，也没有理想的规定。

上述问题的提出，并非贬低研究城市基本/非基本构成的巨大意义。而是说明城市研究对象的特殊性，要求绝对的严密和准确是极为困难的。在城市地理学里，所谓可比性都是相对的。上述任何一种方法，包括普查的方法，所得的结果只是近似于实际而并不等于实际。城市地理学运用这一概念，也并不主要为揭示某一城市的基本/非基本活动的实际数量，主要目的是对比不同时间和不同空间里城市B/N比的差异规律和变化趋势。如果研究者根据各自研究的目的和可能得到的资料，注意使用同样的指标、同样的城市概念、同样的部门划分，吸取前人方法的优点，是能达到上述目的的。

三、城市经济基础理论与城市发展机制

（一）影响基本/非基本比率的因素

城市的B/N比在不同城市之间有很大差异。

首先是随着城市人口规模的扩大，非基本部分的比例有相对增加的趋势。城市越大，城市内部各种经济活动之间的依存关系越密切，城市内部的交换量越多，城市居民对各种消费和服务的要求也越高，城市也越有可能建立较为齐全的为生产和生活服务的各种行业和设施。而小城市一般只有很小一部分的生产和服务是维持本身需要的，基本活动部分比重较高。

在规模相似的城市，B/N比也会有差异。专业化程度高的城市B/N比大，而地方性的中心一般B/N小。规模相似的城市，如果一个是位于大城市附近的中小城镇或卫星城，另一个是远离大城市的独立城市，则前者因依附于母城，可以从母城取得本身需要的大量服务，非基本部分就可能较小；而后者必须建立自己较完整的服务系统，非基本部分就较大。

老城市在长期的发展历史中，已经完善和健全了城市生产和生活的体系，B/N比可能较小，而新城市则可能还来不及完善内部的服务系统，B/N比可能较大。

城市经济的基本/非基本部分的结构随着时间的发展也有变化。乌尔曼等对美国14个部门1940、1950、1960，3个年份的城市最小需要量比重的分析发现，有些部门的最小需要量随时间变化相当稳定，而个人服务和专业服务两个部门的变化幅度相当大。可能因为家庭仆役人数的减少，前者的最小需要量1940年以来大大下降；而专业咨询的发展，后者的最小需要量大

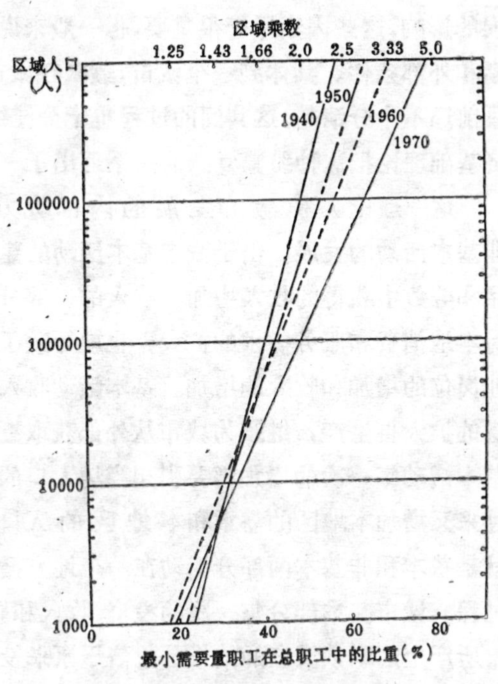

图 35　城市最小需要量的变动趋势

(引自参考文献60，第354页)

大上升。莫尔的分析表明，1940～1970年期间城市总的最小需要量比重，总的呈不断上升的趋势，在大城市尤为明显，中等城市次之。在最低等级的小城市，不仅增长的趋势不明显，反而还略有下降(图35)。这种变化趋势还在不断发展中。

另外，城市人口在年龄构成、性别构成、收入水平等方面的差别对城市经济的基本/非基本结构也都有影响。

（二）城市经济基础理论对城市发展机制的解释

本书第四章介绍了生产方式、区域条件和地理位置对城市发展的影响，这些因素尽管很重要，但一般来说是城市发展的背景因素和外部条件。具体到一个城市，蕴藏在城市内部的动力是什么，目前还不十分清楚，这其间的过程也十分错综复杂。但是，城市经济基础理论把这种纷繁复杂的关系理出了一个大概的头绪。

这一理论认为，城市发展的内部动力主要来自输出活动即基本活动的发展。由于城市基本活动的建立和发展，从输出产品和劳务中获得的收入增加，收入的一部分导致基本部分的职工对本地消费和服务需求的扩大，也就导致了本地区非基本部分就业岗位的增加和收入的增加。基本活动收入的另一部分则用于本身的扩大再生产，继续为城市从外部获取更多的收入。基本和非基本活动每一次的增加都要引起当地人口的进一步增加，这样反过来又增加本地区的需求和本地区的人口。城市发展的过程也就是基本和非基本两部分活动在一个地方循环往复、不断集聚的过程。城市基本部分每一次的投资、收入和职工的增加，最后在城市所产生的联锁反应的结果是数倍于原来投资、收入和职工的增加。城市基本活动所引起的这样一种放大的机制被称作“乘数效应”，也俗称为“繁衍率”。

从城市就业职工的结构来看，城市总就业(E)等于基本部分就业(BE)和非基本部分就业(NBE)之和，即：

$$E=BE+NBE \qquad (1)$$

亦即 $$E=BE+\frac{NBE}{BE}\cdot BE=\left(1+\frac{NBE}{BE}\right)\cdot BE \qquad (2)$$

设 $1+\frac{NBE}{BE}=m$,

则 $$E=m\cdot BE \qquad (3)$$

(3)式中的 m 就是乘数，它表示基本活动职工增加一个单位，引起城市总职工的增加量是基本职工增加的 m 倍。显然，乘数的大小和城市就业职工的基本/非基本比率是有关系的。

城市人口(P)与城市就业职工(E)和基本职工 (BE)之间也有一种乘数关系，乘数大小也和 B/N 比有关：

$$P=\alpha\cdot E \qquad (\alpha>1,\text{也称带眷系数}) \qquad (4)$$

$$P=\alpha\cdot m\cdot BE=\alpha\left(1+\frac{NBE}{BE}\right)\cdot BE \qquad (5)$$

如果知道城市非基本职工(NBE) 与它所服务的总人口(P)之间的系数 β，则：

$$NBE=\beta P \qquad (\beta<1) \qquad (6)$$

那么，从(1)，(4)，(6) 3式可以得到以下3个经济基础方程式，说明城市或区域的人口和职工的发展(与衰落) 是由基本部分的变动来控制的：

$$E=(1-\alpha\beta)^{-1}\ BE \qquad (7)$$

$$P=\alpha\ (1-\alpha\beta)^{-1}\ BE \qquad (8)$$

$$NBE=\alpha\beta\ (1-\alpha\beta)^{-1}\ BE \qquad (9)$$

根据这样的原理，假如基本活动的职工数一旦确定，就可以计算出相应的非基本部分职工和城市人口。计算程序的框图如下：

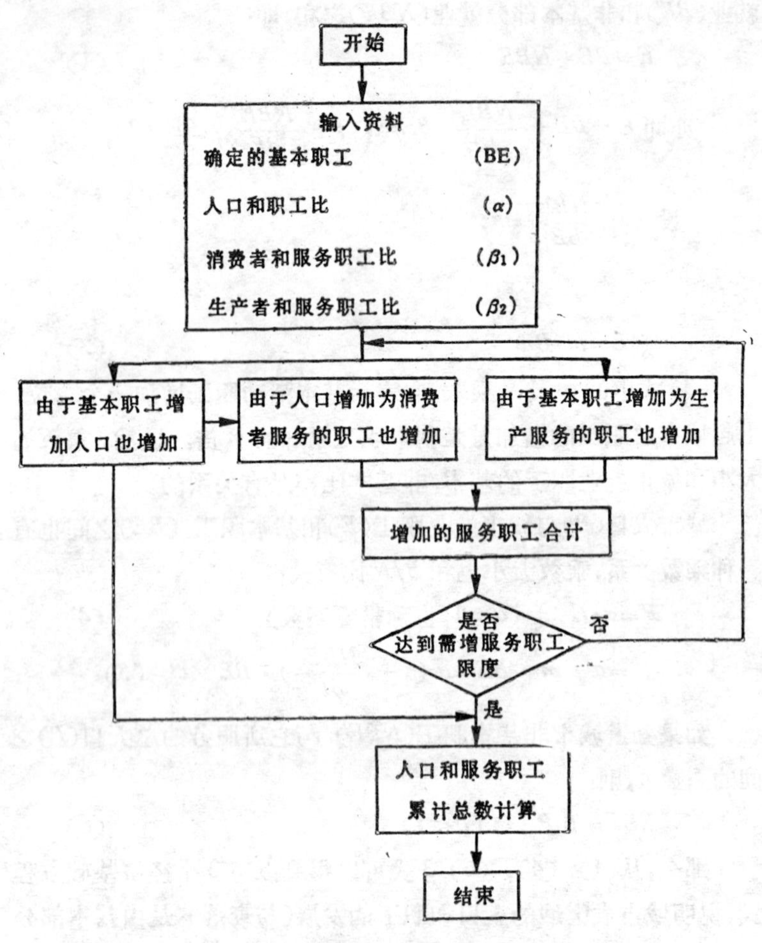

图 36　经济基础乘数模式计算程序框图

（资料来源：高阪宏行著，周世宽译：《人文地理研究》）

在图中，服务职工即非基本部分职工被细分成为消费者服务的职工和为基本生产服务的职工两个部分。并且假设城市已知的人口职工比 α、消费者和服务职工比 β_1，基本生产者和服务职工比 β_2 是不变的。那么把基本职工数输入后，就可确定最终造成的服务职工和城市人口的增长量。利用这个结果，人们可以进而预测由于基本人口的增加，所需增加的新住宅单元数、中小学的班次、电话门数、公共交通和上下水道设施等等。

值得注意的是，在一个城市中的基本活动和非基本活动在部门之间是可以转化的。许多城市发展的事实说明，老的以基本活动为主的部门到一定时候会衰落，原来以非基本活动为主的部门中也会成长出新的基本活动。

雅各布斯（J.Jacobs）分析过美国底特律基本部门的演变过程。19世纪二三十年代底特律刚开始成长的时候，最早的输出产品是面粉，在面粉厂附近有为面粉业服务的制粉机的修造业和为面粉输出服务的造船业。早先船用发动机的制造工艺是相当落后的，但后来随着造船业的扩大，发动机制造技术得到了提高，到1860年左右船用发动机也成为底特律的重要输出产品。在发动机制造业成长为基本部门的同时，为制造发动机提供铜合金的冶炼业也发展起来，甚至铜一度成了底特律最大的输出商品。1880年以后，由于矿石枯竭，冶炼业一落千丈，被迫停业，但这时已经有许多其它的工业发展成为输出产业，弥补了铜冶炼业衰落所带来的影响，城市继续得到发展。到20世纪初，在长期机械制造业基础上发展起来的汽车工业成为底特律最重要的基本部门，直至今天。

从底特律的例子不难看出，由于分工的日益精细，技术的不断进步，从一种输出产业的基础上，会演变或分化出新的输出产业，这是一种转化。输出产业数量上和种类上的增加，扩大了对输入产品的需求，这种需求的扩大会吸引城市本身去发展更多种类和更大规模的服务产业，力图取代这些输入商品。这是另一种转化。第2种转化产生一起鼓励城市进一步发展的力量，而且会和第1种转化合流，从中又形成新的输出产业。城市规模的扩大，使城市在经营管理、技术、协作、基础设施等方面处在有利地位，甚至在国家政治上的发言权也得到加强，这一切又都有利于新的基本部门的发展。结果城市的成长是一个循环和累积的过程。

普雷德(A. R. Pred)从发达经济下城市发展的分析中，把乘数效应和循环累积过程提炼为如下的模型(图 37)。

按照循环和累积过程的原理，一个城市一旦形成，从理论上讲，它会无限地发展下去。特别是在城市基本部分的比重随着城市人口的增加而变小的规律支配下，大城市未来的发展，对基本部分的依赖相对较小，而城市发展的乘数效应相对较大，大城市有更强大的自我发展能力。基本部分小小的增加，就可以导致非基本部分的大发展。按此推论，结果是惊人的。

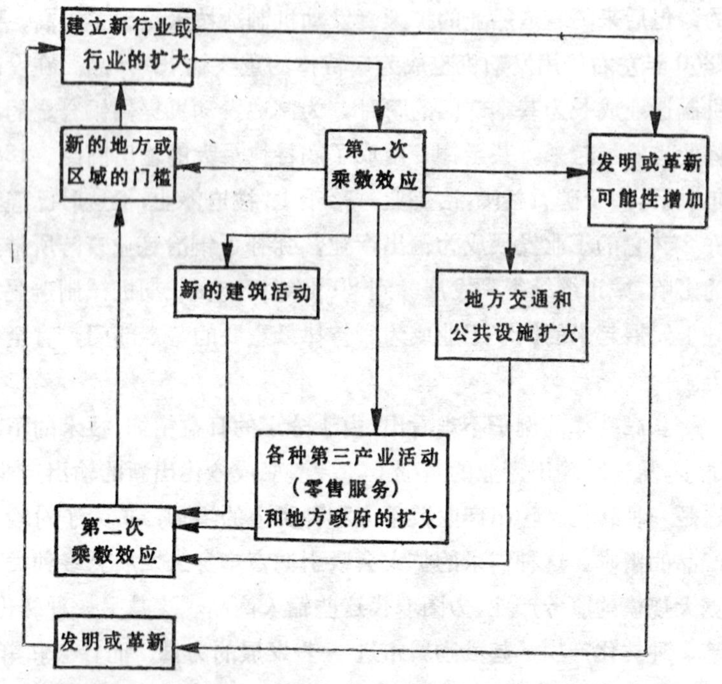

图 37　城市发展的循环和累积反馈过程(引自参考文献 70，第 90 页)

但事实并非如此。因为循环和累积原则下的集聚是城市经济发展的内部"需要"，只是问题的一个重要的方面。城市发展同时还受其它因素的制约，特别是受到城市外部条件诸如区域的自然、经济条件、地理位置等等的限制。是否有充足的水源和备用地？是否有充足的劳动力、粮食、副食品和其它原材料的供应？与腹地是否有方便的联系渠道？产品在市场上是否有足够的竞争能力？只有当"需要"和"可能"都具备的情况下，城市发展才能实现。从另一个侧面讲，如果经济发展的内部需要和外部条件都具备，人们企图阻挡城市的发展也是徒劳的。

当城市的继续发展受到外部条件的限制时，当然也可以采取某种技术措施冲破这种限制，但总是必须付出很大的经济代价。(包括维持环境生态平衡所需的投资)。随着城市规模的扩大，城市也不得不从更远的地方购进原材料和各种必需品，到更远的地方去销售它的产品，从而势必增加产品的成本、减少所得的收益。城市的基础设施和市政建设的投资也随着城市的扩大而跨越新的门槛。城市在这方面投入和产出的效益比较是城市发展中的一种调节齿轮。

而且，城市在发展过程中，内部要求集中的力量和要求分散的力量实际是同时存在的。要求分散的力量主要来自大城市中心的拥挤，导致用地紧张、地价上涨、环境恶化等一系列的经济、社会问题，而交通和通讯技术的日益进步，使产业区位选择的灵活性大大增加。当集聚不经济超过集聚经济时，大城市的规模就不会继续膨胀，并转向空间结构的分散化。

(三) 投入-产出分析与乘数确定

建立在基本和非基本活动基础上的乘数概念，已经被广泛地应用于城市和区域经济的分析中。但是，除了前一节提到的正确区分基本/非基本活动的困难以外，在应用中还存在着一个简单化的假设，即经济基础理论中的乘数没有考虑各产业部门的实际联系。投入-产出分析可以弥补这个缺憾。投入-产出分析的基础是编制投入-产出表，它以现实的货币流通形式表示城市或区域内各产业部门间的相互依存关系。下面介绍的是一个极为简单的例子(表32)。①

表32 一假设城市区域的投入-产出表(单位：100万美元)

消耗部门(投入) / (产出)生产部门	农矿业	工业	交通业	住宅业	金融业	其它	总产出
农矿业	20	25	5	20	5	5	80
工业	10	40	5	40	10	15	120
交通业	5	10	15	15	10	5	60
住宅业	30	25	10	5	10	30	110
金融业	5	10	15	10	5	5	50
其它	10	10	10	20	10	10	70
总投入	80	120	60	110	50	70	490

投入-产出表的横行表示某部门的总产出在各个经济部门中消费的数量，即产出去向，例如某年农矿业产出有2 000万美元留在本部门作为投入外，2 500万美元进入工业，500万美元去了交通业，2 000万美元去了住房建筑业，等等。农矿业的总产出是8 000万美元。纵列表示某部门的总投入要从各部门购买产品的数量，即投入来源。例如农矿业投入8 000万美元，其中从本部门购买产品2 000万元，从工业部门购买1 000万元，从交通部门购买500万元，从住房建筑部门购买3 000万元，……，等等。这里假设总投入和总产出是相等的。

如果在一时段内上述关系保持不变，当计划年某一部门要增加一单位投入时，就能预测到需要从其它部门购买产品的份额(表

① 详见参考文献9，第79～84页。

表33 投入-产出系数

消耗部门（投入）＼（产出）生产部门	农矿业	工 业	交通业	住宅业	金融业	其 它
农矿业	0.25	0.21	0.08	0.18	0.10	0.07
工 业	0.12	0.34	0.08	0.37	0.20	0.22
交通业	0.06	0.08	0.25	0.14	0.20	0.07
住宅业	0.39	0.21	0.17	0.04	0.20	0.43
金融业	0.06	0.08	0.25	0.09	0.10	0.07
其 它	0.12	0.08	0.17	0.18	0.20	0.14
总投入	1.00	1.00	1.00	1.00	1.00	1.00

33）。例如在住宅业增加投入1 000万美元资金，则18％即180万元要用于购买农矿业产品，37％即370万元购买工业产品，14％即140万元用于交通业，等等。各部门为了满足住宅业1 000万元的投入对其产品的需求，就要各自增加投入，从而又要按比例从其它部门再购买产品。例如农矿业增加180万元投入，按表33的系数有45万元的产品来自本部门，21.6万元来自工业，10.8万元来自交通业，等，其它部门也以此类推，这就得到第一轮必要投入后的各部门的总产出（表34），如农矿业为155.5万元，工业为216.2万元，交通为106万元，等。各部门为了满足这些产

表34 第一轮的投入需求（单位：100万美元）

消耗部门（投入）＼（产出）生产部门	农矿业	工 业	交通业	住宅业	金融业	其 它	总产出
农矿业	0.450	0.777	0.112	—	0.090	0.126	1.555
工 业	0.216	1.258	0.112	—	0.180	0.396	2.162
交通业	0.108	0.296	0.350	—	0.180	0.126	1.060
住宅业	—	—	—	—	—	—	—
金融业	0.108	0.296	0.350	—	0.090	0.126	0.970
其 它	0.216	0.296	0.238	—	0.180	0.252	1.182
总投入	1.800	3.700	1.400	—	0.900	1.800	6.929

表35　该城市区域住宅业增加1000万美元后的投入需求（单位：100万美元）

轮次 （产出） 生产部门	第一轮	第二轮	第三轮	第四轮	第五轮	第六轮	总　计
农矿业	1.555	1.107	0.782	0.558	0.400	0.260	4.662
工　业	2.162	1.461	1.034	0.741	0.532	0.382	6.312
交通业	1.060	0.808	0.591	0.427	0.307	0.221	3.414
住宅业	—	—	—	—	—	—	—
金融业	0.970	0.711	0.519	0.375	0.270	0.194	3.039
其　它	1.182	0.899	0.655	0.472	0.340	0.254	3.793
总投入	6.929	4.986	3.581	2.573	1.849	1.302	21.220

出，又有第二轮的投入，……，一轮又一轮的投入经计算后合在一起产出表 35 上的数字。在这个例子中，预测到第六轮时已足以反映问题。从表上可以预计住宅业 1 000 万元的投入将会导致在其它经济部门进一步增加 2 122 万美元的产出，该产业的乘数是 3.12。

使用同样的程序可以计算其它产业部门的乘数。这样得到的乘数比估计各部门基本和非基本部分的比例当然要更符合实际。

总之，经济基础理论具有很大的现实意义。其一、不论是一个城市、一个县、一个省、一个国家，经济要发展，就必须根据自己的特点，发展为市外、县外、省外、国外服务的经济活动。其二、门类较多的综合性大城市，抵抗外部市场波动的能力较大；新的基本经济活动的引入所产生的乘数效应也较大。而经济结构单一的中小城市则正相反。其三，为了最大限度推动城市和区域经济的发展，就要把专业化和综合发展很好地结合起来。既要合理地确定重点产业部门，寻找出乘数效应较大、产业链较长、能带动一系列产前、产中、产后相关部门发展的推动性产业，发挥为外地服务的专业化部门的主导作用；另一方面又要求在专业化基础上合理地综合发展城市和区域的经济。二者结合的好坏可以一定发展阶段的城市和区域乘数最大化为原则。

城市经济基础理论不仅能比较圆满地解释城市的发展机制，预测和规划城市未来的发展，更重要的是它还为城市职能分类提供了理论依据，这将在下一章给予详细讨论。

第六章　城市职能分类和城市性质

一、城市分类概述

在介绍城市职能分类的理论和方法论以前，有必要对城市分类问题有一个总体的了解。

任何一种分类都是根据对象的相似性和差异性特点，把它们归并成若干组群，使每个组群内部保持高度的相似性，组群之间保持高度的差异性。这是研究事物个性与共性的一种常用的科学方法。地理学研究对象的多样性和复杂性，使分类方法一直为每一个地理分支学科所大量运用。

城市的特征性是多方面的，因此可以从许多角度对城市进行分类研究。

按照城市发生发展的不同历史因素，可以进行城市的发生学分类。例如有人把半殖民地半封建时期的中国城市分为6类：①某帝国主义国家独占的城市(哈尔滨、大连、青岛等)；②某几个帝国主义国家共同侵略下的城市(上海、天津、汉口等)；③发生局部变化的封建传统城市(北京、济南、西安等)；④因近代工商业的发展与交通枢纽的建设而兴起的城市(唐山、南通、蚌埠等)；⑤衰落中的传统手工业、商业和旧的交通要道上的城市(临清、淮阴等)；⑥仍以封建农业经济为主的广大内地城镇(阜阳、寿县等)。[①]又有人把中国现在的设市城市按历史基础分为3种：1952年底以前有市建制的城市作为老城市；把中国开展有计划的大规模社会主义建设以来，从原来县城基础上发展起来的城市称为有历史基础的

① 参见参考文献187，第31～34页。

新设城市；把原来没有多少历史基础，设市前不过是一个小镇、矿点或小村，甚至完全从一片荒原上平地而起的城市称为新城市。① 这都属于对城市进行发生学的分类。

按城市的地形地貌条件，笔者曾在第四章里把中国城市分为10类。通过对各类城市与地形地貌条件的关系分析，可以发现城市形成发展对自然条件的强烈依赖作用以及城市分布的规律性，它们在用地、形态、职能和规模等方面都各有一定的特殊性。

按城市的二维形态分类，武进以城市伸展轴组合关系、用地聚散状况和平面几何形状，将中国城市的外部形态划分为集中型和群组型两大类。集中型城市又分为块状、带状、星状形态3种。群组型城市又分为双城、带状群组、和块状群组形态3种。不同的城市形态直接影响城市内部各部分之间联系的便捷程度和社会、经济以至环境生态效果。②

城镇的行政等级分类在中国这样的国家有特殊的重要性。中国设有建制的市镇按行政级别可分4类：①直辖市，由国务院直接管辖，行政地位相当于省级，下设区和县；②地级市，行政地位相当于地区或自治州一级，可设区，绝大多数领导若干个县；③县级市，行政地位相当于县，下辖镇和乡，不设区；④建制镇，绝大多数是县辖镇，少数建制镇归区辖或市辖。若细分，内部还有一些差异(图38)。80年代中国实行改革开放政策，国家在深圳、珠海、汕头、厦门等4个城市设置经济特区，指定14个城市为沿海开放城市，还定有14个计划单列市。这些城市在某些方面享有特殊的政策。与同级别城市又略有不同。

城镇人口规模是城镇的重要特征之一。世界各国按规模分类的人口标准差异悬殊。表36是苏联的分类标准。美国有两位学

---

① 参见参考文献188。

② 详见参考文献139，第203～209页。

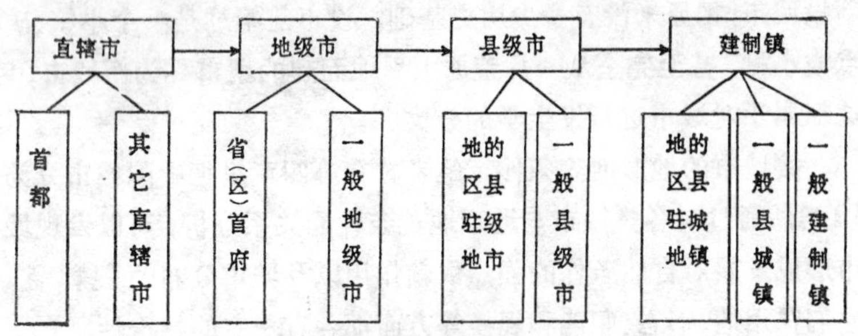

图 38 中国城镇的行政等级

者曾提出过从最低等级到最高等级的居民点分类系统(表 37),其

表36 苏联城市按人口规模的分类

大城市	100 万人以上	1 级超大城市
	50～100 万	2 级大城市
	20～50万	3 级大城市
	10～20万	4 级大城市
中等城市	5～10万	5 级中城市
	2～5万	6 级中城市
小城市	1～2万	7级小城市
	1万人以下	8级小城市

资料来源:引自清华大学建工系城市规划教研室«城市规划原理»,第20～21页。

表37 以人口为基础的居民点等级分类

级别	级　　名	大致人口规模(人)
1	小村 (hamlet)	10～150
2	村庄 (village)	150～1 000
3	镇 (town)	1 000～2 500
4	小城市 (small City)	2 500～25 000
5	中等城市 (medium-Sized City)	25 000～100 000
6	大城市 (large City)	100 000～800 000
7	大都市 (motroplis)	800 000～不定
8	大都市带 (megalopolis)	不定,至少几百万
9	世界性都市带 (ecumenopolis)	不定,但近千万

资料来源:引自参考文献8,第20页。

中提出的大致人口也并不适于所有国家。尽管如此，世界上还是有几条人口规模界线已经作为惯例被联合国出版物使用。例如2万人作为区分城市和镇的界线，10万人以上城市作为大城市，联合国统计年鉴每年发表各国大城市清单。另外，100万人以上城市作为特大城市也比较普遍。

中国现行统计规定按市区非农业人口数确定城市人口规模的等级。非农业人口20万以下的城市为小城市；20～50万人口的城市为中等城市；50万以上人口的城市为大城市；习惯上把非农业人口100万以上的城市当作特大城市。这样的等级分类一定程度上反映了中国人口多、已开发区人口密度大等具体国情。缺陷是分类比较粗，与国外的可比性太差，用市区非农业人口计算城市规模既不科学，也容易和市区总人口相混淆。

笔者认为，中国首先需要在不触动行政区划的前提下，建立反映城镇景观实体界线的新的统计标准。用城镇实体范围内的总人口来反映城镇规模。规模等级可按表38中的建议分类。它尽量

表38　对中国城镇人口规模分类的建议

超级城市	超级大城市	500万人以上
特大城市	特大城市1级	200～500万人
	特大城市2级	100～200万人
大城市	大城市	50～100万人
中等城市	中等城市1级	20～50万人
	中等城市2级	10～20万人
小城市	小城市	5～10万人
小城镇	小城镇1级	2～5万人
	小城镇2级	2万人以下

保留了现有的规模界线，考虑到了目前和今后中国规模等级体系的状况。在相当长时期内，500万人以上的超级城市一般是国家

级中心城市(上海、北京,以及香港),大区级中心城市一般是200~500万人规模级(天津、沈阳、哈尔滨、武汉、广州、西安、重庆)。省级中心城市大部分是100~200万人级,少数是50~100万人级。中等城市的下限标准放宽到10万人是为了缩小和世界标准的距离。今后设市标准可放宽到5万人。2~5万人将是一般县城的规模级,属于重点小城镇。2万人以下是一般小城镇和城镇型居民区的尺度。

还可以有其它的城市分类。

和以上各种城市分类相比,城市的职能分类更带有综合性、能更深刻地揭露城市的本质,因而也更重要。研究城市职能分类的高度地理学意义,也吸引了地理学家更多的注意力。

什么叫城市职能?城市职能是城市科学里的专门术语。它指某城市在国家或区域中所起的作用,所承担的分工。

经济基础理论已经表明:城市的政治、经济、文化等各个领域的活动是由两部分组成的。一部分是为本地居民正常的生产和生活服务的,即非基本活动部分;另一部分具有超越本地以外的区域意义,为外地服务,即基本活动部分。这两部分活动的发展常常互相交织在一起,但主动和主导的因素一般来说总是后者。城市职能概念的着眼点就是城市的基本活动部分。

有人把城市中进行的各种生产和服务活动都归入城市职能范畴,这就势必削弱"城市职能"这一术语的特定内涵。譬如说,北京、上海有很发达的高等教育和中小学教育。它们的高等教育面向全国,本地学生只是一小部分,因此,高等教育是北京、上海重要的城市职能之一。而中小学教育在这里基本上属于自我服务部门,尽管中小学教育是城市不可缺少的组成部分之一,却不能说是北京、上海的城市职能。如果把北京和上海分成许多小区,则中学(特别是高质量的中学)比较集中的小区(例如北京的海淀区)可能大量接收其它小区的学生，为外区服务，中学教育可能成为这个小区的职能之一，但它毕竟不是这个城市作为整体形象的特征。与大城市的情况不同，中小学教育却常常是小城镇的职能，因为它们要接纳周围若干乡以至邻县的孩子，学校所在地居民点的子弟反而常常不占优势。笔者认为，城市职能是从整体上看一个城市的作用和特点，指的是城市与区域的关系、城市与城市的分工，属于城市体系的研究范畴。这样理解较为严密。

严格地说，单一职能的城市是很少的。一个城市在国家或区域中总会有几方面的作用，不过有的职能影响的区域面广，有的则小；有的职能强度大，有的则弱；有的城市有1个或2个主导职能，有的则几个职能势均力敌，不分上下。按城市职能的相似性和差异性进行分类，这就是城市职能分类。

分类类别的多少与考虑城市各个职能的精细程度有关。类别过多，甚至一个城市一个类；或者类别太少，极端情况下把所有城市合成一个类，这都失去了分类的目的。类别控制在适当的数量，就必然要对城市职能加以概括，抓住主要的特征，而舍弃某些细节。

二、城市职能分类方法评述

城市职能分类的方法经历了一个相当长的发展过程，这是一个从简单到复杂、从定性到定量，从采用单指标到多指标的发展过程。英国城市地理学家卡特(H. Carter)曾经把城市职能分类方法按发展的时间顺序分为5种。① 读者可顺着这个线索了解这些方法的演变过程。

---

① 详见参考文献2，第45～67页。

（一）一般描述方法

这是城市职能分类中最早使用的方法。它由研究者首先确定一个城市类别的体系，以描述性的名称加以命名，然后研究者根据自己对每个城市的了解，分别把城市归入各个类别。在城市地理学的早期发展阶段，有很多人做过这种城市分类。但是其中最早在地理学刊物上公开发表的是英国奥隆索（M. Auronsseau）1921 年的分类①。因此他成了这一分类方法的著名代表人物。

奥隆索先把城市分成六大类，每一大类中又分成若干小类（表39）。他的分类称得上是那个时代城市职能分类的高度综合，类型十分齐全，有些类别现在仍在使用。第五类交通性城镇的划分是奥隆索与众不同的地方，有他独到的构思，但也由此招致许多批评，主要认为：①这一类过于庞杂，使类间分配不平衡，把一些职能

表39　奥隆索的城市职能分类体系

类别	职能	城镇类型
1	行政	首都；税收城镇
2	防务	要塞城镇；驻军城镇；海军基地
3	文化	大学城；大教堂城镇；艺术中心；朝圣中心；宗教中心
4	生产	制造业城镇
5	交通	（1）汇集：采矿业城镇；捕鱼业城镇；森林城镇；仓库城镇
		（2）转运：集市城镇；瀑布线城镇；中转城镇；桥头城镇；潮限城镇；航运起点城镇
		（3）分配：出口城镇；进口城镇；补给城镇
6	娱乐	疗养胜地；旅游胜地；渡假胜地

① 参见参考文献 14。

完全不同的城镇归并到了一起（如集市城镇和采矿城镇）；②第五类明显地把职能和区位的概念混为一谈（如潮汐界线和瀑布线上的城镇不一定必然是运输业城镇）。类别中还有一些不必要的重复（如第三类）。

描述性城市职能分类至今还没有失去它的实用价值。当被分析的城市较少或只要求作大致的城市分类时，一般描述方法通常就能满足需要。

这种方法的致命弱点是任意性和主观性较大。分类的好坏完全取决于研究者对每个城市职能特点的了解深度。确定一个描述性的城市职能分类的系统相对说来并不困难，每一类里选取几个典型城市作例子也是容易的。困难的是怎样使大量的城镇在分类表中都各得其所。国内文献对城市职能分类也提出过许多分类体系，却没有一个把全国几百个城市分门别类的方案。追其原因，这种分类方法，一个城市只限于归入一类，而绝大多数类别以一种职能命名，而职能特点较为复杂的城市，如不依靠一个客观标准，分类就遇到困难，只能用主观判断解决。

（二）统计描述方法

一般描述方法的逻辑发展就进入了统计描述方法。统计描述分类的城市类别仍然是分类者事先决定的，但每一类增加了一个统计上的标准。

采用这一方法最享盛名的是哈里斯（C. D. Harris）1943年发表的美国城市职能分类①。哈里斯的分类是依据1930年的人口普查和1935年的经营普查(Census of Business)资料的基础上进行的。他把美国605个1万人以上的城镇分成10类，给其中的8类规定了明确的数量指标。指标一般包括两部分：第一是主导职能

① 参见参考文献45。

的行业职工比重应该达到的最低临界值；第二是主导职能行业职工比重和其它行业相比所具有的某种程度的优势。满足这两个条件的，即认为是某城市的主导职能，归入相应的城市类。例如大的制造业城市（M′亚类）必须达到制造业职工至少占从业职工的

表40 哈里斯的美国城市职能分类标准

类别 \ 标准	主导行业在制造业、零售业、批发业三业总就业职工中的百分比(%)	主导行业在全部从业职工中的百分比(%)
制造业城市M′亚类	+74	+45
制造业城市M亚类	+60	30～45
零售商业城市R类	+50（并至少是批发业的2.2倍）	
批发商业城市W类	+20（并至少是零售业的45%）	
运输业城市T类	至少是制造业的1/3，零售和批发业的2/3	+11
矿业城市S类		+15
大学城市E类		在大学一级学校的注册人数至少等于该城市人口的25%
综合性城市D类	—60（制造业不足三业的60%） —50（零售业不足三业的50%） —20（批发业不足三业的20%）	
娱乐休养城市X类	没有找到满意的统计标准，就业率低的城市被归入这类	
政治中心城市P类	各州首府及首都华盛顿	

资料来源：根据参考文献45，表的设计来自参考文献6。

45%，同时制造业在制造、零售、批发三业的总就业人数中占74%

以上。运输业城市的交通运输业职工至少占城市从业职工的11%，同时，不少于制造业职工的1/3，不少于商业职工的2/3，等等。把主导职能不明显的城市，归为综合性城市。作者没有为娱乐休养城市和政治中心城市找到合适的指标，这两类城市是凭印象分出来的(表40)。

哈里斯把美国城市职能分类的结果用分布图表示，并给予了合理的解释。

用劳动力结构的资料为城市主导职能规定一个定量指标，是统计描述法比一般描述法进步的地方，因此这种方法被后人一再借用。不过，定量指标的使用这时尚不充分，例如74%、45%、60%、2.2倍、1/3等等只有作者自己知道其含义，是凭经验作出的主观决定，不易被其他人所理解。它仍然没有超脱描述性分类的性质，不同的只是由以前的定性描述变成了数量描述。除了增加了综合性城市类外，这种方法仍然没有解决城市分类只反映一个主导职能的局限性。

(三) 统计分析方法

进入50年代，获得一整套全国城市的劳动力结构资料已不困难。城市职能分类开始探索用一个比较客观的统计参数来代替人为确定的数量指标作为衡量城市主导职能的标尺。首先被使用的统计参数是平均值，然后是标准差。这就是统计分析方法进行城市职能分类的实质。

1953年波纳尔(L. L. Pownall)首先把区位商引入新西兰的城市职能分类。①他把城市分成7个规模组，计算了每一规模组城市6种行业的平均就业比重，然后算出各个城市对各行业平均比重的正偏差。任何大于某平均比重的城市部门，就是城市的主导职

① 参见参考文献67。

能。波纳尔按制造和建筑业、采掘业、交通运输业、商业金融业、旅馆和个人服务业、行政和专门服务业6个部门对城市逐一检查归类。① 这样，一个城市有可能同属于几个职能类。

日本小笠原义胜1954年所做的日本城镇职能分类也是先计算日本城镇各种行业职工的平均比重，在此基础上制定了日本标准型城镇的职工构成(表41)，各城镇按照它们与标准型城镇职工构成的正偏差进行分类。例如工业职工超过59%的市镇为工业城镇，商业职工超过30%的市镇为商业市镇等。

表41　日本标准型城镇的职工构成(%)

	工　业	商　业	公务自由职业	交通运输	水产业	矿　业	其它产业
市	33～59	17～30	10～23	5～15	0～10	0～10	0～10
町(镇)	25～59	12～30	9～26	5～15	0～10	0～10	0～20

资料来源：引自参考文献165，第58页。

纳尔逊(H. J. Nelson)认为，以往城市地理学家进行城市职能分类的基本思想是：假如一种经济活动在一个城市被集中到一定的数量，以致这种活动支配了这个城市的经济生活，那么这种经济活动就成为它的主导职能。因此，城市的职能类就是按不同的主导职能来区分的。但是，究竟多大的一个劳动力百分比从事某种活动，才能使城市所承担的服务足以高出常态成为主导职能，这一直是没有圆满解决的问题。在前人工作的基础上，纳尔逊试图提出一种客观的、统一的、能被其他人检查和理解的量测方法。这就是1955年他对美国897个1万人以上的城镇所进行的著名的职能分类研究。②其要点如下：

(1) 把美国国情普查中24个行业归并成9种经济活动，成为

① 波纳尔的职能分类除上述6个职能外，还有一个居住职能，它以城市的总人口和从业人口之间的比率作为确定基础。以居住职能为主的城市实际上是风景胜地和休疗养地。

② 参见参考文献62。

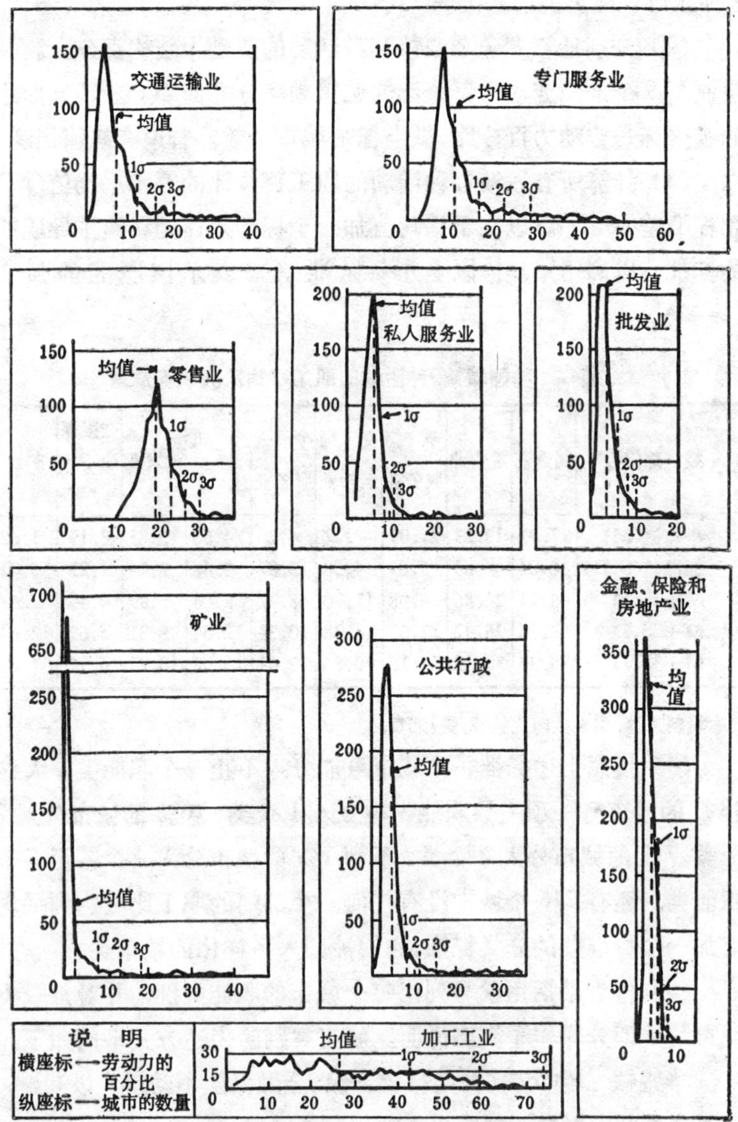

图39　美国城镇9种经济活动劳动力比重的频率分布曲线

（引自参考文献62，第192页）

9 种城市职能类别的基础。

(2) 分别计算 897 个城镇 9 种活动的劳动力结构百分比。并绘制了 9 个部门劳动力百分比的城镇频率分布曲线(图 39)。曲线的横坐标是劳动力百分比，纵坐标是城市个数。普遍有峰值出现。

(3) 计算所有城镇每种活动的职工百分比的算术平均值(M)和标准差(S.D)。以高于平均值加一个标准差作为城镇主导职能的标准，以高于平均值以上几个标准差来表示该职能的强度(表42)。

表42　美国城镇9种活动的职工平均比重和标准差

经济部门	制造业	零售业	专门服务业	交通运输业	个人服务业	公共政行	批发业	金融保险不动产	矿业
平均值(M)	27.07	19.23	11.09	7.12	6.20	4.58	3.85	3.19	1.62
标准差(S.D)	16.04	3.63	5.89	4.58	2.07	3.48	2.14	1.25	5.01
M+1S.D	43.11	22.86	16.98	11.70	8.27	8.06	5.99	4.44	7.63
M+2S.D	59.15	26.47	22.87	16.28	10.34	12.54	8.31	5.69	12.64
M+3S.D	75.26	30.12	28.16	20.86	12.41	16.02	10.27	6.94	17.65

资料来源：引自参考文献62，第195页。

(4) 按照上述标准一个城市可能分入不止一个职能类。大约 48% 的城市有一项主导职能，被分入 1 个类，16% 的城市分入 2 个类，7% 的城市分入 3 个类，不到 1% 的城市分入 4 个甚至 5 个职能类。还有 246 个城市没有任何一个部门的职工比重达到平均值加一个标准差的分类标准，它们被归入多样化的城市类。

(5) 作者最后用代号列出每个城市的职能类别，并对每一类城市的地理分布作了简要说明。城市类别的表达方式举例如下：

华盛顿　Pb3F　(公共行政 3 级、金融保险不动产 1 级)

底特律　Mf　(制造业 1 级)

纽　约　F2　(金融保险不动产 2 级)

迈阿密　Ps3RF（个人服务3级、零售1级、金融1级）

厄尔森特罗　R3W3PsPbF（零售3级、批发3级、个人服务1级、公共行政1级、金融1级）

纽黑文　D（多样化城市）

表43　是纳尔逊分类的结果汇总。

表43　不同活动类型和专业化程度的城市数

活动类型＼城市数	总数		专业化程度					
			1个S.D		2个S.D		3个S.D	
	数量	%	数量	%	数量	%	数量	%
制造业(Mf)	183	20.4	153	83.6	29	15.8	1	0.6
零售业(R)	137	15.3	110	80.3	21	15.3	6	4.4
金融等业(F)	123	13.7	93	75.7	13	10.6	17	13.7
批发业(W)	107	11.9	73	68.2	21	19.6	13	12.2
运输业(T)	96	10.7	51	53.1	22	22.9	23	24.0
个人服务(Ps)	92	10.3	57	61.9	24	26.1	11	12.0
公共行政(Pb)	85	9.5	45	52.9	19	22.3	21	24.8
专门服务(Pf)	81	9.0	42	51.8	16	19.7	23	28.5
采矿业(Mi)	46	5.1	12	25.1	12	26.1	22	47.8
多样化(D)	246	27.4	—	—	—	—	—	—

资料来源：引自参考文献9，第160页。

以纳尔逊为代表的城市职能分类和以前几种方法相比，有3点进步：①分类建立在较为客观、严密的统计推导的方法论基础上；②一个城市可以有几个主导职能，属于几个城市类。更接近于实际情况；③可以反映城市主导职能的专门化程度。

学术界在高度赞扬纳尔逊分类方法的同时，也有人提出一些批评。这里主要对其中的两点意见作一些讨论。

一种批评认为，从数理统计角度讲，使用平均值和标准差对事物进行分级，只有在事物的出现概率呈正态分布时才有意义。纳尔逊的9种活动中，只有零售业的城市频率分布曲线接近于正态分布，制造业的频率分布曲线具有不规则性，其余7种活动都接近于正偏态分布(见图39)。在这种情况下，有人认为用平均值加标准差作指标意义不大。也有人不同意这种批评，认为纳尔逊在这里只是借用平均值和标准差的概念作为识别职能主导性的指标，仅此而已。笔者支持后者的意见。真正的问题倒在于为什么当城市某部门的职工比重超过平均值加一个标准差时，就认为是主导职能，而不是别的什么标准呢？这免不了带有一些主观性。

另一种批评认为按照纳尔逊的标准，作为城市主导职能的部门不一定是该城市劳动力比重最突出的部门，这就把城市职能分类引入了“歧途”。他们举例说，1950年纽约的在业职工中，金融业职工占5.8%，按纳尔逊的标准确定为金融业2级城市(大于3.19+1.25)。而纽约的制造业(25.8%)、零售业(13.5%)、专业服务(7.3%)、交通运输(7.8%)、个人服务(5.9%)5个部门所占的比重虽然都不到平均值加一个标准差，但比重值都大于金融业。这类问题也同样出现在哈里斯的分类中，例如伊利诺州的Decatur，运输业占有12%的职工，被分为运输业城市，然而该城市有更多的人被雇佣在制造业(24.6%)和零售业(19.7%)。笔者认为这是一个城市职能分类中带有普遍意义、并容易被误解的问题，就这个问题笔者在此讨论下列两点：

(1) 职工比重最大的部门未必一定是这个城市的主导职能。城市职能指的是城市为外地服务的作用，城市职工比重最大的部门有可能恰好就是城市最大的对外服务部门，如纳尔逊分类中底特律的制造业(46.9%)，但也可能比重最大的部门主要是满足本市需要，无力为外地服务，因此这种经济活动不可能成为城市主导职能。如纽约制造业职工虽然高达25.8%，居各业首位，但仍低于全国897个城市制造业的平均比重27.07%。纽约的制造业在总体上是不足以自给的非基本部分，因此它不可能是城市的主导职能。当然在这种情况下，并不排斥纽约制造业中的某些产品具有区际意义。

另一方面，城市有几个主导职能被筛选出来，与确定职能主导性的标准有很大关系。应该说，纳尔逊采用的平均值加一个标准差的指标是比较高的。如果设想把标准降低到全国平均水平，那么纽约的运输业和批发业也成了它的主要职能之一。

(2) 如果一个城市有几个职能，究竟哪一个职能更重要？单纯根据高于平均值几个标准差来判断是不是全面呢？从表 42 中平均值一栏可以看到，城市不同经济活动部门的职工比重相差悬殊。制造业的平均值高达 27.07%，最低的矿业只有 1.62%，金融保险业只有 3.19%。笔者认为作为城市的主导职能，应该兼备两个特征：既具有重要的区际意义，又在本城市的经济结构中具有举足轻重的地位。① 纳尔逊的方法，能反映城市职能的第一个特征，不反映第二个特征。

1959 年韦布 (J. W. Webb) 在研究美国明尼苏达州小城镇的一篇论文中提出了职能指数的概念：②

$$职能指数=\frac{P}{Mp}\cdot P$$

式中

P——某城镇某种经济部门的就业人口在该城镇总就业人口中的百分比，

Mp——某经济部门就业人口占全区域城镇就业人口的百分比。

职能指数既包含了某部门在区域中的地位，也包含了该部门在城市中的地位。韦布本人虽然没有把职能指数用于城市职能分类，但它对于职能分类无疑是有价值的。

① 参见参考文献 189。

② 参见参考文献 93。

（四） 城市经济基础研究的方法

阿列克山德逊认为城市职能分类不应当以城市的整个经济结构作为分类的基础，应该扣除掉城市非基本部分以后，在城市基本部分的结构基础上来进行。在这样的理论指导下，他对美国864个1万人以上的城市进行了职能分类，步骤如下：

（1）得到864个城市36个行业的职工百分比，按行业把全部城市的职工比重从小到大排列，并画出累计分配曲线。

（2）从累计分配曲线中找出第五个百分位的城市的职工比重作为这一行业的K值，某城市大于K值的部门即是这个城市的形成部门（具有为外地服务作用的部门）。

（3）把超过K值标准5～10个百分点的城市称作C型城市，超过K值10～20个百分点的城市称为B型城市，超过K值20个以上百分点的城市称为A型城市。例如批发商业的K值是1.4%，如果某城市批发商业的职工比重是8.4%，则这个城市属于C型批发商业城市（8.4－1.4＝7.0）。

（4）一个城市可以有一个或几个形成部门。阿列克山德逊列出了每个城市形成部门的类型，而不是把城市归为几大类。例如：

匹兹堡	B	冶金工业
纽约	C	缝纫工业、金融业
普林斯顿	A	教育
	C	仆役、职业性服务

本书在第五章已经对阿列克山德逊寻找第五个百分位城市的方法作过评论。从城市职能分类的角度看，他明确提出职能分类要在城市经济结构中扣除了服务（非基本）部分后，在形成（基本）部分的基础上进行，这在理论上更为完善一点。然而在方法论上看，他的方法与纳尔逊的相比，主要差别只是在于判断城市主导职能的标准前者较低，后者较高；部门分类前者较细，后者较粗。并

没有本质上的不同。

麦克斯韦尔 (J. W. Maxwell) 对加拿大的城市分类，是在城市经济基础理论指导下的另一例优秀代表。他的做法可概括如下：

首先，用乌尔曼和达西的最小需要量法计算出了加拿大 80 个城市 13 个经济部门职工的最小需要量，在总职工结构中扣除掉城市的非基本职工，得到每个城市基本部分的职工结构。

其次，用 3 个指标来分析城市的职能：

(1) 城市的优势职能(Dominant Function)：根据城市基本职工构成中比重最大的部门来确定。

(2) 城市的突出职能(Distinctive Function)：在优势职能的分析中发现，加拿大 80 个城市有 61 个城市的优势职能是制造业，只有 5 个其它职能(矿业、交通、政府服务、零售商业、社区服务)在少数几个城市中是优势职能，如果单纯用优势职能进行分类，就必然会掩盖同以制造业为主的大量城市之间的职能差异。因此作者又用突出职能加以补充。作者借用纳尔逊的平均职工比重加标准差的方法来分析突出职能。大量的分析发现，加拿大城市的突出职能的差异与批发业的比重有很大关系。

(3) 城市的专业化指数：麦克斯韦尔使用了乌尔曼和达西建立的专业化指数公式：

$$S=\sum_i\left[\frac{(P_i-M_i)^2}{M_i}\right]\div\frac{(\sum_iP_i-\sum_iM_i)^2}{\sum_iM_i}$$

式中

i——每一部门职能组；

P_i——城市中每一个 i 部门职工在总职工中的百分比；

M_i——每一个 i 部门的最小需要量（即非基本部分的百分比）；

Σ_i——所有部门的和。

计算得到的加拿大专业化指数最低的城市是查罗敦(Charlottetown),$S=1.16$;专业化指数最高的是新瓦特福(New Waterford),$S=1\,952.46$。

最后,通过上面的分析,麦克斯韦尔选择城市的制造业基本职工百分比、批发业基本职工百分比、专业化指数和人口规模4个要素,把所有城市标在一幅坐标图上。然后根据这些要素的特点,把加拿大的城市分成5个职能类:①

(1) 专业化的制造业城市:共31个,它们都有很高的专门化指数,在基本职工的职工结构中,制造业的比重很大,批发业的比重却很低。

(2) 区域首府(类型I):17个城市,绝大多数分布在加拿大边缘地区,制造业相对不重要,批发业比重较高,专业化指数也不高,反映出它们的主要职能是地区性的集散中心。

(3) 专业城市:为8个高度专业化的城市,其中有全国的政治中心渥太华和西部的政治中心维多利亚。其余6个是专业化指数极高的采矿业中心,加工工业和批发业的比重很小。

(4) 4个主要的大都市中心:即蒙特利尔,多伦多、温哥华、温尼伯等4个最大的城市。制造业和批发业都较发达,反映了综合性的大都市职能特征。

(5) 区域首府(类型II):共20个城市,制造业相对来说比较重要,但在其它职能特征上各不相同,可以看作是①、②、③类城市的过渡类型。

麦克斯韦尔用于分类的基础资料虽然和前人一样,是劳动力的部门结构资料,但这些资料经他分析处理运用在分类时,却开始突破了单要素的框框,采用了多项指标。在分析中,他博采众长,兼容了最小需要量、平均值加标准差和专业化指数等多种方法,一

① 参见参考文献58。

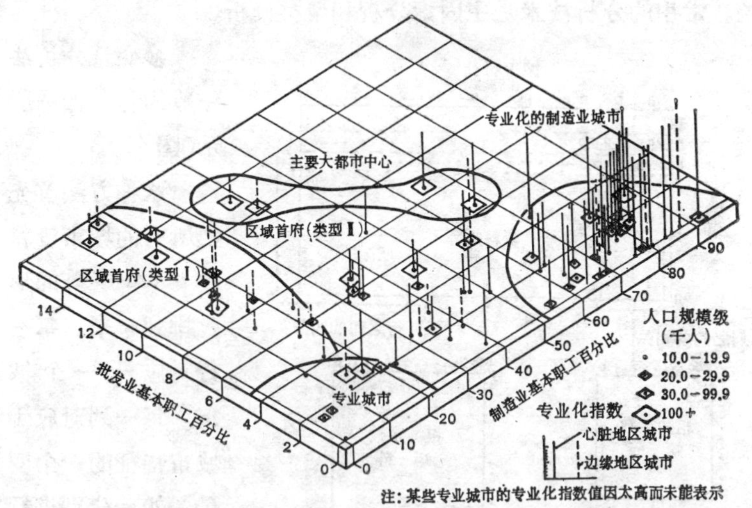

图 40　加拿大的城市类型（引自参考文献 58）

定程度上考虑了城市规模对城市基本部分结构的影响。在表达方式上，他采用了新颖直观的图解形式来综合反映各类城市的职能特点。

（五）多变量分析法

随着统计资料越来越丰富，除劳动力以外的社会、经济、文化领域的各种城市统计资料也日益齐备。同时，由于计算机技术的发展，人们驾驭大量的复杂变量进行客观性的分类成为可能。在西方社会里，特别是进入城市化高级阶段的发达国家，城市的社会问题日益突出，如种族和民族矛盾，收入水平和文化水平的差异，人口和家庭的频繁流动，新旧产业发展的不平衡等等，客观上也需要寻找这些城市问题发展的规律性。在以上背景下，一种不同于传统方法的多变量分类法发展起来了。当60年代地理学的计量化运动发展到高峰的时候，也正是这种城市分类方法最盛行的时候。常用的分析技术是主因素分析和聚类分析。

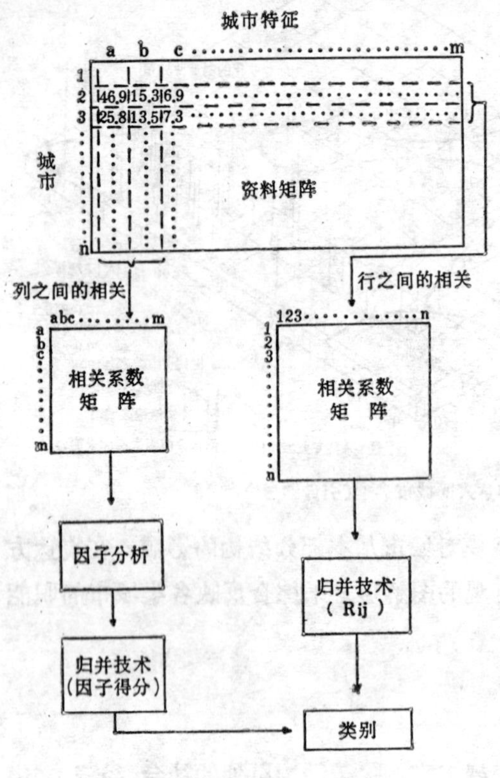

图41　城市多变量分类的流程

（引自参考文献9，第111页）

多变量分析法一般的程序如图所示(图41)。

这种方法首先把所有的城市资料按n×m矩阵的形式排列起来。每一行对应于一个城市，每一列对应于城市特征的一个变量。然后分别进行行与行和列与列之间的相关分析，得到两套新的相关系数矩阵。

行的相关系数矩阵反映城市之间相似性的程度。相关系数越大，这一对城市在总体上越类似。每一个城市都有n个相关系数，这是分类的基本依据之一。

列的相关系数用来量测城市各个特点变化的相似性。两个变量的相关系数较高，表示它们在城市之间以非常相似的方式变化。经过分析，可能揭示出有些变量并不是互相独立的，而可能出于同一个母体。通过主成分分析，可以把许多的变量组合成少数几个具有综合性质的“因素”，每个因素有不同的“承担量”，承担量大的前几个因素为主因素。每个城市对应于各个主因素有自己的一套因素率得分。这套因素率得分等于把每个城市放入一个多维的分类空间中，经过合适的归并技术就最后得到若干城市组群。分类结果基本上能达到城市组群间的高度差异性和组群内城市的高度相似性。

在许多多变量城市分类的成果中，最大的一个资料矩阵可能要数贝利 1968 年的美国城市分类。他收集了 1 762 个城市的 97 个变量。这样庞大的资料矩阵，若用人工分析，工作量难以想象，而计算机做起来却轻而易举。

应该指出，城市的多变量分类已经不限于城市经济的职能分类，而是扩展到包括经济、社会、文化等广义的城市综合特征的分类。从贝利在美国城市分类中对 97 个变量进行因素分析后所得到的 14 组因素就可以看到这一点(表 44)。导致城市差异的主要

表44　1960年美国城市体系的特征因素

因素号	因素说明	变量数
1	在城市等级体系中城市的职能规模	22
2	城市居民的社会经济地位	12
3	城市居民的生活史阶段	8
4	非白种人人口和住宅主权	7
5	最近的人口增长过程	6
6	经济基础:学院城	5
7	出生在国外或外国血统的人口比例	6
8	最近的就业增长	4
9	经济基础:制造业	3
10	在劳动力中妇女参予的程度	4
11	经济基础:专门的服务中心	7
12	经济基础:军事	2
13	经济基础:矿业	2
14	在劳动力中老年男子参予的程度	2

资料来源:引自参考文献18,表1。

因素是城市职能规模（由人口规模、劳动力规模、就业水平等变量组成）、城市居民的社会经济地位（由收入水平、教育水平、住宅特点等变量组成）、城市居民生活史的阶段（由人口的年龄结构、住宅的拥挤程度、住宅建造年代等变量组成）等等，以往城市职能分类

表45　日本城市多变量分析中的主因素组成

第一主因素			第二主因素		
序号	变　　量	因子贡献程度	序号	变　　量	因子贡献程度
50	高等教育毕业者	0.899	21	人口集中地区商业	0.873
43	事务关系职业	0.894	30	厂矿地区商业	0.763
48	初等教育毕业者	-0.892	9	25～44岁性别比	-0.669
24	人口集中地区金融业等	0.826	16	女子就业率	0.660
49	中等教育毕业者	0.770	31	厂矿地区金融业等	0.658
45	管理职业	0.703	8	性别比	-0.654
6	15～60岁人口	0.697	23	人口集中地区服务业	0.588
12	1955～1960年人口增加率	0.662	29	厂矿地区制造业	-0.585
36	劳动力移动率	0.640	20	人口集中地区制造业	-0.553
13	1960～1965年人口增加率	0.639	40	每人制造业附加价值额	-0.553
第三主因素			第四主因素		
序号	变　　量	因子贡献程度	序号	变　　量	因子贡献程度
19	人口集中地区建筑业	0.704	41	人均存款额	0.738
28	厂矿地区建筑业	0.640	38	人均批发额	0.686
32	厂矿地区运输邮电业	0.560	37	批发零售额比	0.665
20	人口集中地区制造业	-0.550	2	市人口总数	0.595
16	女子就业率	-0.530	1	人口集中地区人口总数	0.591
3	人口集中地区所占比率	0.523	29	厂矿地区制造业	0.563
5	0～14岁人口	0.513	20	人口集中地区制造业	0.535
42	每人年税额	0.507	15	就业率	0.534
10	20～25岁女子已婚率	0.504	40	每人制造业附加价值额	0.473
15	就业率	-0.495	26	厂矿地区第一次产业	-0.459

资料来源：石水照雄著，周世宽译："城市职能的空间结构"，«工业及城镇布局理论方法»，1978年12月。

所偏重的经济职能却排在后面。

表45是石水照雄对日本189个城市的50个变量进行因素分析后所得到的前4个主因素的组成。从表中可以看出，反映全部变量影响程度20.1%的第一主因素主要由一系列反映社会阶层的指标组成。其中呈正相关关系的有高等教育毕业者，事务关系职业，人口集中地区(相当于城市建成区)金融、保险、房产业，中等教育毕业者，管理职业；呈负相关是初等教育毕业者、幼年人口等。突出反映了城市的管理职能需要城市有较高的教育程度。这一因素被劳动年龄人口所支配，也影响着城市人口的增加和通勤现象。占影响程度16.4%的第二主因素表现以小卖活动为中心的商业职能。这种商业职能主要被女劳动力支配，如果这种职能较强，则城市性别比低，女性老年人口比也高。占影响力11.8%的第三主因素才是城市现有的产业结构，涉及到建筑业、运输邮电业、矿业、制造业等有关指标。占11.6%的第四主因素是与城市经济特征及人口规模有关的指标群，主要反映城市的中心性。

城市多变量分类在分类结果上也不同于传统的城市职能分类。例如皮多特和萨默(G. B. Pidot and J. W. Sommer) 1974年对美国221个城市进行48个变量的多变量分类，结果得到这样9类城市：

(1) 集中在大西洋地区的主要的大都市中心和比较大的制造业和销售中心。

(2) 主要在美国中部的较小的制造业和销售中心。

(3) 主要在大湖区各州的较小的和较新的制造业和销售中心。

(4) 主要在新英格兰的较老的传统制造业中心。

(5) 主要在中南部和附近州的建设较早的传统工业中心。

(6) 主要分布在最南部的较小的中心。

（7）与采矿业和军事设施密切有关的中心。

（8）在东南部和最西部的与宜人环境密切有关的中心。

（9）局限在内华达州的高度专门化的娱乐中心。

这些城市类型本身和类型背后所提供的许多定量分析比传统的城市职能分类更综合、内容更丰富。

从上面5种分类方法的介绍中可以知道，城市职能分类的理论和方法论的进步与城市经济基础理论和区分基本/非基本活动的方法的不断完善有着密切的内在联系。同时，城市职能分类方法的发展过程也集中反映了近代城市地理学的发展过程。从中读者也可以了解近几十年来城市地理研究是怎样从考虑单因素到多因素，从自然、经济要素进而渗透到社会、文化要素，从定性方法不断向定量方法不断发展的。

三、中国的城市职能分类研究

（一）区域性的城市职能分类

80年代中期以来中国广泛开展的区域城镇体系规划，大多数都包含城镇职能分类的内容。

以笔者参加的山东济宁市域城镇体系规划为例，济宁市域包括济宁市和9个辖县。1984年有地级市1座，建制镇54个。通过统计分析和定性分析相结合的方法，把全部市镇的职能性质分为4大类和若干小类(图42)，通过分析现状生产力布局中的不合理因素、各市镇的发展条件和今后的开发计划与前景，又提出了济宁市域规划的城镇职能类型（图43)，形成新的城镇职能结构(图44)。市域一级的城镇职能特点相对来说比较简单，故分类不必使用很复杂的方法。

已故地理学家孙盘寿先生的“西南三省城镇的职能类型”是中

国区域性城镇职能分类研究中最早且比较深入系统的一个例子。①分类的对象包括四川、贵州、云南3省22个城市和515个非农业人口2000人以上的镇（包括部分乡村中心）。由于资料的局限性，作者没有采取一揽子分类的方法，而是采取两种分段处理。一是把22个城市和515个镇的职能类型分别处理，重点放在城市；二是在城市的职能分类中，对城市的基本类型和城市的工业类型又分别处理，然后加以综合。

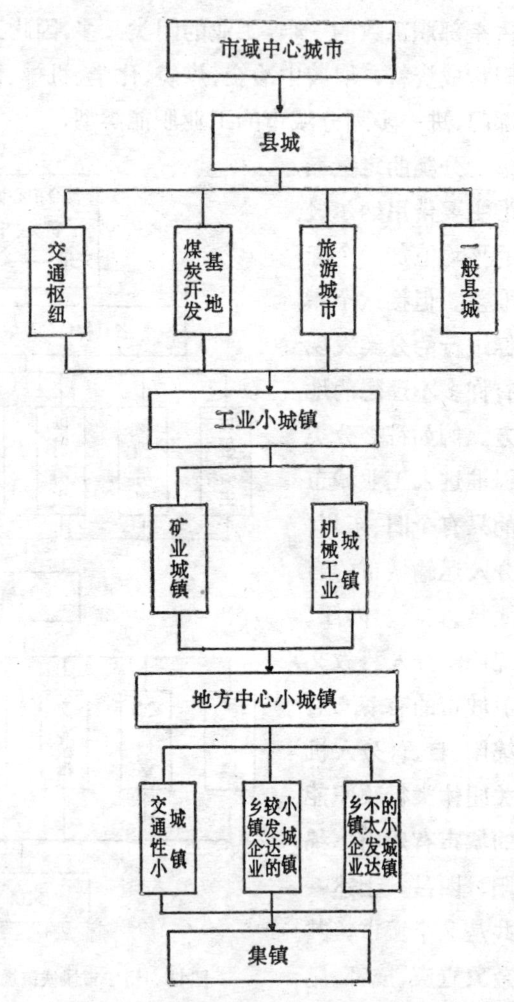

图42 济宁市域城镇现状职能类型系统

对城市部分分类的思路是先利用城市职工部门构成的资料，取其中工业、运输、科教文卫、机关团体4个部门的职工比重进行城市基本类型的划分。因为工业是所有城市的第一大部门，平均

① 参见参考文献190。

占全部职工数的一半，工业的门类又多，因此又利用工业职工的部门构成资料，取其中冶金、煤炭、化学、机械、食品、纺织、造纸7个部门，进一步划分城市的工业职能类型。

分类的定量标准主要借用纳尔逊的平均值加一个标准差。但按这个指标进行的分类发现有许多不理想的地方。例如符合分类标准进入工业城市的只有个旧、东川；分入运输城市的有西昌、宜宾、内江、绵阳；分入科教文卫城市的有南充、绵阳、自贡；分入机关团体类行政职能的城市有乐山、绵阳、西昌。上述一共是9个城市，其余象重庆、成都、昆明、贵阳等13个城市都属于综合性城市。孙先生为了弥补这种方法的不足之处，对纳尔逊方法的分类结果作了大幅度的调整，只有某部门既达到平均值加一个标准差的分类标准，又在本市部门结构中居于首要地位的，才被确定为城市的基本类型或工业职能类型。同时把城市各种职能在全部城市中所居地位以及在城市本

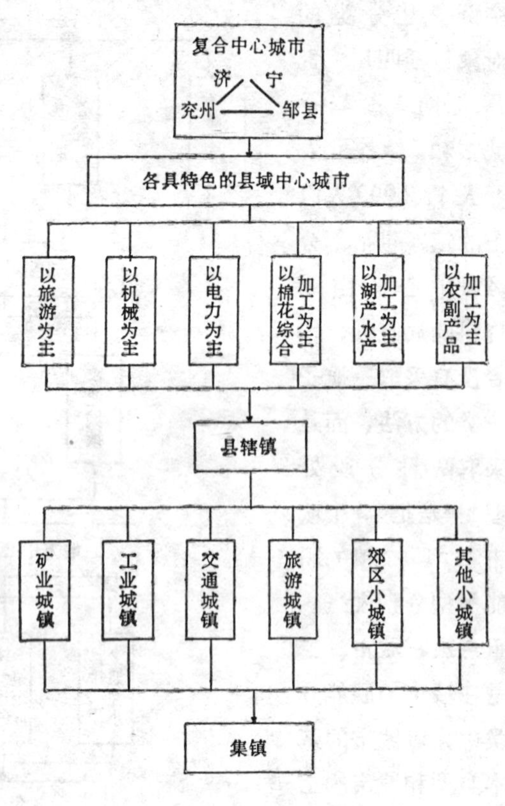

图43　济宁市域城镇规划职能类型系统

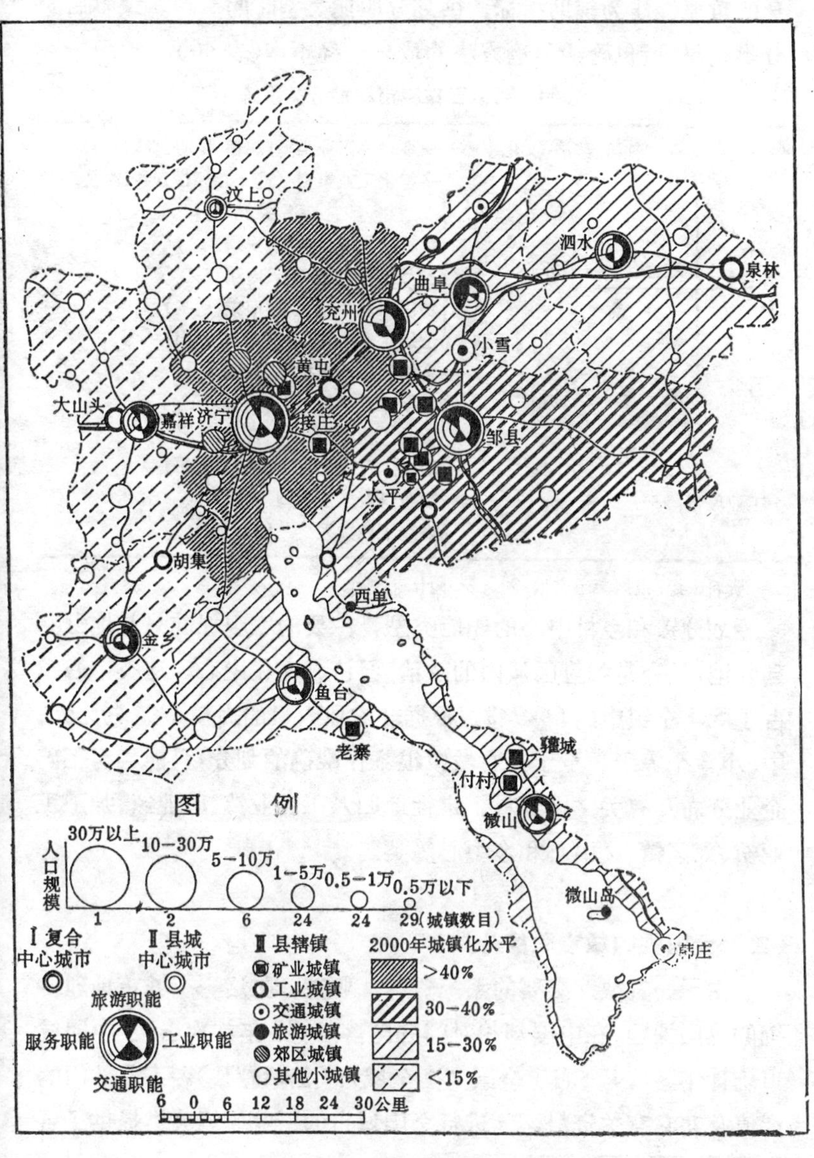

图44　济宁市域规划城镇职能类型图

身的重要性作为辅助指标，供划分职能类型时的参考。调整后的分类结果，所包含纳尔逊方法的成分已经不多(表46)。

表46　西南三省城市职能分类系统

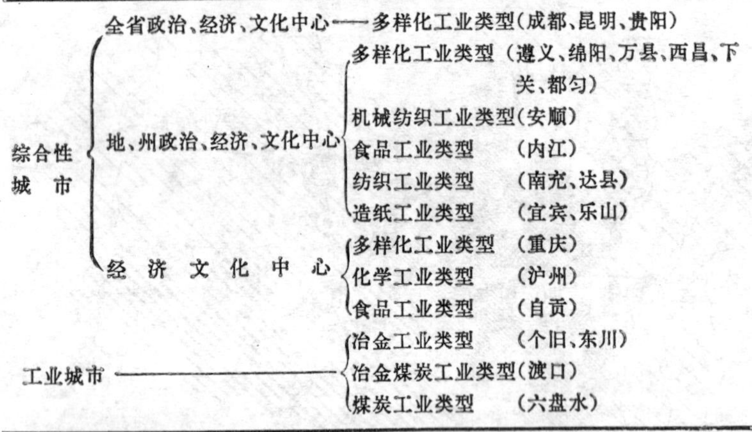

综合性城市	全省政治、经济、文化中心	多样化工业类型	(成都、昆明、贵阳)
	地、州政治、经济、文化中心	多样化工业类型	(遵义、绵阳、万县、西昌、下关、都匀)
		机械纺织工业类型	(安顺)
		食品工业类型	(内江)
		纺织工业类型	(南充、达县)
		造纸工业类型	(宜宾、乐山)
	经济文化中心	多样化工业类型	(重庆)
		化学工业类型	(泸州)
		食品工业类型	(自贡)
工业城市		冶金工业类型	(个旧、东川)
		冶金煤炭工业类型	(渡口)
		煤炭工业类型	(六盘水)

资料来源：根据参考文献190之表3简化。

划分镇和乡村中心的职能类型，主要的客观标准只是地(州)县驻地，代表是相应区域内的政治、经济、文化中心。这类中心镇占了515个镇中的64.7%。根据非农业人口的规模，细分为大、中、小3个等级。至于其它城镇很难作准确的划分，只能参考工矿企业分布及有关文字资料，定性地归入工商业镇、矿业镇、加工工业镇、郊区镇、区中心和乡中心等类。

(二) 全国性的城市职能分类

由于一直缺乏必要的系统资料，职能分类这一个城市地理传统的热门课题，在中国却相对门庭冷落。1985年首次出版《中国城市统计年鉴》,①公布了全国295个城市(包括辖县)各工业部门的产值及其它有关资料，为进行全国城市的工业职能分类提供了可

① 详见参考文献191。

能性。直到1988年才有第一篇这方面的成果公开发表，这篇成果是笔者和R.布雷特肖对“中国城市工业职类分类”的研究，包括理论、方法和结果，①在本书下面的内容中将具体介绍。但总的来说，迄今为止，中国全国性的城市综合性职能研究仍受到资料的局限。

1. 中国城市工业职能分类的理论和方法

所谓城市的工业职能，就是指在全国城市工业生产体系中，每个城市的工业为外地服务的作用。城市间工业职能的差异，由3个要素来反映(图45)：①专业化工业部门。可能是一个部门，也可能是几个工业部门。②职能强度，取决于城市工业的专业化程度。若某部门的专业化程度很高，则该部门产品的输出比重也高，职能强度则高，反之亦反。③职能规模，有些小城市工业的职能强度虽高，对外服务的绝对规模却不一定大；相反，一些大城市某些部门在城市工业结构中所占的比重并不高，但产品输出的绝对量却可能很大。城市职能三要素，互有联系，缺一不可。明确专业化部门是首要的。在职能强度很高的专业化城市之间，职能规模的差异常常退居次要地位。但在专业化程度并不高的综合性城市，职能规模往往构成城市职能差异的主要因素。职能三要素的概念不仅适用于城市工业职能分类，也适用于包括政治、经济、文化等多职能的城市分类。

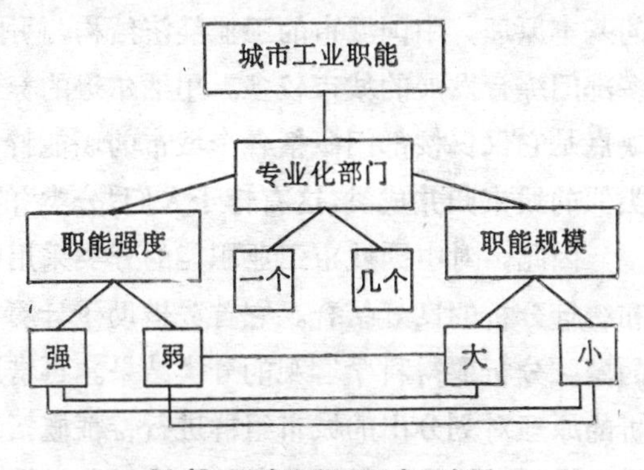

图45 城市职能三要素示意图

① 详见参考文献192。

在笔者和R.布雷特肖关于中国城市工业职能分类的研究成果中，一共采用了19个分析变量。其中，1～16变量是城市16个工业部门的产值结构，其余3个分别是城市工业总产值、工业职工数和工业企业数这些可反映工业规模的变量。

作者对分类技术进行了多种尝试，分别采用主因素分析、5种不同的聚类分析和纳尔逊方法的统计分析进行对比。发现主因素分析法不能对出于同一母体的结构性资料进行理想的分类。因为19个变量中有16个部门的比重值加起来是100。在城市内部各部门比值互相牵制，此高彼低，此低彼高，独立性差，使得因素分析所得的各个主因素“承担量”都不高。

纳尔逊分析方法用平均值加标准差来反映职能强度效果很好，缺点是用平均值加一个标准差作为确定主导职能的指标，标准偏高。而且不符合城市的基本部分随城市规模级的不同而有变动的基本原理。中国城市的工业经济结构，总体上专业化程度较低，多部门综合发展的城市较多。用纳尔逊的标准显得更高。另一个缺点是它仅仅按部门概括各个城市的职能特征，没有把职能特征类似的城市归并成类，这有悖于人们“分类”的初衷。

因此，对中国城市工业职能的分类采用的方法是多变量分析和统计分析的良好结合。它首先借助于计算机程序的沃德误差法的聚类分析取得科学客观的分类结果。再借助于纳尔逊统计分析的原理对划分出的城市组群进行特征概括和命名。为了避免评价标准的一刀切，对于城市的最大工业部门、大于平均值的部门、大于平均值加半个标准差的部门以及大于平均值一个或几个标准差的部门给予同样的关注。以上海和鞍山两个城市为例，鞍山的冶金工业产值比重(59.54%)在平均值以上3个标准差，很显然是冶金工业高度专门化的城市。而上海在16个工业部门中没有一个达到平均值加一个标准差的水平，但它的机械工业(26.42%)、纺织工业（22.29%）、缝纫工业（3.27%）、文教艺术制品工业(3.31%)达到平均值以上半个标准差，化学工业(12.94%)、冶金工业(11.19%)、电子工业(5.40%)高于平均值，其余9个部门在平均值以下，故上海作为一个轻重工业并重的综合性多职能工业城市的特点就非常明确。

沃德误差法与其它聚类分析方法的不同在于它把平方误差和(Error Sum of Square)作为样本信息损失量的标准，聚类过程中每一步的归并以增加的平方误差和最小(即损失的信息量最少)为原则①。计算公式为：

$$ESS=\sum_{i=1}^{n} X_i^2-\frac{1}{n}(\sum_{i=1}^{n} x_i)^2$$

以数组{2,6,5,6,2,2,2,0,0,0}为例，把上面10个数分成4组是最理想的:{0,0,0},{2,2,2,2},{5},{6,6}。因为这时平方误差和(ESS)等于0,没有损失任何信息:

$$ESS=ESS_1+ESS_2+ESS_3+ESS_4=0$$

如果要把4组归并为3组，计算机就要计算每一种归并方案的平方误差和,选择最小的一种方案执行，在这个例子里必然是{0,0,0},{2,2,2,2},{5,6,6}。同样原理，可以再归并为两组。归并的每一步骤都遵循组内变差最小,组间变差最大的原则,这正是城市职能分类的要求。

"中国城市工业职能分类"的类别体系也不同于国外以往的成果。它在聚类分析所得的树状结构图上切了3刀,形成由大类、亚类和职能组共同组成的3级分类体系。大类反映中国城市工业职能的总体差异,亚类反映城市工业职能的基本类型,职能组则是对亚类内城市更详细的分类,同一职能组内的城市,工业职能特点十分相似。从类别的命名上可以反映出不同城市的主导工业部门

① 关于沃德误差法的原理详见参考文献92，其计算机程序详见参考文献56。

(兼具市内规模最大、市外专业化程度较高的部门)、主要工业部门(城市中规模较大的部门)、专业化部门以及职能强度(专业化的或高度专业化的或综合性的)、职能规模(国家级的、大区级的、省区级的或大型、中小型的)等特征信息。

分类结果充分证明，中国城市(包括辖县)工业职能分类的基

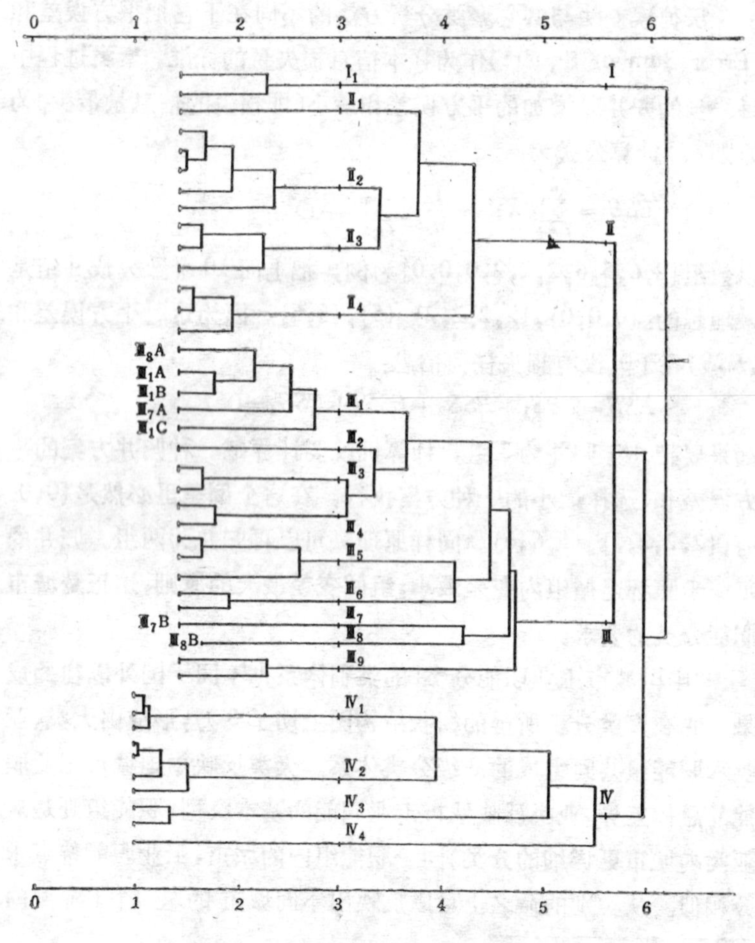

图 46 中国城市工业职能分类树状结构图

本思想和方法是有效的。主要的缺憾是中国公布的城市工业资料中，带辖县的城市与不带辖县的城市缺乏可比性，带辖县的城市之间可比性也不强。这一缺点可在后续研究“中国城市体系的工业职能结构”①中得到弥补。

2．中国城市工业职能的分类体系

根据1984年中国295个城市市区的资料，进行聚类分析后得到了树状结构图(图46)。笔者分别以距离系数5.5，3和1.5或1为界，把中国295个城市按工业职能特点分成4个大类、18个亚类和43个职能组(职能组只注出少数经调整后的编号，其余正常编号的部分图中省略)。

在下面的分类结果中，列出了类别名称及其城市归属，并且注出每个城市超过平均值加一个标准差的工业部门和超过平均值以上几个标准差。

中国城市工业职能分类结果：

I　全国最重要的综合性工业基地

I_1　全国最重要的综合性工业基地

I_{1A}　全国最大的综合性工业基地：上海

I_{1B}　全国综合性工业基地：北京(化学1，文教1)，天津

II　特大及大中型为主的加工工业城市

II_1　大区级综合性工业基地

II_{1A}　大区级综合性工业基地：沈阳(机械2)，武汉(冶金1)，长春(机械2)，成都(文教1)，西安(机械1)，哈尔滨(机械1)，广州(化学1，文教1)，重庆(机械1)

II_2　省区或省内重要的综合性工业中心城市

II_{2A}　以机械、纺织或石油、化学工业为主的特大、大型综合性工业城市：石家庄(纺织1，缝纫1)，青岛(化学1)，大

① 参见参考文献193。

连,兰州(石油1,化学1),南京,杭州,济南,郑州(纺织1),长沙(文教1),合肥(机械1),南昌(机械1),贵阳,昆明

II_{2B} 以机械、冶金为主的重型综合性工业城市:邯郸(电力1),唐山(电力1),太原(冶金1),包头(冶金1),邢台,湘潭(机械1),长治(机械1),株洲(冶金1),遵义(冶金1,电子1),宝鸡(机械1),张家口,烟台,衡阳(机械1),柳州,西宁(机械1,缝纫1),齐齐哈尔(机械1),洛阳(机械1),乌鲁木齐

II_{2C} 以冶金、机械或化学、食品、纺织工业为主的综合性中小城市:承德、通化、临汾(冶金1),芜湖,安阳,连云港(化学1),淮阴(化学1,食品1),济宁(化学1),开封(化学1),三明(化学1,纺织1)

II_{2D} 以石油加工为主要专业化部门的综合性工业城市:抚顺(石油2),淄博(石油2),锦州(石油1),宁波,安庆(石油2),岳阳(石油2,化学2)

II_{2E} 以煤电或煤电化或水电为主的大中型综合性工业城市:赤峰(电力1),阜新(电力1,煤炭1),平顶山(电力1,煤炭1),枣庄(电力2,煤炭1),辽源(化学1),徐州,淮南(电力1,煤炭1,化学1),焦作(电力2,化学1),镇江(电力1),宜昌(电力2)

II_3 化学工业城市

II_{3A} 专业化的化学工业城市:沧州(化学2,石油1),桂林(化学1),银川(化学2),吉林(化学3),牡丹江(化学2),运城(化学3),泸州(化学3),衢州(化学5),格尔木(化学3)

II_{3B} 高度专业化的化学工业小城市:二连浩特(化学5)

II_{3C}　文教工业较发达的专业化的化学工业小城市：衡水(化学1,文教2),河池(化学2,文教1),威海(化学1,缝纫1,皮革1,文教2)

II_4　纺织工业为主的城市

II_{4A}　以纺织、机械、食品工业为主的综合性城市：廊坊(纺织1，缝纫1)，常熟(纺织1,缝纫2),湖州(纺织1,建材1),喀什(纺织1,皮革1,建材1,文教1),白城(缝纫2,造纸1),大理(缝纫1)，榆次(纺织2，机械1),聊城(纺织1,机械1),呼和浩特，泰州(纺织1),潍坊(纺织1),襄樊(纺织1),德州(纺织1),益阳(纺织1),盐城(纺织1),金华(纺织1)，绍兴(纺织1)，内江(食品1),南充,九江(纺织1，石油1，建材1)，荷泽(纺织1,文教2),石河子(纺织2,食品1),和田(纺织3,文教1)

II_{4B}　电子工业较发达的专业化的纺织工业大中城市：丹东(纺织1)，新乡(纺织1)，无锡(纺织1，电子1),常州(纺织1),南通(纺织1)，苏州(纺织1，文教1)，佛山(纺织1,电子1),咸阳(纺织3,电子2)

II_{4C}　高度专业化的纺织工业中小城市:东胜(纺织4),抚州(纺织4),临清(纺织3),滨州(纺织3)，辽阳(纺织3),沙市(纺织3),三门峡(纺织2,电力1)

III　中小型加工工业城市

III_1　食品工业为主的城市

III_{1A}　其它工业较发达的以食品、机械工业为主的综合性城市:忻州(其它1),达县(其它1)，蚌埠(食品1，其它1)，漳州(食品1，其它1)，商丘(食品1，其它1),津市(食品1,其它1)，阜阳(食品1)，延安(食品1),周口(食品1,纺织1,皮革1),乌兰浩特,涪陵(食品1,造纸 1)，信阳，驻马店(缝纫 1)，吉首(化学1，缝纫1，其它 1)，屯溪(食品 1，文教 1)，孝感(建材 1)，厦门，南宁，梅州(食品 1)，扎兰屯(食品 1，造纸 2，其它 2)，临河(食品 2，缝纫 1，建材 1，其它 2)，绥芬河(食品 2，其它 1)，永州(食品 1，其它 1)，百色(森林 1)

III_{1B} 建材工业较发达的以食品工业为主的综合性小城市：黑河，滁州(食品 1，建材 1)，龙岩(食品 1)，库尔勒(建材 1，造纸 1)，冷水滩(食品 1，建材 3，造纸 3)

III_{1C} 专业化的食品工业小城市：宿州(食品 1，机械 1)，许昌(食品 3，缝纫 1)，郴州(食品 2)，常德(食品 2)，曲靖(食品 2)，钦州(食品 2)，保山(食品 3)，奎屯(食品 3)，阿克苏(食品 2)，昭通(食品 4)，玉溪(食品 4)

III_2 建材工业占重要地位的城市

III_{2A} 以机械、食品工业为主的高度专业化建材工业中小城市：秦皇岛(建材 5)，巢湖(建材 4)，通辽(建材 3)，鹰潭(建材 5)，昌吉(建材 3，机械 1)

III_3 机械工业为主的城市

III_{3A} 专业化或高度专业化的机械工业中小城市：泊头(机械 2，缝纫 1，文教 1，其它 1)，天水(机械 2，电子 1)，侯马(机械 2，电子 1)，安顺(机械 3)，临夏(机械 2，文教 1)，十堰(机械 5)，德阳(机械 2，建材 2)

III_{3B} 以机械或化学、食品、纺织工业为主的中小型综合性城市：朝阳(机械 1)，扬州，上饶(文教 1)，温州(化学 1，皮革 1，文教 1)，邵阳(化学 1，文教 1)，四平(机械 1，化学 1)，梧州(化学 1，其它 1)，自贡(机械 1)，宜春(机械 1，其它 1)，湛江(机械 1，其它 1)，泰安(机械 1)，随州(机械 2)，渭南(机械 1)，咸宁(机械 1)，老河

口(机械 1,建材 2),汉中(机械 1)

III_4 其它类工业占重要地位的城市

III_{4A} 以食品或机械为主的专业化的其它类工业中小城市:延吉(其它 2),南阳(其它 2,食品 1),临沂(其它 2,建材 1),玉林(其它 3),洪江(其它 3),北海(其它 5,文教 1),汕头(其它 2,文教 2,缝纫 2,化学 2),楚雄(其它 3,文教 1,缝纫 2,森林 1)

III_{4B} 高度专业化的其它类工业城市:景德镇(其它 5,建材 2,电子 2)

III_5 皮革工业占重要地位的城市

III_{5A} 以食品、机械为主的专业化的皮革工业中小城市:集宁(皮革 1,机械 1),雅安(皮革 3,机械 1,建材 1),平凉(皮革 2,文教 1),泉州(皮革 2,文教 2,食品 1),万县(皮革 2,食品 1),肇庆(皮革 1,机械 1,缝纫 1,其它 1),西昌(皮革 1,缝纫 1),中山(皮革 1,缝纫 2,其它 1)

III_{5B} 以食品、纺织为主高度专业化的皮革工业小城市:海拉尔(皮革 3,食品 1),塔城(皮革 3,食品 2),漯河(皮革 4,食品 1,造纸 1),伊宁(皮革 4,纺织 2)

III_{5C} 建材工业较发达的以食品、纺织为主的高度专业化的皮革工业小城市:锡林浩特(皮革 5,建材 1),阿勒泰(皮革 5,建材 1)

III_6 缝纫和文教工业占重要地位的城市

III_{6A} 以食品为主的高度专业化的缝纫工业小城市:莆田(缝纫 5,食品 2)

III_{6B} 高度专业化的缝纫、文教工业中小城市:惠州(缝纫 4,文教 3,电子 1,皮革 1),潮州(缝纫 5,文教 5,其

它 2)

III_7 森林工业占重要地位的城市

III_{7A} 专业化的森林工业中小城市：浑江（森林 3，电力 1，煤炭 1），邵武（森林 2，化学 1），绥化（森林 3，建材 1，食品 1），北安（森林 2，机械 1），黄山（森林 4，文教 1，其它 2），凭祥（森林 3，食品 1，建材 1，其它 1）

III_{7B} 高度专业化的森林工业大中城市：牙克石（森林 5），伊春（森林 5）

III_8 造纸工业占重要地位的城市

III_{8A} 以机械、食品或纺织工业为主的造纸为专业化部门的中小城市：保定（造纸 1），六安（造纸 1），营口（造纸 1，纺织 1），嘉兴（造纸 1，纺织 1），吴忠（造纸 2，机械 2，缝纫 1），佳木斯（造纸 2），赣州（造纸 1，森林 1），南平（造纸 3，电子 1），宜宾（造纸 3，其它 1）

III_{8B} 高度专业化的造纸工业小城市：图们（造纸 5），井冈山（造纸 5，文教 2，森林 1）

III_9 电子工业城市

III_{9A} 专业化的电子工业城市：福州（电子 2，文教 1），海口（电子 3，化学 1），吉安（电子 2），江门（电子 1，缝纫 1，造纸 1），恩施（电子 1，其它 2），绵阳（电子 2，其它 1），怀化（电子 4），三亚（电子 5，食品 1），都匀（电子 3，建材 2，皮革 1）

III_{9B} 高度专业化的电子工业小城市：深圳（电子 5，文教 1），凯里（电子 5），珠海（电子 5，文教 4，缝纫 2）

IV 以能源、冶金为主的工矿业城市

IV_1 煤炭工业城市

IV_{1A} 专业化的煤炭工业城市：大同（煤炭 3），鸡西（煤炭

3)，新泰(煤炭 3)，鹤壁(煤炭 2，电子 1)，晋城(煤炭 4)，鹤岗(煤炭 4)，七台河(煤炭 4)，满洲里(煤炭 4)，双鸭山(煤炭 3)，阳泉(煤炭 2，电力 1)，石嘴山(煤炭 2)，六盘水(煤炭 2，冶金 1，建材 1)

IV_{1B}　高度专业化的煤炭工业小城市：义马(煤炭 5)

IV_{1C}　建材工业较发达的煤炭工业中小城市：乌海(煤炭 3，建材 2)，铜川(煤炭 3，建材 2)，萍乡(煤炭 1，建材 1，文教 2)，哈密(煤炭 1，建材 2)

IV_2　电力工业城市

IV_{2A}　专业化的电力工业中小城市：铁岭(电力 4，其它 1)，冷水江(电力 3)，资兴(电力 3，煤炭 1)，开远(电力 3，建材 1)，椒江(电力 3，文教 5)，永安(电力 2，建材 1，森林 1)，乐山(电力 2，造纸 1)

IV_{2B}　专业化的冶金、电力工业小城市：莱芜(电力 2，冶金 1)，青铜峡(电力 3，冶金 2)

IV_{2C}　专业化的煤炭、电力工业城市：淮北(电力 2，煤炭 3)，韩城(电力 4，煤炭 2)

IV_{2D}　高度专业化的电力工业小城市：丹江口(电力 5，缝纫 2)，合山(电力 5，煤炭 1)

IV_3　冶金工业城市

IV_{3A}　专业化的冶金工业城市：鞍山(冶金 3)，本溪(冶金 3)，黄石(冶金 2)，铜陵(冶金 2)，韶关(冶金 2)，鄂州(冶金 2，建材 1)

IV_{3B}　高度专业化的冶金工业中小城市：马鞍山(冶金 3)，个旧(冶金 4)，东川(冶金 4)，新余(冶金 4)，娄底(冶金 4)，渡口(冶金 4)，嘉峪关(冶金 5)，金昌(冶金 5)

IV_4　石油工业城市

IV_{4A}　高度专业化的石油工业城市：大庆(石油5),东营(石油5),克拉玛依(石油5),濮阳(石油5),玉门(石油5),茂名(石油5),荆门(石油4)

3．中国城市工业职能类型特征概述

中国城市体系的工业职能结构的规律性主要受城市规模和工业的部门特征两个因素的控制。

以18个城市亚类为基础来看(表47),综合性城市亚类(I_1, II_1,II_2)的城市人口规模、工业职工规模和工业产值规模比较大,而其它各个专业性城市亚类(II_{3-4},III_{1-9},IV_{1-4})的规模相对比较小。在综合性城市亚类内部,显然国家级(I_1)的城市规模又比大

表47　各城市亚类的规模变量平均值

亚　类	城　市　数	工业产值(1000/万元)	工业职工(万人)	城市人口(万人)
I_1(国家级)	3	3 565	164	528
II_1(大区级)	8	876	72	218
II_2(省级)	57	254	21	59
II_3(化学)	13	81	6	22
II_4(纺织)	38	127	8	23
III_1(食品)	40	36	3	12
III_2(建材)	5	30	3	15
III_3(机械)	23	58	6	17
III_4(其它)	9	41	5	18
III_5(皮革)	14	26	3	12
III_6(缝纫、文教)	3	32	5	14
III_7(森林)	8	32	6	25
III_8(造纸)	11	71	6	20
III_9(电子)	12	63	5	18
IV_1(煤炭)	17	55	10	27
IV_2(电力)	13	45	5	12
IV_3(冶金)	14	127	12	29
IV_4(石油)	7	216	5	19
295个城市平均		164	12	37

区级(II_1)的大，大区级的比省区级和省内级(II_2)的大。在专业性城市亚类内部，冶金、煤炭、森林、纺织、化学等亚类的城市平均规模略比其它的城市亚类要大。高度专业化的城市组规模一般较小。

按当时国家的工业统计口径，全部工业分为16个部门。每个工业部门在295个城市的分布特征值如表48。显然这16个部门可以分成遍在部门和散在部门两大类。①表上半部机械、食品、纺织、化学、建材、缝纫、文教、其它等8个部门在全部城市中的拥有率极高，接近100%；因此这些部门在295个城市的比重变动相对较小，平均值都大于或接近于标准差，达到平均比重的城市数较多，变化在34%～44%之间。其中机械、食品、纺织、化学是4个在城市工业中平均比重很大的遍在部门，而建材、缝纫、文教、其它

表48　16个工业部门在295个城市分布的特征值

	机械	食品	纺织	化学	建材	缝纫	文教	其它
平均值(X)	18.63	16.37	13.03	10.27	4.08	2.19	1.93	4.01
标准差(S)	12.57	14.09	13.13	8.30	3.51	1.90	2.01	3.45
X/S	1.48	1.16	0.99	1.24	1.16	1.15	0.96	1.16
达到平均值的城市比例(%)	43.7	36.6	40.3	41.7	34.2	37.3	36.9	38.6
拥有该部门的城市比例(%)	99.3	100	96.3	97.8	99.7	99.0	98.6	99.0
	冶金	电力	煤炭	石油	皮革	电子	森林	造纸
平均值(X)	7.34	4.75	5.36	3.39	1.19	3.33	2.18	1.87
标准差(S)	15.13	9.37	13.77	14.34	2.00	7.87	6.05	4.21
X/S	0.48	0.51	0.39	0.24	0.59	0.42	0.36	0.44
达到平均值的城市比例(%)	25.4	24.7	18.3	9.2	26.4	21.7	15.9	26.1
拥有该部门的城市比例(%)	74.5	80.7	55.6	32.5	93.9	73.6	99.3	86.8

① “遍在部门”和“散在部门”是从G.阿列克山德逊的著作《美国城市的经济结构》一书中借来的。所含内容并不完全相同。

是4个平均比重较小的遍在部门。这里分别称为较大的遍在部门和较小的遍在部门。

表下半部的8个部门受资源分布或技术条件的限制，在相当数量的城市中缺失，但在少数城市可以达到很高的比重，因此标准差远远高于平均值，达到平均比重的城市百分比比遍在部门低得多。拥有森林和皮革工业的城市比率虽然很高，但在绝大多数城市中只有比重极低的木材加工和革制品加工，作为原料工业部门仍然具有明显的散在性。冶金、电力、煤炭、石油在城市中的平均规模大于皮革、电子、森林、造纸，这里称前者为较大的散在部门，称后者为较小的散在部门。

下面以18个亚类为基础，简单概括它们的特征：

第一，综合性工业基地或工业城市，包括前3个亚类、8个职能组共68个城市，占全部城市的23%。它们的共同特征是：①工业部门齐全，大多数城市的工业部门产值结构与全国城市的平均结构十分接近，专业化的强度并不高。其中，有9个城市只有2个标准差水平的专业化部门，40个城市仅有1个标准差水平的专业化部门，19个城市没有任何一个部门达到1个标准差水平。但同时每一个城市都有好几个部门的比重高于平均值或平均值加半个标准差。②城市的人口和工业生产规模一般较大。这68个城市中包括了我国鞍山以外的全部100万人口以上的特大城市，60%以上的大城市和近1/3的中等城市。其重要性有国家级、大区级、省区级、省内级等明显的不同层次。除宁夏、西藏以外，这68个城市比较均匀地分布于各省区。

第二，以较大遍在部门为主要工业的城市包括II_3、II_4、III_1、III_3 4个亚类共114个城市。分别以化学、纺织、食品和机械工业作为各亚类城市中规模最大的工业部门，但专业化程度不等。只有在II_3亚类，化学工业既是这些城市的最大工业部门，也是专业化水平最强的部门，成为城市的主导工业。其它3个以纺织、食品、机械为主的亚类是城市数量最多的3个专业性城市亚类,因这些部门在各城市的平均比重已经很高，因此归入这些亚类的城市主要部门的专业化强度一般不可能太高，不少城市的主要工业部门的比重才刚刚超过全国平均水平，比较普遍的是在1个标准差水平，工业结构具有一定程度的综合性。职能强度高的专业化城市数量极为有限,专业化或高度专业化的纺织、食品和机械工业城市分别只有8个(II_{4C})、11个(III_{1C})和7个(III_{3A})，而且一般都是中小城市甚至是很小的城市。

化学工业城市中有大型的化工基地、地区化肥生产中心、资源型化工城市和其它若干类型。包括那些化工产值达到平均值加一个标准差的22个其它类型城市,中国化学工业发达的城市均匀分布在中、东部地区。

纺织工业城市亚类除辽阳以化工原料为主外，其它城市分布和棉毛丝麻等原料产区基本相符,分布面很广,但在江浙和鲁豫有两个水平相差很大的集中分布区。

食品工业城市亚类共40个,除南宁、厦门、蚌埠以外，都是小城市,又主要分布在经济发展水平相对较低的农业省区,以附加值高的卷烟工业城市专业化程度最高，玉溪的食品工业产值占86%。

机械工业为主的城市共23个,16个是小城市,7个中等城市。许多专业化的机械工业城市都是三线建设的产物,以十堰、德阳为典型代表。

第三,较小的遍在部门在城市工业生产体系中,普遍以辅助部门出现，只有在少数城市，才集聚到较大规模。因此以较小遍在部门占重要地位的城市数量很少，分别以建材、其它工业、缝纫和文教艺术制品为专业化部门,包括3个亚类III_2、III_4、III_6共

17个城市，城市数分别为5个、9个和3个。这些城市的专业化部门强度可以达到平均值以上2个、3个甚至5个以上标准差，具有重要的区域意义，却不一定构成城市的最大工业部门。最大部门往往仍是机械、食品等较大的遍在部门。只有两个例外，著名的瓷都景德镇的其它类工业（主要是陶瓷）占29%，以工艺品著称的潮州的文教艺术制品工业占19.4%，分别成为它们的主导部门。

第四，以较大散在部门为主导工业的城市，主要包括煤炭（IV_1）、电力（IV_2）、冶金（IV_3）和石油（IV_4）4个工业专业化城市亚类。由这些工业部门的特点所决定，归入这些亚类的城市总数不可能太多，但它们的职能强度却普遍很高。主导部门在各亚类的城市总产值中所占的平均比重分别是：煤炭工业为53%，电力工业为40%，冶金工业为66%，石油工业达87%。甚至有比重超过90%接近100%的极端例子，如金昌的冶金工业占99%，大庆、东营、克拉玛依的石油工业分别是94%，98%，99%，义马的煤炭占96%。这些城市实际是单一工业职能城市。城市规模的跨度在这些亚类内相当大，最大的鞍山人口超过100万，最小的合山不过3万。在地域分布上与矿产资源的分布高度一致。这些特点构成与其它类别城市的显著差异。

第五，以较小散在部门占重要地位的城市包括III_6、III_7、III_8、III_9 4个亚类共45个城市。分别以皮革、森林、造纸和电子工业作为城市的专业化工业部门。因为这些部门的平均规模较小，因此有些城市专业化部门尽管达到相当强度，却并不构成城市主导部门，比重值可能仍不及机械、食品、纺织等较大的遍在部门，这是与较小遍在部门城市类似的地方。但又因为是散在部门，在资源丰富或具有特殊地理位置的城市，专业化部门也可能达到很高的比重，而成为城市中占绝对优势的主导部门，这种城市的数量也并不少。这是不同于较小遍在部门城市而类似于较大散在部门城市的地方。例如归入III_9亚类的12个电子工业城市都具有较高的职能强度，其中9个城市的电子工业也是城市最大工业部门，深圳、凯里、珠海产值比重高达50%～63%。这9个电子工业城市或者是东南沿海的开放城市，或者是深处三线的内陆城市，典型地反映了两个时期的不同政策对工业布局的影响。

（三）城市职能分类的应用

以往国内外的城市职能分类研究，有的只是为了探求数据处理的一种方法，以此来决定对资料更为方便、科学的概括手段，属于方法论研究；有的只是为了认识城市间职能的差异，把类别分出来就是目的。城市职能分类结果具有高度的认识价值是无疑的，却很少有人对分类结果再加分析研究，应用于实践。在这一部分内容中笔者拟对中国城市工业职能分类的结果进行以下两方面的应用分析探讨。

1. 城市工业职能与结构趋同

两个城市之间16个工业部门产值构成的相似程度可用下式衡量：

$$S_{ij}=\sum_n(X_{in}\cdot X_{jn})/(\sum_n X^2{}_{in}\cdot\sum_n X^2{}_{jn})^{1/2}$$

式中

S_{ij}——为i、j两城市产业结构的相似性系数；

X_{in}、X_{jn}——为i、j两城市第n个部门产值占城市总产值的比重。在这里，$n=1,2,\cdots,16$。

S_{ij}在0与1之间。如$S_{ij}>0.5$，可认为两城市产业结构具有较大相似性。用这种方法检验中国城市工业职能分类结果，可以发现在每个职能组内的城市，相互之间的工业结构的相似性系数都在0.95以上，从而证明职能组内的城市，工业职能极为相似。

如果将i定为全国城市总体工业产值结构，可以计算295个城市同全国城市工业总体结构的相似性系数。检验发现，有228个城市与全国城市工业总体结构的相似性系数在0.5以上，占城市总数的77%。说明我国城市工业结构的趋同化现象相当突出。

从城市规模上看，城市规模越大，工业结构同全国城市的平均状况越为接近(表49)，其中尤以天津最为突出，相似性系数高达0.9853。在19个100万人口以上的特大城市中，只有鞍山、抚顺两市相似性系数在0.5以下。这一特征似乎与城市工业发展的一般规律是吻合的。不过我国中小城市的工业也多向综合化发展，专业化分工不够明显，工业结构与全国平均状况也很相似，这是很不正常的。

表49　同全国城市工业总体结构的相似性系数在0.5以下的城市规模等级分布

市区非农业人口(万人)	城市个数	全国具有数	占各规模组城市比重(%)
>100万	2	19	10.52
50～100万	4	31	12.90
20～50万	17	86	19.76
<20万	44	159	27.67
合　计	67	295	22.71

从城市工业职能类别看，综合性城市亚类和加工工业类城市的相似性系数较高。在67个相似性系数0.5以下的城市中，有41个属于第IV大类的冶金、能源工业城市，其次是第III大类的食品、森林、电子工业城市，共17个。两者合计58个，占了87%。美国学者在计算了中国城市工业的专业化指数后也指出，与西方国家相比，中国城市的专业化水平较低。①

中国城市经济的效率仍然不高。高效率的现代城市经济应该

① 参见参考文献27。

是专业化和综合发展良好结合的经济。建立在本地区位优势条件基础上的专业化分工，有利于取得集聚效益和规模效益；一定程度的综合发展有利于组织产前、产中、产后的生产协作，并帮助解决就业、婚配等社会问题。随着城市经济的发展和城市规模的扩大，城市工业结构趋于复杂化是正常的现象。但是城市经济任何时候都是开放的经济、互补的经济，不可能大而全，更不可能小而全，综合发展也应围绕着各自的优势的专业化部门来展开。

中国过去的政策鼓励大区和省区各自形成基本自给自足的完整工业生产体系。而且，在当时短缺经济环境下，中国生产和分配体制的弊端也在客观上促使各城市尽量“万事不求人”，应有尽有。这是造成各区域、各城市间互相封闭、结构雷同、缺乏横向经济联系的主要原因。经济体制改革以后，地方有了较多的自主权，由于不合理的价格体系和不完善的市场机制，城市产业结构的趋同性又有新的发展，普遍向投资少、见效快的加工工业甚至是消费品工业倾斜。以致一度出现“上游干涸，下游泛滥”的经济现象。解决工业结构趋同，就要求各城市根据各自(及其腹地)的资源、技术、资金、区位、市场等客观条件，按照比较利益原则，合理确定自己的重点产业和拳头产品，形成职能互补和合理分工。

另一方面，也应避免某些城市狭隘地专业化于一种或两种重工业，特别是资源开采型工业。中国有不少煤炭工业城市、冶金工业城市、石油工业城市、森林工业城市、煤炭-电力工业城市、煤炭-建材工业城市和冶金-电力工业城市，工业的部门结构过于单一化。这类城市一般居民点小而分散，城市基础设施落后，职工生活比较艰苦，人口性别比例不平衡，职工及其家属的婚姻、教育和就业都很困难，存在着较多的社会经济问题。解决的办法是居民点在可能条件下尽量集中，发展有关的加工工业。特别是非再生性资源开采型城市，要不失时机地引入后续替代工业，充分发挥城市的综合性功能。

2. 城市工业职能结构与经济效益

城市经济效益的评价简单说是投入和产出的比较。

这里产出分析选择工业总产值和工业利税两组指标。首先，分别计算出各亚类城市和全部城市非农业人口的人均工业总产值和人均工业利税，并以全部城市的平均水平为基准，分别求出各亚类城市对平均水平的比值，再将求出的这两组比值进行算术平均，便得到各亚类城市非农业人口的人均产出水平。用同样的方法可计算出工业职工的人均产出水平。最后，将非农业人口和工业职工的人均产出水平进行总的算术平均，求出各亚类城市的综合产出比较系数。

投入分析选择固定资产额和全部资金两组指标，用与产出分析相同的方法得出各类城市综合投入比较系数。

对表50中各亚类城市的综合产出比较系数和综合投入比较系数分别计算产出-投入比，将比值大于1的称为高效益城市亚类，比值小于1的称为低效益城市亚类。将各亚类的产出、投入水平高于全国平均水平的定为高产出或高投入亚类，低于全国平均水平的定为低产出或低投入亚类。这样，按经济效益可以把18个城市亚类分成6种情况：

(1) 两种极端的类型是：低投入、高产出、高效益的大区级综合性工业基地(II_2)和纺织工业为主的城市亚类(II_4)，它们的经济效益最好；而煤炭(III_1)、电力(III_2)工业城市亚类属高投入、低产出、低效益型，由于种种原因，经济效益最差。

(2) 在其余高效益城市亚类中，有两种情况：国家级综合性工业基地(I_1)、省区或省内重要的综合性工业中心城市(II_2)、石油工业城市亚类(IV_4)属于高投入、高产出、高效益类型；化学(II_3)、食品(III_1)、其它(III_4)、缝纫文教(III_6)、电子(III_9)属于低投入、

表50 各工业职能亚类城市综合产出-投入比较系数

职能类型	城市综合产出比较系数	城市综合投入比较系数	产出/投入
295城市	1	1	1
I_1(国家级)	2.0816	1.0919	1.9064
II_1(大区级)	1.0744	0.9481	1.1332
II_2(省级)	1.1261	1.0849	1.0379
II_3(化学)	0.9900	0.9637	1.0272
II_4(纺织)	1.1119	0.8515	1.3058
III_1(食品)	0.9880	0.6716	1.4711
III_2(建材)	0.6363	0.7587	0.8386
III_3(机械)	0.7668	0.8516	0.9004
III_4(其它)	0.6023	0.5996	1.0045
III_5(皮革)	0.5131	0.5639	0.9099
III_6(缝纫、文教)	0.5045	0.3553	1.4199
III_7(森林)	0.3703	0.6212	0.5961
III_8(造纸)	0.8206	0.8695	0.9437
III_9(电子)	0.8603	0.7422	1.1591
IV_1(煤炭)	0.4651	1.1764	0.3953
IV_2(电力)	0.8367	1.4803	0.5652
IV_3(冶金)	1.1381	1.6851	0.6753
IV_4(石油)	4.1801	3.7890	1.1032

低产出、高效益类型。

(3) 在其余低效益城市亚类中，也有两种类型：冶金(IV_3)属于高投入、高产出、低效益类型；建材(III_2)、机械(III_3)、皮革(III_5)、森林(III_7)、造纸(III_8)属于低投入、低产出、低效益类型。

通过以上分析，有下列几点应予以重视：

(1) 改善不合理的价格体系对那些高投入、低产出、低效益的煤炭、电力工业城市的经济效益的提高至关重要。这些部门正是中国国民经济发展不可缺少的基础产业。

(2) 在现行价格体系下，要获得城市经济效益的全面提高，保持对一些特大及大中型综合性工业中心城市一定比例的工业投入是必不可少的。因为这些城市拥有较大的工业生产规模，总产出占全部城市的一半以上，产出/投入系数均高于1，总的效益较好。由3大直辖市组成的I_1亚类产出/投入系数居18个亚类之首，接近于全国平均水平的2倍。另外也要看到这些综合性工业中心城市较高的经济效益是在较高的工业投入水平下取得的，大中城市内部工业生产上的集聚规模经济效益还远没有得到充分发挥。

(3) 占城市总数近一半的各类加工工业中小城市（特别是第III大类中的中小城市），大都是在低投入、低产出水平上维持，深入研究这些城市的产业结构，不断提高它们的经济效果，对中国经济的发展具有长远的利益。在中国资金约束相当严峻的条件下，对于那些低投入、低产出，但是投入产出相抵仍能取得高效益的城市产业结构，应引起重视。最典型的是只由3个城市组成的缝纫、文教工业占重要地位的城市亚类，投入、产出水平皆远低于全国城市的平均水平，但相对的产出投入比却高达1.4199，在18个亚类中位居第3位。电子工业城市亚类情况也类似于此。

（四）城市职能与城市性质

中国的城市规划对确定城市性质一向给予高度重视。城市规划法把城市性质定为城市总体规划的第一内容，认为城市各项建设和各项事业的发展，都要服从和体现城市性质的要求。（但城市性质和城市职能是既有联系又有区别的概念。）

联系在于城市性质是城市主要职能的概括，指一个城市在全国或地区的政治、经济、文化生活中的地位和作用，代表了城市的个性、特点和发展方向。确定城市性质一定要进行城市职能分析。

它们之间的区别在于城市性质并不等同于城市职能。城市职能分析一般利用城市的现状资料，得到的是现状职能，而城市性质一般是表示城市规划期里希望达到的目标或方向；城市职能可能有好几个，强度和影响范围各不相同，而城市性质只抓住最主要、最本质的职能；前者是客观存在的，但可能合理，也可能不合理，而后者在认识客观存在的前提下，揉进了规划者的主观意念，可能正确，也可能不正确。

因此，在确定城市性质时，有些倾向需要避免：

（1）既要避免把现状城市职能照搬到城市性质上，又要避免脱离现状职能，完全理想化地确定城市性质。

有的城市，把现状的城市职能一一列入城市性质，甚至简单地把城市现在的主要工业部门列上一大串，冗长繁琐，使人不得要领。有的城市又不顾已经形成的现状职能和特点，追求脱离实际的理想状态。避免这些倾向，首先要正确理解城市职能、主要职能和城市性质三者之间的联系；其次要对城市职能和城市性质赋予时间尺度的含义。一个城市可以研究其历史时期的城市职能和主要职能，确定该城市的历史性质；根据历史发展的特点和城市的现状条件、现状职能的分析，可以确定城市的现状性质；在历史和现状职能分析的基础上，继承和发展其中合理的部分，逐步摒弃或完善其中不合理的部分，分析该城市形成发展诸因素中今后可能和合理的变化发展，才可制订城市的规划性质。这是指理论概念上要解决的问题。

以嘉兴为例，通过对嘉兴市历史和现状的大量分析，以及与浙江省内各城市的对比研究，它的现状城市性质概括为：嘉兴市是浙江省以纺织、造纸为专业化部门的综合性的重要加工工业城市，是杭嘉湖地区水陆交通的中转枢纽和物资集散地。

在工业职能方面，嘉兴凭借在毛纺、造纸工业的技术优势、腹地内的原料优势和方便的出入口交通，今后纺织、造纸作为专业化工业部门的地位不会动摇。只是丝纺工业因原料紧张，要和杭州、湖州等综合性丝绸业基地有所分工，应立足于发挥绢纺业的技术优势，丝绸业不宜作大的发展。新中国成立后嘉兴的食品工业受到忽视，停留在初加工水平，许多优越条件没有充分利用，食品工业应该成为该市又一个专业化工业部门。机械工业的比重逐渐在增大，但应发展耗用原料较少的技术密集型产品，并更多为本市专业化部门的发展服务。嘉兴的建材工业和化学工业效益较差，不具备必要的原料和燃料基础。

嘉兴的交通运输职能随着区域交通网的变化，会发生两方面变化。一是规划乍浦港的建成，嘉兴有了自己的出海口，会促进嘉兴直接腹地的开发，对铁水中转职能有促进作用。另方面更重要的是，宜杭铁路一旦通车，北方来的煤炭等大宗货物将直走皖赣和宜杭线，无需绕道沪宁、沪杭线；京杭大运河整治计划实现后，浙江和北方各省之间的货运会更充分地利用廉价水运，尽可能在镇江或苏州直接中转；镇海和北仑港的大规模建设以及杭甬运河的通航必将使宁波成为浙江最大的工业基地和出海口岸，它将吸引省内大部分地区以至邻省的货源；金华至温州的铁路修建后，现经嘉兴中转到上海，再由上海运到浙江东南沿海的部分货物会经金华直接运输。凡此种种，嘉兴现在的铁路水路中转职能将有相当部分分散到省内外的其它城市，影响范围逐步缩小到以嘉兴周围几县为主，使城市的运输职能有所削弱。相比之下，嘉兴现状人口规模较小，工业基础良好，城市发展用地充足，生活条件优良，离上海、杭州近便，对疏散和截留上海、杭州的工业和人口有一定作用，将来嘉兴的工业职能会更显重要。

通过以上分析，嘉兴规划城市性质表述为：浙江省以纺织、造纸、食品等轻工业为主的重要加工工业城市和嘉兴地区东部的水陆交通枢纽。

（2）城市性质的确定一定要跳出就城市论城市的狭隘观念。

前已述及，城市职能的着眼点是城市的基本活动部分，是从整体上看一个城市的作用和特点，指的是城市与区域的关系，城市与城市的分工，属于城市体系的研究范畴。同理，城市性质所要反映的城市主要职能、本质特点或个性，都是相对于国家或区域中的其它城市而言的。因此，城市性质的确定在分析城市本身的基础上更离不开区域分析的方法，分析该城市在国家或区域中的独特作用，使城市性质与区域发展条件相适应；也离不开城市对比的方法，与区域城市体系中其它不同职能的城市作横向的对比，与发展条件和职能类型相似的城市作纵向的对比；城市间对比的重点是城市的经济结构，因此又离不开城市经济结构分析的方法。有分析有比较才有鉴别，这是方法论上要解决的问题。

有关部门在批复华北某特大城市的总体规划时，曾明确该市的城市性质是“拥有先进技术的综合性工业基地，开放性、多功能的经济中心和现代化的港口城市”。这种城市性质的表述只抓住了该城市的一般特点，还没有突出它独有的特点。如果把它按到大连、青岛、天津、上海、广州身上，都大体合适。如果深入地分析比较这些港口型中心城市的区域条件，经济结构和职能特点，一定可以更准确的把握它们城市性质的特殊性。

（3）城市性质对主要职能的概括深度要适当，城市性质所代表的城市地域要明确。

城市的各个职能按其对国家和区域的作用强弱和其服务空间的大小以及对城市发展的影响力是可以按重要性来排序的。这就产生了城市性质对主要职能要概括到什么深度的问题。这就随着使用城市性质的场合不同而区别对待。城市性质的分析是一回事，城市性质的表述是另一回事。“北京是中国的首都”这是对北京城市性质最高度的正确概括，它用于向国外介绍中国，也许就可以满足需要。但是如果京津唐区域规划需注明北京和天津之间的职能分工，这样简单的概括就显得深度不够，如果要指导城市建设的实践，城市性质的概括更不宜太粗，不妨较为深入。

中国城市的地域概念和地域结构比较复杂而容易混淆。城市建成区域带郊区的城市市区或带辖县的城市地区，严格说来，它们的城市性质应有所不同。这虽是细节，却也不容忽视。

北京城市性质的确定，具有高度的典型性。新中国建立定都北京以后，首先提出变原来的消费性城市为生产性城市。在当时的背景下，实现这一转变是完全正确的。但是等到北京有了一定的经济基础的时候，虽然曾正确贯彻执行了"为中央服务、为生产服务、为劳动人民服务"的方针，却又提出把首都北京建成中国门类齐全的综合性的工业基地之一。在这种认识的指导下，北京发生了很大的变化。它作为中国的政治中心和文化中心的职能得到了加强，从经济规模上看，它已成为仅次于上海的全国第二大经济中心，经济实力超过了天津，无论是工业职工、工业总产值、工业净产值、工业固定资产、上交的利税总额等在全国城市中都位居第二，许多产品，特别是化工、机械、电气、冶金、轻纺产品在全国均有举足轻重的地位。北京也是全国航空、铁路运输网的中枢。客观上它已经变成了一个集政治、经济、文化职能于一身的综合性的首都，同时也带来了一些问题，最突出的是工业结构过重，水、电、运输全面紧张。

80年代初中央明确北京的城市性质是中国的政治中心和文化中心，扭转了过去过于强调发展北京经济职能的片面性。如果要证明新的北京城市性质的正确性并用于指导城市建设，应该实事求是地研究这样几个问题：①北京从历史上比较单纯的政治中心和文化中心变成今天综合性的政治、经济、文化中心，更深层的原因是什么？社会制度和经济体制起了什么作用？②北京现状城市职能的状况究竟如何？特别对经济职能要作具体分析。哪些工业的哪些产品具有重要的区际意义？哪些具备发展条件？哪些不具备发展条件？③城市经济职能的发展对北京的利弊得失究竟如何评介？④世界上的国家首都无非有4种类型：第一，首都是国家的最大城市，全国的政治、经济、文化中心；第二，首都是国家的政治或政治-文化中心，经济职能上是第二大经济中心，全国的第二大城市，最大城市是在商港基础上发展起来的第一大经济中心；第三，首都的规模在国家城市体系中居第四位以后，城市的经济职能不突出或不明显，以政治-文化职能占优势；第四，一个国家有两个国家级政治中心。①北京现在属于第二类的首都，今后可能和打算向什么方向发展？有否政治-文化职能与经济职能相分离的现实可能性？⑤如果决策上有政治-文化职能与经济职能逐步分离的打算，则应作出实施可行性的分析，如果目前的状态基本上维持，则应在城市性质中给经济职能以一定的地位，以指导经济结构的调整。笔者同意这样一种说法，“城市性质的表述，绝不是一个纯技术性或‘咬文嚼字’的问题，而是一个如何确切地反映城市的主要职能，据以作为城市建设发展的主要方向、目标并为之奋斗实现的问题。”②

① 详见参考文献195。

② 参见参考文献131，第119页。

第七章　城市体系的规模分布

在一个区域或国家，因各城市所处的内外条件不同，会形成城市间不同的职能分工，同时也形成不同的城市规模。城市规模主要有人口规模和用地规模两种表达方法。因前者资料比较容易取得而更为常用。并且，城市人口规模也常常是城市极重要的一种综合性特征。

现代最大的城市人口达上千万，小的只有百千人。但具体到一国或一地区，城市(镇)规模的分布究竟有无规律性可言，这就是本章要介绍的内容。

一、城市规模分布的理论和方法

城市规模分布理论，是和用什么方法、指标来衡量城市规模结构或规模分布特点联系在一起的。下面介绍几种主要的理论和方法。

(一) 城市首位律(Law of the Primate City)

这是马克·杰弗逊(M. Jefferson)早在1939年对国家城市规模分布规律的一种概括。① 他提出这一法则是基于观察到一种普遍存在的现象，即一个国家的"领导城市"总要比这个国家的第二位城市(更不用说其它城市)大得异乎寻常。不仅如此，这个城市还体现了整个国家和民族的智能和情感，在国家中发挥着异常突

① 参见参考文献47。

出的影响。杰弗逊曾经分析了51个国家(其中6个国家为两个不同时段)的情况,列出了每个国家前3位城市的规模和比例关系。发现其中有28个国家的最大城市是第二位城市人口的两倍以上,有18个国家大于第二位城市3倍以上。其中最典型的例子有:英国100—14—13,伦敦(820.4万人)7倍于利物浦(117.8万人);丹麦100—11—9,哥本哈根(84.3万人)9倍于奥尔胡斯(91万人);奥地利100—8—6,维也纳(187.4万人)12倍于格拉茨(15.3万人);墨西哥100—18—13,墨西哥城(102.9万人)5倍于瓜达拉哈拉(18.4万人)等等。杰弗逊说,"各国的城市很少有相同之处,但在这方面却有这么多的共同点,真是奇妙的三重奏,这种现象已经构成了一种规律性的关系"。他就把这种在规模上与第二位城市保持巨大差距,吸引了全国城市人口的很大部分,而且在国家的政治、经济、社会、文化生活中占据明显优势的领导城市定义为首位城市(Primate City)。杰弗逊解释道,一个国家在它的城镇发展早期,无论什么原因而产生的一个规模最大的城市,都有着一种强大的自身继续发展的动力。它作为经济机会的中心而出现,把有力量的个人或活动从国家的其它部分吸引到这里,逐渐变成一个国家、一个民族的象征,在很多情况下,就成为首都。但也有例外。杰弗逊注意到当时英国的自治领国家加拿大(100—77—30)、南非(100—80—29)、澳大利亚(100—80—25)、新西兰(100—70—62)和印度(100—79—44),它们的最大城市都只比第二位城市稍大一些,可能是因为都把伦敦作为它们的首位城市了。还有西班牙(100—91—31)、意大利(100—96—75)和一次大战前的俄国(100—85—28),因为缺乏共同的民族意识,没有形成突出的首位城市,偏离了首位城市律。

为了表彰杰弗逊对现代城市地理学的贡献,美国地理学会在该文发表50周年之际,特意在原刊重新发表他的论文,以飨新一代的读者。

半个世纪过去了，为检验杰弗逊的论点是否经得起历史的考验，笔者查找了有关资料来进行对比。虽然城市人口的统计口径已经无法保持一致，但仍能反映变化的趋势。

表51　杰弗逊城市指数50年变化比较

国　家	年　份	指　数	年　份	指　数
1 奥地利	1934	100—8—6	1981	100—16—13
2 丹麦	1935	100—11—9	1985	100—14—10
3 匈牙利	1936	100—13—12	1985	100—10—10
4 英国	1931	100—14—13	1985	100—15—10
5 墨西哥	1930	100—18—13	1980	100—18—15
6 罗马尼亚	1937	100—18—17	1984	100—17—16
7 秘鲁	1930	100—20—13	1985	100—10—10
8 阿根廷	1937	100—22—13	1980	100—33—27
9 土耳其	1935	100—23—16	1985	100—41—27
10 古巴	1935	100—25—24	1985	100—18—13
11 玻利维亚	1936	100—26—22	1985	100—45—32
12 芬兰	1936	100—26—25	1985	100—35—33
13 智利	1930	100—30—11	1985	100—7—7
14 比利时	1936	100—30—18	1985	100—50—24
15 捷克斯洛伐克	1930	100—31—15	1985	100—35—32
16 菲律宾	1936	100—31—12	1984	100—77—32
17 德国	1933	100—32—15	1985	100—85—68
18 法国	1936	100—32—20	1982	100—40—19
19 保加利亚	1934	100—35—24	1985	100—31—27
20 挪威	1930	100—39—21	1985	100—46—30
21 希腊	1928	100—40—10	1981	100—46—22
22 葡萄牙	1930	100—40—4	1981	100—41
23 美国	1930	100—43—27	1984	100—43—42
24 哥伦比亚	1937	100—43—36	1985	100—36—33
25 中国	1936	100—44—37	1986	100—75—61
26 瑞典	1937	100—48—26	1985	100—65—35
27 日本	1935	100—51—16	1986	100—36—31
28 埃及	1937	100—52—9	1987	100—49—28
29 波兰	1937	100—53—26	1985	100—51—45

续表

国家	年份	指数	年份	指数
30 委内瑞拉	1926	100—55—28	1986	100—89—67
31 瑞士	1936	100—59—50	1985	100—50—45
32 伊朗	1935	100—61—39	1982	100—20—16
33 巴西	1936	100—66—28	1985	100—56—21
34 南斯拉夫	1937	100—70—36	1981	100—60—38
35 新西兰	1937	100—70—62	1986	100—95—84
36 阿富汗	1931	100—75—38	1982	100—18—14
37 荷兰	1937	100—76—62	1985	100—84—66
38 苏联	1933	100—76—19	1985	100—56—28
39 加拿大	1931	100—77—30	1981	100—61—60
40 印度	1931	100—79—44	1981	100—59—40
41 南非	1931	100—80—29	1970	100—56—53
42 澳大利亚	1936	100—80—25	1985	100—86—34
43 西班牙	1934	100—91—31	1986	100—55—23
44 意大利	1936	100—96—75	1984	100—55—43

资料来源：前一栏指数来自参考文献 47；后一栏数字是赵新平根据各年«Demographic Yearbook»中的资料计算得到，其中德国1985年的数字采自西德。

在表 51 中的 44 个国家中，最大城市为第二位城市人口 2 倍以上的原来有 26 个，50 年后是 27 个，数量几乎没有什么变化。但实际上原来高达 3 倍以上的 18 个国家中，只剩下 9 个；原来在 2 倍和 3 倍之间的 8 个国家中，只剩 5 个。许多国家或上或下发生了很大变化。一个极端是阿富汗、伊朗、智利、秘鲁等国，另一个极端是中国、巴西①。原来一、二位城市相差并不大的意大利、西班牙、南非、印度、加拿大差距明显拉开了。因此，各个国家的变化原因虽然可以清楚地解释，却很难总结出普遍性的规律。

用一国最大城市与第二位城市人口的比值来衡量城市规模分

① 巴西从指数值上看变化不大，但实际上 1936 年的第一位城市是首都里约热内卢，第二位城市是圣保罗；到 1985 年圣保罗却成为第一位城市，里约热内卢退居第二。

布状况的简单指标就是城市首位度。首位度大的城市规模分布，称首位分布。

在首位度应用中需要强调的是，首位城市和首位度的概念被引入中国以后，原先的特定含义被淡化了。有人把国家或区域中规模最大的城市统称为首位城市，有人为了说明人口分布的不均衡，在一个小区域，甚至一个城市区域内部也计算首位度。一些偏离原意的推广，若在国内"约定俗成"，也未尝不可。但要避免在国际上产生误解。

（二）四城市指数和十一城市指数

首位度一定程度上标志了城市体系中的城市人口在最大城市的集中程度，但不免以偏概全。为了改进首位度两城市指数的简单化，又有人提出了四城市指数和十一城市指数。

四城市指数 $S=P_1/(P_2+P_3+P_4)$

十一城市指数 $S=2P_1/(P_2+P_3+\cdots+P_{11})$

$P_1,P_2,\cdots P_{11}$ 为城市体系中按人口规模从大到小排序后，某位次城市的人口规模。按照位序-规模律的原理，所谓正常的四城市指数和十一城市指数都应该是 1。而两城市指数应该是 2(详见后面的位序-规模律)。显然，四城市指数和十一城市指数，比只考虑两个城市更能全面地反映城市规模分布的特点。它们的共同点在于都抓住第一大城市与其它城市的比例关系，因此有些作者把它们统称为首位度指数。本书在表 52 列出了我国各省区两城市指数(S_2)、四城市指数(S_4)和十一城市指数(S_{11})。

从表 52 可以看出，按 1989 年的资料，浙江的二城市指数为 2，四和十一城市指数接近于 1，最接近于理想状态；凡是具有双中心或准双中心格局的省区，如河北(石家庄和唐山)、山东（济南和青岛)、广西(南宁和柳州)、四川(重庆和成都)、安徽（合肥和淮

表52　中国各省区二、四、十一城市指数值(1989年)

省区	S_2	S_4	S_{11}	省区	S_2	S_4	S_{11}
京津冀*	1.26	0.86	1.19	湖　北	7.22	2.69	2.36
河　北	1.02	0.44	0.48	湖　南	2.31	0.84	0.79
山　西	1.89	1.03	1.30	广　东	5.26	2.26	1.81
内蒙古	1.50	0.71	0.74	广　西	1.18	0.61	0.76
辽　宁	2.10	0.88	0.92	海　南	2.67	—	—
吉　林	1.62	0.90	0.93	四　川	1.33	0.90	1.08
黑龙江	2.29	0.96	0.87	贵　州	2.73	1.30	—
沪　苏*	3.61	2.03	2.28	云　南	5.20	2.14	2.30
江　苏	2.56	0.90	0.88	西　藏	5.00	—	—
浙　江	2.00	0.94	0.95	陕　西	5.60	2.02	2.26
安　徽	1.03	0.46	0.45	甘　肃	4.91	2.07	1.99
福　建	2.28	1.16	1.10	青　海	9.56	—	—
江　西	2.54	1.09	1.01	宁　夏	1.36	0.94	—
山　东	1.00	0.48	0.55	新　疆	3.44	1.55	1.27
河　南	1.52	0.67	0.60				

注：该表按市镇非农业人口计算，已考虑到5万人以上的镇。

* 京津冀和沪苏是把 3 个直辖市分别和所在的河北、江苏合在一起考虑。

南)、内蒙古(包头和呼和浩特)、河南(郑州和洛阳)、吉林(长春和吉林)等省区 3 个指数值都很低，二城市指数远不到 2，四和十一城市指数都不到甚至远低于 1；而青海、湖北、陕西、广东、云南、苏沪等省区城市人口集中在首位城市的特征最明显，3 种城市指数都很高；辽宁、黑龙江、江苏、湖南等省二城市指数都大于 2，但因有多个大中城市发育，四城市指数和十一城市指数却比较低(图 47)。

(三) 城市金字塔

在一个相当广阔的地域空间里，总有许多大小不等的城镇居民点。把它们按大小分成等级，就有一种普遍的规律性存在，即：城市规模越大的等级，城市的数量越少；而规模小的城市等级，城

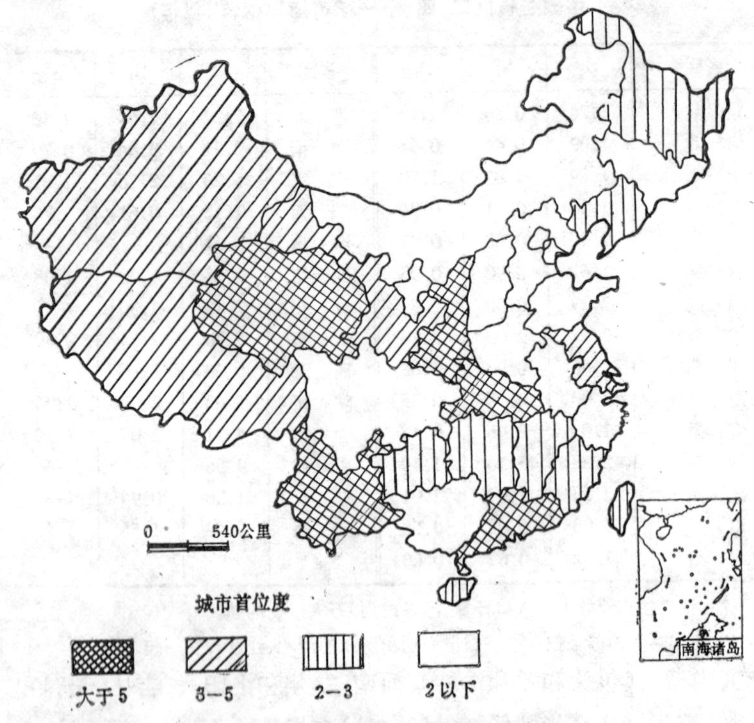

图47　中国各省区的城市首位度(1989年)

镇数量越多。把这种城市数量随着规模级而变动的关系用图表示出来,形成城市等级规模金字塔。金字塔的基础是大量的小城市,塔的顶端是一个(常常就是首位城市)或少数几个大城市。

不同城市规模组之间城市数量的差率有没有规律性呢?它们的关系可以用每一规模级城市数与它上一规模级城市数相除的积(K值)来表示。中心地学说的理论模型认为K值是常数(例如表53中的A栏)。

也有人认为,K值是变化的,规模级越高,K值越大;规模级越低,K值越小。这些结论都可能成立,但如果城市规模级划分的间距不同,这种关系就会变化。表53中的B栏,是同一个假设条件下的城市体系，因等级划分不同，K 值可以完全不同。

表53　同一城市体系不同等级划分下的规模分布举例

A			B		
规模级(人)	城市数	K值	规模级(人)	城市数	K值
1 000～5 000	512	4	1 000～10 000	576	6
5 000～20 000	128	4	10 000～50 000	96	24
20 000～50 000	32	4	50 000～75 000	4	1
50 000～100 000	8		75 000～100 000	4	

城市金字塔是一种比较简单的方法。只要注意采用同样的等级划分标准，对不同国家、不同省区或不同时段的城市规模等级体系进行对比分析，还是很有效的，能够从中发现它们的特点、变化趋势和存在问题。

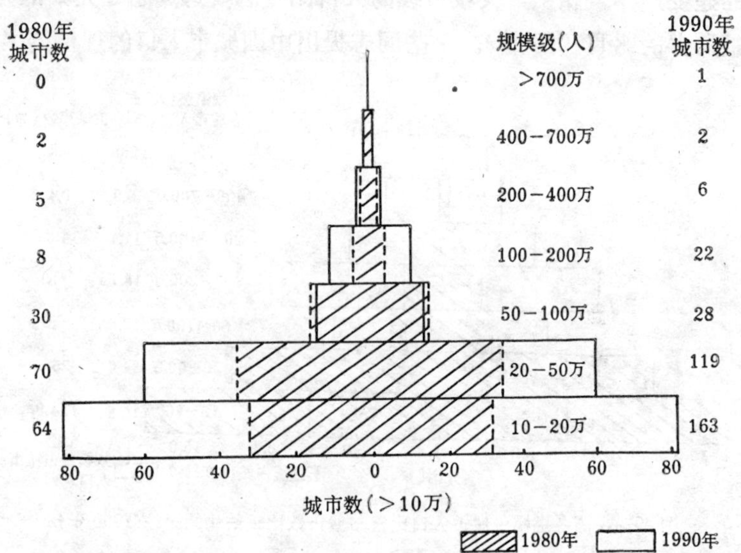

图48　中国1980和1990年的城市金字塔

对照1980年和1990年中国10万人以上设市城市的城市金字塔，可以发现许多变化：①六七十年代中国市镇建制工作一度停顿,近10年来恢复了正常，小城市数量增加非常快，如果考虑到10万人以下的城市和建制镇,甚至有过速增长之感。②小城市因人口增长较快(包含了统计口径变化的因素)，小城市向中等城市的晋级很明显。③50～100万人规模级的城市向特大城市级的晋升也很明显,相对来说20～50万人级城市向50～100万人级的递补较慢。④中国最大城市上海，人口一度呈下降—徘徊—低速增长的过程已经扭转，在80年代上海人口增长速度逐渐接近北京，非农业人口突破了700万人大关(图48)。

上述城市规模等级"头轻脚重"的金字塔型结构，是专指城市数量随规模级变化的一般规律。不同等级城市的人口数量结构也可以用类似的方法来分析,但并不存在随规模级而呈"头轻脚重"的递变规律。相反，大城市级的人口比重总要远远超过大城市数量所占的比重（图49)。一些同志提出中国城市人口的规模结构

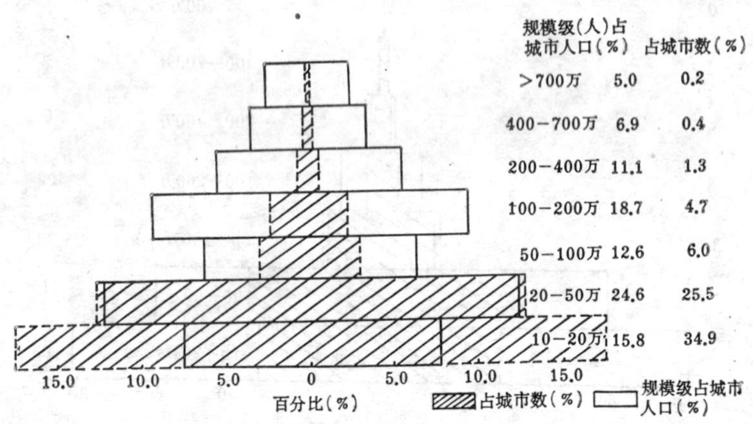

图49 中国各规模级城市人口比重与城市数比重结构的比较(1990年)

因"头重脚轻"而不合理。以1990年的资料为例，确实，31个100万人以上的特大城市，人口占城市总人口的41.7%，28个50～100万人级城市,人口只占12.6%,119个20～50万人级的中等城

市,人口占24.6%,289个人口不足20万人的小城市只占21.1%。然而,用这类的论据来说明中国大城市发展过分,要严格控制,是苍白无力的。几乎没有一个国家的城市人口的规模结构呈想象中的"头轻脚重"状。和其它国家相比,在这方面中国并没有明显的不正常。表54是统一以各国的城镇人口为基数进行计算的,基本可比。

表54 若干大国城镇人口规模结构比较

城镇规模级(人)	中国(1985)	美国(1980)	苏联(1983)	日本(1980)	印度(1981)	巴西(1980)
大于200万	16.7	31.89	9.0	33.2	20.6	15.1
100~200万	10.4	16.16	13.6	7.1	4.2	6.5
50~100万	12.5	9.61	10.7	6.5	11.6	5.8
20~50万	16.5	11.67	17.2	26.7	12.1	12.1
10~20万	8.4	7.54	10.5	14.4	8.7	13.7
小于10万	35.5	23.13	39.0	12.1	42.8	46.8
合计	100.0	100.0	100.0	100.0	100.0	100.0

资料来源:引自参考文献174。

(四) 二倍数规律(2^n)

金斯利·戴维斯使用一种特殊的城市规模级的划分原则,研究世界10万人以上城市的规模分布,发现一种很有趣的结果。①他的分级原则是每一规模级的上界等于下界的2倍,如这一原则始终遵循,世界城市的规模等级分布如表55。因在100万人以上的等级,边界值不是整数,故又作了另一种分类,从12.5万人开始翻番,最低的一个等级(10~12.5万人)虽然不完整,但总体上却更方便(表56)。二倍数分级的一个优点是对边界值取对数时,分级的间隔是相等的,克服了任意性。更重要的是从两个分级表中发现,每一级城市的个数几乎是高一级城市个数的2倍。这一规

① 参见参考文献30。

律在表55中12.5万人到800万人之间特别明显。除去边界不完整的最低等级和上界开放的最高等级，级和级之间城市数的平均比值（每一级的城市数被高一级的城市数除）是2.13，标准差

表55　1950、1960、1970年世界城市规模分级(1)

规模级（人）	1950年		1960年		1970年	
	城市数	%	城市数	%	城市数	%
总　计	962	100.0	1 300	100.0	1 777	100.0
12 800 000以上	—	—	1	0.1	1	0.1
6 400 000	2	0.2	6	0.5	14	0.8
3 200 000	10	1.0	14	1.1	18	1.0
1 600 000	29	3.0	42	3.2	61	3.4
800 000	59	6.1	93	7.2	128	7.2
400 000	127	13.2	163	12.5	232	13.1
200 000	251	26.1	340	26.2	479	27.0
100 000	484	50.3	641	49.3	844	47.5

资料来源：引自参考文献30，第95页。

表56　1950、1960、1970年世界城市规模分级(2)

规模级（人）	1950年		1960年		1970年	
	城市数	%	城市数	%	城市数	%
总　计	962	100.0	1 300	100.0	1 777	100.0
8 000 000以上	2	0.2	3	0.2	10	0.6
4 000 000	9	0.9	13	1.0	17	1.0
2 000 000	15	1.6	27	2.1	43	2.4
1 000 000	53	5.5	71	5.5	104	5.9
500 000	108	11.2	138	10.9	179	10.1
250 000	189	19.6	268	20.6	384	21.6
125 000	381	39.6	551	42.4	731	41.1
100 000	205	21.3	229	17.6	309	17.4

资料来源：引自参考文献30，第95页。

0.32，只是平均值的15%。考虑到资料本身的各种误差，这种规律性已被认为是相当惊人的了。

这一规律更准确的表达方式是：城市的数量和它们的规模级成反比，当规模级的边界确实为2倍时，任何两级的边界的关系有下列等式：

$$a_i = a_{i+n} \cdot (2^n) \qquad (1)$$

式中

a_i——i级的低限；

a_{i+n}——比i级低n级的那一规模级的低限。

如需预测任何两级的城市数，有下列等式：

$$fi = f_{i+n} \cdot \frac{1}{2^n} \qquad (2)$$

式中

f_i——i级的城市数；

f_{i+n}——比i级低n级的那一规模级的城市数。

假若已知1950年160～320万人级有29个城市，要求比它低4级的规模级的城市数，则将$a_i = 160$万，$n=4$代入(1)式，将$f_i = 29$，$n=4$代入(2)，就得到10～20万人级城市数应该是464个，而实际数是484个，只差4%。如果从下向上看规模级，只要把(1)和(2)式交换一下就行了。

戴维斯认为2^n规律在城市数量足够大的时候，也可用于测算单个国家。用它来检验美国1960、1970年的资料，每级之间城市数的平均倍数分别是1.94和1.90，很接近于2。用它来检验我国的城市分布，并不很理想。但这种城市规模的分级原则仍有借鉴价值。

（五）位序-规模律(Rank-Size Rule)

对于一个城市的规模和该城市在国家所有城市按人口规模排序中的位序的关系所存在的规律，就叫做位序-规模律。

这个规律最早是由奥尔巴赫(F. Auerbach)1913年提出的。他在研究中发现5个欧洲国家和美国的城市人口资料符合关系:

$$P_i R_i = K \qquad (1)$$

式中

P_i——是所有城市按人口规模从大到小排序后第 i 位城市的人口;

R_i——是第 i 位城市的位序;

K——常数。①

1925年罗特卡(A. J. Lotka)发现美国符合

$$P_i R_i^{0.93} = 5\,000\,000 \qquad (2)$$

式中

P_i——城市 i 的人口规模;

R_i——该城市的位序。

这一模式给出了一个比奥尔巴赫的约束性方程能更好地拟合1920年时美国100个最大城市的式子。罗特卡的贡献在于对位序变量允许有一个指数。②

1936年在辛格(H. W. Singer)的研究中才出现一般转换公式:③

$$\lg R_i = \lg k - q \lg P_i \qquad (3)$$

(3)式相当于

$$R_i P_i^{\,q} = K \qquad (4)$$

1949年捷夫(G.K. Zipf)提出在经济发达的国家里,一体化的城市体系的城市规模分布可用简单的公式表达

---

① 参见参考文献13。

② 参见参考文献52。

③ 参见参考文献78。

$$P_r = \frac{P_1}{r} \tag{5}$$

式中

P_r——第 r 位城市的人口;

P_1——最大城市的人口;

r——P_r 城市的位序。

这样，一个国家的第二位城市的人口是最大城市人口的一半，第三位城市是最大城市人口的 1/3，依此类推。① 这种位序-规模分布的图解点表示在双对数坐标图上时，就成为一条直线。假如一个国家有很强的首位度，那么这个国家的城市规模分布曲线就明显偏离位序-规模法则，表现在强大的首位城市以下，缺失中间等级的城市，而小城市相对丰富，在曲线的后一段又接近位序-规模法则(图 50)。

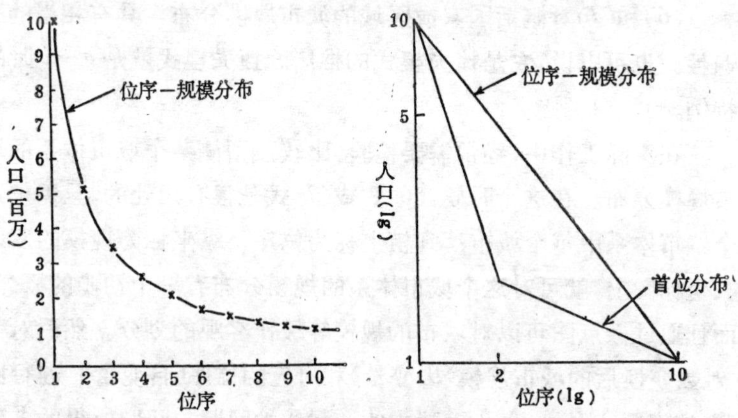

图 50 城市位序-规模律用算术级或对数级表示示意

捷夫的模式并不具有普遍意义，但作为一种理想状态，已被很多人接受。这也就是前述四城市指数和十一城市指数以 1 作为理

① 参见参考文献 100。

想标准的依据 $(P_1/\left[P_1\left(\frac{1}{2}+\frac{1}{3}+\frac{1}{4}\right)\right]\approx 1; 2P_1/\left[P_1\left(\frac{1}{2}+\frac{1}{3}+\cdots+\frac{1}{11}\right)\right]\approx 1)$。

现在被广泛使用的公式实际是罗特卡模式的一般化:

$$P_i=\frac{P_1}{r_i^q} \quad 或 \quad P_i=P_1\cdot r_i^{-q} \tag{6}$$

式中

P_i——第 i 位城市的人口;

P_1——规模最大的城市人口;

r_i——第 i 位城市的位序;

q——常数。

对(6)式作对数变换:

$$\lg P_i=\lg P_1-q\lg r_i \tag{7}$$

(6)和(7)对概括国家或区域的城市规模分布，具有相当的普遍性。也可以说,它是捷夫模式的推广。捷夫模式就是 $q=1$ 时的特例。

在实际工作中,经常需要检验、比较或预测某个城市体系的城市规模分布。在这个时候,(6)式或(7)式是很有用处的,只需把这个城市体系中每个城市落到横坐标为位序、纵坐标为规模的双对数坐标图上,就可对这个城市体系的规模分布有一个初步的概念。而且通过散点图可以对城市的规模等级作客观的划分。然后对作对数变换后的城市规模(因变量)和对应的位序(自变量) 进行回归,这实际上是 $y=a+bx$ 形式的一元线性回归。回归所得的各项结果都很有用。回归的相关系数很大,说明该体系符合位序-规模分布,从最大城市以下,各规模级是基本连续的;相关系数不很大,则很可能是首位分布，或者在高层次有多个中心并存或其它特殊类型。a 值的大小在坐标图上是回归线的截距,反映了第一位城市

的规模。b 值是回归线的斜率，| b | 值接近于 1，说明规模分布接近于捷夫的理想状态；| b | 值大于 1，说明规模分布比较集中，大城市很突出，而中小级城市不够发育，首位度较高；| b | 值小于 1，说明城市人口比较分散，高位次城市规模不很突出，中小城市比较发育。各城市在回归线上的位置，即城市规模的实际值与理论值之间的正负离差，对判断各城市的发展状况和发展前景也有一定参考价值。把城市职能的特点和规模分布结合起来，就可以较好地解释城市规模分布的现状特点。如果有多年的城市规模资料进行对比分析，效果会更好。| b | 变大，说明城市规模分布集中的力量大于分散的力量；| b | 变小，则说明分散的力量大于集中的力量。a 值的变动，反映了高位次城市，尤其是第一大城市的变化趋势。

下面介绍的是两个国外的研究案例。

第一个案例是梅登(C. H. Madden)用 1790～1950 年 10 年一次的城市资料进行分析，发现各年的实际城市规模分布曲线接近于直线，以同样斜率平行地随时间而推移，似乎无可争辩地说明，在 160 年的漫长时间里，美国的城市体系始终以位序-规模分布形式稳定地向前发展，并没有发生明显的类型转换（图 51）。① 另一方面，城市之间的发展不平衡。图中跟踪了 4 个典型城市的地位变化。美国东部沿海的名城巴尔的摩，规模一直保持在前 10 位，19 世纪前半叶地位尤其显赫。南方港城萨凡纳规模在稳步增长，而相对位次在缓慢下降。纽约州的哈得孙，人口增长极为缓慢，位序迅速下降；而西海岸的洛杉矶恰成对照，从 19 世纪后期，横贯美国的南太平洋铁路通车后，它神话般地迅速崛起，已经进入最大城市的行列之中。

第二个案例是日本高阪宏行对新泻县的城市体系做的位序-

① 参见参考文献 55。

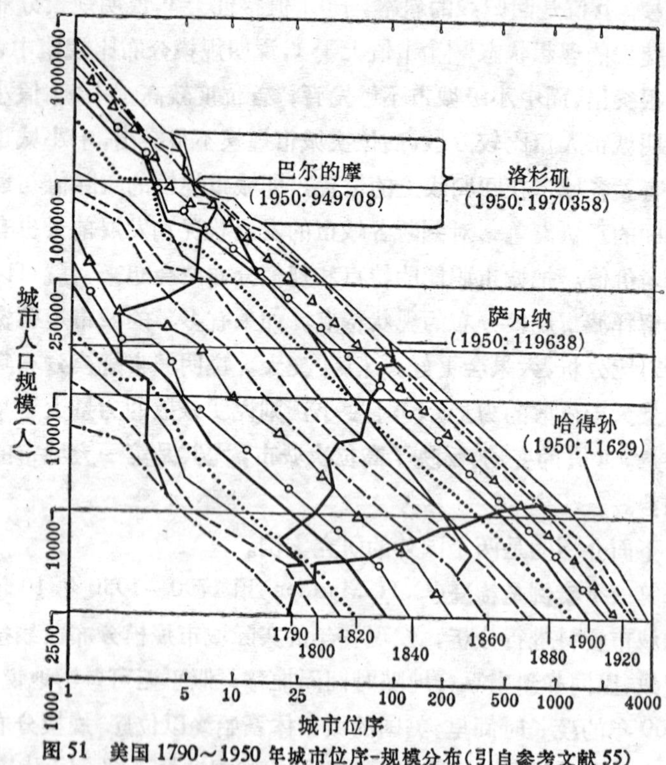

图 51 美国 1790～1950 年城市位序-规模分布(引自参考文献 55)

规模分析,① 得出 1955、1965 和 1975 年的回归方程。然后用马尔柯夫链模型对各城市作人口预测,对预测得到的城市人口又作回归分析,结果如下(图 52):

1955 年	$P=237000\,r^{-0.758}$	$R^2=0.979$
1965 年	$P=294000\,r^{-0.812}$	$R^2=0.978$
1975 年	$P=355000\,r^{-0.889}$	$R^2=0.986$
1985 年	$P=410000\,r^{-0.930}$	$R^2=0.987$
1995 年	$P=447000\,r^{-0.952}$	$R^2=0.986$

① 参见参考文献 196。

分析得到的结论是:

(1) 各年回归的相关指数都很高,回归高度显著、规模分布符合位序-规模分布类型。

(2) 高位次城市人口在不断增加,特别是最大城市在前20年中年均人口的增长绝对量在上升,但因增长速度在下降,所以增长的绝对量在1975年以后估计呈下降趋势。

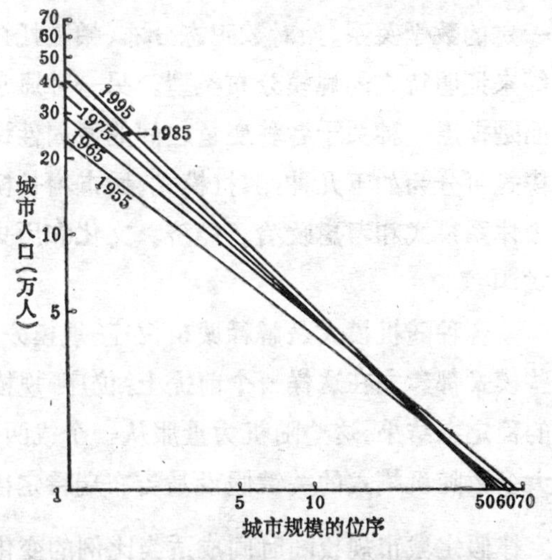

图52　日本新潟县城市规模分布的时间变化

(3) 回归线的斜率q不断增加,人口分布日益集中将是总的趋势。转折点在4～5万人规模的城市,比这还小的城市人口有下降现象。前20年斜率变陡的速度在加快,后20年变陡的速度在放慢,而且斜率越来越接近于1,说明集中的力量虽然一直在起主要作用,但力度在趋于削弱,逐步达到集中与分散的力量趋于平衡的状态。

二、对城市规模分布的讨论

(一) 国外对城市规模分布的理论解释

学术界一般习惯于把城市规模分布分为首位分布和位序-规模分布两种主要类型,并且提出各式各样的理论解释。这些解释从方法论上来说有两种基本类型，一种是从变量和过程中抽象出一定的数学关系，如对数正态分布、帕雷托分布、余尔(Yule) 分布等来证明特定的规模分布类型。另一种通常不表现出数学关系，而是提出一种关于各种变量之间的原因性论点。这些理论解释的模式可分为如下几种：随机模式、城市增长模式、迁移模式、城市等级体系模式和考虑政治、经济、文化和历史诸因素的机制分析模式。①

各种随机模式是解释城市位序-规模分布最有影响的理论。这些模式都建立在这样一个前提上：位序-规模规律是随机力量形成的稳定态结果，这些随机力量服从一个或两个简单的定律或假设。大多数随机模式的关键假设是吉布瑞特定律(Gibrat's Law)。该定律假定城市规模随时间成适当比例的变化$\left(\frac{P_t-P_{t-1}}{P_{t-1}}\right)$对所有规模级是常数。这项假设要求城市的规模是独立于其增长速度的。

$$\frac{P_t-P_{t-1}}{P_{t-1}}=\varepsilon_t \qquad (1)$$

式中

P_t——时间 t 时城市的人口规模；

ε_t——时间 $t-1$ 到 t 的人口增长率。

如果考虑 n 个时段，并且只观察到了小的增长率，则有

$$\sum_{t=1}^{n}\frac{P_t-P_{t-1}}{P_{t-1}}=\sum_{t=1}^{n}\varepsilon_t\sim\int_{P_0}^{P_n}\frac{dP}{P}=\log P_n-\log P_0 \qquad (2)$$

从(2)式可产生(3)式：

$$\log P_n=\log P_0+\varepsilon_1+\varepsilon_2+\cdots\cdots+\varepsilon_n \qquad (3)$$

根据中心极限定理，独立的随机离差是渐近于正态分布的，所以(3)式中的 ε_t 是正态分布的，P_n 即城市规模呈对数正态分布。结果，按照吉布瑞特定律，在城市增长的封闭系统中的最大城市与一

① 详见参考文献 23。

般位序-规模定律里是一致的。

西蒙(H. A. Simon)的随机模式应用了吉布瑞特定律，但限制条件较少。在“每一规模级的城市的总体规模的期望变化独立于该规模级”的情况下，他得出了相同的结果。此外，西蒙放松了对封闭体系的假设，允许城市人口有出入，尤其是西蒙模式假定：①问题中的地理区包括了城市和乡村两种人口；②城市地区粗出生率和死亡率与城市规模不相关；③城市间有迁移；④净迁移从乡村和国外流到城市；⑤从城市迁出的移民与城市规模无关；⑥任何移民随机选择到某一特定规模级的概率与规模级里城市的总人口成正比；⑦某一最小规模以上的新城市对于此规模以上的全部城市总增长量的贡献是恒常小的。在这些假定下产生余尔分布，余尔分布是一种稳定状态。西蒙指出，这种分布的上尾在位序-规模的双对数坐标系中是直线，而且当新城市对于全部城市总增长的贡献接近于零时，其斜率接近于 −1。

第二种流行的随机模式来自系统论的熵最大化原理。贝利和加里森首先把这一原理用来解释城市规模分布。他们推论熵是一种当影响分布的力量很多，其行为也很混乱时达到的稳定态，与只由极少数几个力量影响下产生的规模分布形成鲜明的对照。贝利认为，在只有少数几个力量强大的因素作用下的国家，城市规模常产生首位分布，这些国家具有简单的政治、经济生活，如人口少面积小的小国、城镇化历史较短的国家、过去有单一出口的殖民地历史的国家。而位序-规模分布是许多种力量在很长时间里作用的结果，以致一旦获得了位序-规模分布，那么这些力中的任何一个很可能只是产生一种随机的相对微小的作用。这种分布通常在工业经济发达的国家、第三世界中有长期城镇化发展历史的国家，以及那些面积大、历史久、人口多、条件复杂的大国出现。

柯里(L. Curry)企图说明最大熵是怎样隐含了一般位序-规模

律。他假定有 N 个人，并且每个人居住在 n 个城市中的概率是相等的。对于 n 个城市，人口规模为 i 的城市有 ni 个，那么，城市规模分布的状态数是：

$$S=\frac{n_!}{\prod\limits_i n_i!} \quad (i=0,1,2,\cdots\cdots,N) \tag{4}$$

当 N 和 n 都很大时，借助Stirling近似公式，可以导出熵的表达式

$$H=lg\,S=n\,lg\,n-\sum_{i=0}^{N} n_i\ lg\ n_i \tag{5}$$

如果令城市平均规模 $u=N/n$，那么，当

$$n_i=\frac{N}{u}e^{-i/u} \tag{6}$$

时方程(5)熵最大化，就是一个指数分布，据此可以写出累积分布函数

$$P\{n_i \leqslant P_i\}=P_1(1-e^{-i/u}) \tag{7}$$

这里 P_1 是最大城市的人口。方程(7)最初被认为也是相当于位序-规模律的。

模拟在开放系统中变化的异速增长模式（allometric growth model)是第三种流行的随机模式。简单地说，异速增长模式假定：y 是最大城市的人口，x 是所有城市的总人口，则增长符合：

$$\frac{\mathrm{d}y}{y}\mathrm{d}t=b\left(\frac{\mathrm{d}x}{x}\mathrm{d}t\right) \tag{8}$$

式中

b——异速生长系数。

假如等式的两边约去 $\mathrm{d}t$，并且求积分，可以得到

$$\log y=\log a+b\log x \tag{9}$$

式中

a——为一个常数。

柏克曼指出(9)式可以从帕雷托分布推导出来,并提议把它作为城市体系中的一种增长模式。

还有其它的一些随机模式,这里不再一一述及。

虽然随机过程已被反复证明可以产生位序-规模规则,但有人认为它也有缺陷,这就是除了极少数的模式外,许多随机模式对于位序-规模分布中可能出现不同的斜率没有给予注意。

经济增长模式是从古典经济学的角度或采用柯布-道格拉斯生产函数来解释在一定条件下,城市规模会导致位序-规模分布或对数正态分布。

迁移模式往往是用一种均衡来解释城市规模分布,这种均衡是通过不同的速率而获得的,而这不同的迁移速率又常常是与城市间不同的经济机遇相联系。

一大批学者把位序-规模分布与城市发展的等级体系理论联系起来。传统的中心地理论是最有影响的城市等级系列模式,按这个理论,城市规模分布本来是呈阶梯状的。廖什(A. Lösch)和胡佛(E. M. Hoover)很早就试图把城市等级体系模式与位序-规模律调和起来,第一个有意义的完整推论是贝克曼(M. Beckmann)得出的。

大量的城市文献都断定经济力量是城市社会组织的中心要素。这种世界性观点已受到其他强调政治因素是主要力量的理论家们的挑战。他们把国家看作是城市体系的决定因素,经济力量只被认为是一种中间变量。弗里德曼(J. Friedmann)提出在工业化的早期阶段,区位选择受到经营欲望的强烈影响,倾向于直接接近政府权力中心。有人用亚洲、拉丁美洲一些国家首都的政治作用不断增强作为主要原因来解释这些国家首位度的增加。国家结构的差异影响城市规模分布的主要因素有3个国家变量:①国家的集中化程度,它通常与空间集中和首位度联系在一起;②政府类型，认为社会主义制度与首位分布相联系，而联邦政府更多地与城市发展的分散模式相联系；③国家权力，它以政府控制决策的程度来影响空间发展，政府控制强烈的国家，私人企业紧靠权力中心布局的动力越强。其他一些人试图把一些特定的文化、历史因素和城市规模分布联系起来，例如认为民族主义精神强的国家可产生首位型分布等。这些模式常常忽视了国家城市体系有很高的惯性，而且比国家政治体制和组织形式延续更长。支持这些模式的证据也往往是轶事式的，并不很严密，常常可以找到一些相反的例子。

各种解释城市规模分布的理论是如此之多，这里只能是泛泛而论。卡罗尔（G.R.Carroll）1982年的论文全面回顾和总结、评价了自奥尔巴赫1913年的论文发表以来到1980年共67年涉及国家城市规模分布方面的众多文献，是这一课题难得的大工程。出人意料的是，他在论文的一开头却说，“很少有哪一个社会科学问题已经产生比城市位序-规模问题更多的研究。然而，这大量的研究并不表示研究取得了进展。”在论文的结尾他又感叹道：“在国家城市规模分布的研究中，我们有大量的经验性研究，但是却缺乏共同性的发现，原因就是这些经验性研究常常是缺乏可比性的，这些研究在样本、研究方案设计、度量和分析技术等方面都存在着巨大的差异”。“虽然将来的研究掌握着更深入理解位序-规模问题的钥匙，但保证进步的道路仍不明朗”。

（二）城市规模分布与经济发展水平和城市化水平的关系

在城市规模分布的研究中，始终有一个问题争论不休：是首位分布好还是位序-规模分布好？

有许多人对首位分布提出种种指责：①首位分布对国家经济发展有一种寄生作用（parasitic effects）；②首位分布的空间集中

是对资源的一种低效利用方式，有损于更合理的资源利用；③首位分布代表了一种超国家的倾向，这种倾向不利于全国动员，因此对经济增长有害；④首位分布反映了许多社会方面的不平等，等等。

也有许多人从传统的规模经济和集聚经济的角度提出不同见解，指出空间集中的有益影响：①首位分布允许资金和人才的更大积累，有利于知识的更加专门化和思想的广泛交流；②大城市内的各种运输成本一般比城市间的运输成本低，因此大城市的劳动生产率是最高的；③首位城市常常是交通运输网络中效益最好的地方，是革新的源地，比乡村地区更能吸引投资，等等。

和这种争论联系在一起的一个问题是首位分布和位序-规模分布与经济发展水平有没有联系？

一种很流行的观点是，城市的首位分布是和经济发展的低水平联系在一起的，甚至简单地说，经济不发达是造成首位分布的原因。反之，经济发展是城市体系均衡发展的原因。因为经济发展增加了产品需求，提高了技术、职业、空间的专门化，专门化的必要条件就是一体化。一体化力量创造了一体化的社会网络和一体化的城市体系。因此，发达的经济常和具有高效率结构的城市一体化体系联系在一起。

把城市规模分布和经济发展理解成动态性的关系，比上述立场又前进了一步。埃尔沙克斯(S.El Shaks,)认为位序-规模分布和首位分布的决定性区别在于前者是社会均衡造成的，后者是不均衡造成的。他认为首位度与经济发展之间有一种曲线关系，发展的早期阶段是一个高度不均衡的时期，在经济发展的中期首位度达到顶峰，然后，随着经济进一步发展，首位度降低。斯图尔德(C.T.Jr.Steward)则把首位分布与农业经济，位序-规模分布与工业经济分别联系在一起。实际上和上面的看法没有根本区别。

但实证研究表明上述观点并非普遍正确。贝利对38个国家的分析是其中最有影响的成果。贝利根据占有资料的方便选择了38个国家作为样本。把各国城市市区（City proper)的人口规模资料，经过整理标在对数-概率纸上，横坐标是对数尺度的城市规模级，纵坐标是正态概率尺度，表示某规模级占2万人以上城市数的累计百分比。最后，把各国的城市规模分布连成线，接近于直线的为对数正态分布；为明显折线的，说明有规模等级的短缺，为首位分布。

对数正态分布是考虑到所有规模的聚落时可能出现的分布状态，即在某一临界规模以上，城市规模越大，该规模级城市数量越少，规模越小，则数量越多。但在这一临界规模以下，聚落人口继续减少时，更小规模的聚落出现的次数反而趋于减小。对数正态分布在对数-概率坐标上呈直线(图53)，其数学表达式为：

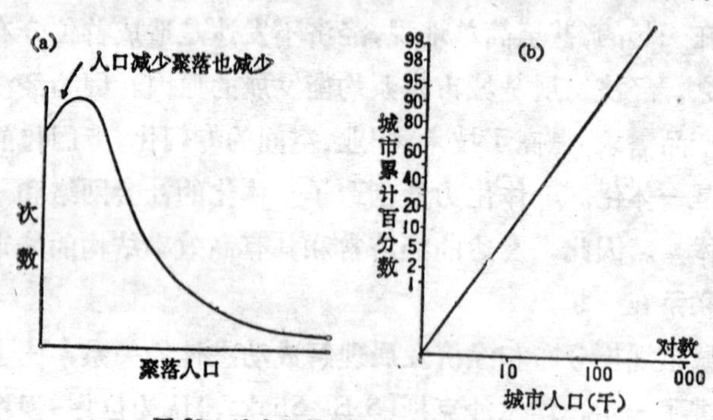

图53 城市规模的对数正态分布示意图

$$Ncum=K\ log_a\ P$$

式中

Ncum——为高于某一规模以上的城市占总城市数的累积百分比；

P——为城市规模；

K——常数。

对数正态分布虽然在坐标图上与位序-规模分布不同，但实质上是同一类型的规模分布。

贝利在分析中发现，38 个国家中有 13 个国家属于对数正态分布(图 54a)，其中有很大的大国，如中国、印度、美国、巴西，也有很小的小国，如萨尔瓦多、瑞士；有西欧、北美等很发达的国家，也有

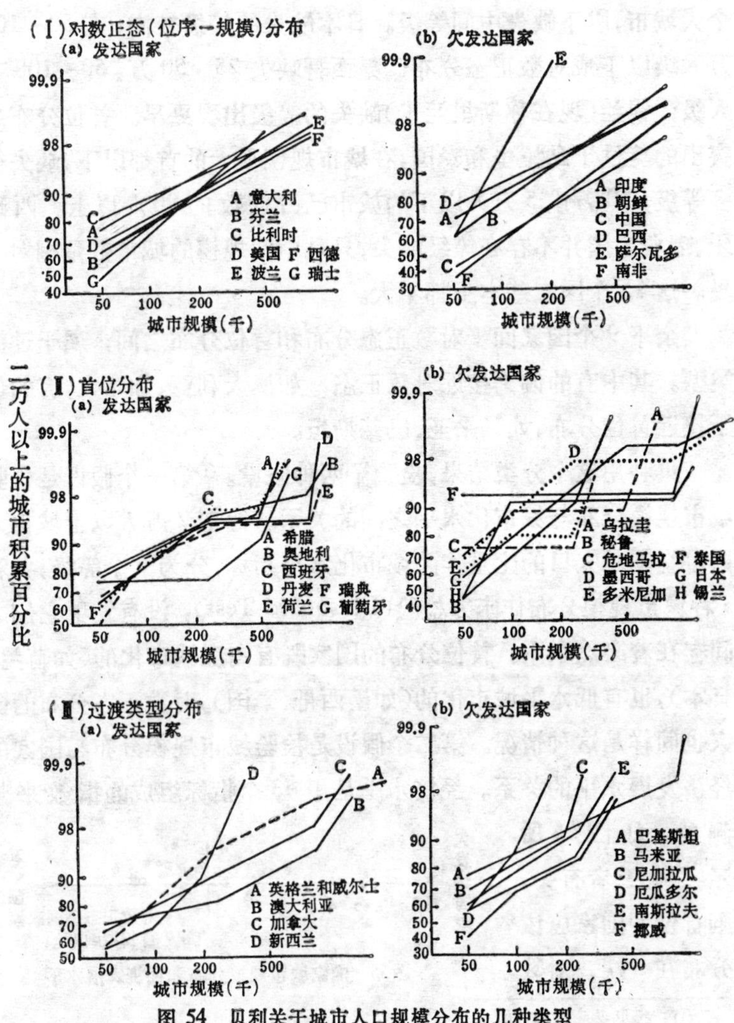

图 54　贝利关于城市人口规模分布的几种类型

亚非拉的发展中国家。这13个国家的小城市在数量上都占有较高比重，国家越小，最大城市的规模也小，直线的斜率则越大，如萨尔瓦多、瑞士。

属于首位分布的国家有15个(图54b)，在高位次有一个或几个大城市，以下缺失中间等级。日本缺失的等级较高，在50～100万人级以下成对数正态分布；墨西哥缺失25～50万、50～100万人级；锡兰(现在称斯里兰卡)缺失的等级出现更早。首位分布最突出的莫过于乌拉圭和泰国，在城市规模很大的首都以下，缺失很多等级，10万或5万人以下的城市已占总数的90%以上。西班牙、瑞典等国并不存在等级缺失，只是中间规模的城市数量相对不足。这15个国家基本上都不大。

余下9个国家间于对数正态分布和首位分布之间，属于过渡类型。其中有的偏于接近对数正态，如澳大利亚、加拿大，有的偏于接近首位分布，如马来亚、巴基斯坦。

贝利用这个分类结果，检验了两种假设。①第一个假设是检验城市规模分布与城市化水平之间的关系。他把2万人以上城市人口占全国总人口的比重作为城市化水平指标，分为6个等级，并和3种城市规模分布作卡方检验(Chisquare Test)，没有发现它们之间存在着必然联系。首位分布的国家既有高度城市化的(如荷兰、日本)，也有低水平城市化的(如墨西哥、泰国)，对数正态分布的国家也同样是这种情况。第二个假设是检验城市规模分布与国家的经济发展水平的关系。经济水平是用43个指标组成的指数来量测的。如图55所示，假如二者有关，则首位型国家应该分布在一端，对数

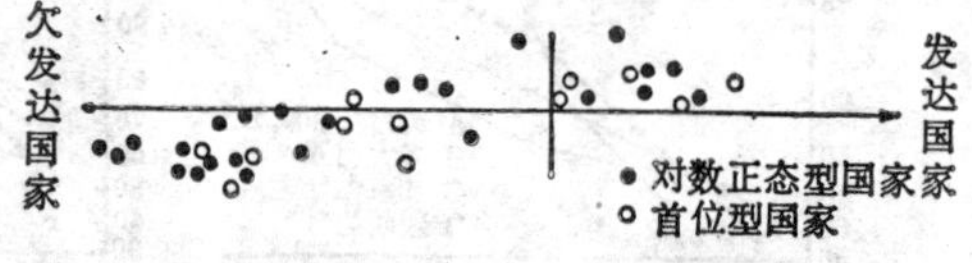

图55 国家城市规模分布和经济发展水平

① 参见参考文献16。

正态型国家分布在另一端。实际上，分布基本是随机的，并无规律性。

在这种情况下，贝利参考了西蒙的随机模式，得出以下结论：①属于对数正态型（位序-规模分布）规模分布的国家一般是大于平均规模的；或有长期城市发展历史的；或经济、政治上复杂的国家的城市化的产物。前述13个国家中，美国、巴西符合第一条；印度、中国和6个欧洲国家符合第二条；南非可能符合第三条；有些国家具有全部特点；而萨尔瓦多和朝鲜却一条也不符合。②首位型规模分布的国家一般是小于平均规模的；或城市化历史较晚的；或经济、政治上简单的国家城市发展的产物。在这一组的15个国家都是中小规模的，可以清楚看到，它们受少数几个强大力量的影响，葡萄牙、西班牙、奥地利和荷兰有服务于过去全帝国的，而不限

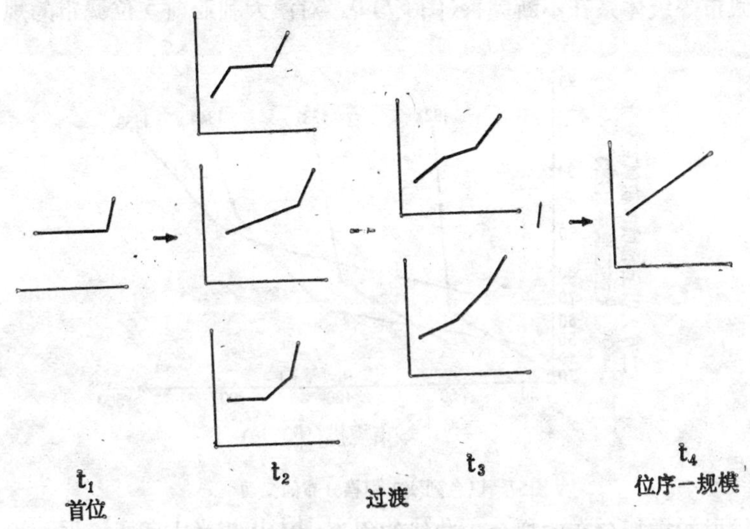

图56　贝利的城市规模分布发展模式

于当地城市体系的巨大首都。其它国家或者是建立在单一农产品出口的基础上（如锡兰），或者有强大的第一产业出口体系（乌拉

圭)，或者是有一个西方化的首都城市(如泰国)。

从上可见，不能一概而论地认为首位度大就一定不合理，首位度小就一定合理。尽管城市规模分布的理论和方法是如此之多，但因问题本身的性质和其复杂性，这些理论还不能完美地说明现实。

最后，贝利给出了他的城市规模分布发展模式，把整个发展过程分成4个阶段。认为国家随着经济、社会、政治上的发展，会从首位分布，经过中间形态向对数正态分布（位序-规模分布）靠近(图56)。这个动态模式在以色列1922～1959年和澳大利亚1861～1971年的城市体系变动的研究中，被认为得到了证实。以色列从立国前的1922、1931、1944年，到立国后的1959年，城市规模分布反映在和贝利完全相同的数轴上，由陡峭曲折向逐渐平缓转变，城市等级体系在不断完善(图57)①。对澳大利亚前5位城市的规

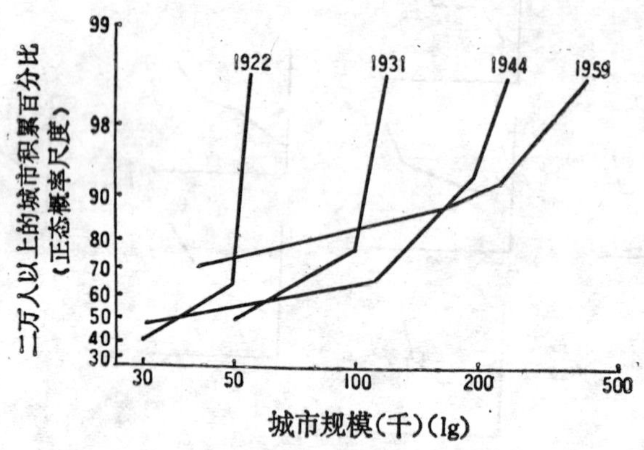

图57 以色列城市规模分布的变动

模做帕雷托分布的拟合，曲线的斜率 |b| 从相当大向1逼近。帕雷托分布的表达式为:

① 参见参考文献15。

$$P_i = a(i)^{-b}$$

经对数变换:

$$lg\ P_i = lg\ a - bl\ g\ i$$

式中

i——为位序;

P_i——i位城市的规模;

a, b——均为常数。

此式和位序-规模分布的方程十分相似。图 58 表示了 b 值从首位分布特征向位序-规模分布特征变化的过程①。

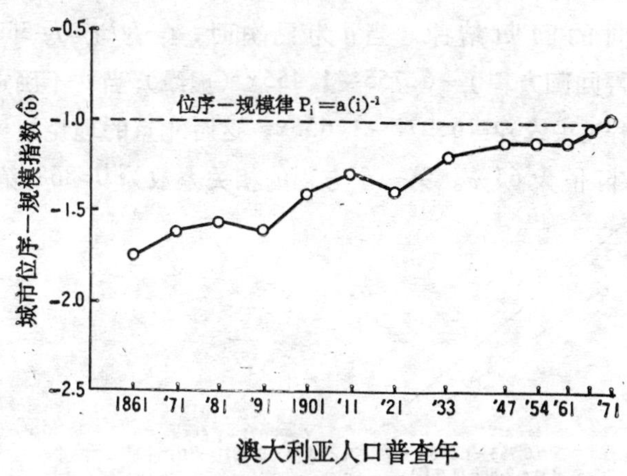

图58　澳大利亚城市规模分布的斜率变化

(三)应用位序-规模分布模式要注意的问题

位序-规模分布模式在中国的城市分析中经常被应用。应用得恰当很能说明问题,应用得不恰当却可能隐藏不少问题。在此,笔者对可能隐藏的问题作一些剖析。

① 参见参考文献 44。

1. 位序-规模回归分析中的截距

按位序-规模分布模式的原意，$log\,P_i=log\,P_1-q\,log\,r_i$，截距 $log\,P_1$ 是最大城市的人口数的对数值。但在实际的分析中，常常把最大城市作为一个普通样本参加回归，得到回归方程 $lgP_i=a-b\,lg\,r_i$，其中的 a 是误差平方和最小时回归线的截距，实际是这种状态下，最大城市的理论值，把 a 当作已知条件(最大城市人口的对数)和把 a 当作待求的系数，所得到的回归方程是不同的，前者的误差平方和一般略大于后者，把两个 a 值恢复为人口规模可能会有很大的差距。忽视这一点是不允许的。究竟用哪一种，应根据不同目的慎重选择。图 59 是京津冀 1989 年 22 个 5 万人以上城市的两种不同的回归结果。当 a 为已知时，$a=lgP_1=lg\,5692000=6.755$，得回归方程 $y=6.755-1.455x$（虚线）；当 a 不确定时，得回归方程（实线）$y=6.972-1.655x$，这时北京的理论规模为 937 万，比实际值大 65%。第一个方程的相关系数为 0.868，第二个方

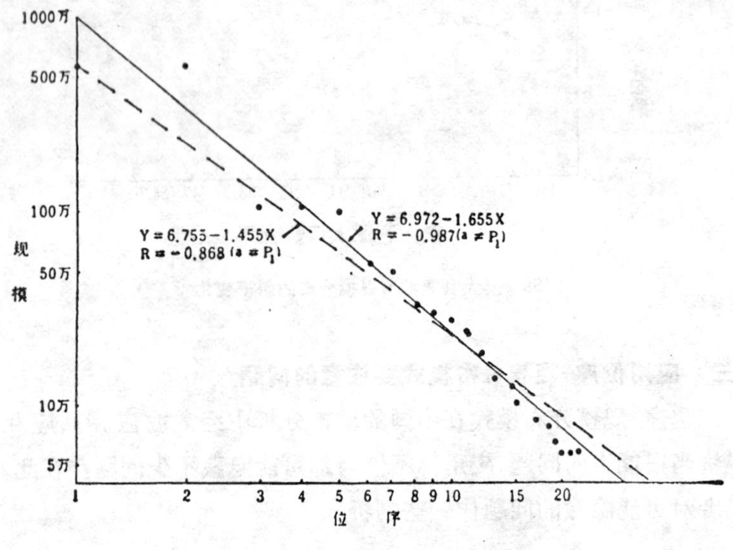

图59 京津冀地区城市位序—规模分析

程是 0.987,结果很不一样。

2. 回归的相关性

城市的位序本来就是按照规模来排列的，这两个变量之间具有天然的相关性。并且城市规模以对数尺度表示时，人口规模差距的量级被大大缩小了。规模差 10 倍，对数值只差 1，规模差 2 倍，对数值只差 0.3。正因为这样，几乎在任何情况下位序-规模分析的相关系数都很高，笔者在研究中还从未遇到不能通过 $\alpha=0.01$ 显著性检验的实例，这一点具有很大的迷惑性。如果仅仅满足于能通过高度显著性检验，就轻易得出结论，认为该城市群体符合位序-规模分布，就可能得出错误的结论。

人所共知，湖北、广东、陕西、沪苏、云南等省、市、区有最典型的城市首位分布(见表 52)。但对这几个省区非农业人口 5 万人以上市镇的位序-规模回归分析，都得到很高的相关系数，最低的云南也足以通过显著性检验。湖北、广东回归线的斜率 ($\hat{b}$) 的绝对值还小于 1，似乎是典型的位序-规模分布(表 57)。然而注意一下首位城市理论值和实际值的巨大差异(此处都是理论值偏小)，就可以理解，尽管相关系数很高，这种定量分析结果最好经过样本的逐一检验，确定实际误差才能用于实际，不能轻信定量结果。笔者

表57 部分省、市、区的位序-规模分析实例

省、市、区	样本数	截距 $\hat{a}$	斜率 $\hat{b}$	相关系数 R	首位城市	
					理论规模（万人）	实际规模（万人）
湖北	33	6.165	−0.887	−0.965	146.2	324.8
广东	45	6.229	−0.935	−0.965	149.4	288.4
陕西	11	6.159	−1.309	−0.976	144.2	192.6
沪苏	38	6.750	−1.306	−0.991	562.3	743.5
云南	11	6.015	−1.549	−0.826	103.5	110.8

认为，用 R^2（相关指数)来检验回归的可靠性要比用 R（相关系数)

敏感得多。而且在用位序-规模回归分析方法来进行地区或国家的对比研究或不同时间的演变分析时，若相关系数不同，严格地说，截距和斜率是没有可比性的，这一点需要特别注意。

3．回归方程的斜率

把首位分布和位序-规模分布看作是两种不同类型的城市规模分布，严格地说是不严密的。首位分布只关注城市体系中第一位城市与其它少数几个高位次城市的规模关系。而位序-规模分布是观察整个城市体系规模的连续性和平均状况。这是两个不同的观察方法，不同的评价指标，是不能够相比的。当允许位序-规模律中的指数（即回归的斜率）变化时，首位率可以有很大的变化。卡罗尔用表58中的3组数字来说明这一问题，即当q值很大时，符合位序-规模法则的城市体系，可以有很高的首位率。在这种情况下，究竟属于什么规模分布类型呢？卡罗尔的例子是把K值作为已定情况处理的，如果允许K不是最大城市的实际规模，就象表57中的例子，斜率甚至可以完全扭曲实际的首位率，那么就更缺乏可比性了。

表58　假定位序-规模分布下的首位率$PR^q=K$

P_R	$q=0.20$	$q=1.00$	$q=1.80$
P_1	5 000 000	5 000 000	5 000 000
P_2	4 352 753	2 500 000	1 435 873
P_3	4 013 708	1 666 666	692 072
P_4	3 798 291	1 250 000	412 396
P_5	3 623 898	1 000 000	275 946
P_1/P_2	1.149	2.000	3.482
P_1/P_3	1.246	3.000	7.225
$P_1/P_2+P_3+P_4$	0.411	0.923	1.968

注：K=5 000 000。

资料来源：引自参考文献23。

因此，用统计方法来分析城市规模分布，还有许多不确定性或模糊性。它至少取决于用什么概念的城市资料，是否用最大城市的规模作为回归方程中的常数项，相关系数达到什么水平才表明模式有效，斜率小到什么程度才为位序-规模分布，分析采用的样本数，样本的最小人口规模是多少①等一系列因素。所以，在把它用于解决实际问题的时候，应格外慎重。

三、中国的城市规模分布

（一）中国城市位序-规模律的验证

贝利 1961 年的研究已经把中国列入对数正态分布类型。严重敏、宁越敏（1980年）②和许学强（1982年）③先后用全国城镇的详细人口资料，进行了位序-规模律的检验。他们的不同视角在于前者以第一大城市上海的规模为基准，以斜率指数等于 1 的理想模式考察了中国 1952 和 1978 年 10 万人以上的城市规模分布的变化。后者则不以第一大城市的实际规模作为截距，分别计算了 1953、1963、1973、1978 年中国前 100 位城市的位序-规模分布状况，并预测了 2000 年的状况。许学强得到的结果是：

1953 年　$P_i = 781.18\ R_i^{-0.906}$　$r = -0.990$

1963 年　$P_i = 910.87\ R_i^{-0.888}$　$r = -0.992$

1973 年　$P_i = 554.84\ R_i^{-0.811}$　$r = -0.991$

1978 年　$P_i = 773.56\ R_i^{-0.762}$　$r = -0.987$

将上述4个年度的非线性回归式变为双对数直线回归如图60。

后来，王法辉（1988 年）④用更系统的设市城市资料，计算出了

① 关于最后两个因素的分析，可见参考文献 85。

② 参见参考文献 197。

③ 参见参考文献 198。

④ 参见参考文献 199。

1949～1987年历年的位序-规模模式参数(表59)。有趣的是，他用a、b两个参数的变化来说明新中国成立以来中国城市化的曲折过程。他发现第一大城市理论规模(a值)的变化过程，1949～1961年稳定上升，是中国城市化稳定发展时期；

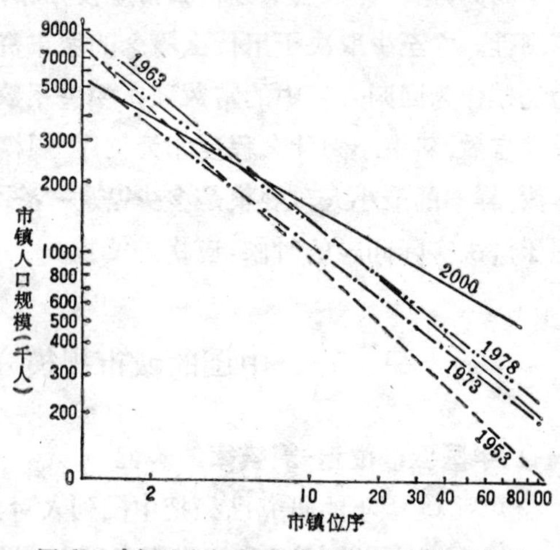

图60 中国城市位序-规模的双对数回归直线图

(引自参考文献198)

1961～1978年a值时有波动，还略有下降，是城市人口返乡和10年文革留下的印记；1978年以后，a值上升标志了城市发展又恢复正常(图61)。他的分析结果还表示中国历年的回归系数b(斜率)波动较大，从总趋势上也分为3个阶段，反映了中国城市发展重点在实践上和指导方针上的变化(图62)。

从这些成果，可以得到几点共识：①中国城市规模分布按照一般的分类，属于相对均衡的位序-规模分布类型。这是和中国国土辽阔、人口众多，悠久的城市发展历史发育了数量庞大的城镇，国家城市体系由明显的大区级、省区级和地方级的地域子系统共同组成分不开的。在这样的条件下，不可能形成很高的首位度，即使没有对大城市人口的控制也大概如此。②新中国成立以后，中国城市位序-规模分布的斜率变化各时期波动很大，主要反映了中国政策的不连续性，城市人口的增长速度上下起伏较大。③在绝大多数情况下，中国高位次城市，特别是最大城市的实际规模比它们

表59　全国历年位序-规模模式参数表

年　份	a	b	—R
1949	6.30	0.97103	0.995
1952	6.62	1.00307	0.996
1955	6.79	0.99255	0.994
1958	7.12	1.00297	0.988
1961	7.26	1.00715	0.987
1964	7.29	1.01824	0.985
1967	7.27	1.01162	0.986
1970	7.26	1.00498	0.987
1973	7.20	0.95422	0.981
1976	7.19	0.94022	0.980
1978	7.23	0.93638	0.980
1979	7.29	0.93965	0.980
1980	7.34	0.94377	0.979
1981	7.38	0.94789	0.978
1982	7.43	0.94914	0.977
1983	7.45	0.94560	0.984
1984	7.49	0.94403	0.983
1985	7.43	0.91128	0.984
1986	7.47	0.91703	0.985
1987	7.49	0.91001	0.987

注意：该分析用的是自然对数尺度。

的理论规模小得多。从国家城市体系的背景上看，它们还有着可观的发展前景。④对城市规模分布的预测比对已有资料的分析难度大得多，对这一点的研究还任重

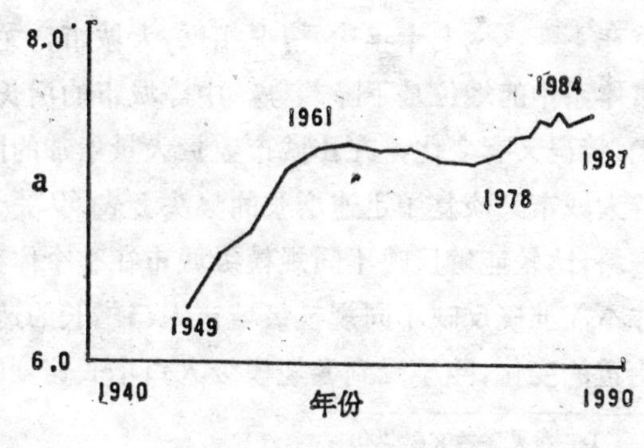

图61　历年回归系数a的变化

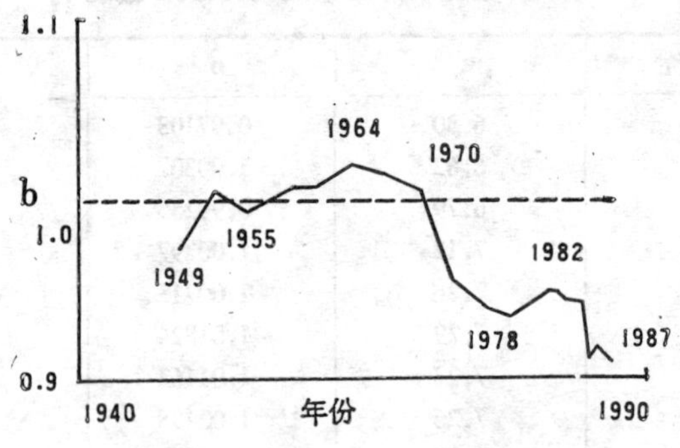

图 62　历年回归系数 b 的变化

道远。

（二）中国城市规模等级结构的变化

如果位序-规模分布的分析更适合于趋势性的概括，那么规模等级结构的分析可以更具体而深入。许学强（1982 年）、孙盘寿（1984 年）①还有笔者（1986 年）② 都对 80 年代以前中国的城市规模等级结构作过比较详细的分析。比较一致的看法是，在 60 年代以前，中国大城市和特大城市无论在城市数量和城市人口中的比重都是上升的趋势，在城市体系中的地位得到加强，中小城市的比重在下降。六七十年代，情况相反，大城市，尤其是特大城市在城市体系中的地位是下降趋势，中等城市的增长最明显。在 80 年代，情况又有变化，在小城市数量大量增加的同时，大城市尤其是特大城市又恢复了迅速增长的势头。表 60 关于城市结构的变动资料，比较能够反映不同规模级城市在整个体系中地位的变动，但并不能准确反映不同规模级城市人口增长的速度。因为表中结构比重的变化，除了受到各规模级人口增长速度的影响外，还受城市

① 参见参考文献 200。

② 参见参考文献 201。

表60　中国城市规模等级结构的变动

规模级	城市数	占城市数(%)	占城市人口(%)	城市数	占城市数(%)	占城市人口(%)
(人)	1949年			1954年		
>100万	5	4.5	36.1	11	6.7	44.0
50～100万	7	6.4	17.8	17	10.3	21.1
20～50万	21	19.1	22.2	31	18.8	15.5
<20万	77	70.0	23.9	106	64.2	19.4
合　计	110*	100	100	165*	100	100
	1958年			1964年		
>100万	11	6.5	42.4	13	7.8	45.0
50～100万	19	11.2	20.8	18	10.8	19.0
20～50万	39	22.9	20.1	43	25.7	20.7
<20万	101	59.4	10.8	93	55.7	15.3
合　计	170*	100	100	167*	100	100
	1980年			1990年		
>100万	15	6.7	38.7	31	6.6	41.7
50～100万	30	13.5	24.6	28	6.0	12.6
20～50万	69	30.9	23.1	119	25.5	24.6
<20万	109	48.9	13.6	289	61.9	21.1
合　计	223	100	100	467	100	100

* 1949、1954、1958、1964年的设市城市数应分别为134、166、185、168，有个别小城市缺人口资料。

规模晋级和新设城市数的影响。正由于在这一点上看问题的方法不同，曾经对我国大城市人口增长速度产生截然相反的两种结论。

有人在制订和论证中国要控制大城市规模的政策时，认为中国大城市发展过快，大城市人口长期处于失控状态。根据资料统计后认为1949年～1982年33年间中国100万人口以上城市人口的年均增长速度为4.48%，是全国城镇人口年均增长速度2.78%的1.6倍。

上述的基本估计并不正确。他们的依据是1949年中国100

万人口以上的城市只有5个，共计人口1003.9万人，1982年增加到20个，人口共计4205.1万人。按此计算，年均增长率为4.48%。①这里的“增长速度”包括了新晋级的15个城市的人口基数，根本不是百万人口以上城市的实际增长速度。

胡开华对14个特大城市1949～1979年的人口增长的分析(表61)最具说服力。②他的结论是：①30年中特大城市的人口增长主要是自然增长，上海、天津、广州、南京等机械增长还为负值，北京增长最快，但自然增长仍大于机械增长。西安、太原从中等城市变为特大城市，自然增长还是大于机械增长。②30年中特大城市的人口自然增长主要是在50年代，占51.3%，60年代占

表61　若干特大城市人口增长分析(1949～1979年)

城　市	1979年城市人口(人)	1949年城市人口(人)	30年总计增长(人)	其　中	
				自然增长(%)	机械增长(%)
上海	5 914 500	4 524 300	1 390 200	182.8	(−1151498)
北京	4 952 125	1 649 367	3 302 758	52.4	47.6
天津	2 956 000	1 790 000	1 166 000	105.7	(−67 300)
(包括塘沽、汉沽)	3 314 000	1 896 000	1 418 000	96.6	3.4
沈阳	2 408 000	1 027 000	1 381 000	88.3	11.7
武汉	2 383 682	940 683	1 442 999	61.2	38.8
哈尔滨	1 904 398	685 646	1 218 752	79.2	20.8
广州	1 772 838	1 049 765	723 073	101.4	(−89 561)
重庆	1 590 000	600 000	990 000	74.3	25.7
西安	1 426 923	397 291	1 029 632	61.8	38.2
大连	1 159 342	433 335	726 007	77.7	22.3
长春	1 185 068	372 527	812 541	69.6	30.4
成都	1 152 968	608 607	544 361	64.9	35.1
太原	1 106 423	214 598	891 825	60.5	39.5
南京	1 092 200	676 300	415 900	121.5	(−89 561)

资料来源：引自参考文献173。

① 国家科委蓝皮书6，“中国技术政策，城市建设，北京：1985年”。

② 见参考文献173。

36.4%,70年代占12.3%。③特大城市人口增长最快和机械增长最多的是在经济恢复和第一个五年计划时期。1949～1957年14个城市机械净增500多万人,超过30年最终的机械净增280多万人。④14个特大城市30年机械净增280多万人,假设这部分人全部从农村迁入，仅占同期全国城镇机械净迁入人口的10%左右。可见绝大部分机械增长是分散在广大中小城镇,并非涌向大城市。

如果剔除掉城市规模晋级的因素，考察各规模级城市人口增长的实际速度,则从前面表19可以发现，六七十年代中国大城市和特大城市人口的实际增长率是相当低的，不仅低于整个城市人口的平均增长率，而且低于全国人口的自然增长率，说明人口迁出大于迁入。而且规模级越高，增长速度越低。进入80年代,随着政治上的稳定和经济的全面复兴，各规模级城市的人口增长都

表62　1964～1980年和1980～1990年特大城市人口增长的对比

城　市	人口(万人)			年均增长率(‰)	
	1964年	1980年	1989年	1964～1980年	1980～1989年
上海	638.45	598.34	743.45	—4.05	24.42
北京	406.97	454.84	569.19	6.97	25.23
天津	342.71	376.11	450.02	5.83	20.13
沈阳	261.11	284.42	357.22	5.36	25.64
武汉	212.10	257.48	324.77	12.19	26.13
广州	198.39	228.91	288.38	11.02	25.99
哈尔滨	172.38	204.96	241.87	10.88	18.57
重庆	168.82	186.19	224.60	17.34	21.06
南京	138.56	165.13	206.17	10.88	24.97
西安	117.87	153.21	192.62	16.52	25.76
成都	101.14	133.17	168.70	8.98	26.62
长春	101.14	126.37	165.15	14.01	30.18
太原	89.71	120.56	148.99	19.94	23.80
大连	105.95	116.50	169.68	5.95	42.66
兰州	75.92	105.19	117.87	20.59	12.73

注:均为市区非农业人口。

明显加快了，平均的实际速度大约快了一倍。尽管200万人以上、100～200万人、50～100万人3个规模级的城市人口实际增长率仍然低于全国城市的平均水平，但和六七十年代相比，特大城市和大城市人口的增长率指数却是最高的，而且规模级越高，人口增长率回升的幅度越大。

以100万人口以上的15个特大城市为例，80年代前后的人口增长状况对比可见表62中。

1964年以后大城市人口异乎寻常地缓慢增长，和开始执行控制乡村人口向城市迁移的政策和分散大城市人口规模的指导思想有关，归根结底，这是中国政治上一度动荡、经济发展迟缓的异常时期。1980年以后，大城市人口增长的正常回升，也正是中国政治、经济正常运转下的必然结果。

某些同志以为大城市发展得太快、太多的时代，恰恰是大城市人口增长相当缓慢的时期；而当中国制订出城市发展方针，对大城市规模力图继续进行控制的年代，大城市人口的增长速度却相当的快。这种主观认识与客观实际不相符合现象的产生，是值得人们深思的。

（三）中国城市规模等级体系的省区级差异

中国的城市体系是由各具特色和相对完整的地域子系统组成的。全国的城市规模等级体系属于位序-规模分布，但并非内部各个省区都属这种类型。对中国不同省区城镇规模等级体系的类型和特点的认识，寻找导致这种差异产生的原因和演变的规律性，有助于对不同地区的城市发展采取不同的区域政策。

笔者采用1980年全国223个市、2 871个镇，共3 094个城镇居民点的人口资料作为各省区城镇规模等级体系分类的资料基础，以1964年全国167个市、2 880个镇，共计3 047个城镇的人口资料作为参照系，进行过研究。在研究中，全部市镇的规模按一定规则被细分成 17 个等级，最高等级大于 500 万人，最低等级小于 5 000 人。考虑到自然条件和社会经济联系上的完整性，把北京、天津、上海 3 个直辖市分别和河北省、江苏省视为一体，当时海南还没有设省，全国被分成 26 个省区级地域单元。

为了克服首位度分析的简单化，避免位序-规模模式的不可比性，又吸收它们方法中的精华，在分析中选用 3 个指标来描述各省区的城镇规模分布特点，它们是：

(1) 省区内第一大城市的规模(P)。这一指标反映了省区城镇规模等级体系的层次高低。

(2) 最大城市占省区内城镇总人口的比重(R)。这一指标反映城镇人口在第一大城市的集中状况，为了不和首位度的概念相混淆，简称城市首位比。

(3) 城镇规模等级体系不平衡指数(S)。它反映各规模级城镇分布的齐全程度。不平衡指数采用罗伦兹曲线中计算集中指数的公式求得：

$$S=\frac{\sum_{i}^{n} Y_i-50(n+1)}{100\,n-50(n+1)} \qquad (i=1,2,3,\cdots\cdots,17)$$

此处 $n=17$，Y_i 是各规模级按占城镇人口的比重从大到小排序后，第 i 级的累计百分比。如果城镇人口平均分布在 17 个等级中，则 $S=0$；如果分配极不平衡，集中在一个规模级，则 $S=1$。1980 年全国的不平衡指数是 0.3203，任何一个省区都不会低于这一数值。

表 63 是 1980 年中国 26 个省区城镇规模等级体系的 3 项指标值。

把表中的 3 项指标值按省区落到坐标图上，采用多元统计中

表63　中国各省区城镇规模等级体系的3项指标(1980年)

代号	省区	首位城市规模(万人)P	城市首位比(%) R	不平衡指数 S	代号	省区	首位城市规模(万人)P	城市首位比(%) R	不平衡指数 S
1	京津冀	454.8	32.23	0.7373	14	湖　北	257.5	37.61	0.6405
2	山　西	120.6	32.94	0.7037	15	湖　南	81.2	14.65	0.5375
3	内蒙古	83.7	17.60	0.5773	16	广　东	228.9	28.52	0.6456
4	辽　宁	284.4	23.99	0.6563	17	广　西	49.4	14.80	0.6885
5	吉　林	126.4	18.13	0.5559	18	四　川	186.2	20.05	0.6611
6	黑龙江	205.0	19.25	0.6533	19	云　南	97.5	29.63	0.7058
7	苏　沪	598.3	41.79	0.6895	20	贵　州	81.4	26.85	0.7184
8	浙　江	87.9	18.69	0.6355	21	西　藏	10.8	48.10	0.8930
9	安　徽	51.8	10.61	0.6168	22	陕　西	153.2	40.74	0.7710
10	福　建	66.5	18.23	0.6202	23	甘　肃	105.2	43.31	0.8165
11	江　西	80.0	19.12	0.6592	24	青　海	45.1	69.75	0.9183
12	山　东	97.9	14.56	0.7540	25	宁　夏	22.0	38.24	0.8441
13	河　南	81.9	12.45	0.5925	26	新　疆	86.2	27.45	0.7160

的逐步判别法，得到最佳的分类结果(图63)。逐步判别法是通过计算机对研究人员的初始分类建立判别函数，然后不断纠正不正确判断的一种分类方法。

经过几次调整，26个省区被分为6个类型(表64)：

第I类是沪、京、津三个超大城市所在的2个省区。虽然首位比较大，但各规模级城镇发育完善，更有多个大中型规模的核心城市带动地方经济，小城镇也很发达。是中国的政治、经济核心区。可称为高级首位型，以苏沪最典型。

第II类是辽、黑、鲁、川、粤5个省区。它们也有强大的中心城市，而且高位次城市不止一个，其它等级的城镇也基本齐全。首位比和不平衡指数都属中等，是中国经济相对发达或经济规模较大的省区。属于中级平衡型。

第III类是中国重点开发的2个内地省区湖北和陕西。首位

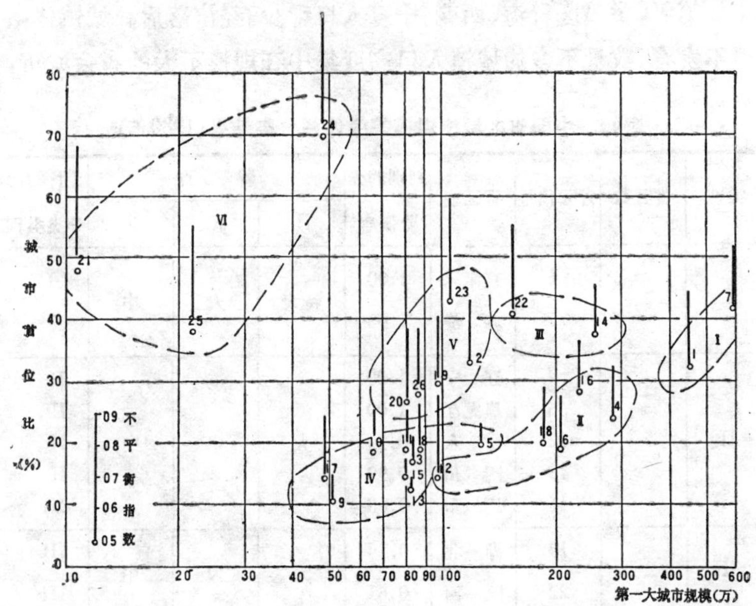

图 63　中国省区城镇规模等级体系的分类(1980 年)

城市武汉、西安早先就是超越本省意义的大区中心城市,省内二级中心不够发育,新中国成立后中小城镇虽有发展,仍不足以改变首位比大的特点,称为中级首位型。

第 IV 类有湘、内蒙古、豫、吉、皖、闽、浙、赣、桂等 9 个省区。中小城镇较多,第一位城市的规模相对于全省的人口规模来说并不突出,甚至很多情况下偏小,首位比和不平衡指数在各类型中最小,是中国过去工业投资相对较少的农业省区的类型(吉林例外),称为初-中级平衡型。

第 V 类有晋、云、贵、新、甘等 5 个省区,原来经济比较落后,除山西外,多数位于边远地区。解放后开发性投资较多,省会城市的高速度增长是这些省区城镇体系变化的最大特点。属于开发中的初-中级不平衡型。

第VI类省区青海、西藏、宁夏人口稀少、经济落后，城镇体系很不发育，数量不多的城镇人口高度集中在规模不大的省会城市，

表64　中国省区城镇规模等级体系分类结果(1980年)

类别	省区数	省区代号	省区名	判别的先验概率	特点 P	特点 R	特点 S	附:初始分类类别
I	2	1	京津冀	1.00	特大	大	中	I
		7	苏　沪	1.00				I
II	5	4	辽　宁	1.00	大	中	中	II
		6	黑龙江	1.00				II
		12	山　东	0.99				II
		18	四　川	0.99				II
		16	广　东	0.88				III
III	2	14	湖　北	0.84	大	大	中	III
		22	陕　西	0.63				III
IV	9	15	湖　南	1.00	中	小	小	IV
		3	内蒙古	1.00				IV
		13	河　南	1.00				IV
		5	吉　林	1.00				II
		9	安　徽	1.00				IV
		10	福　建	1.00				IV
		8	浙　江	0.93				IV
		11	江　西	0.99				IV
		17	广　西	0.89				IV
V	5	2	山　西	0.97	中	中	大	III
		19	云　南	0.96				V
		20	贵　州	0.96				V
		26	新　疆	0.96				V
		23	甘　肃	0.79				V
VI	3	24	青　海	1.00	小	特大	特大	VI
		21	西　藏	1.00				VI
		25	宁　夏	0.86				VI

首位比和不平衡指数特大，属于初级首位型。

以上6个类型的差异，可以用6个典型省区的城镇规模等级结构曲线直观地表现出来（图64）。这6条曲线的第一大城市的规模级由大到小递变，以苏沪最大，超过500万，以西藏最小，只是10万级。城市首位比基本上高低交替出现，以西藏最高，湖南最低。规模分配的不平衡系数，以湖南最小，向两侧增大，西藏特大。

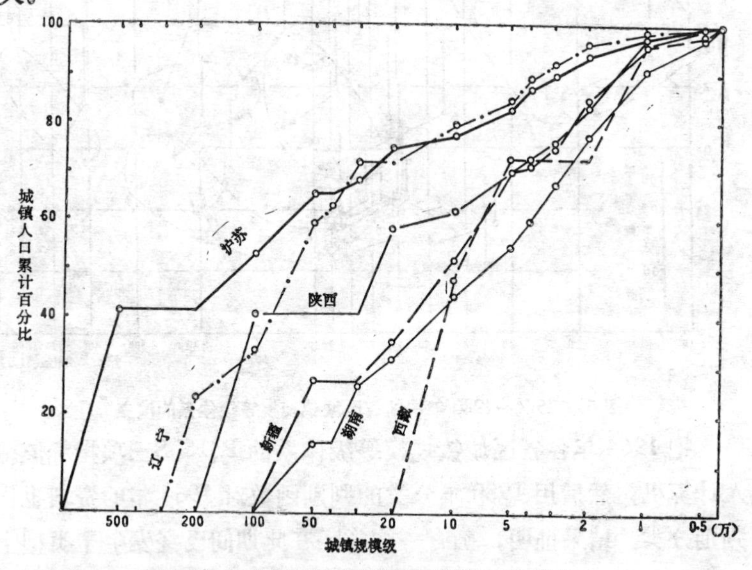

图64　6个典型省区的城镇规模等级结构曲线

（四）中国省区级城镇规模等级体系的演变模式

根据城市发展的阶段论思想，1980年的城镇规模等级体系只是城镇发展的某种阶段性反映。它是长期以来各省区城镇体系发展的结果，又是未来继续演进的基础。

图65表示1964～1980年各省区城镇规模等级体系的变动情况，反映了从低级向高级发展的普遍趋势。

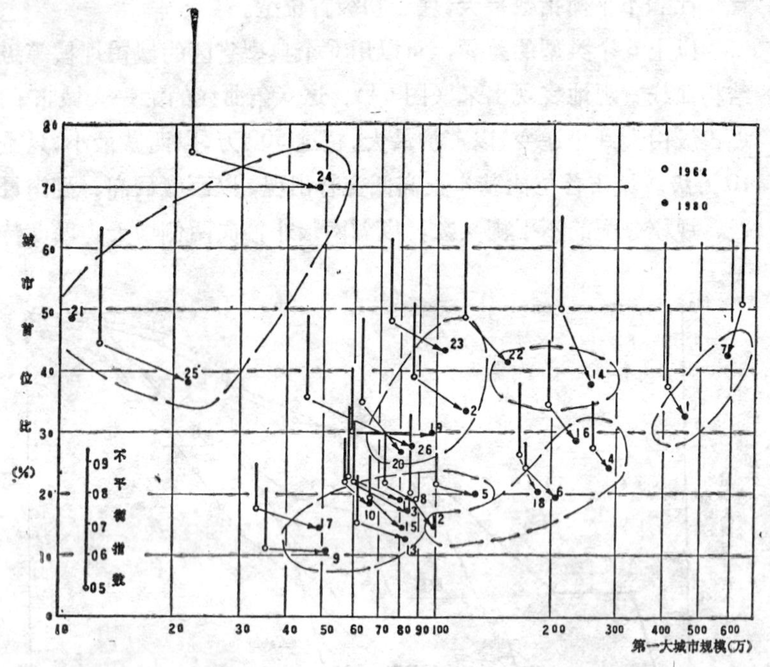

图 65 1964～1980 年中国省区城镇规模等级体系的演变

把 1964 年各省区城镇规模等级体系的 P、R、S三项指标值输入计算机，然后用 1980 年分类的判别函数对 1964 年的资料也作判别分类。结果证明，确有一些省区在此期间已经发生了类型上的进步。例如黑龙江省由 IV 类变到 II 类，广东由 III 类变到 II 类，陕西由 V 类变到 III 类，江西由 V 类变到 IV 类，山东由 IV 类变到 II 类，甘肃由 VI 类变到 V 类。如果把分析的时段向前追溯得更早，那么演变的轨迹就更清晰。遗憾的是没有更早期的可比性资料，但可以跟踪以后的演变。

综合以上的分析，可以初步提炼出中国省区城镇规模等级体系的演变模式(图 66)：

第一阶段，区域开发初期或人口稀少的边远地区，为数不多的

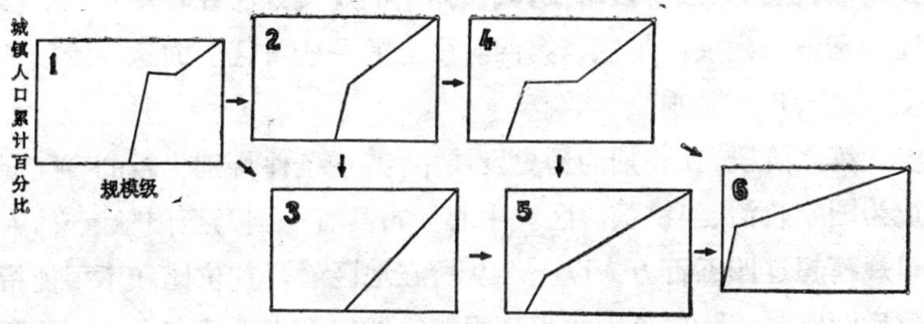

图 66 中国省区城镇规模等级体系的演变模式

城镇人口分布在少数几个规模级城市，首位城市规模不大，但首位比和不平衡指数很大。青海、西藏是仍然滞留在这一初始阶段的典型。

第二阶段，某些人口较多或条件较好的落后省区，随着经济建设的大规模展开，条件优越的首位城市率先高速度发展，同时一批中小城镇可能被带动起来，使首位比和不平衡指数反而有所下降。新疆、甘肃、云南、贵州就是在新中国成立后的几十年间实现这一转变的典型。

第三阶段，农业开发已经比较充分的省区，人口密度大，城镇数量多，中小城镇星罗棋布，第一大城市虽有相当规模，但首位比和不平衡指数较低，体现了低水平上的均衡发展。从山东、吉林的趋势可以判断，处在这一阶段的某些省区，因缺乏大区级中心城市，今后会不经过第四阶段直接向第五阶段过渡。

第四阶段，少数拥有大区中心城市的省区因吸引范围相当广大，中心城市的规模会远远超过一般省区，更高踞于省内其它城镇之上，明显缺失中间等级，使首位比和不平衡指数偏大。陕西、湖北正处在这一阶段，广东、四川已经走出这一阶段向前演进。

第五阶段，中心城市进一步发展的同时，它带动其它等级城镇发展的力量也增强了。此阶段的首位比和不平衡指数虽比第三阶段略高，但比第四阶段略低，城镇体系的规模分布在较高水平上再向均衡方向发展。第三、第四阶段上的一些省区会向这一阶段演变，辽宁、广东是典型。

第六阶段，在长期的历史发展中，某些条件特别优越的省区会成为国家政治、经济核心区。中心城市具有全国乃至国际意义，人口规模超过四五百万人以上。从所在地区看，首位比和不平衡指数反而比前一阶段更大，但各规模级城镇受中心城市各方面的巨大带动作用，实际上都相当发育，是一种更高水平下的首位分布。京津冀和沪苏已经进入此阶段，而以沪苏地区最为典型。如果香港作为今后广东城镇体系的首位城市，或者以沈阳为中心的辽中城镇群进一步发展而联在一起，那么粤港和辽宁也会进入这一阶段。

可以推测，在第一阶段以前，会是一个更低级的相对均衡的类型；处在第六阶段的省区，还会向高水平下的均衡结构演变。

每一个省区的城镇规模等级体系都会在以上发展总趋势的控制下演化，倒退不大可能。但又并非所有省区都能经历演化的每一阶段，差异总会存在的，因为省区城镇规模分布的变动要受到自身区域条件以及相邻区域联系的制约，某些宏观条件的改变常常是极为困难的。

如能找到省区级城镇规模等级体系与哪些因素有关，就可能解释推动城镇规模分布类型由低级向高级变化的动力。因此，笔者选取7组共17个指标与1980年所得的分类结果进行了单要素的相关分析。

相关分析是按各因素的等级分类数据分别进行的。第一步把省区城镇等级类型从高级到低级排列，给第I类的两个省区各赋1分，第II类的5个省区各给2分，第III类的2个省区各得3

分，……，依次类推，得到因变量得分。第二步把17种自变量也都各自从大到小排列，各按2,5,2,9,5,3的相同个数把26个省区依次分为6级，给每一级里的省区分别置1,2,3,4,5，6分。这就得到17组与因变量相应的自变量的数据。最后用因变量得分与17组自变量得分分别求取相关系数，结果见表65。

表65　1980年省区城镇等级体系(Y)与17个变量的相关系数表

自变量(X) (年)		相关系数(R)	显著性水平检验	
			α=5% (0.388)	α=1% (0.496)
人口数量因素	城镇人口数(1980)	0.9274	高度显著	高度显著
	总职工数(1981)	0.9637	高度显著	高度显著
	工业职工数(1981)	0.9671	高度显著	高度显著
工业发展水平	人均工农业总产量(1981)	0.6190	显著	显著
	工业占工农总产值的比重(1981)	0.5283	显著	显著
	人均工业总产值(1981)	0.6190	显著	显著
商业	人均社会商品零售额(1981)	0.5464	显著	显著
农业发展水平	人均农业总产值(1981)	0.1654	—	—
	人均种植业产值(1981)	0.3831	—	—
	人均工副业产值(1981)	0.4375	显著	—
交通网密度因素	综合交通网密度(1982)	0.6371	显著	显著
	铁路网密度(1982)	0.4194	显著	—
	公路网密度(1982)	0.5645	显著	显著
	内河水运网密度(1982)	0.5216	显著	显著
人口密度因素	人口密度(1980)	0.6553	显著	显著
城镇化水平	城镇人口占人口比重(1980)	0.2198	—	—
	城镇非农业人口比重(1980)	0.2380	—	—

分析表明：

(1) 省区城镇等级体系的类型与和城镇有关的人口数量因素关系最密切。职工(特别是工业职工)和城镇人口多的省区就处在城镇规模分布的较高级类型。

(2) 与省区的经济发展水平有较密切的关系，但主要取决于工商业发展水平，与农业发展水平虽有某种正相关的联系，但相关的显著性程度很低。

(3) 各级城镇总要在一定级别的交通网结点上方能发生发展，因此城镇规模分布类型与省区交通网密度有明显关系。偏僻、闭塞、交通网稀疏的省区，一般处于较低级的城镇体系类型。

(4) 人口密度是地区自然条件和经济开发程度的集中反映，人口密度较大的省区，城镇规模分布一般处于较高级类型，西部低密度人口省区处于低级类型。

(5) 用城镇人口比重来衡量的城市化水平与城镇规模分布类型间没有直接联系。城市化水平的提高主要通过城镇人口数量的增加来影响城镇体系的演变。这和贝利对世界各国的分析所得到的结果类似。叶嘉安和许学强对中国各省区城市化水平的多因素分析，一定程度上解释了这种现象。①

上述的分析结果是以中国的省区级地域单元和特定的时段为背景的，对其它场合是否适用，还未经检验，不能妄下结论。但通过这项研究笔者拟对一些广为流传的观点进行下面的讨论。

国外普遍认为区域或国家城镇人口的规模分布从首位分布开始，经过过渡类型，最后向位序-规模分布类型演变。国内也有人对中国省区城市规模分布的变化趋势持同样观点。这一演变过程是否具有普遍意义笔者持怀疑态度。实际情况可能复杂得多。世界各国近50年来的变化，确实有些国家原来首位度很大，现在明显变小而趋于均衡，如芬兰、比利时、挪威、菲律宾、玻利维亚；但也有原来高首位度、近50年中略有下降，但仍是高首位度的国家，如奥地利、丹麦、阿根廷、法国；还有原来高首位度50年中变得更不

① 参见参考文献98。

平衡的国家，如匈牙利、秘鲁、古巴、智利。本来首位度就不大的国家，有些变化不大，甚至首位度还有下降，如美国、中国、波兰、瑞典、新西兰等；也有些首位度明显变大，如苏联、南斯拉夫、印度、西班牙、意大利；还有的变成了高度的首位分布，如伊朗、阿富汗。从中国省区研究中概括的模式，促使笔者提出这样一种假设，即区域中高位次城市的发展和高位次城市带动区域中低位次城市发展的作用，可能同时存在但交替发生作用，城镇规模分布可能从低级首位型发展到低级均衡型，再向中级首位型发展，然后是中级均衡型，又到高级首位型，然后是高级均衡型，……，如此循环往复。它是一种呈类似螺旋型前进或波浪式发展的过程。每一次循环或周期都不是过去的简单重复，而是从形式到内容都进入了新的层次。这似乎也更符合事物发展的一般规律。

这一理论的实践意义在于，在城市体系的规模结构规划中，不能照搬从不均衡变成均衡、从均衡变成更均衡的规划套路。规划人员要深入分析区域城市规模分布的实际发展阶段，因地制宜地判断今后的合理演变方向。可能发展重点要放在中心城市，首位率会增加，也可能要重点发展副中心和其他中低位次城市，规模分布趋于均衡。

各种城市规模分布的理论都有一定的可取之处。但是城市规模分布类型与经济发展水平之间没有内在联系却是令人费解的。即使国家作为一种政治因素是城市规模的决定力量，它很大程度上也要通过经济活动来发生作用。笔者以为，贝利对38个国家的实证研究之所以得出否定结论，就在于他只把城市规模分布简单地概括为首位分布和对数正态（位序-规模）分布两大类。国内学者关于中国首位度省际差异的多因素分析，也得出类似的否定结论，也和简单地处理首位度有关。忽视了同是首位分布，还可能有不同层次的变化，同是位序-规模分布，也可能有不同层次的变化。

这里还暂且不论首位分布和位序规模分布被看作两种绝然不同的类型是否科学的问题。

四、中国城市发展的规模政策

（一）中国城市发展方针的简单回顾

毛泽东主席早在1945年《论联合政府》一文中正确预言："农民——这是中国工人的前身。将来还要有几千万农民进入城市，进入工厂。如果中国需要建设强大的民族工业，建设很多的近代的大城市，就要有一个变农村人口为城市人口的长过程。"① 毛泽东讲的这个过程，实际就是城市化的过程。

"一五"时期国家推行"重点建设，稳步前进"的城市建设方针，确保了当时国家工业建设的中心项目所在的重点工业城市的建设，取得了较好的效果。但从50年代后期，特别是进入60年代，毛泽东对工业和城市建设发表了多次讲话，中心思想转向"分散"，强调"控制大城市规模和发展小城镇"。直到1976年以前，国家有关部门一再强调要认真贯彻执行"严格控制大城市规模、搞小城市"的方针。主要的出发点是基于大跃进城市发展失控给国家带来的损失，以及后来中国对当时国际形势的过分严峻的分析。基本上反映了当时"备战、备荒"的国家战略和大搞"三线"工业，"分散、靠山、隐蔽"，"不建集中城市"等指导思想。

1976年以后，中国城市的复兴面对着巨大的困难，国民经济严重的比例失调；财政赤字，消费品短缺；人口生育高峰和知识青年回城高潮叠加，城市就业压力巨大；城市基础设施投资缺口长期累积的后果日益显露，尤其是大城市，各种"城市病"全面爆发。这样，以前的指导思想来不及清理就被沿袭下来对付新的严峻局面。

① "论联合政府"，《毛泽东选集》（一卷本），第1078页，人民出版社，1966年版。

1978 年全国第三次城市工作会议确立了“控制大城市规模，多搞小城镇”的城市建设方针。

1978 年以后国民经济进行了几年的“调整、改革、整顿、提高”，目标是加强农业和轻工业生产，压缩重工业和基本建设规模，这使许多重工业中心和综合性大城市因调整而一度经济不景气。相比之下，一批以轻纺工业为主的中小城市脱颖而出成为“明星城市”。农村经济改革也使小城镇长期萎缩的局面彻底改变。于是，1980 年全国城市规划工作会议正式把“控制大城市规模，合理发展中等城市，积极发展小城市”作为国家的城市发展总方针，补充了对中等城市的对策，在形式上更趋完整。

在这以后，经济改革逐步进入城市领域，1980 年制订的城市发展方针，一度成为学术界讨论的热点，发表了各种各样的观点和建议。尽管 1990 年城市规划法又把上面的方针改为“严格控制大城市规模，合理发展中等城市和小城市”，但关于我国城市发展方针的正常的学术讨论仍在继续。

综上所述，中国的城市发展方针虽然在措词上有所变化，但从精神实质上看，从“一五”以后基本上没有大的变化。

（二）近年来争论的焦点

1980 年中国城市发展方针正式提出以后，争论的焦点是中国城市发展的战略重点应该放在什么规模级的城市，是小城市？是中等城市？还是大城市？焦点中的焦点又集中在对大城市的认识上。

1984 年费孝通发表“小城镇大问题”的调研文章，提出小城镇发展应当是中国式城市化的主要方向，①在学术界和城市规划建设部门引起了广泛反映。“离土不离乡，进厂不进城”，“乡村剩余

① 参见参考文献 202。

劳动力就地消化”，“小城镇是农村人口向城市转化过程中的蓄水池”，“发展小城镇是中国城市化发展的唯一道路”等等，成为一时的主潮流。许多支持城市发展方针、主张控制大城市规模的同志，主要列举了以下论点来支撑他们的结论：①“中国大城市发展过快”说，认为中国100万人口以上大城市的人口增长速度在1982年以前长期处于失控状况；②“中国大城市数量过多”说，认为中国大城市之多世界第一；③“中国城市规模结构头重脚轻”说，认为中国大城市人口在城市人口中的比重太高，而小城市比重太低；④“大城市带来城市病”说，认为由于中国大城市人口的过度增长带来了严重的“城市病”；⑤“资本主义大城市增长”说，认为大城市数目急剧增加，规模不断膨胀是资本主义制度带来的恶果。现在发达的资本主义国家人口和工业都出现了向大城市以外地区疏散的现象，表明资本主义发展走了一条弯路，中国作为社会主义国家要消灭城乡差别，不应重蹈发展大城市的覆辙，等等。

在以上的主潮流下面，有人提出不同看法。最激烈的一次观点交锋是1984年11月底在成都召开的“大城市人口问题和对策讨论会”上。有人提出“大城市人口的超前发展规律”，在不否认要大力发展小城镇的同时认为“迅猛发展的大城市是一个世界性趋势”。还有人提出“大城市是国家的超级金库”，“控制大城市发展是违背客观经济规律和城市发展规律的人为办法”，“是脱离财政经济利益考虑的片面方针”。大城市重点论的观点虽然在会上遭到压倒多数的反对，但是持类似观点的人却在日益增加。

在这两种针锋相对的意见之间，还有另一种意见主张把城市发展的战略重点放在发展中等城市上。认为中等城市兼有大城市和小城市的优点，而避免了它们的弱点。还有人提出中国城市化的多元战略，提出东部为分散式，发展小城市；中部为分散-集中式，发展中等城市；西部为集中式，发展大城市，等等。

这些争论也反映在对城市发展方针的措辞上提出了各种修正意见。有人建议把方针改为“充分发挥大城市经济作用，严格控制特大城市规模，适当控制大城市，合理促进中等城市发展，积极扶植小城镇”。这一方案除增加了“充分发挥大城市经济作用”的内容以外，与现行方针没有本质不同。另一种意见来自国家计委国土局的有些同志，他们建议重新确定城市规模分级标准：大于400万人的城市为特大城市，100～400万人口为大城市，30～100万人为中等城市，小于30万人为小城市。按照这一规模标准，建议把方针改为“努力控制特大城市规模，谨慎地发展大城市，积极发展中小城市”。这一建议把控制发展的城市规模范围缩小到400万人以上的极个别城市，原来属于控制之列的50～400万人口的大城市，在这里可以“谨慎地发展”或“积极发展”。

对于大、中、小城市利弊的争论虽然涉及到社会效益和环境效益，但主要的分歧还是在城市经济效益上。主张发展大城市的同志认为大城市的经济效益比中小城市好，世界各国和中国的情况无一例外。很多人可以举出许多经济效益指标随城市规模级逐级提高的数据。表66的作者以综合指标说明中国100万以上人口的大城市的综合产出系数大大高于全国平均水平，而投入系数又大大低于全国平均水平。①有人甚至认为“城市规模越大，经济效

表66　1985年中国各类城市综合投入、产出比较分析表

城市分类 指标	324个城市	200万人口以上城市	100～200万人口城市	50～100万人口城市	20～50万人口城市	20万人口以下城市
城市综合产出比较系数	1	1.392	1.089	0.890	0.754	0.639
城市综合投入比较系数	1	0.867	0.941	1.115	1.115	1.200

① 参见参考文献203。

益越好”。而主张发展中小城市的同志认为，大城市新建扩建企业虽可以利用现有基础，但大城市供电、供水、物资供应和交通运输都比较紧张，小城镇和新矿区解决这些问题可能更快，投资可能更省，产品成本会降低。在中国这样的例子是不少的。即使中小城市总的经济效益较差，至少也可以说中小城市发展的潜力很大。

（三）中国城市规模和经济效益的关系

城市规模的经济成本和效益是一个在国际上长期争论的老题目。围绕着中国的城市发展方针，这个老题目在80年代的中国又热烈争论起来。

恩格斯在英国工业化的时代这样说过："大工业企业需要许多工人在一个建筑物里面共同劳动；这些工人必须住在近处，甚至在不大的工厂近旁，他们也会形成一个完整的村镇。他们都有一定的需要，还须有其他的人，于是手工业者、裁缝、鞋匠、面包师、泥瓦匠、木匠都搬到这里来了。……当第一个工厂很自然地已经不能保证一切希望工作的人都有工作的时候，工资就下降，结果就是新的厂主搬到这个地方来。于是村镇就变成小城市，而小城市又变成大城市。城市愈大，搬到这里来就愈有利，因为这里有铁路，有运河，有公路；可以挑选的熟练工人愈来愈多；由于建筑业中和机器制造业中的竞争，在这种一切都方便的地方开办新的企业，比起不仅建筑材料和机器要预先从其他地方运来、而且建筑工人和工厂工人也要预先从其它地方运来的比较遥远的地方，花费比较少的钱就行了；这里有顾客云集的市场和交易所，这里跟原料市场和成品销售市场有直接的联系。这就决定了大工厂城市惊人迅速地成长。"①一般地说，城市是有集聚效益和规模效益的，这一点首先

① 恩格斯："英国工人阶级状况"，《马克思恩格斯全集》，第二卷，第300～301页，人民出版社，1957年第一版。

要肯定。

城市经济学早就从理论上论证城市最佳规模的存在。巴顿在他的书中给出的城市规模的成本效益曲线（图67）①就是一个例子。

图中AB是合并平均效益曲线，表示由于城市扩大规模而增加的平均每人的效益从开头迅速增长，后来上升趋势减弱，最后下降。MB是边际效益曲线，表示城市每一增加成员应有的效益。AC是城市平均生活费用曲线，它随城市人口增加、城市面积扩大而趋于上升，但在人口极少的情况下，开始可能有些下降。MC是边际费用曲线。P_1是城市最小合理规模，人口少于P_1的城市是不经济的。P_2是城市生活每人净效益最高时的规模，AB与AC之间的差最大，对现有的城市居民是最理想的。但这时MB>MC，城市人口仍然要增加。P_3为城市化所得到的总的纯效益达到最高时的规模，这时社会效益最高，对决策者最理想。但这时AB>AC，对个人来说，只考虑平均效益，因此人口可能继续集中。P_4处AB=AC，这时如不能制止人口增加，就要超出最佳规模的上限而不经济。

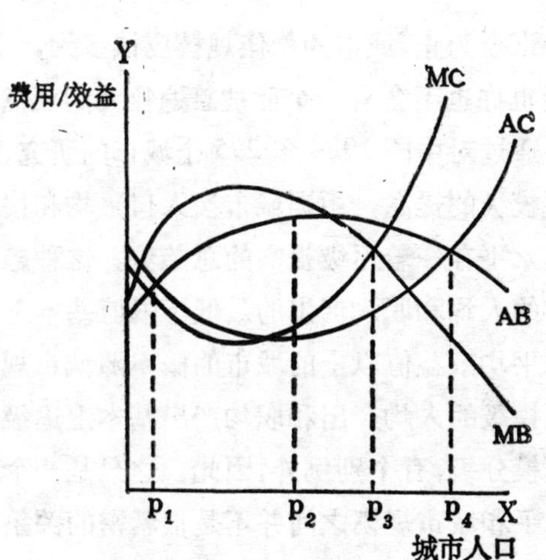

图67　与城市规模相关的个人费用与效益
（引自参考文献204，第92页）

① 参见参考文献204。

需要重视的是，理论模型中的曲线形状不是很确定的，所以P_1、P_2、P_3、P_4也没有一个确定的数值。当城市人口规模达到相当数量，由于人口密度过高，效益下降时，人口会扩散，使人口密度下降，城市地域扩大，这时会产生新的效益、费用曲线，产生新的交点。①

迄今为止，城市的最佳规模应该多大，众说纷纭。现在没有，今后也许也不会有一个能被普遍接受的观点。

通过对中国1984年295个城市的研究，笔者发现：①随着城市规模级的提高，中国城市按人口平均和按工业职工平均的工业产出水平存在着逐级提高的总趋势。这种趋势反映在：各规模级城市的人均和职均产出的最低下限值基本上随规模级而提高；分布在平均效益值以上的城市的概率随城市规模级而逐级提高；不同规模级的人均产出和职均产出基本上逐级提高。但如果按较细的规模分级，有个别例外，因此，这只是一个总趋势。②城市的产出水平和城市规模之间并不是很紧密的关系，统计上是一种弱正相关。几乎各种形式的一元回归，相关系数和F检验值都比较低（表67）。如果把人均产出与城市规模的295个样本放到双对数坐标纸上，可以清楚地看到，这是一个相当分散的散点图。虽然两

表67　中国城市人均产出、职均产出(Y)与城市规模(X)的一元回归结果(1984年)

$y=a+bx$	$y=a\cdot x^b$	$y=a\cdot e^{bx}$	$y=a+b\lg x$	$1/y=a+bx$	$\lg y=a+b\lg x$
人均产出分析					
R 0.088	0.408	0.257	0.122	0.5	0.408
F 2.3	58.3	20.7	4.4	97.8	58.3
职均产出分析					
R 0.065	0.275	0.24	0.07	0.197	0.273
F 1.3	23.5	17.9	1.4	11.9	23.5

① 参见参考文献205。

者存在一种粗略的正相关关系，但离差很大。而且城市规模级越低，离差系数越大(图 68)。职均产出与城市规模之间的相关程度更低。

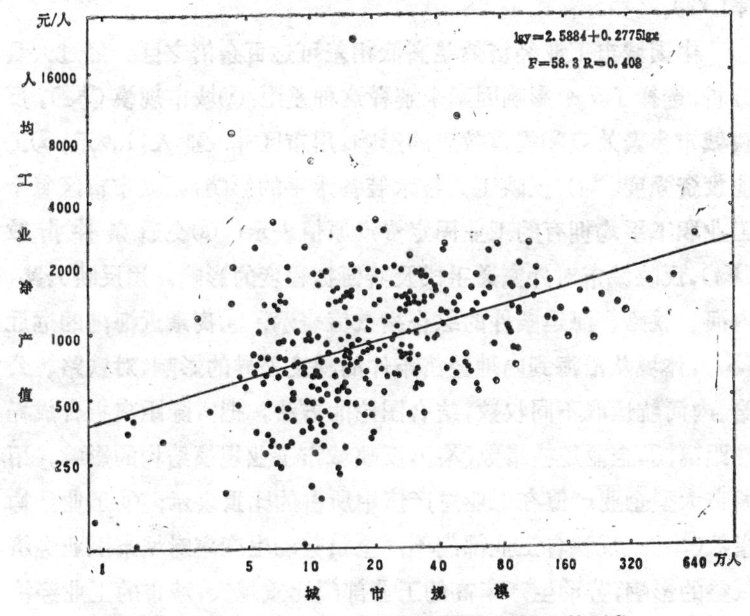

图 68 中国城市人均产出与规模的关系(引自参考文献 206)

以上两点结论对于正确理解城市的规模效益是缺一不可的。看不到第一点，就会否定大城市的经济效益一般来说确实比中小城市好。从而片面强调发展小城镇和乡镇企业。看不到第二点，就会把大城市相对较好的效益优势强调到不恰当的程度，从而片面强调发展大城市，认为城市越大越好。这两种倾向都应避免。

既然城市的工业经济效益和城市规模之间只是一种弱相关关系，那么中国的城市工业经济效益在宏观上究竟受哪些因素影响呢？

这里采用多元回归的方法来解析这个问题。对城市工业经济效益的分析从两方面进行考察：①劳动力投入的产出效益，取城市工业职工人均工业净产值，简称职均净产值(Y_1)；②资金投入的产出效益，取城市百元工业资金实现的年利税，简称百元资金利税率(Y_2)。

中国城市工业经济效益高低相差可达百余倍之巨，经过大量分析，选择了7个影响因素来解释这种差距：①城市规模(X_1)，反映城市集聚效应和规模效应的影响，用市区非农业人口表示；②工业投资强度(X_2)，反映工人技术装备水平的影响，以城市市区每个工业职工平均拥有的工业固定资产原值表示；③交通条件指数(X_3)，反映城市对外交通手段及其便捷程度的影响，用反映公路、内河、铁路、海运条件的综合指数值表示；④离最近海港的远近(X_4)，体现从沿海到内地经济条件的梯度差异的影响，对铁路、公路、内河航运取不同权数，结合图论的方法，把实际距离折合成标准距离；⑤企业规模指数(X_5)，反映城市工业规模结构的影响，用城市大型企业产值在工业总产值中所占的比重表示；⑥工业结构指数(X_6)，反映各工业部门不同全员劳动生产率对城市工业经济效益的影响，劳动生产率高的工业部门比重越大，城市的工业经济效益越好。用各工业部门全国平均全员劳动生产率极差标准化以后的数值为权系数，把各城市市区的工业产值的部门结构折合成一个指数值；⑦工业专门化指数(X_7)，反映城市工业专门化程度的影响，用城市市区工业部门产值结构的罗伦兹曲线的不平衡指数表示。

多元线性回归的标准回归系数的大小和位序可以表征每个因素对城市经济效益的影响力大小。分析结果表明，对全国城市而言，影响我国城市工业经济效益最重要的因素是工业投资强度和工业结构。城市规模因素虽然是正相关，但对城市职均工业净产值的影响力排在第五位，对城市百元资金利税率的影响力排在第二位，进一步证实了城市规模与效益间弱正相关的结论。大型企业的比重在多种情况下表现为负相关，既出人意料，又不得不令人相信我国大型企业的经济效益亟待提高。离东部港口距离和交通条件指数反映了地理区位对城市经济效益不是可有可无的因素。工业专业化程度对经济效益的提高也发挥积极作用(表68)。

表68　中国城市工业经济效益多元回归的结果(1984年)

指标名称	职均净产值		百元资金利税	
	回归系数	标准回归系数	回归系数	标准回归系数
城市规模(万人)	5.790	0.1371⑤	0.054	0.3322②
工业投资强度(万元/人)	3462.000	0.6935①	−2.660	−0.1722③
交通条件指数	136.111	0.0656⑦	1.348	0.1678④
离港口距离(100公里)	−46.864	−0.1570④	−0.159	−0.1402⑤
大型企业比重(%)	−24.158	−0.1960③	−0.052	−0.1113⑦
工业结构指数	116.884	0.3747②	0.704	0.5924①
工业专业化指数	2877.563	0.0918⑥	16.232	0.1341⑥
相关系数 R	0.8815(0.10)		0.7058(0.10)	
F 值	137.93(2.70)		39.00(2.70)	

注：○内数字表示重要性次序。

(　)内数字表示显著性水平 $\alpha=0.01$时的检验临界值。

另外，这些解释变量对中国沿海、内地、边远三大地域和大、中、小不同城市规模级城市经济效益的影响力还有变化，有些变化反映在标准回归系数和位序上呈现出一定的规律性，从中可以获得一些政策上的启示。①因离题较远，本书不再详述。

(四) 对规模政策之我见

几十年来，中国城市发展方针的变化以及近10年来的争论，都是围绕着城市规模的大、中、小或发展什么、控制什么这个主题进行的。观点似乎对立，但思维框架基本一致，都属“规模政策”的

① 参见参考文献207。

范畴。可以肯定地说，在城市规模的框框内是很难找到满意答案的。

笔者在多年的研究中逐渐形成一些观点，其核心是，既不支持小城镇论，也不笼统地支持大城市论，不主张用规模政策作为指导全局的城市发展方针，因为规模政策有很明显的片面性：

(1) 人口规模尽管是城市的重要特征之一，但不能概括城市本质特征的全部。城市规模被城市职能所决定，是城市职能的载体。城市职能的等级越高，城市的规模就越大，反之则小。城市人口除了正常的自然增长以外，如果城市为外地服务的职能在扩大，城市的规模就不可阻挡地要扩大，反之城市规模趋于停滞。企图通过控制城市规模来调控城市的发展和建设没有抓住根本，难有理想效果。

(2) 城市的职能又主要取决于城市发展的各种内外条件。地理位置优越，对外交通便利，腹地广大，自然资源或人文资源丰富，经济基础雄厚的城市，处在有利地位，就必然要发展。硬性控制这类城市(常常是大中城市)的规模，结果将导致国民经济增长速度减缓。坚持在条件不好的区位发展城市，也必然造成损失。

(3) 不管有多少学者热衷于探讨城市的最佳规模，至今仍然没有找到这样的最佳规模。由于城市的发展条件千变万化，即使理论上推导出一个最佳规模，既不可能把小于这一规模的所有城市都变得这么大，也无法把所有大于这一规模的城市都变得这么小。特别象中国这样的大国，永远是由大量不同规模的城镇组成的。大中小城市都有它们各自特定的、不可替代的作用。因而选择某一级别的城市"发展"或"控制发展"是与城市体系的理论和实践相违背的。

(4) 从经济效益上讲，随着城市规模级的提高，城市的经济效益有逐级提高的总趋势。因此，现阶段笼统地提"控制大城市规模”不妥。大中城市对土地的高度集约利用和较低的人口出生率对人多地少的中国也具有不同寻常的社会经济意义。① 另一方面，城市的经济效益和城市规模之间的弱相关，并不意味着他们之间存在着稳定的因果关系。过分强调大城市的经济效益，并将它总结为“越大越好”的说法也是危险的。分析表明，影响中国城市工业经济效益差异的决定性因素是对城市工业的投资水平和城市工业结构，并非城市规模。

(5) 中国地域广阔，城镇的规模等级体系存在着巨大的地域差异。按省区分类，大体有6种类型。每一类型都有自己的特点，而且处在演变过程的一定阶段。面对这种复杂的情况，任何一种城市发展的规模政策，都不可能广泛适用全国各省区。但这并不否认在较小地域的发展战略中，可以有城市规模的政策选择。

(6) 规模政策在实践中难以执行。城市规划在执行这一方针时面对一双矛盾：一方面对不同规模城市的所谓“控制”、“合理发展”、“积极发展”缺乏准确的含义，可以有不同的理解。也缺乏逻辑，因为一切“控制”或“发展”都应以“合理”为标准；另一方面，方针中的大、中、小城市却有100万、50万和20万人口的明确界线划分，具有了某种指令性作用。在这种难以处理的矛盾中，城市规划和规划审批一度出现“一刀切”的现象，实际上就是全面控制。许多70年代末甚至80年代进行规划的城市，城市规模已纷纷突破了原来2000年才计划实现的指标。更有甚者，有些规划刚刚上报批复，城市规模已经突破规划数字。1979年批复的呼和浩特市总体规划规定远期规划人口50万人以内，1985年末已达到57万人；同年批准的兰州市规划，规定远期人口在90万人以内，1985年已达127万人；1983年批准的南京市规划，规划近期人口140万人，远期人口150万人以内，实际到1985年已经达到192万人；

① 参见参考文献169。

1984年批准的郑州市总体规划,规定近期人口85万人,远期人口100万人,1985年实际已达到100.31万人。这种违背城市人口发展规律,人为地硬性控制城市规模的做法,削弱了城市规划的科学性和可行性。由于人们对城市规模的认识和预测长期落后于城市发展的实际,间接导致了城市建设投资的缺口和城市基础设施不足,加重了"城市病",而不是缓解了"城市病"。城市问题愈尖锐,就越想控制城市人口,形成恶性循环。

(7)中国城市规模的统计标准本身有严重缺陷。举例来说,伊春、无锡、邯郸3个城市,1989年人口规模几乎相等,分别为79万、81万和83万,而城市的空间结构完全不同,伊春是多城分散式,无锡是单核心小郊区式,邯郸是单核心带飞地大郊区式,因此不能用同一个城市规模政策来指导它们。即使是空间结构相似、规模相近的城市,例如保定(48万人)和柳州(60万人)分别在50万人上下,贵阳(98万人)和石家庄(105万人)分别在100万人上下,也没有本质差异需要对它们分别采取"发展"、"控制"或"严格控制"的不同对策。城市规模是一个连续的动态概念,小城市的发展就包含了成为中等城市的因素,中等城市的发展也包含了成为大城市的因素。城市规模增长的惯性并不以人为划定的规模界线而转移。

大量的国际经验也已证明,尽管几乎所有国家的城市政策都给大城市问题、尤其是首位城市以特别的关注,试图给以一个人口的上限,规定较低的增长速度或限制农村人口向城市的迁移,但是结果总是使这类政策走向失败,反而带来大城市基础设施不足的危险。此类政策尚无成功的先例。①

要制定一个好的、能指导全国城市健康发展的城市发展方针,笔者以为应遵循以下原则:①要符合中国国情,又不违背城市发展

① 参见参考文献76。

的一般规律。这一点在原则上不至于有争议；②指导性而不是指令性。它只起宏观指导作用，不能也不应该替代城市微观决策；③普遍性而不是特殊性。它要抓住成千上万、情况各异的城镇在发展中的普遍性问题，指导各地区各种规模和职能的城市发展；④阶段性而不是永久性。政策制订者应针对不同阶段国家社会经济发展的总目标和总战略的变化，审时度势，对方针适时检验、评价、修正，不是几十年一贯制。

根据这些原则，笔者建议新时期的中国城市发展方针，应该包括以下一些要点：

(1) 新的城市发展方针应是加强城乡联系，积极促进各级城镇健康发展的方针；

(2) 应以有利于发展生产力，提高城市效益为中心目标；

(3) 应强调建立与有中国特色的市场经济相适应的城市发展机制；

(4) 要把城市基础设施的调整和改善放在重要地位；

(5) 要坚持城市规划对城市建设的指导作用。

以上要点可以概括为：改革城市体制，加强城乡联系，发挥城市效益，调整基础结构，统一规划建设，优化城市网络。

第八章　城市体系的空间网络结构

城市既然具有不同的职能，具有不同的规模等级，那么城市和城市之间、城市与周围区域之间，就必然要通过交通、通讯等各种联系通道发生交互作用。在联系中，各个城市形成各自的势力范围。城市体系的空间网络结构即研究一个国家或区域中城市体系的点（城市与城市）、线（城市与联系通道，主要是交通线）和面（城市与区域）三要素在空间的复杂组合关系。这是城市体系中最综合、最富于变化的部分。本章拟从理论和实际两个侧重点分别介绍中心地理论以及城市腹地范围的确定方法，最后对我国这方面的研究作一简单回顾。

一、中心地理论

（一）背景

德国经济地理学家克里斯塔勒（Walter Christaller）在1930年完成的博士论文基础上，于1933年出版了一本名叫《德国南部的中心地》的书，从而开创了城市地理学发展的一个新时代。

当时的经济地理学主要研究经济事物和经济现象的存在。对于一个城市，地理学主要用描述方法研究其区位、形态、经济特征等外部表现。虽然地理学家一般凭着历史研究法的扎实基本功，可以对这个城市获得一种正确的图像，但因地理学当时一般不顾及城市在经济活动中作为市场的作用和机理等更深层的原因，单单依靠传统的地形学和自然条件的位置观，已经不能完满地解释所得到的城市经济图像，不能解释区域的城市数量、城市规模和城市分布，不能揭示出确定的规律性。

就在这个时期，克里斯塔勒在韦伯工业区位论和杜能农业区位论的启发下，独辟蹊径把地理学的空间观点和经济学的价值观点结合起来，探索城市的数量、规模和分布的规律性。他认为“城市在空间上的结构是人类社会经济活动在空间的投影”，坚信规律性是确实存在的。他通过对当时以农业用地占优势的德国南部的实验研究，以抽象演绎的方法创立了主要根据城市向它周围的腹地所提供的服务来解释城市体系空间结构的理论。

有趣的是，另一位德国学者奥古斯特·廖什(August Lösch)几乎是同时，但又完全独立地发现了和克氏内容相似的中心地系统。不过，他的著作《经济的空间分布》①发表在1940年，比克氏晚了7年。有时候，这两位学者都被推崇为中心地理论的开创者。由于廖什理论的实质仍然是工业区位论，因此克里斯塔勒对城市地理学的影响远在廖什之上。有人评价道，“没有克里斯塔勒的中心地学说，便没有城市地理学，没有居民点问题的研究”。

克氏中心地理论的提出超前于当时学术界的一般认识水平，一开始它并没有被普遍理解和接受，相反受到冷嘲热讽，他的论文曾被国际地理学大会拒绝。从40年代起，特别是第二次世界大战后，他的成果才在美国、荷兰、瑞典得到重视，1960年斯德哥尔摩国际地理学大会在隆德召开以克氏模式为中心议题的城市地理专题讨论会，受到高度的赞扬。1966年他的著作被翻译成英文后，②更是广为流传。经过世界许多学者的共同努力，中心地理论已经

---

① 过去对此书的译名多为《区位经济学》，从英文译本而来。亦有人译为《经济空间秩序》。此处从陆大道同志意见。见陆大道，《区位论及区域研究方法》，第36页，科学出版社，1988年。

② 参见参考文献28。

得到发展、完善和深化，并被用于实践。回顾历史，克里斯塔勒所建立的理论和使用的方法，为后来五六十年代人文地理学的数量运动打下了基础。

（二）有关的概念和术语

1．中心职能和中心地

有些城市职能是散在性的。如冶炼钢铁、挖掘煤炭或制造汽车等工业性职能，就不是每个城市都有。具有这些职能的城市，会向很远的地方销售它的产品。而为周围地区提供服务的职能，如商业、服务业，则是任何城市都必需具备的。在农业地区的城镇，向周围腹地提供商品和服务的职能就更明显了。克里斯塔勒的中心地理论把城镇看作是零售中心和服务中心来探讨它们在职能、规模和分布上的规律性。而服务职能一般要在它服务区域的相对中心位置来执行，因此也被称为中心职能。不单城镇具有中心职能，一个村庄也存在中心职能，于是克氏引入了一个中性概念来代表具有中心职能的地方，即中心地。

2．企业单位(Establishment) 和职能单元

中心地为周围地区服务的职能是由一个个自然单元的企业来执行的。如果一个企业单位提供一种服务，就叫一个职能单元。如果一个企业单位提供两种不同服务，就有两个职能单元。假如有两个企业单位，一个汽车库，提供停车服务，另一个企业既是汽车库，又是加油站，在这种情况下，就是有两个企业单位，执行两种职能，有三个职能单元。

3．门槛值(Threshold) 和服务范围

在人口分散、完全自给自足的条件下，不需要商业服务业。当社会发展到一定阶段，人们的需求得到提高，无法自给自足，而社会又有了分工的时候，就会有执行某种中心职能的企业单位应运

而生。它得以存在的条件是必须最大程度地接近被服务的人口，而且要有一定数量的顾客。维持一个中心职能单元存在所需要的最起码的人口或最起码的购买力就叫某中心职能的门槛值，或称商阈值。低于门槛值，经营者因无法获利而不能生存。

与此有关的是，克氏认为中心地提供的职能都有一定的服务范围。如图 69 所示，人们到中心地接受服务所花费的代价随着他到中心地距离的增加而增加，而执行某一中心职能的企业的收入随着销售距离的增加先明显上升，后趋于平缓。or_1 是该职能单元达到门槛值时的最小服务半径，or_2 是该职能单元的最大服务半径，相当于消费者愿意到中心地购买某种商品的最远距离。超出这个距离，消费者或选择到其它中心地，或干脆舍弃购买欲望。间

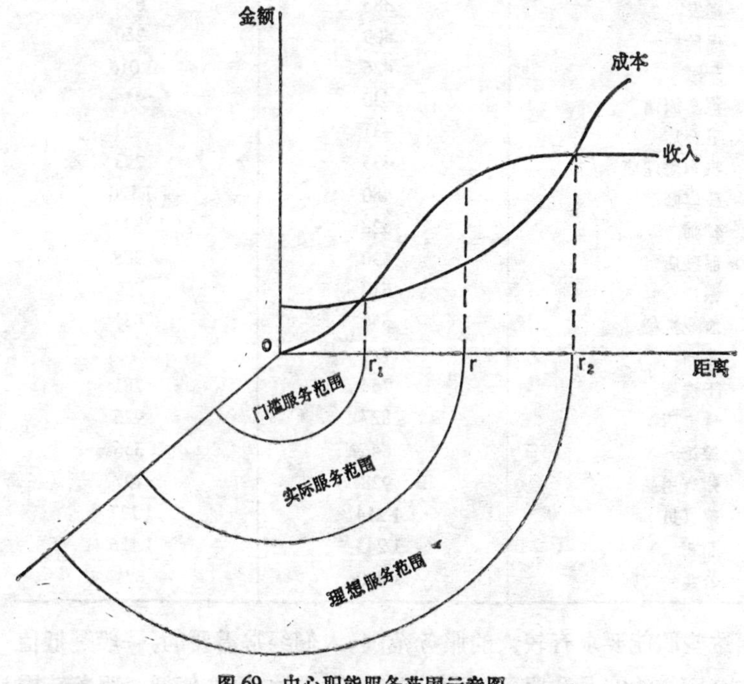

图 69　中心职能服务范围示意图

于 or_1 和or_2 之间的 or 是获利最大时的服务范围，相当于该企业单元在竞争中的实际服务范围。

4．服务职能的等级

不同的职能有不同的门槛值和服务范围。那些相对昂贵、人们并不经常需要的商品或服务，门槛值就高，顾客也情愿到较大的中心地去获得这种商品或服务，因为那里可供选择的机会较多，因此这些职能要求有较大的服务范围。人们经常需要的，一般是低值或易腐烂的商品和服务，顾客不会舍近求远，门槛值低，服务范围

表69　若干职能的门槛人口规模比较

中心职能	门槛人口规模	
	1.美国华盛顿州	2.新西兰康特伯里
加油站	196	261
医生	380	491
理发	386	668
保险	409	250
牙医	426	1 016
汽车旅馆	430	954
五金店	431	414
汽车修理店	435	293
美容师	480	1 126
律师	528	830
服装店	590	388
银行	610	759
农业机械	650	431
花商	729	1 280
干洗商	754	781
珠宝店	827	926
旅馆	846	356
体育用品	928	797
殡仪员	1 214	1 137
照相	1 243	1 156
公共会计师	1 300	671

也小。

贝利和加里森根据克氏的思想，曾在美国华盛顿州作实证研究，调查 33 个中心地的 52 种中心职能，① 发现不同职能的店数(N)与中心地规模(P)存在如下统计关系：

$$P=a\cdot b^{N}$$

式中 a、b为回归系数，当 N 等于 1 时，可得到每种职能的门槛值。表 69 第一栏是从低级到高级挑选其中几种职能来说明门槛值的差异。

不言而喻，具有不同社会、经济、文化背景的国家和区域，相同职能的人口门槛和入门次序是不一样的，因此中心地的职能组合也不相同。表 69 中的第二栏，就是新西兰康特伯里和美国华盛顿州某些职能门槛人口规模的对比。②

根据职能门槛值的高低和入门次序，就可以对各种中心职能分出高低等级。低阶职能的企业数当然比高阶职能的企业数要多。

5. 中心地的等级和中心性

根据中心地所执行职能的数量，也就可以把中心地划分成高低不同的等级。中心地等级结构的普遍性特点有：①中心地等级越高，它提供的中心职能越多，人口也越多；反之中心地的等级越低，提供的中心职能越少，人口也越少。②高级的中心地不仅有低级中心地所具有的职能，而且具有低级中心地所没有的较高级的职能，这些新增加的职能有较高的门槛值和较大的服务范围。③中心地的级别越高，数量越少，彼此间距就越远，它的服务范围也就越大。反之，越是低级的中心地，数量越多，相互间隔越近，服务的地域也越小。

---

① 参见参考文献 21。

② 引自参考文献 64。

克氏的这一基本思想，后来有很多学者加以检验、证实。囿于大城市的中心职能、企业单位和职能单元的数量过于浩大，这些实证工作一般都是在较小范围内的较小聚落进行的。

克里斯塔勒当时要以整个德国南部为研究的样本区，他不得不设法寻找一种尽可能简单地衡量每一个中心地对周围提供服务的性能和地位的指标，即所谓中心性(Centrality)，也称中心度。现在人们可以借助计算机求取每个城市包含几十个变量的综合的中心性指数，克里斯塔勒在30年代没有这个条件，他选用了中心地的电话指数作为评判一个聚落中心职能的标准。他以德国南部全区的电话数(T_g)除以全区的人口(E_g)，得到每人平均的电话数，称为电话密度，以这个电话密度乘以一个中心地的人口数(E_z)，其数值为该中心地的预期的重要性，该中心地实际安装的电话数(T_z)称为中心地的实际重要性，两者的差值即为中心性指数。表达式为：

$$Z=T_z-E_z\ \frac{T_g}{E_g}$$

克氏计算后得出南部德国各级中心地的中心性（表70）。除

表70 德国南部各级中心地的中心性

等级(代号)	大约人口	电话数目	中心性
小村　(H)	800	5~10	−0.5~+0.5
村集　(M)	1 000	10~20	0.5~2
镇区中心(A)	2 000	20~50	2~4
县城　(K)	4 000	50~150	4~12
地区中心(B)	10 000	150~500	12~30
小州首府(G)	30 000	500~2 500	30~150
省会　(P)	100 000	25 00~25 000	150~1 200
区域首府(L)	500 000	2 5000~60 000	1 200~3 000
都会和大都会(RT)	1 000 000	>60 000	>3 000

了最小的村庄中心性出现负值外，其余都大于0，即实际电话数大于预期值。南德最大城市慕尼黑中心性指数高达 2 825，其次是法

兰克福 2 060，斯图加特 1 606。RT级城市代表当时法国的波尔多、里昂和巴黎。实际上他把南德的中心地分为 7 个等级(M～L)。

（三）理论假设

克氏并不是要解释某一个城市的绝对位置、大小和作用，他的目的是要通过寻找基本的和起主导作用的因素建立起解释区域城镇空间结构的理论模式，即一般规律性，这就必须舍弃一些次要的因素。真实的世界不过是因为自然和人文等条件的差异使理想形态发生了变形而已。故克氏对理想形态提出如下假设条件：

（1）这是一片没有明显起伏的、无边的大平原；

（2）平原上的环境几乎一样，特别是土壤肥力和水份供应等方面；

（3）平原上的初始人口分布是均匀的；

（4）区域的运输条件完全一样，没有可供利用的水道，全部活动通过陆路，影响这种运输的唯一因素就是距离；

（5）人们的活动都是有理智的。对消费者来说，符合距离最小化原则；对提供服务的经营者来说，他会寻找最佳位置，取得最大的市场，使其利润最大化。

这些条件概括起来就是均质平原和经济人两条。

（四）克氏中心地理论的要点

在以上的理论概念和理论抽象的条件下，可以把克里斯塔勒的发现概括为几点：

（1）基于长时期周期农业市场服务中心的演化，一个地区会形成一套中心地的等级体系，同一等级的中心地有同样大小的服务范围，也称市场区或附属区，市场区的范围是六边形的。

在均质平原条件下，如果只有一个中心地，它的市场区应该是圆形的，因为在相同边界长度下，圆形市场区面积最大。然而，因中心地的服务职能受到服务范围上限的限制，就不可能只有一个而必定会有多个中心地。中心地的分布要满足两个条件：一是提供同一种服务的经营者要尽量的少，以保证每个经营者能获得最大利润；二是区域的全部人口都能得到同种服务。

假设现有若干个B级中心地（见表70），为了满足第一个条件，克氏认为这些中心地会按照它们所执行的最高阶职能的服务半径的上限(r)依次排列，形成中心地分布的等边三角形网络。然而，这样的圆形市场区不能覆盖全区，在每3个圆形市场区之间，都有一小块地方得不到B级中心所提供的高阶货物的服务（图70）。为了满足第二个条件，就要在最大限度维持原有体系空间几何形状的前提下，使圆形市场区部分重叠。最远的顾客仍在B中心服务半径的上限，而重叠部分顾客则分别寻求最近的B级中心，

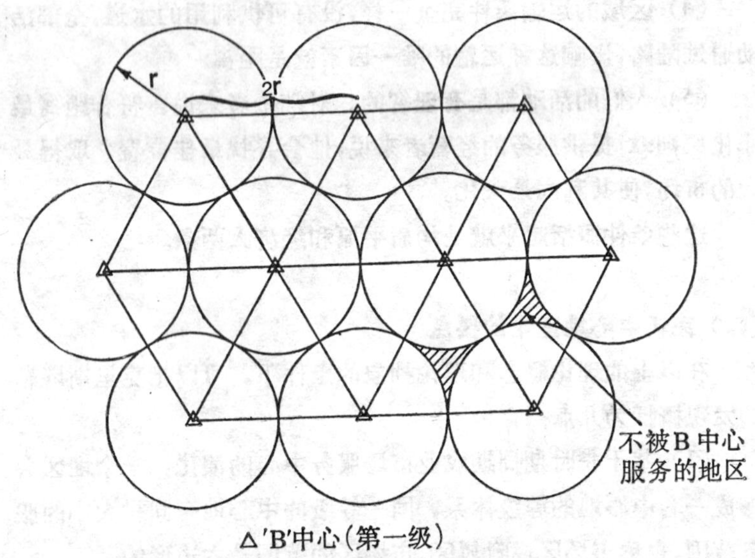

图70　中心地理论三角形中心地分布的导出（引自参考文献5，第108页）

这就形成了正六边形市场区(图71)。

三角形中心地分布、六边形市场区是克氏模型的基础。可以证明，在理想状态下这是最有效率的市场空间结构。

(2) 整个中心地及其市场区是由一级套一级的网络，相互嵌套而成。

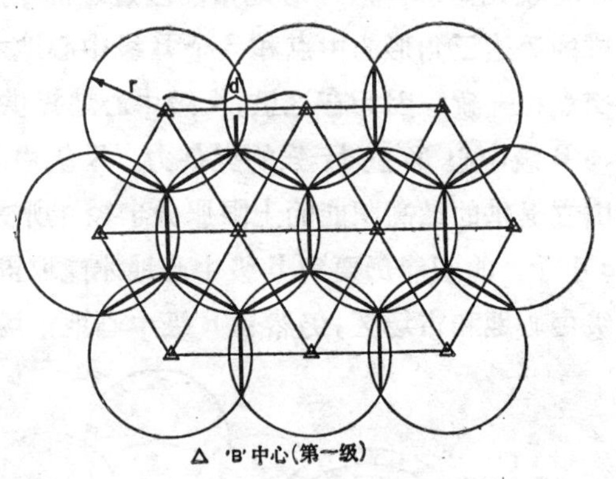

图 71　中心地理论六边形市场区的导出(来源同上)

所谓嵌套原则，就是低级中心地和市场区被高一级的市场区所包括，高一级的中心地和市场区又被更高一级的市场区所包括，整个体系都是如此。高级的中心地既有低级中心地的全部职能，也有自己所特有的职能，新职能有较高的门槛和较大的服务范围。低级中心及其市场区范围内的人口也需要高级中心地所提供的专门商品和服务，这时，他们必须到最近的高级中心地寻求服务。但是相同级别的中心地和市场区是彼此独立和排斥的。

嵌套原理认为，B级中心地除了提供服务半径上限为r的货物外，还可以提供一系列服务半径小于r的较低级的中心职能，假设它们的服务半径分别为r－1,r－2,r－3, …(图 72)。但B级中心的所有这些低级职能不一定都能被B级中心地市场区内的人口所接受。因为处在市场区边缘的消费者不会愿意旅行过长的距离去B中心购买很低级的商品，最多也只是在到B级中心获得高级职能服务的同时顺便获得低级商品或服务。这种考虑为低级中心地的形成提供了逻辑上的基础。比 B 低一级的中心地，克氏称为 K 将设在 3 个 B 级中心地市场区边缘的中央，与 3 个 B 级中心构成的等边三角形的中点和 3 个 B 级中心地六边形市场区的角的交点相一致。因为在这里，K 级中心地提供的较低级的服务职能，与 B 级中心形成最强的竞争力。K 级中心地的市场区范围是由它提供的最高职能的上限服务半径 e 所决定的。服务半径大于 e 小于 r 的职能仍要到 B 级中心地才能取得。从这个意义上说，K 级中心地和市场区，仍然是 B 级中心地市场区的一部分。

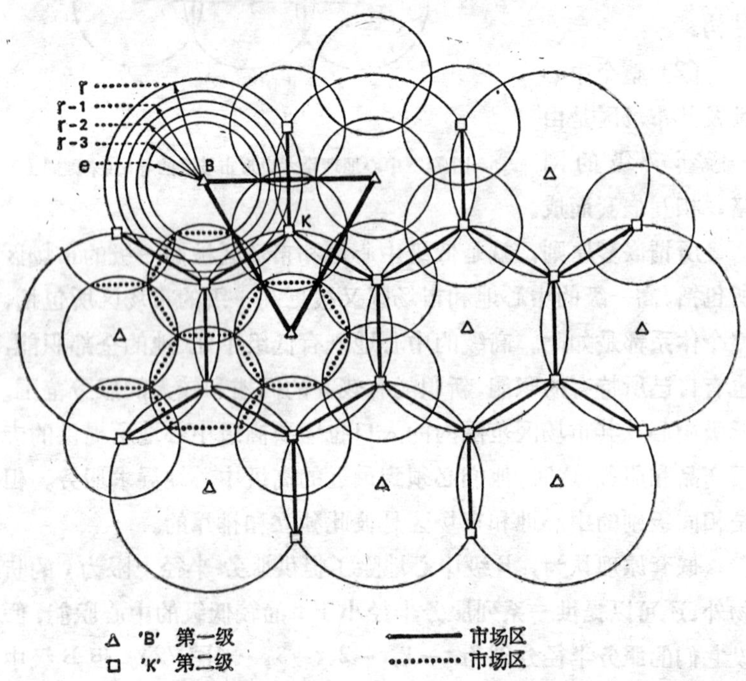

图 72　中心地理论中低一级中心地和市场区的导出(引自参考文献 5，第 109 页)

根据同样的方法，可以导出比 K 等级更低的 A 级和 M 级中心地和它们的市场区；也可以导出比 B 级中心等级更高的 G、P、L 级中心地和它们的市场区。图 73 示意性表示了克氏 7 级中心地

和市场区的嵌套关系

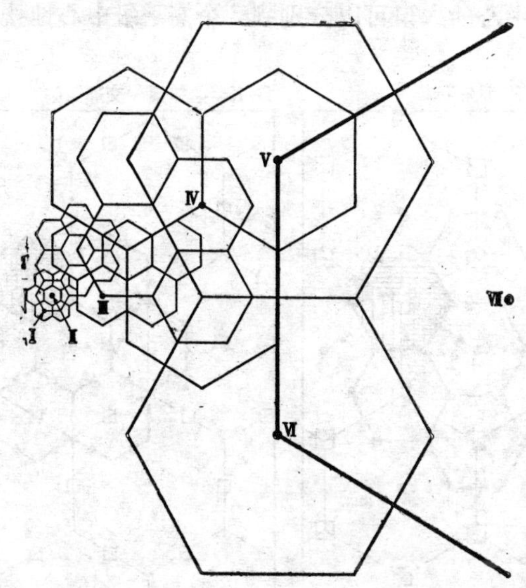

图 73 克氏中心地和市场区的空间等级体系(引自参考文献 8,第167页)

(3) 在市场原则下的中心地空间结构

克氏的上述演绎过程都是在市场原则下进行的。他发现德国南部的中心地绝大多数实际按市场原则分布。该原则他简称为K=3,这是对市场原则中心地空间结构的很好概括。

如前所述,在市场原则下,高级中心地位于它的市场区中央,有6个低一级的中心地分布在市场区的角上;这低一级的中心地有它自己的较小的市场区,其角上又有6个更低一级的中心地分布,依次类推,直到最低一级的中心地和市场区。

在这种情况下,如图74 A所示,位于A市场区角上的低一级中心的市场区有1/3属于A中心的吸引范围,6个1/3加上A本身兼有低一级中心的职能和完整的低一级市场区,因此一个较高级中心地的市场区正好是下一级市场区面积的3倍。

低一级中心的市场区分属于3个较高级中心地的市场区，而每一个低级中心的人口可以分别到3个高一级中心地接受服务。

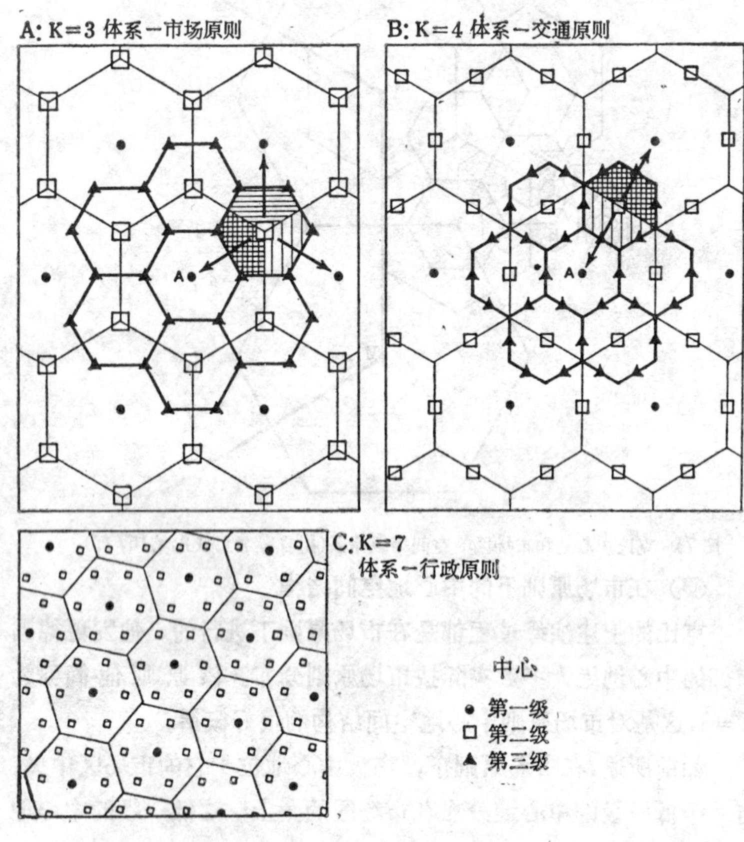

图74 克氏三原则下的市场区(引自参考文献5,第111页)

在行政组织上，一个低级中心不可能同时分属3个高级中心管理。因此,市场原则下的行政单元的划分会是每3个低一级的地区单元，组成一个高一级的地区单元。不同级别地区单元的个数为1,3,9,27,81,…依次为3的倍数。

而相应条件下各级中心 地 的个数成1,2, 6,18,54…的系列,把一、二级中心数加起来，以及后面的各级中心数，也都依次是3的倍数。

很容易推导出来，在市场原则下，较高级别中心地之间的距离是下一级中心地之间距离的$\sqrt{3}$倍。克氏实际调查的结果与理论数据相当接近。最低级中心地（M级）间一般相距4～5英里，平均4.35英里(相当于7公里)，取1/2为3.5公里，相当于当年农民赶集的最大距离。

(4) 在交通原则和行政原则下的中心地空间结构。

克里斯塔勒承认这样的事实，中心地体系不一定非要在长时期农村市场中心的基础上演化不可，另两个可以起重要作用的原则是交通原则和行政原则。

交通原则是在交通线合理布置的前提下形成的中心地体系。在这样一个最有效率的体系中交通干线联系尽可能多的中心地。这样，较低级的中心地将不会象K＝3时那样被吸引到最具市场竞争力的3个高级中心地之间的中央，而是在两个高级中心之间的中点发展起来，一系列的低级中心地均以同样的原则发展，这就导致K＝4的空间结构(图75)。

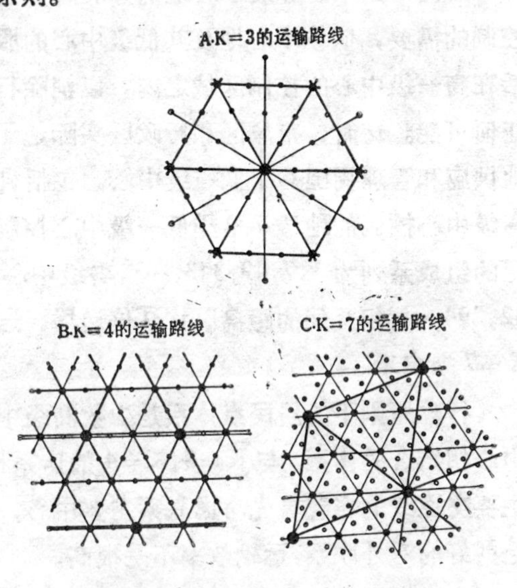

图75 克氏三原则下的运输网

在这种结构中，6个低级中心地位于高一级中心地市场区6

条边的中点，低级中心地的市场区分属于两个相邻的高一级的市场区。高级中心地的市场区面积是低一级市场区面积的4倍 $\left(6\times\frac{1}{2}+1=4\right)$（图74B）。不同等级中心地之间的距离以 $\sqrt{4}$ 即2倍递增。

在行政地域组织上，每4个低级地区单元组成一个高一级的地区单元，不同级别地区单元的个数成1,4,16,64,256,…的系列，依次为4的倍数。相应的中心地等级系列为1,3,12,48,192,…。

与行政原则相联系的结构推导表现了更多的经验主义。以图74C为例，因不同等级中心地的分布首先受制于行政管理和政治控制的需要，低级中心地及其低级中心的服务区域必须完全被包括在高一级中心的控制区域之内，以消除行政管理上模棱两可的任何可能。这时，市场区和行政区实际趋于一致。一个高级中心地供应和管理周围6个低一级中心，包括自己一个共7个。一个高级中心控制的地域7倍于低一级中心控制的地域。行政地域单元的组成系列为1,7,49,343,…；各级中心地的等级系列为1,6,42,294,…，相互间的距离以 $\sqrt{7}$ 倍递增。这一些特点都可以用K＝7来表示。

行政原则下的居民点体系是少数高级中心和大量小规模低级中心相结合的体系，与K＝3,K＝4的体系相比有更高的首位度。主要交通线的布置首先考虑联系主要中心，大量低级中心可能缺乏良好的对外联系，运输效率不是很高。

克里斯塔勒认为以上3个原则在一个国家常常会互相交叉，混合发生作用。在经济发达、交通方便的地区，市场原则最占优势；在自给自足的和偏僻的地区行政管理是首要原则；在新开发区，移民拓荒沿交通线的伸展而推进，交通原则会占优势。他对德国南部的7级中心地逐个鉴别它们的分布原则。结果绝大多数是按K=3原则分布，极少数以K=4和K=7的原则分布，还有一些分布原则不明。后来，他又撰文认为，如果把3个原则综合起来：

K=7	1			6			42					294		
K=3	1	2		6		18			54	162			486	
K=4	1		3		12			48			192			768

一个国家的城市等级体系可能是1个A级中心，2～3个B级中心，6～12个C级中心，6个(18/3)C′级中心，42～54个D级中心，118个(162～192的2/3)E级中心。级别越低，数量预测的准确性越低。他还举出澳大利亚、哥斯达黎加各为7个州、7个省，美国大陆和西班牙为49个州，符合K=7；比利时、荷兰、芬兰各分为9个单元，爱尔兰、瑞典、瑞士各有27个地域单元，符合K=3；巴拉圭、尼加拉瓜、洪都拉斯等各有16个单元，符合K=4，等等。①对这一些论断，可能有点牵强附会。

（五） 对克氏理论的验证与讨论

对克氏理论的大量检验主要想通过不同职能的门槛值及其等级差异，中心地的人口与职能数、企业数、职能单元数之间的关系，中心地的人口和市场区大小、城市间距的关系等论证一个区域的中心地是否确实存在着克氏所描述的等级体系。

有许多研究作出了肯定或部分肯定的答案。首先是斯梅尔斯(A.E.Smailes)在1944年用中心地的银行数、普通中学、医院、电影院、地方报纸和高档次商店（woolworth's store）的出现划分了整个英格兰和威尔士聚落的等级体系。② 布雷西（H.E.Bracey)和

① 参见参考文献209。

② Smailes,A.E.,The urban hierarchy of England and Wales,Geography,29,41—51,1941。

布拉什(J. E. Brush) 1953 年分别在美国威斯康星州西南部和英格兰南部两个接近于克氏理想景观条件但是人口密度和聚落历史不同的地区都发现了乡村服务中心存在着等级体系。他们后来还在 1955 年合作进行了对比研究，发现两地较高级中心间的距离都是平均 21 英里，较低级中心间的距离前者 10 英里，后者 8 英里。① 韦伯(N. V. Webber)1969 年也选择条件与克氏模式相似的印第安纳州 52 个县进行研究，发现各等级中心地间的平均间距基本上呈 $\sqrt{3}$ 倍，与克氏的理论距离相当。② 廖什把美国艾奥瓦州 819 个交通中心分成 5 个等级，最低级中心间隔 5.6 英里，其余各级中心间距基本在此基础上以 $\sqrt{4}$ 倍递增。斯金纳(G. W. Skinner)1964 年也发现中国成都平原墟集日期的排列符合六边形市场区，并存在 K=3 和 K=4 两种类型③，等等。

也有一些研究认为实际情况并不符合克氏模型。如澳大利亚南部 519 个中心地，分为 5 级，每级中心地的实际数与 3 种 K 值推算的理论数无一吻合。即使对那些认为克氏模式成立的研究报告，提出异议的也不少。

问题的焦点在于克氏模型的一大特点是中心地具有严格的等级体系，不同等级的中心在数量上，从大到小按一定的倍数增加，同等级别的中心地应有相似的人口、相似的职能类型、相似的职能数和相似的市场区范

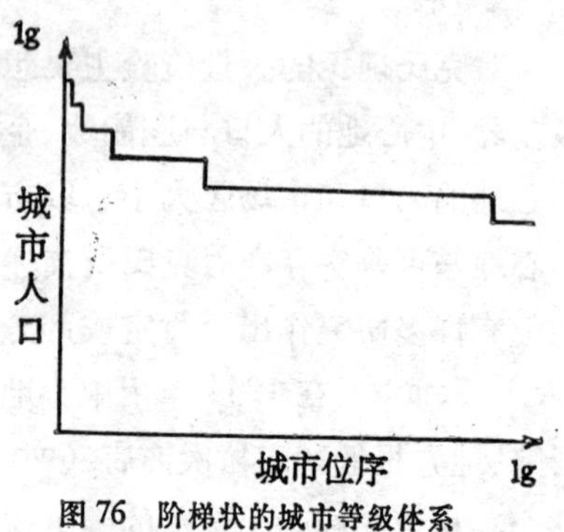

图 76 阶梯状的城市等级体系

① Brush, J. E. and Bracey, H. E., Rural service centres in Southwestern Wisconsin and Southern England, Geographical Review, 45, 559—569, 1955.

② 参见参考文献 94。

③ 参见参考文献 79。

围。从而在市场供应上从低级到高级形成逐级依赖的嵌套关系。简而言之，这是一种呈阶梯状特点的等级体系结构(图 76)。

但实际检验结果，这种阶梯状结构很少出现，大多是没有明显中断的连续的等级体系。包括斯梅尔斯等早期验证中划分的等级，都没有表现出等级间明显的差距。后来，贝利和加里森在华盛顿州斯诺荷米什县对 33 个中心地的等级划分，用了一种较为准确的方法。即使按照他们划分的 3 个等级，也可以看出，确实存在着明显的任意性。有一些人口很多的中心地却只有很少的职能（图 77)。后来，贝利等用更加复杂的多变量分析方法检验艾奥瓦州西

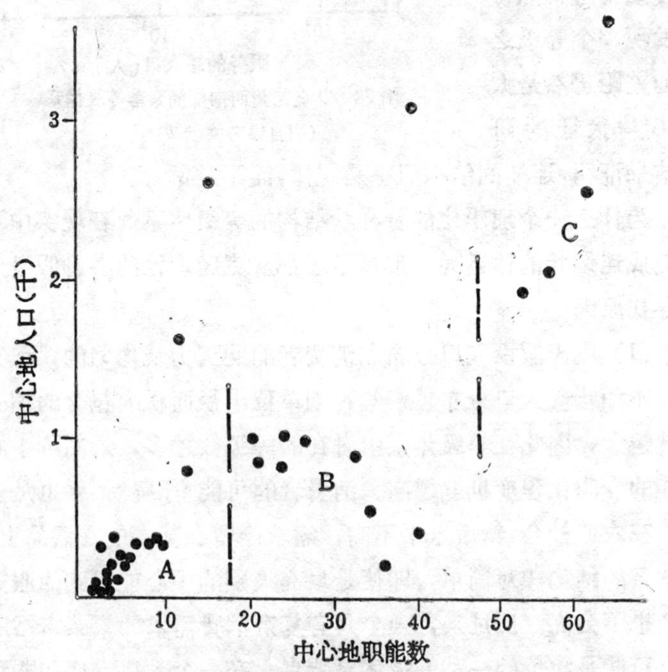

图 77　斯诺荷米什县中心地的等级(引自参考文献 21)

南部中心地的人口与间距、消费者对高级和低级商品购买行为的

出行模型，以及市场区的体系和它们之间的关系，提出了一个由市（超过55个职能）、镇（28～54个职能）和村（10～27个职能）组成的3级中心地等级体系（图78）。然而仔细检查仍然可以发现，3个等级之间的差距仍然是太小了。① 大量的研究结果证明，连续的结构似乎是规律，而不是例外。

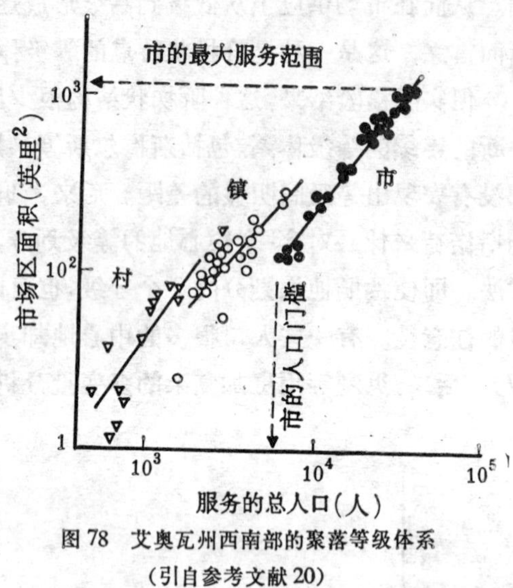

图78 艾奥瓦州西南部的聚落等级体系

（引自参考文献20）

为什么一个理想化的阶梯状结构的等级体系，在现实中可能转变成连续状的体系呢？很多学者都从克氏理论的各种假设条件去寻找原因：

（1）克氏假设人口分布和消费者的购买力是均匀的，现实世界并不如此。人口分布越密集，则单位半径面积内包含的消费支出就越大，因此在等级体系中潜在的等级数越多，最高阶中心的职能的专门化程度也就越高。消费者的可能消费水平也是变化的。在农业社会，物质水平不高，需求停留在基本的必需品上，等级体系的结构相对简单，即使是最高级别的中心能得到的服务的等级也不会高。反过来，一个具有复杂消费需求的繁荣富裕的社会，可能是相反的一种等级体系特点。在一个人口密度和购买力有变化的区域里，如果中心地的位置不变，那么中心地的职能数就

① 参见参考文献20。

可能发生变化，使有些中心获得高于正常理想状态下的等级，而另一些中心则可能低于正常的等级。事实上，人口密度和购买力的变化，显然会影响中心地职能服务范围的上限和下限，从而使中心地在间距上也发生变化。这就为一个严格的等级体系结构的变化提供了灵活性和合理性。

(2) 克氏理论还包含了两个行为假设，第一个是所谓"最近中心假设"，即消费者将选择相应的最近中心地获得他们需要的各种商品和服务。实际上消费者的行为可能发生变化。

普雷德(A. R Pred) 1967 年的研究认为消费者很少考虑获得对单个商品或服务的最小旅行代价，而是常常把购买低级和高级商品结合起来，或者把购物与其他活动结合起来，多目的旅行使消费者可能摆脱中心地等级的严格束缚，从一个较远高级中心地既获得低级商品也获得高级商品，或者跑到一个距离较远但售价较低的中心购买商品，只要售价上节省的钱能补偿附加的交通成本。这些购买行为的变化将使相对远的高级中心的地位提高，而被绕过的低级中心的职能减少。①赛伊(Saey)认为，顾客多目的购物

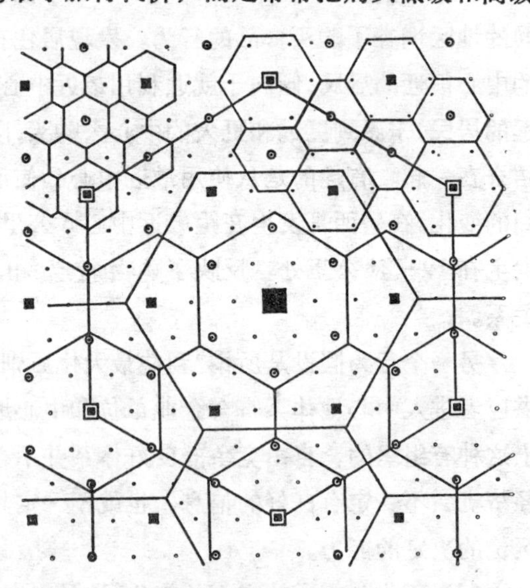

图 79 K=3 体系在多目的购物行为下的变动
(引自参考文献 77)

① 参见参考文献 69。

行为可能导致市场区边界发生变化(图 79),使理想中的类似等级的中心地可能有不同的市场区,有些相对扩大了服务范围,有一些却相对缩小了。从而理想的阶梯状中心地等级结构变成了一个连续性的结构。

戈勒奇(R.G. Golledge) 等1966 年在艾奥瓦州农村调查消费者对购买 33 种不同货物的出行距离,发现有的商品,如服装,空间上的灵活性较大,消费者愿意到几种不同的中心地去购买;而另有一些商品,如食品、杂货,消费者通常选择最近的中心地。进一步的调查发现购物行为符合最近中心假设的出行仅仅占总出行的52%。伦特纳克 (B. Lentnek) 等 1975 年在 4 个经济发展水平不同的地区调查了购买食品的行为,发现居住在离一个合理而方便的中心很近的居民,倾向于就近利用最近中心,而距离最近中心较远的居民,宁愿到更远和更大的中心去购买,以便和其他购物目的结合在一起。有趣的是从使用最近中心到使用较远、较大中心之间的变化,在墨西哥发生在距最近中心 3 公里处,而在密歇根州却发生在 19～21 公里处,反映了购物行为和经济发展水平也有关系。

另一个行为假设是所谓“利益最大化原则”,即商品和服务的供应者进入中心地体系符合企业单位和中心地数量最小化。实际上这种有组织的、自由竞争的良好体系并不存在。经营者对空间经济机会不一定有良好的信息,也就不一定具有作出经济上最优区位的决定的能力。

(3) 不均匀的运输表面的变化,这是真实世界常有的情况,这也可能导致理想的六角形市场区发生变化。缓慢的或代价很高的运输设施将增加距离的阻力,各地就更多地依附于就近的中心地。相反,方便、快速而低价的运输,将相对提高较远、较高专业化中心的地位,而削弱地方性低阶中心的重要性。

以上因素合在一起，就等于是把一个随着时间变化的随机因素引入到理想的中心地等级体系里，被考察的区域越大，所遇到的这种随机变化的可能性也越大。这就足以使一个阶梯状的理想等级体系转变成现实中的连续结构。

帕尔(J. B Parr)为了改进克里斯塔勒的理想模式，1978年提出了一种比较符合实际的中心地体系的“一般等级体系模式”(The general hierarchical model)。[①]他认为不同等级的市场区具有固定K值(例如3，4或7)的关系是不真实的。在中心地体系的演化过程中，从低级中心发展到高级中心，社会特点的变化可能使每一个不同等级中心地发展的原则不是恒定的。在他的模式中，正如图80中表示的空间结构的例子那样，允许等级体系的每个等级的K值出现变化，第一级(K_1)和第二级(K_2)中心地的分布符合K=3，而第三级(K_3)中心地的分布却符合K=4。克氏模式成了一般等级体系模式的3个特例。

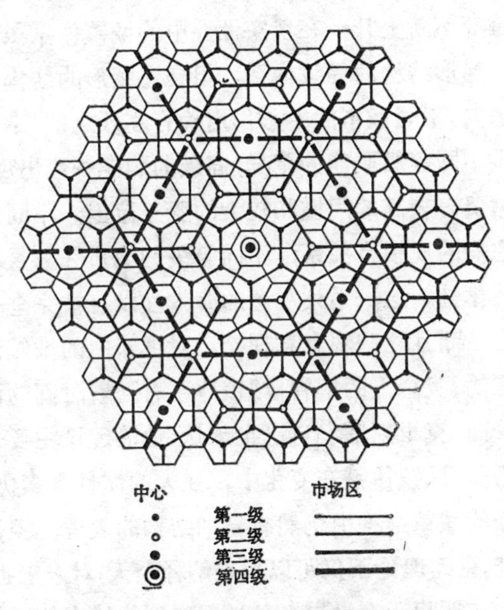

图80 中心地体系的一般等级体系模式
$K_1=3$; $K_2=3$; $K_3=4$。(引自参考文献66)

根据上面所述，似乎克里斯塔勒的理论没剩下多少正确的东

① 详见参考文献66。

西，几乎都被否定了。但笔者认为，克里斯塔勒的理论是他那个时代(30年代)和他那个地区（德国南部）的产物。他的许多理论概念仍然具有一定的普遍意义。城镇作为服务中心不仅在农业社会里是这样，在工业社会和后工业社会，商业、服务业仍然是城市的重要职能，整个第三产业的内容还在不断丰富，在城市经济中的比重在不断上升；在现实世界中的城镇体系虽然不是克氏理想化的阶梯形结构的等级体系，但在连续形的结构中仍然有等级体系的趋向，不同城市的中心作用确有高低之别；不同等级的中心确有提供不同等级职能的差异：高级的职能一般出现在高级的中心城市，需要有较高的门槛和较大的服务范围；不同等级的中心城市确和它们的规模有关系；不同等级的城市在数量和间距上确有一定的规律性。这一系列观念的有效性没有被完全否定，也没有必要否定。而且这些观念和理论，对现实中的城镇体系仍可提供近似理想的、概念上的解释。城镇体系有随着时间的流逝发生动态变化的一面，克里斯塔勒自己也承认，他的理论主要是静态的。但是不能否认，城镇体系在变化中，强大的惯性因素仍起着重要作用，在现今的城镇结构中仍然有早期结构的表现。根据这一点进行跟踪研究，克氏理论不仅可以用来解释今天，对未来也有一定的预测意义。

适用于全世界各种地理空间的城市体系的空间模式是不存在的。因此，不能因为某些区域的检验不同于克氏模式而否定他的全部理论。城市体系在形成和发展中，有共同的因素、共同的原则和共同的规律性趋势在起作用，这是无可怀疑的。克里斯塔勒的贡献就在于，是他，开创了这一条探索的道路，为后人的研究奠定了基础，提供了启示。

后人应该继续去探索不同类型的地区在自然条件、社会条件、经济条件、文化条件等互有不同的情况下，会形成什么样的城市体系空间结构，它们的共性和个性各是什么？随着时间的变化，城市等级体系的基本要素，如作为结节点的中心地、中心地的等级系列、连接各级中心地网络上的运动流和空间上彼此有联系的市场区将发生什么样的变化？因此，后人应该吸收中心地理论的精髓，而不应该简单地把他规则的六边形照搬到现实空间中。

笔者在区域城镇体系的多次规划中，常常发现克氏中心地模式的成分或痕迹，特别是存在于低等级的聚落体系中。从这个意义上说，克氏模式几乎无处不在。但现实中的城市，毕竟并非建立在理想的假定条件上。因此表现在空间分布上都多少发生了某些变形。变形的种类据诺瑟姆的概括大致有这样几种：

(1) 集聚变形：现实中，在大城市附近有比较稠密的低级城镇聚落。中心城市越大，围绕着它的较低级的中心就越稠密。从中心城市向外延伸，低级中心的密度就逐渐变小，直到要接近另一个大的中心城市，低级中心的密度才又开始上升(图81)。紧靠中心城市的低级中心，它的市场区比远离中心城市的同级中心的市场区要小。这是因为在大城市附近人口密度较大、人均收入较高，它们提供的较低级职能，只需要

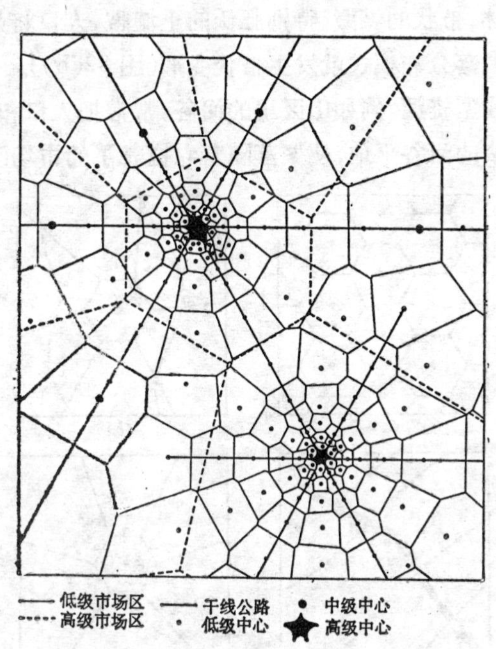

图 81　规则城市聚落模型的集聚变形（引自参考文献 46）

较小的吸引范围就能满足它赖以存在的门槛值。相反，离中心城市较远的低级中心，它需要的市场区就比较大。有许多低级中心被囊括在大城市的影响范围之内，而这种情况在远离大城市的特定地区就比较少见。

(2) 资源空间分布不均带来的变形：城市中心直接或间接依赖的资源的集中或分散的程度也影响城市的空间组织。克氏理论中考虑资源均匀分布于全区，形成了规则的克氏模型。在现实中，例如大面积耕地资源开发而形成的聚落体系可能是接近于均匀分布的(图 82(a))。然而由于开发某些带状资源，如成带的开发森林、带状的煤藏、特别肥沃的土壤带，人口将趋向于有资源的区域，聚落分布模式就发生带状变形(图 82(b))。一种分布更加局限的线型资源，例如山区里的河谷，常常把人口和陆上交通线吸引到狭窄的河谷平地，使聚落随着它拉长了的市场区呈线形沿河分布(图 82(c))。一连串包括码头、港口在内的中心地沿着有航运之利的河流两岸分布，为流域内利用河流的人口提供服务，也是一种线型变形。当人们所依靠的自然资源局限在一个小区域时，可以看作是一种“点资源”，例如有开采价值的铜、铁、铝矿资源，在矿

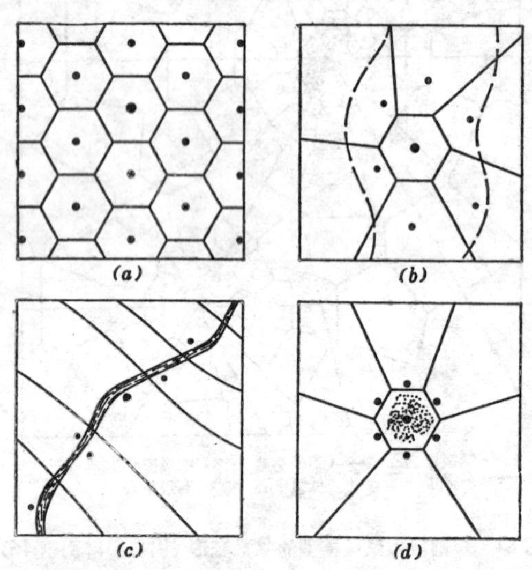

图 82 资源局限和中心地模式的变形 (a) 均匀的资源 (b) 带状资源 (c) 线形资源 (d) 点资源 (引自参考文献 8，第 177 页)

体附近形成一个对矿工和采矿工业提供服务的高级中心。在它外围的低级中心，不象克氏模型所想象处在各自市场区的中央，而是偏居在高级中心市场区的边缘或边缘附近(图 82(d))。

(3) 时滞变形：这是由于聚落体系发展中的时间差造成的。当聚落发生波可能前进到一条敌对的政治、文化边界或自然环境的边界附近，由于边界的限制，聚落的推进就暂时停止在那儿。过了一个阶段，这种敌对的环境可能被克服或缓和，又能满足聚落发展向前推进到边界以外。这种有阶段性波动的聚落体系的空间结构就会有不规则、不完整到比较规则、比较完整的形式上的变化。

以上变形还只涉及到中心地的空间布置。如果再考虑到引起城市迅速发展、稳定或衰落的因素，那么结构的变形就更复杂了。

(六) 廖什的中心地理论

中心地理论的另一个开创者是廖什。他是一位经济学家，1940 年他用德文发表了一部有关市场区位理论的巨著，1954 年被译成英文。这里仅就廖什对区域聚落的规模、职能、分布的理论解释与克里斯塔勒作一简单对比。

廖什的理论也有均质平原的假设条件：平原上有足够的均匀分布的工业原料；有各向同性的运输条件、普及的可用于生产的技术知识和相同的消费需要。他假设的人口分布不是象克氏呈连续的均匀分布，而是结合成基本农村聚落的不连续的均匀分布。

廖什和克氏一样也从市场区的概念入手。但是他把生产区位和市场区位结合起来，生产和消费都在市场区中进行。这样，廖什的中心地就不单单是克氏模型中单纯提供服务职能的服务中心，也是平原上人们日常需要的各种物品的生产中心，即具有市场指向的制造业职能。他所要推导的是每种商品的生产中心和它联系腹地的最优空间模型。这是与克氏理论在出发点上的重大差异。

廖什通过与克氏类似而且又更严密的推导，也证明六边形结构是市场区最理想的形式。而且以最低级职能的门槛需要转换成满足消费者需要的一个半径，建立起能够覆盖整个平原的最低级职能的六角形市场区网格，廖什定义为基本网格。这种三角形聚落分布、六边形市场区的基本网格与克氏 $K=3$ 的结构极为相似，但在内容上却有不同。克氏的市场区是职能的最大服务范围，商品的供应者要取得最大利润；廖什的市场区只是满足门槛值的需要，即只满足商品生产和销售的生存需要，系统中没有超额利润。特别需要强调的是，廖什的基本网格一旦确定，不再变化，成为他以后推导经济景观的基础。

廖什也使用 K 值概念，但含义不同于克氏理论。在克氏模型中，K 值等于 3、4、7，分别代表按市场、交通、行政 3 种不同原则形成的中心地及市场区的理想模型。而廖什则认为，每一种不同的商品都有不同的门槛值，也就有大小不同的市场区。由此出发，每一种职能都可以画出它们与该职能门槛值相适应的六边形市场区网络，可以设想出无穷多的这样的网络。然而廖什把各种职能市场区的网络限制在上述基本网格的基础上，即每一种市场区网络中的六角形的每个中心必须不偏离基本网格中六角形的中心位置。在这种限制条件下，市场区的大小就不是任意的，它根据所能完全服务的基本聚落的数量来定义 K 值，K 值就不只是 3、4、7 三种，而是有 K 值 3、4、7、9、12、13、16、19、21、25、27、28、31、…。

廖什给出了两个比较繁琐的公式来计算不同市场区所包括的基本聚落的数量，①后来达西（M. F. Dacey）1965 年找到了一个简单公式：

① 这两个公式是 $n=(K\sqrt{3})^2+j^2$ 和 $n=\left[\left(K+\frac{1}{2}\right)\sqrt{3}\right]^2+\left(j+\frac{1}{2}\right)^2$。K依次取从 1 开始的正整数，j 依次取从 0 到 k 的正整数，分别从两式可以得到不同市场区所包括的中心地数量 n。

$$Q=u^2+uv+v^2$$

式中

Q——聚落数量;

v、u——均为正整数,且 $u\leqslant v$,v 取 1,2,3,…, u 取 0,1, 2,…v。

用这种方法得到的数量系列如表 71。

表71　廖什不同市场区的聚落数量系列

	整数																		
V	1	1	2	2	2	3	3	3	3	4	4	4	4	4	5	5	5	5	··
U	0	1	0	1	2	0	1	2	3	0	1	2	3	4	0	1	2	3	··
Q	1	3	4	7	12	9	13	19	27	16	21	28	37	48	25	31	39	49	··

不同 K 值的市场区面积是 $x^2n\sqrt{3/2}$,x 是基本聚落间的距离,n 即 K 值所代表的被完全服务的聚落数量: 3,4,7,9,12,…。

图 83 表示了廖什9种最小的六边形市场区。显然,K 值不同,表明不同商品的市场区规模不同。

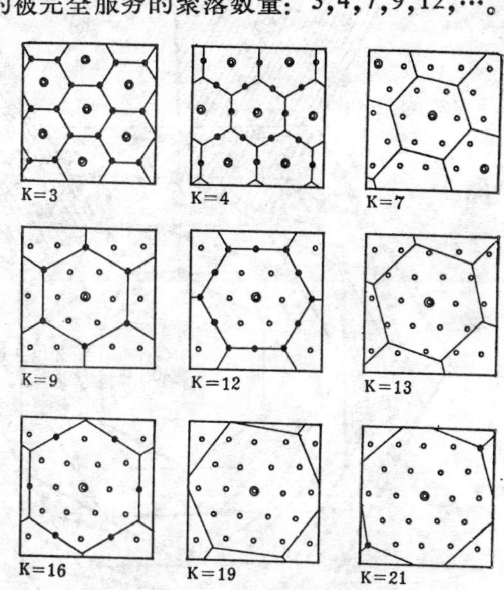

图 83　廖什 9 种最小的六角形市场区
(引自参考文献5,第 132 页)

廖什用透明纸画出了 150 种商品的大小不同的六边形市场区分布图。然后,他假定所有的市场区网络有一个共同的点——中枢点,以中枢点为准将 150 张图重叠起来。在中枢点，平原上的人口所需要的全部职能都能提供，它发展成最高级的中心地，即大都市。然后，廖什让叠置的网格图围绕着中枢点旋转，使尽可能多的六边形的中心相重叠，使一个中心出售的商品种类越多越好，以达到平原上中心地数目极小化的目的。最后就得到了著名的廖什景观，他认为这是提供货物和服务最经济有效的体系。

廖什景观在不少方面与克氏模型严格的一级套一级的等级体系不同。在廖什景观里，城市的分布是不均匀的。以大都市为中心，围绕周围的有 6 个城市数量较多、职能等级较高的扇区，称为

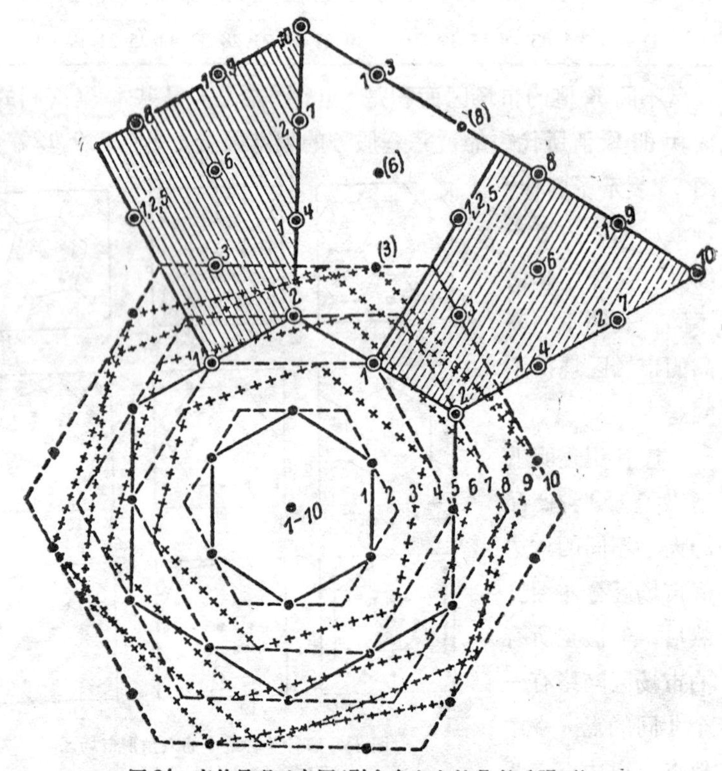

图 84 廖什景观示意图（引自参考文献 7，第 157 页）

"多城扇区"(city-rich sector),还有6个城市数量较少、职能等级较低的扇区,称为"少城扇区"(city-poor sector)。图84示意性地表示了10种最小的市场区网络叠置、旋转后形成的廖什景观的一部分。画网线的部分是多城扇区,城市旁的数字代表该中心拥有哪些级别的职能。另外,在廖什景观里,同一等级的城市可能有不同的职能组合;具有较高等级职能的中心,不一定具有全部低等级的职能;一个规模较小的城市有可能向另一个较大的城市提供商品;不同等级的城市个数之间也不是一个常数关系,例如3倍、4倍、7倍。由于种种原因,廖什经济景观中的城市规模分布可能是连续的,而不是明显阶梯状的等级体系。这一些在克氏模型中不可能出现的灵活性,使廖什的理论更接近、更容易解释现实的城市体系。

廖什的模型对城市区位是否提供了圆满的解释,这仍然是远未解决的问题。

有人以为,廖什的构思和超额利润最小化原则有强烈关系,但是他们指出,廖什在推导中有自相矛盾的地方。例如城市A提供两种商品,有K=3和K=9两种市场区。在推导K=3的市场区规模时,已考虑到必要的消费者数量,使A城不产生超额利润。但是A城还必须提供另一种市场区更大的职能,在A城必需有一定量的人口来生产和供应第二种商品,这些人口可能将增加对第一种商品的需求。这样超额利润就可能产生了。假如允许多目的的购物出行,那么在A城较大市场区里的消费者,在进入A城时,可能决定同时采购其它商品。这样,对A城的第一种商品的需求又增加了,进一步产生超额利润,而在其它中心,需求可能减少了。没有考虑多目的购物行为,是克里斯塔勒和廖什共同存在的缺点。

克里斯塔勒和廖什的中心地理论极大地推动了城市地理学多方面的学术研究。世界不少地方的区域规划也把该理论作为某种方便的政策框架用于实践。尽管在许多实验研究中得到许多与理论模型不相符合的失望结果，也不足为怪。人文地理学里的许多理论模型，大概都会有类似遭遇。这可能是由人文地理环境的强烈区域性、地理环境区系统的错综复杂性等研究对象本身的特点所决定的。有人说得好，由于人们没有能力建立起类似克里斯塔勒和廖什假设的那种控制环境，我们永远不能真正地肯定和否定这些理论的预测。

二、城市吸引范围的确定

城市体系的空间网络结构涉及的领域很多，但在实践中最常遇到、也是最具综合性的问题，就是城市吸引范围的确定。各种区域无非有两类：均质区或枢纽（节点）区。均质区是研究对象相对均匀发生的一种地域单元，至少是均匀程度在某种可以接受的标准以上。例如土壤类型区、植物类型区、地形区、作物分布区、人口密度分布区等。枢纽区由一个或多个中心（或焦点、结节点）以及与中心有动态联系的外围空间共同组成，根据动态联系的范围来确定区域的边界。例如综合经济区、产销区、小学的学区。本章要讨论的城市吸引范围就属于一种典型的枢纽区。

（一）城市吸引范围的概念

任何一个城市都和外界发生着各种联系，用地理学的术语讲，即存在着空间交互作用（spatial interaction）。这种联系可通过人口、物资、货币、信息等的流动来实现。一个城市联系所及的范围可以无限广阔，譬如它的某一种产品可能行销全国和出口海外；来自国内外的客人可能光临这个城市，等等。城市联系所及的范围可称之为城市的绝对影响范围。与此概念相对应，一个地域可以同时接受很多城市的影响。

城市对外影响力的大小一般随距离而衰减。因为随着距离的增加，实现这种联系所付出的时间或费用也增加了。当考虑两个等级相当的城市的交互作用时，在两城市之间必然存在着一条界线，在此界线一侧的地域，以向这一侧城市的联系为主；在此线的另一侧，联系的主要方向是另一个城市。如图 85 所示，城市 A 和 B 的影响力衰减曲线在 O 相交，AO 地域以城市 A 的影响为主，属于 A 城的吸引范围；BO 以 B 城的影响为主，是 B 城的吸引范围。为了把城市的吸引范围和城市的绝对影响范围区别开来，不妨把城市的吸引范围叫做城市的直接吸收范围或直接腹地。

这样就导出了以下定义：城市的直接吸引范围是一个城市的吸引力和辐射力对城市周围地区的社会经济联系起着主导作用的一个地域。强调主导作用，即意味着这一地域并不是不受其它城市的影响，只是按影响力而论，以该地域内的中心城市为最大而已。换句话说，城市直接吸引范围的形成是区域内同级城市空间交互作用力量平衡的结果。

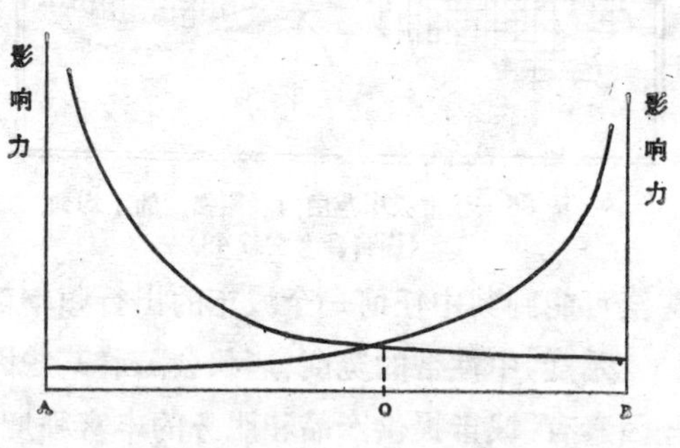

图 85 城市影响力与直接吸引范围

从理论上讲，人们通过各种分析可以找到这些平衡点，然后在地图上圈画出每个城市吸引范围的界线。而实际上，把城市吸引范围的边界看作是一条线，完全是人为的。它掩盖了吸引范围内各部分与中心城市联系强度的变化。图 86 是英格兰某区域以居民到不同城镇购物的频率为指标划分的城市间的吸引围范。[①] 图中有 4 个同级城市，它们直接腹地的形状和范围都不是规则的。按不同的联系强度，从中心城市向外可以分成密集作用区、一般作用区和边缘作用区。图中的断线应该是出行到相邻两城市的频率为50%的地方。而实际上，这是一条边界模糊的中性带。相邻城市的影响力在这个地带重叠、竞争。在中性带内的人们购买城市的产品或接受城市的服务有较大的选择性。有时，在有几个同级城市的影响势均力敌的情况下，有些中间地区甚至可能到其中任何一个城市的出行频率都不到50%。

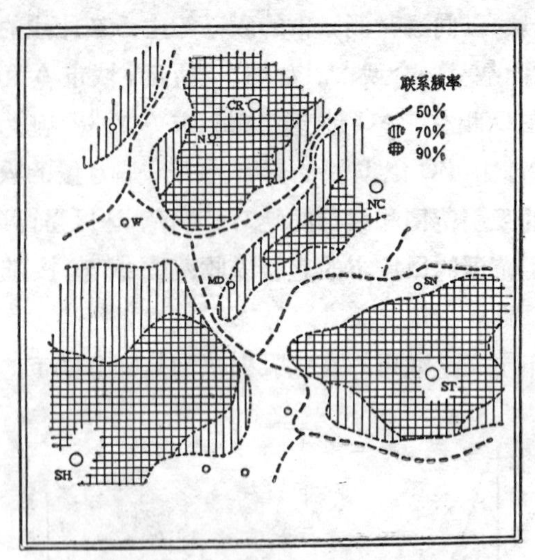

图 86　城市吸引范围内联系强度的不均匀
(引自参考文献 49)

无疑，中性带的宽度、形状会随着某些因素的变化而变化，这些因素有：城市提供产品和服务的丰富程度；到被选择城市的有效时间；有关选择城市的信息的有效性等。

对城市的每一种职能都可以分别划出城市的吸引范围。有些职能的吸引范围可能是大体一致的，也有些职能的吸引范围是不相同的。需要确定城市的综合性吸引范围时，就要根据不同情况，选择一个指标体系，分别确定吸引范围，然后再归纳成一个综合的吸引范围。

① 详见参考文献 49。

城市是有等级差别的，不同等级的城市有不同的职能。举例说，在我国一般的乡镇居民点有镇政府机关、供销社、卫生所、小学等，是乡镇辖区和周围乡的地方中心。县城除了乡镇的一般职能外，还有提供更高一级服务的县政府机关、百货公司、县医院、高级中学等。而在城市，除了具有乡镇、县城的一般职能外，是更高一级政府领导机关的所在地，有专业商店、专业医院，还有大专院校。城市之间又有国家级、大区级、省区级等不同的等级差别。

不同等级的城市有不同等级的吸引范围。低等级城市的吸引范围被高等级城市的吸引范围所覆盖，高等级城市的吸引范围被更高等级城市的吸引范围所覆盖。组成一种层层嵌套的地域空间系统。较高级的城市，由于具有低级中心的职能，它可以作为低级中心和周围其它低级中心一起参予划分相互间的低层次吸引范围。但是不能反过来，划分低级中心与高级中心之间较高等级职能的吸引范围。因为，一般说来低级中心没有高级中心所特有的高级职能。

简而言之，城市的直接吸引范围或直接腹地具有边界的模糊性和动态性，内部联系强度的过渡性，相互之间的等级层次性等特点。

虽然社会经济联系并不完全受行政界线的制约，但在确定城市的吸引范围时，从便于统计资料的收集和便于应用，常常和某种基层行政区（例如乡、镇、县）的界线相吻合。

（二）划分城市吸引范围的方法

划分城市吸引范围的方法无非是两大类。一类是经验的方法，即通过大量的实际调查加以确定的方法；一类是理论的方法，即通过若干理论模式进行推算的方法。前者工作量比较大，但比较准确，符合实际。后者是从许多实践中抽象出来的模式，运用起来比较简便,但毕竟是一种理想状况,与本地区的实际条件可能有某种出入。在实践中比较稳妥的办法是以一种方法为主,以另一种方法作校核。

1. 经验的方法

在国外,经常做下列几种类型的调查来研究城市的吸引范围:

(1) 线上的调查:通过调查交通线上各点的车流资料,从总车流中减去通过车流,得到净运流。两个城市之间净运流的最小点,即两城市之间运输流的直接吸引范围的界线。

(2) 面上的调查:通过访问消费者,了解居民购买或出行行为的指向来确定城市的吸引范围。

(3) 点上的调查:通过调查城市的商业、服务业等各种企业单位的顾客来源确定吸引范围。常用的如银行帐户的分布,医院病人的地址,医院婴儿的出生记录,日报和周报的发行范围等。

格林(H. L. Green)用 7 个指标划分纽约和波士顿两大城市之间吸引范围的界线是这方面有代表性的工作。这 7 个指标是:铁路通勤的方向;日报的发行范围;电话联系数;银行客户;卡车的货运流;度假者来源;大工业企业董事的办公地点。他分别确定了 7 条分界线,最后归并成一条综合界线。①

一般说来,城市单指标的吸引范围是比较容易确定的。两个城市之间多指标的吸引范围的界线也是不难确定的,但要寻找一个中心城市和周围若干个同级城市之间的综合性的吸引范围,或者要分别划分出若干个中心城市的吸引范围,这一工作就比较复杂。问题的关键有两个:

(1) 确定同级别的中心城市。

如需划分一个中心城市的实际吸引范围,只需根据城市的行政等级、人口规模、经济实力等指标,参考交通网络,主要用定性的

① 参见参考文献 41。

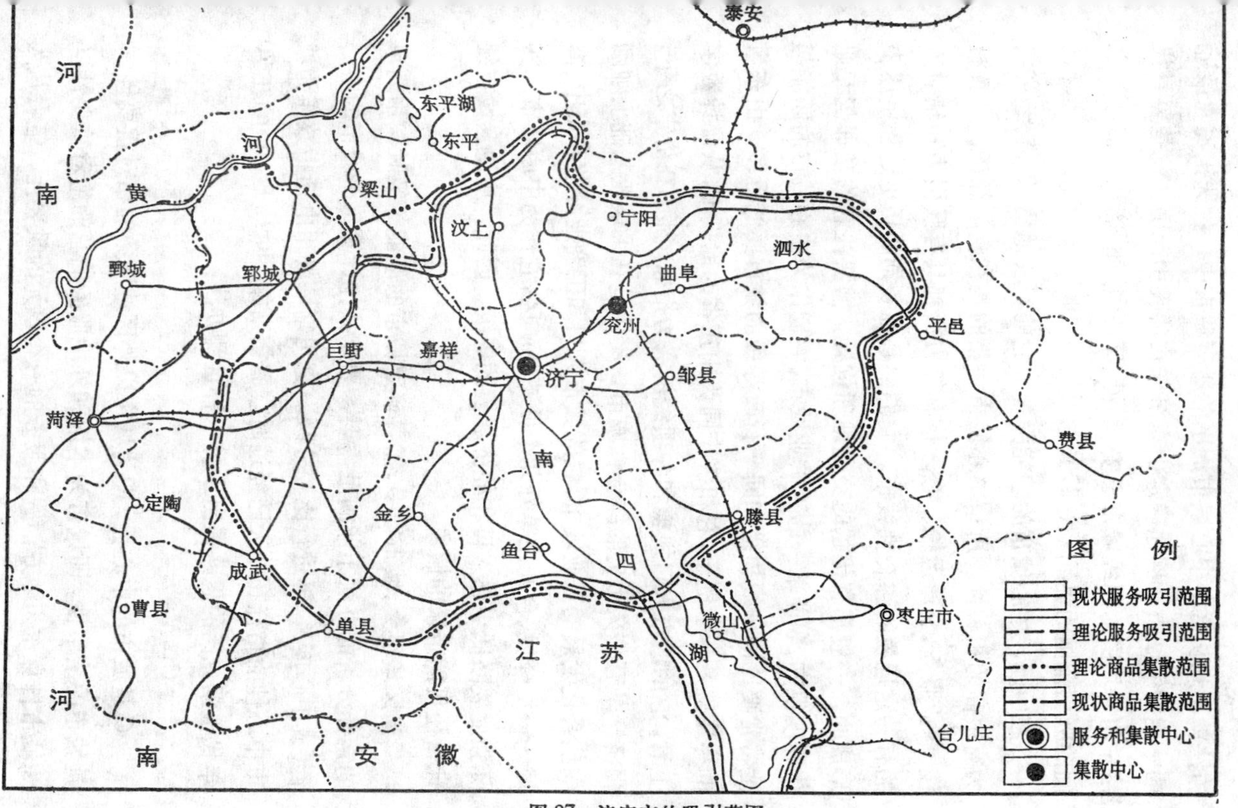

图 87　济宁市的吸引范围

方法就不难从这个中心城市周围的所有城市中，挑选出离它最近的一圈同级城市。例如确定山东济宁市的吸引范围，就是要寻找济宁与它周围的同级城市泰安、临沂、枣庄、徐州、商丘、菏泽等之间的吸引范围的界线（图 87）。

在中国，中心城市的职能强度与它的行政地位、规模、经济实力有很高的相关性。所谓中心城市，指的是在政治经济、文教科技、商业服务、交通运输、金融信息等方面都具有吸引力和辐射力的有一定规模的综合性城市。它们都是在长期的历史过程中逐步形成的，一般都有优越的交通地理位置。需要注意的是那些专业化程度很高、职能单一的工矿业城市，它们作为中心城市的职能强度常常要比同一规模级和同一行政等级的城市要低得多。山东省的枣庄就是一个例子，它和济宁同为山东省的地级市，从统计数字上看，它的城市人口规模和各项经济实力指标，都不在济宁之下。但济宁是有悠久历史的综合性城市，枣庄是在采煤业基础上刚刚向综合化发展的工业城市，它的城市人口和工商业分散在市中、薛城、齐村、峄城、台儿庄等好几个城镇和矿区，它作为中心城市的实际强度要略低于它人口和经济规模的等级。因此，应注意城市统计口径可能带来的假象。

当区域很大，城市很多，需要确定城市的职能等级时，用简单的定性分析的办法不能满足需要，要求具体计算每个城市的中心性（或中心度），再进行比较分级。克里斯塔勒用电话指数作为城市中心性的指标在今天已经过时。普雷斯顿 (R E. Preston)在 70 年代根据克氏的思路提出了另一种量测办法：

$$C=N-L \tag{1}$$

C 是城市的中心性，即为城市以外区域服务的相对重要性；N 是城市的结节性，即城市为本地和外地服务的总的绝对重要性；L 为城市自身作为地方消费和服务的一个单元的重要性。笔者认为

(1)式所包含的理论意义不仅正确而且十分重要。它说明，城市的结节性(Nodality)和中心性(Centrality)是互有联系的两个不同概念。前者表示城市总体上的重要性，常用人口规模和经济规模表示，后者是城市为外地服务职能的相对重要性。

普雷斯顿进一步提出的实际操作模式为:

$$C=R+S-\alpha MF \qquad (2)$$

式中

R——城市零售总额;

S——经选择的几种服务业的经营总额;

α——中等家庭收入中用于零售和几种服务支出的百分比;

M——某城市的中等家庭收入;

F——某城市的总家庭数。

由此得到所有城市的中心性值，从小到大排列后，以它们的差距变化可以分成若干等级。①

另有一些学者，用更多的指标来求取城市的中心性值。

(2) 确定职能调查的指标体系。

职能指标的选择可以从中心城市的若干特征入手去加以确定。例如:

中心城市作为政治中心，有它自己的行政管辖范围，这是比较清楚的，不需要作大量调查。

作为经济、流通中心的物质流指标，无非有向心和离心两种。从向心的联系中可以选择粮食、油料、生猪等向区外销售的农产品，调查它们向中心城市集中的范围，也可以调查中心城市加工工业的原料来源范围，如纺织厂所需的棉、麻；肉联厂所需的猪肉；卷烟厂所需的烟叶；造纸厂所需的苇子、稻草等。从离心的联系中可

---

① 参见参考文献 71 和 72。

以选择外地工业产品经过中心城市向区域中转批发的范围，如煤炭、化肥、百货、五金交电等若干重要物资。

作为信息中心的信息流指标，可以选择长途电话、电报流量、流向等。

作为金融中心的资本流指标，可以从工商银行、农业银行、建设银行调查各市县间的银行对帐记录。

中心城市作为交通中心的客流指标，可以调查长途汽车旅客的流量流向。

中心城市作为区域的服务中心，可以调查城市大医院住院病人的来源，等等。

无疑，多指标的空间流的调查，工作量很大，但在研究的初期，又是完全必要的。

经过多次的实践，笔者认为，资本流、信息流和客流是3个可以综合反映城市对外社会经济联系的比较理想的指标①。银行的联行业务量反映了城市间、城市与区域间物质流和非物质流的综合经济联系。而且这种资料有年度的、月度的汇总，较易获得。银行作为经济活动的中枢，也正在发挥越来越大的作用。长途电话不仅反映地域间经济上的联系，也反映社会、政治等多方面的联系，也是一个综合性较强的指标。人是各种经济、社会联系的承担者，客流更多地反映了城市服务职能的影响大小。

在城市吸引范围的实际调查中，有两点应该再次强调。确定城市吸引范围的边界，不取决于某地与中心城市的联系的绝对量，而是取决于该地对周围几个同级中心城市联系的相对份额，寻找最主要的联系方向；另外，紧邻中心城市的地域，它们的主要联系方向是比较明确的。因此调查和分析的重点应放在中心城市与周围同级城市之间的中间地带。

① 参见参考文献210。

2. 理论的方法

用理论模式来划分城市的吸引范围，就是把城市与外界的空间交互作用抽象化，用一种比较简单的数学模式来模拟城市联系的实际状况。这些模式几乎都来自物理学的引力模式。

1687 年牛顿提出万有引力定律:

$$F=\frac{GM_iM_j}{d_{ij}^2} \tag{1}$$

式中

F——物体相互间的吸引力;

G——地心吸力常数;

M_i,M_j——物体的质量;

d_{ij}——两物体间距离。

英国人口统计学家雷文茨坦 (E. G Ravenstein) 1880 年第一个正式把牛顿模式用于社会科学研究。他从英格兰和威尔士的劳动力迁移研究中,注意到迁移多趋向于大城市,而且迁移量随着源地和目的地间距离的增加而减少。

人口的迁移模式为:

$$T_{ij}=K\frac{P_iP_j}{d_{ij}{}^b} \tag{2}$$

这里,从 i 到 j 的迁移流被看作和两地的人口成正比(P_i P_j),和它们之间距离的 b 次方成反比。b 被称为距离摩擦系数,b 值越高,则随距离增加，人口迁移的衰减速度也快。b 经常 取 2。对 b 的赋值一直是争论的焦点。后来,模式中的常数项,通过对数形式的回归方法来配置:

$$lg\left(\frac{T_{ij}}{P_iP_j}\right)=lgK-blg\ d_{ij} \tag{3}$$

表 72 概括了重力模式中最常用的距离衰减方程,以及它们的

线性回归转换。

表72　距离衰减函数一般类型表

名　　称	函　　数	线性回归转换
一般模式	$T=ae^{-bf(d)}$	$\ln T=\ln a-bf(d)$
单对数模式:		
常态	$T_{ij}=a\cdot e^{-bd_{ij}^2}$	$\ln T_{ij}=\ln a-bd_{ij}^2$
指数	$T_{ij}=a\cdot e^{-bd_{ij}}$	$\ln T_{ij}=\ln a-bd_{ij}$
平方根指数	$T_{ij}=a\cdot e^{-bd_{ij}^{0.5}}$	$\ln T_{ij}=\ln a-bd_{ij}^{0.5}$
双对数模式:		
帕雷托模式	$T_{ij}=a\cdot e^{-b\ln d_{ij}}$	$\ln T_{ij}=\ln a-b\ln d_{ij}$
对数正态	$T_{ij}=a\cdot e^{-b(\ln d_{ij})^2}$	$\ln T_{ij}=\ln a-b(\ln d_{ij})^2$

注: Tij为区位i和j之间的交互作用量，d_{ij}为i和j间的距离；a,b 均为常数；e 为指数常数(2.7183)。

资料来源: 引自参考文献84。

为了更符合实际，(2)式也可以改用指数形式配置:

$$T_{ij}=K\ P_iP_j\exp(-bd_{ij}) \tag{4}$$

在实际应用中，城市间的交互作用量除了用城市人口规模来表示城市的质量指标外，也可以用城市的零售额数、就业机会数、工业总产值、固定资产和流动资金等其它一些替代指标。也可以根据城市之间年龄结构、消费水平、就业水平或生产率水平等的差异，给不同的城市以不同的权数。距离因素也可以用好几种方法量测，最常用的是两点之间的直线距离或实际距离。当考虑到路况条件时，用时间距离更准确。如果引入不同交通工具的成本，也可以用经济距离来替代。有人甚至认为，人口迁移的距离观念可能不全是地理的概念，有时也可以用心理感应距离来量测。

这样，空间交互作用的一般表达式可变为:

$$T_{ij}=K\frac{(W_iP_i)^{\alpha}\ (W_jP_j)^{\beta}}{d_{ij}{}^{b}} \tag{5}$$

20年代和30年代空间交互作用的重力模式广泛用于商业区研究。对得克萨斯州225个城市的零售商业区的研究，导致赖利(W. J. Reilly)提出零售引力定律：

$$\frac{S_i}{S_j}=\left(\frac{P_i}{P_j}\right)\left(\frac{D_j}{D_i}\right)^2 \tag{6}$$

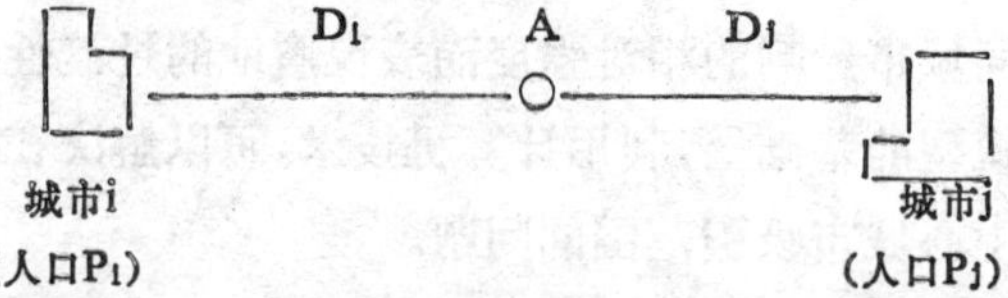

D_i　　A　　D_j

城市i（人口P_i）　　城市j（人口P_j）

赖利认为城市i,j之间任何一地A到两城市零售额的相对份额(S_i/S_j)与两个城市的规模大小和到两城市的距离远近有关。①

两城市间的吸引范围的划分，实际就是寻找与两城市的联系份额相等的那个平衡点的位置。1930年康弗斯(P. D. Converse)在赖利定律的基础上提出了寻找平衡点的所谓分界点公式或断裂点公式：②

$$B=\frac{d_{ij}}{1+\sqrt{\frac{P_i}{P_j}}} \tag{7}$$

式中

P_i,P_j——城市i和j的规模；

d_{ij}——两城间的距离；

B——为断裂点到其中规模较小的城市的距离。

如果求出中心城市i和周围若干个邻近的同级城市j之间的断裂点，用平滑曲线把它们连起来，就得到了i城市的吸引范围。经过简单推导就可以知道，断裂点公式就是(2)式$k=1$，$b=2$和(6)式$S_i/S_j=1$情况下的变形。显然(7)式中的平方根可以用经过

① 参见参考文献74。

② 参见参考文献29。

实证的其它合适的根来替代，人口规模也可用其它城市质量指标。

用断裂点模式划分吸引范围简单易行。根据笔者多年的实践验证，用该公式得出的理论吸引范围和用大量指标归纳出的实际吸引范围基本上一致。它的缺点是假设过于简单：规模弹性系数为1，距离弹性系数为-2，而实际情况要复杂得多。另外，它不能反映各地受不同城市影响的相对强度而表现腹地的过渡性特征。

在引力模型的基础上，利用计算机技术，可以解决在一个区域中划分多个中心城市吸引范围的问题。

取(5)式的简化形式：

$$I_{ij}=K\frac{Q_i{}^{\alpha}\cdot Q_j{}^{\beta}}{d_{ij}{}^{b}} \tag{8}$$

$i=1,2,3,\cdots,m;\ j=1,2,3,\cdots,n$。

I_{ij} 表示 i 城市与 j 小区之间的相互作用量，Q_i 是 i 城市的中心职能规模指数，Q_j 是 j 小区的人口数或其它质量指标，d_{ij} 为距离。α,β,b,K 均为常数，这些常数可以通过抽样调查的方法取得几个城市和若干小区的联系量的实际数据，经过多元回归得到。在 Q_i、Q_j、d_{ij} 已知的情况下，利用计算机可以求出区域内每一个 i 和每一个 j 的相互作用量，然后通过(9)式可以求得 j 与每一个城市相互联系的相对强度：

$$Fij = \frac{I_{ij}}{\sum_{i=1}^{m} I_{ij}} \tag{9}$$

F_{ij} 也可以看作是 j 小区对于城市 i 的吸引范围的隶属度，根据择大的原则，就可以确定每一个小区 j 分别属于哪一个城市 i 的吸引范围。在此基础上，就得到各个城市的吸引范围。

空间交互作用的重力模式还有两种有意义的推广：

(1) 潜能模式。四五十年代，斯图尔特(J. Q. Stewart) 又把牛顿的势能公式引入地理学，牛顿的两个物体相互间的势能概念为：

$$E=G\frac{M_iM_j}{d_{ij}} \tag{10}$$

按此，在地理学中两个地方（例如城市）之间的潜在势能定义为$\frac{P_iP_j}{d_{ij}}$，i城市以外所有的地方j施加到i城市的潜能之和为：

$$E=\frac{P_iP_1}{d_{i1}}+\frac{P_iP_2}{d_{i2}}+\cdots+\frac{P_iP_n}{d_{in}}$$
$$=\sum_{j=1}^{n}\frac{P_iP_j}{d_{ij}} \quad (i\neq j) \tag{11}$$

等式两边都除以P_i，(11)式简化为：

$$V_i=\sum_{j=1}^{n}\frac{P_j}{d_{ij}} \quad (i\neq j) \tag{12}$$

V_i表示城市i与外部所有其它地方j之间可能的影响之和，即外界施加到城市i一个点上的总潜能。i城市的总潜能也可以理解为i城市的可达性（accessibility）。因为当P_j用人口规模代表时，d_{ij}越小，则到达i城的可能性越大。距离增加的作用是降低了人口的可达性，增加了它的孤立性。①

人口和交通网络在空间的分布都是不均匀的。用(12)式求得的每个城市的潜能值，反映了城市的一种区位条件，颇有实用价值。对每个城市的潜能值用内插法还可以画出潜能等值线图，用来反映国家或区域一般可达性的空间变化。当人口用不同的权数或不同的指标替换后，也可以用来量测其它目的的潜能，如收入潜能，市场潜能等。距离系数也不必拘泥于1，可以用b替代。

潜能模型还存在一个模糊点，即城市i本身究竟有没有潜能，如果有，它的大小应该如何计算。这实际上就是(12)式再加上$i=j$时的情况，

① 参见参考文献81。

$$V_i=\sum_{j=1}^{n}\frac{P_j}{d_{ij}^b}+\frac{P_i}{d_{ii}^b} \tag{13}$$

认为理论上城市本身存在着潜能的人，对于 d_{ii} 的取值有几种不同的观点，有人取 $d_{ii}=1$，也有人用 $d_{ii}=\sqrt{S/\pi}$，即城市建成区的平均半径，也有人用 i 城市与它最近城市 j 之间距离的一半，或者用城市 i 的吸引范围的平均半径。在这方面还没有统一的见解。d_{ii} 的取值不同最后所得的结果相差很大。

（2）中间机会模式。1940年美国社会学家斯托弗(S.A.Stouffer)把较近的或中间的区位引入到空间交互作用的距离因素中。他提出从源地 i 到目标地 j 的交流量（M_{ij}）与目标地 j 的机会数（N_j）成正比，而与源地和目标地之间的中间机会数（N_{ij}）成反比。他认为距离衰减法则中的距离本身并不起决定作用，运动流之所以随距离增加而明显衰减就是由于中间机会的增加。① 他的概念可用下式表达：

$$M_{ij}=\frac{N_j}{N_{ij}}\cdot K \tag{14}$$

中间机会模式在 60 年代曾被广泛用于交通流研究，例如芝加哥地区的交通研究曾采用以下模式：

$$T_{ij}=O_i\left(e^{-\sum_{j=1}^{n-1}D_j}-e^{-\sum_{j=1}^{n}D_j}\right) \tag{15}$$

如图 88 所示，假设源地出行数规模 O_i 为 100，周围的 5 个目标地有不同的机会(D_j) 和不同的距离（d_{ij}）。式中括号里有 2个 ΣD_j，前一个($j=1\rightarrow n-1$)是不包括目标地在内的中间目标地的机会数之和；后一个($j=1\rightarrow n$)是包括目标 j 和所有中间目标地的机会数之和。因此，据式(15)有：

$$T_{i1}=100[e^{-0.4}-e^{-(0.9+0.4)}]=100(0.670-0.273)=39.7$$

$$T_{i2}=100[e^{-(0.9+0.1+0.4)}-e^{-(0.4+0.9+0.1+0.4)}]$$

① 参见参考文献 82。

$$=100(e^{-1.4}-e^{-1.8})=100(0.247-0.165)=8.2$$

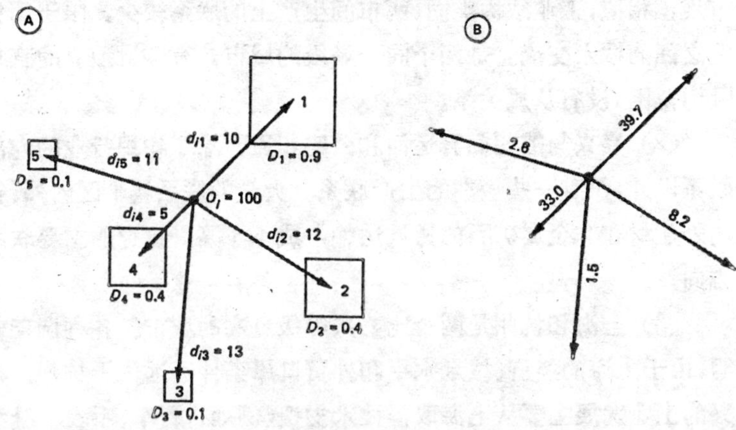

图 88 中间机会模式应用举例

（三）实际应用例示

在这部分内容中，选择了笔者在实践中确定中国某些城市吸引范围的几个例子。①

1. 位于杭州和上海间中点的嘉兴属于更高级中心城市上海的吸引范围

嘉兴位于上海、杭州、湖州、苏州 4 座大中城市之间，距离均不超过 100 公里，是浙江省东北部一个工业相当发达的小城市。在明确了嘉兴市的直接吸引范围后，为了进一步明确嘉兴在更大区域中的分工和合理发展方向，从而为编制城市总体规划提供依据，就需要研究嘉兴与区外的主要联系方向，即明确它属于哪一个更高级别城市的吸引范围。

通过对嘉兴各行业对外联系方向的实际调查，得到了这样的结论:

① 这些工作是在笔者指导下，由学生共同参与的，对他们的劳动表示谢意。

（1）嘉兴与湖州是同属杭嘉湖平原北部的两个中心城市，城市规模相似，工业结构类同，两市间生产上的联系较少，限于同行业之间的技术交流。是两个同一等级的城市，有各自独立的直接吸引范围，没有从属关系。

（2）嘉兴与苏州间有运河和公路相通，除了纺织行业的内部联系以外，仅有一些短期的生产联系。大量的联系属于区内外、省内外建材和非金属矿石的通过运输，成不了嘉兴自身的主要联系方向。

（3）上海和杭州是两个比嘉兴等级更高的城市。各种调查表明，由于上海的经济、技术水平和外贸口岸条件远远优于杭州，嘉兴的工业发展主要从上海取得技术支援（例如自行车、手表、缝纫机等许多产品的生产）；嘉兴的主要出口产品都通过上海外贸口岸，其中大部分挂上海商标，销路很好；嘉兴市场上的生活用品按省里下达的调拨计划，沪产品只占30%，但计划外采购的商品，沪产品占绝对优势。如果计划放开，嘉兴市显然属于上海的市场区（表73）。嘉兴的货流方向也以上海为主，以水运发货量为例，流

表73　1982年4月嘉兴零售部门计划外采购情况（%）

采购物品＼城市	上海	杭州	苏州	湖州
纺织品	17.9	6.6	5.1	5.2
百货	61.0		27.9	
文具	45.2	9.1		

向上海方向的占43.5%，去杭州方向的仅7.4%（图89）。各种职能的联系分析说明，嘉兴在行政区划上虽然是浙江省的一部分，与它的省会城市杭州有一定联系，但从综合经济区的角度看，它属于更高一级城市上海的吸引范围。嘉兴市所辖的嘉善、平湖等县也有绕过上一级城市直接与上海保持密切联系的类似现象，这似乎

是特大城市地区城市体系的普遍特点。

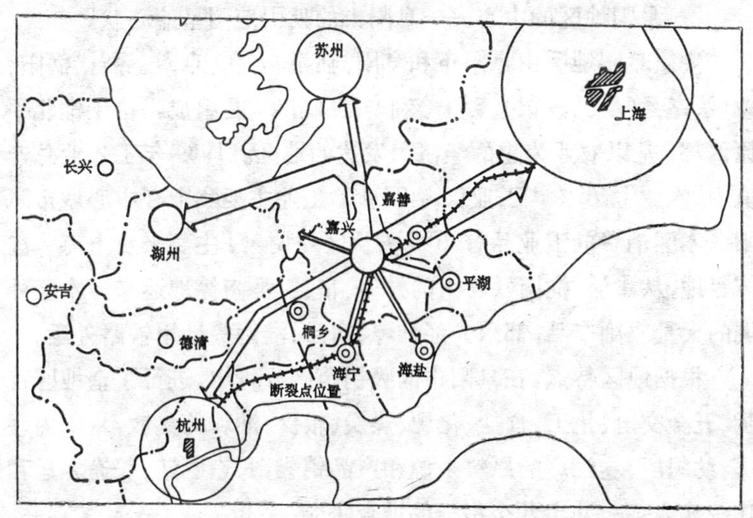

图 89　嘉兴市水运发货量去向示意图

(4) 用断裂点公式检验,上海与杭州之间的断裂点,按铁路里程计距杭州 51.23 公里,约在海宁县斜桥站西,与嘉兴市直接吸引范围的西界大体一致。

通过以上分析,对嘉兴的城市总体规划提出了 3 点建议:①嘉兴应该继续利用与上海便利而密切的传统联系的优势,来推动城市经济的发展。浙江省自己的外贸口岸开放后,一度要求嘉兴不走上海口岸,出口产品由省里走杭州、宁波方向统一经营,这对国家、地方外贸均无好处。②嘉兴原计划把城市客货横列的铁路货场搬迁到靠近杭州方向的西南湖一带,铁路部门已做初步设计。笔者建议改用城市东部的菱塘桥方案,使城市对外运输港站的布局尽可能接近对外联系的主要方向上海,以减少铁路小运转、市内短途运输和穿越市区的过境交通,提高经济效益。③从长远来看,嘉兴也是分散上海工业和人口的理想区位,因此在人口和用地规划上应为它今后的发展留有较大的余地。

2. 阜阳地区的中心——阜阳市的吸引范围呈偏心状。

安徽阜阳地区由阜阳市和阜阳、临泉、太和、阜南、界首、涡阳、蒙城、亳县(现已设市)、颍上、利辛等1市10县组成，位于淮北平原西部，是以农业为主的经济欠发达的地区。1984年工农业总产值中，农业占76%，工业仅占24%，工业主要集中在中心城市阜阳。本区消费的工业品有70%需从区外调入，主要来自上海、江苏等地，从津浦、淮南铁路上的蚌埠、宿县、淮南等地运来，本区外调的大量农副产品，都东去经蚌埠、宿县、淮南等地用铁路外运。

根据地区特点，在阜阳市的吸引范围分析中，进行了全地区百货、五金交电、化工、食盐、化肥、煤炭、粮食、油料的集散，阜阳肉联厂、纺织厂、卷烟厂的原料来源和产品销售，长途电话、长途客运和住院病人等一共十几个指标的调查研究。

大量的调查结果表明，阜阳市虽然基本上位于阜阳地区的中心位置，是地区行政机关的所在地，但只有地区的西5县是它的经济吸引范围，地区的东5县属于蚌埠、宿县、淮南等其它城市的吸

表74　阜阳地区各县和阜阳市经济联系举例(1984年)

县别＼项目	从阜阳市中转进货(%)		调入阜阳市或经阜阳市中转调出(%)	
	百货	食盐	油料	生猪
阜阳县	75	67	30	73
临泉县	81	100	65	55
太和县	67	100	88	38
界首县	71	100	74	90
阜南县	87	81	19	37
涡阳县	8	0(从蚌埠73)	0	11(去涡阳76)
蒙城县	9	0(从蚌埠67)	0	0(去蚌埠52)
利辛县	13	0(从淮南96)	0	29(去涡阳46)
颍上县	11	33(从淮南67)	1	38(去淮南56)
亳　县	11	0(从蚌埠94)	17	17(去蚌埠83)

表75　阜阳市几种职能的现状吸引范围(1984年)

职能＼地区	阜阳	临泉	太和	界首	阜南	颍上	涡阳	蒙城	亳县	利辛
百货	√	√	√	√	√					
五交化	√	√	√	√	√					
化肥	√	√	√		√					
食盐	√	√	√	√	√	√				
粮油	√	√	√	√	√					
生猪	√	√	√	√	√					
烟卷	√	√		√	√	√		√		√
棉花	√	√	√	√	√	√	√	√	√	√
煤炭	√	√	√	√	√	√				
长途客运	√	√	√	√	√	√				√

引范围(表 74,表 75)。

阜阳市的吸引范围呈偏心状态主要是由交通网络和对外经济联系的方向决定的。

津浦铁路和淮南铁路是纵贯皖北的交通干线，其中津浦线还是全国最重要的交通大动脉，整个皖北地区主要通过此铁路干线进行对外联系。蚌埠市是皖北最大的水陆交通枢纽。而阜阳地区偏居安徽省西北隅，区内联系主要通过以阜阳市为中心的放射状公路网,对外联系有 3 个主要通道:经阜蚌公路到蚌埠；经濉阜铁路支线通津浦线;经颍河、西肥河、涡河入淮河到蚌埠。这 3 条通道都接到皖北的铁路大动脉,使阜阳地区的对外经济联系形成“东来东去”的基本格局。

按照最小成本和最短路径原则,阜阳市以东的各县,顺着主要联系方向,直接与东面的蚌埠、宿县、淮南等城市联系,而不必逆主要联系方向，先西去阜阳然后再折返向东完成东向联系。也就是说蚌埠等南北铁路干线上的城市，作为铁路两侧广大腹地对外联系的出入口时,它们和同级城市之间的吸引范围的界线,向铁路侧向的延伸要比没有铁路的正常情况远得多，从而大大压缩了阜阳市的吸引范围向东的延伸。

同样的道理，阜阳市成为它以西各县对外经济联系的出入口，它的吸引范围向西的延伸比正常情况要远，故呈偏心状（图 90）。根据实际货流的运费计算以及断裂点公式的验证，阜阳市的合理吸引范围的西界应该进入河南省东部。然而，这种合理联系当时也遇到行政隶属关系的干扰。

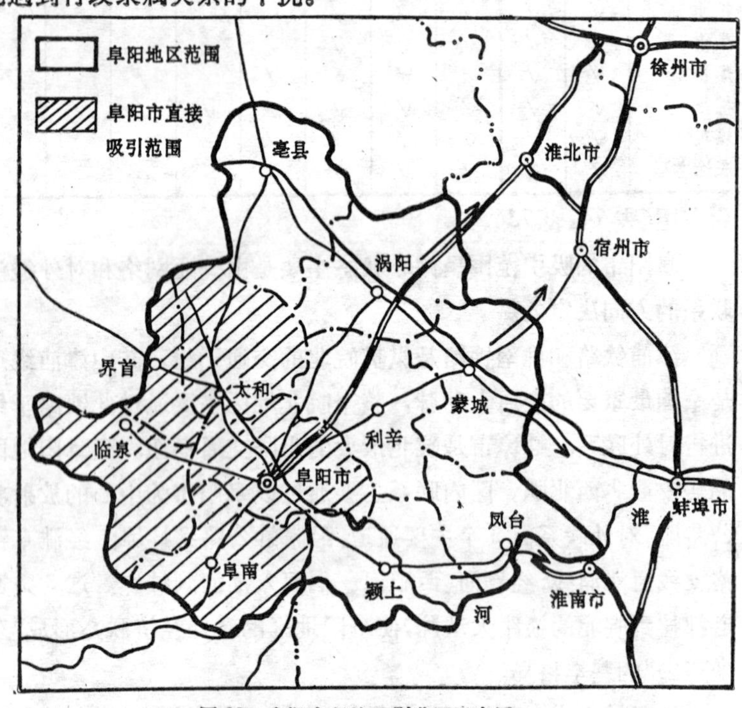

图 90　阜阳市经济吸引范围示意图

阜阳市现在的区位与 1984 年时已发生了很大的变化，商（丘）—阜（阳）、淮（南）—阜（阳）铁路已经修通，从阜阳西去，也可望经界首和河南的铁路网接通。特别是间于津浦和京广之间的另一条南北大动脉京九线贯通后，阜阳成为重要的铁路枢纽。阜阳地区对外联系东来东去的格局要发生大的变化，阜阳市偏心状的吸引范围也会发生相应的巨变。

3．泰安市域二级中心及其吸引范围的确定

山东泰安市域包括泰安市区的 2 个区（泰山区和郊区）、2 个县级市（莱芜、新泰）和 3 个县（肥城、宁阳、东平），总面积 9 840 平方公里，1986 年人口为 583.2 万人，是山东省中西部以泰城为中心城市的相对完整的一个自然、经济地域。除了泰安市区以外，其余 5 个县市因合理的或不合理的种种原因，都没有能够统帅本县市的一元化中心，普遍出现双中心甚至三中心并存的格局，而且相互之间多多少少存在着利益冲突。城镇体系规划为了协调它们的关系，发挥每个二级中心的积极性，促进城乡结合，就需要划分它们各自的吸引范围。方法简介如下：

（1）确定二级城镇的中心职能强度。在大量调查研究的基础上，从出现多中心格局的 5 个县中筛选出 10 个二级中心，加上中心城市泰城共计 11 个。选取城镇驻地非农业人口数、服务业就业人口数、工业总产值和工业职工人数 4 项指标，经标准化处理后，取平均值，代表二级城镇中心职能强度指数（表 76）。

表76　泰安市域二级城镇中心职能强度指数

县市	二级城镇	中心指数	县市	二级城镇	中心指数
泰安	泰城	100.0	新泰	新泰	23.6
				新汶	37.7
肥城	新城	12.7	宁阳	宁阳	15.2
	王瓜店	12.4		磁窑	5.9
莱芜	莱城	29.9	东平	东平	9.4
	城子坡	22.9		州城	5.2

（2）构造运输网络和距离矩阵。泰安市域共计 133 个乡镇级基层地域单元，以乡、镇政府驻地作为该乡镇的人口加权中心，假

设小区域的对外联系全部通过该中心进行。从公路交通网络图上得到全部区段的实际交通线里程。用图论的算法求出各乡镇中心到 11 个二级城镇的最短距离，构成距离矩阵。

(3) 计算各乡镇与全部二级城镇的联系量

计算采用空间交互作用的关系式：

$$I_{ij}=KS_j^{\alpha}\ P_i^{\beta}\ d_{ij}^{\gamma}$$

I_{ij} 表示 i 乡镇与 j 二级城镇的联系量，S_j 是 j 二级城镇的中心职能指数，P_i 为 i 乡镇的总人口，d_{ij} 是 i 乡镇到 j 二级城镇的距离。

为得到公式中的各项参数，采用了抽样调查方法，调查了泰安和宁阳长途汽车站 1987 年 7 月 3 日旅客流量流向的检票记录，以城乡间的旅客流量来大致反映它们之间的联系量大小。采用多元回归和计算机模拟的方法，求出 $\alpha=0.40$，$\beta=1.6828$，$\gamma=-1.3253$，统计检验变相关系数 $R=0.6134$，$F=23.23>F_{0.01}=4.0$，相关高度显著。

(4) 计算各乡镇对二级中心的吸引隶属度并确定吸引范围。为确定某个小区域究竟受哪个二级中心的吸引为主，可以计算 i 小区所受各二级中心的影响力总和中，j 二级中心所占的份额，定义为隶属度：

$$F_{ij}=\frac{I_{ij}}{\sum\limits_{j=1}^{m} I_{ij}}$$

根据择大原则，将各小区划归某个二级中心的吸引范围，结果见图 91。

结果表明：①泰城除了是全市的中心城市外，作为二级城镇的职能，它的吸引范围最大，沿着放射状的方便交通联系，它的吸引范围可伸入周围相邻县市的个别乡镇；②莱城的吸引范围居第二，

包括了莱芜市的绝大部分。相比之下，城子坡（莱钢）的中心职能

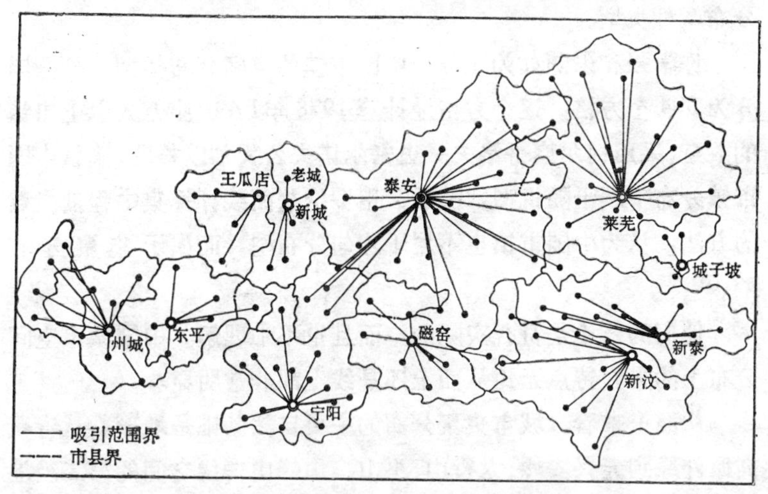

图 91　泰安市城二级中心吸引范围划分

强度指数并不低，但吸引范围过小，缺乏城镇发展的区域基础，这是当初莱钢选址失误带来的后果，对它今后的发展十分不利。莱芜有可能发展成以莱城为中心的单中心结构；③其它县的双中心都形成差不多平分秋色的局面，在规划中应对它们的分工和合作给予特别的关注；④二级中心的吸引范围与县级行政区划并不一致。这是由于处在边缘的乡镇可能同时受二个以上的中心吸引，它们经济联系上的归属是相对的，与行政隶属关系无关。但值得注意的是州城对东平湖西 4 个乡镇的吸引力相当弱，应加强州城到这些乡镇的公路建设，缩短时间距离，提高州城的吸引力。

三、中国城市空间结构的研究

（一）中国城市的空间分布特点

一个国家的城市空间分布几乎没有可能是有规则的。不规则

的城市空间分布用统计分析方法又可以归纳为聚集、随机或均匀分布 3 种类型。

许学强和朱剑如为了分析中国市镇的空间分布类型，把全国分为 304 个方格，逐个方格地计算 1978 年1 497 座万人以上市镇的数量，采用柯尔摩哥洛夫—史密尔诺夫公式加以检验，确认中国市镇分布不属于随机型。随后又用罗伦兹曲线计算集中程度指数的方法，认为中国市镇也不属于均匀分布型，而属于集聚分布型。①

他们的结论是符合实际的，而且也不难理解。中国城市空间分布上的集聚特点无论从面上还是线上都非常明显。

从面上来看，城市集聚分布的主要自然基础是地形。从青藏高原外缘到大兴安岭、太行山、巫山、雪峰山一线之间的第二级地形阶梯，主体是 1 000～2 000 米海拔的广阔高原和盆地，占全国面积的 40%以上，有建制市 125 个，占 1990 年城市总数的 27%。而海拔在 4 000～5 000 米的第一级阶梯青藏高原和东部以宽广平原和丘陵为主的最低一级阶梯，面积各占国土的 1/4强，但前者只有拉萨、日喀则、西宁、格尔木、德令哈、临夏等 6 个城市，仅占全国总数的 1%多，而后者在差不多的面积里却集中了 336 个城市，占全国 72%。中国气候的巨大区域差异也影响城市的分布，但影响的程度不如地形那么深刻。若以 400 毫米和 1 000 毫米等雨量线也把全国分成 3 部分，则有 45.4%(212 个）的城市分布在面积占全国约 1/5 的南方湿润地区，有同样多的城市(212 个）分布在面积占 1/3 的北方半湿润地区，另外 40%多的西部干旱、半干旱地区分布有 9.2%、计 43 个城市。

按省区地域单元计，城市空间分布的集聚倾向也很明显。城市密度最高的苏沪、浙江、山东，平均每 1 万平方公里有 2.5、2.4、

① 详见参考文献 11，第123—127页。

2.2个城市，即平均30多公里可以遇到1座城市。城市分布最稀疏的西藏、青海、新疆，每10万平方公里还不到1个城市（表77）。

表77 以省区计的城市分布密度（1990年）

省区	面积（万km²）	城市数	密度（个/万km²）	省区	面积（万km²）	城市数	密度（个/万km²）
京、津、冀	21.57	25	1.159	湖南	21.33	26	1.219
山西	15.66	13	0.830	广东	17.98	19	1.057
内蒙古	115.92	17	0.147	广西	23.63	12	0.508
辽宁	14.70	20	1.361	海南	3.22	3	0.932
吉林	18.70	22	1.176	四川	56.79	23	0.405
黑龙江	44.32	25	0.564	贵州	17.48	9	0.515
苏、沪	10.64	27	2.538	云南	39.41	11	0.279
浙江	10.18	25	2.456	西藏	120.10	2	0.017
安徽	13.84	18	1.301	陕西	19.58	12	0.613
福建	12.17	16	1.315	甘肃	45.47	13	0.286
江西	16.66	16	0.960	青海	72.67	3	0.041
山东	15.38	34	2.211	宁夏	6.34	4	0.631
河南	16.48	26	1.578	新疆	164.68	16	0.097
湖北	18.70	30	1.604	平均			0.490

设有建制的城市密度指标，并不是很严密的。设市数年年在变，城市规模可以相差几十、几百甚至上千倍。因此表77中的分布密度只能从一般定性的角度去理解，得到一个城市分布疏密差异的概念。

在中国城市相对集中的东部地带，又有4个规模特别大的城市集聚区，分别位于辽中南、京津唐、长江三角洲和珠江三角洲。这4个区块经济发达，具备了形成中国都市连绵区的基本条件：①有两个以上特大城市作为区域的发展中心；②有直接与世界各国联系的对外口岸；③发展中心和口岸之间有一条或几条方便的交通干线作为发展走廊；④交通走廊沿线及其两侧有众多的中小城市；⑤在发达的大中城市的带动下，乡村地域的非农业或商品农业已经有了相当高的水平，成了乡村经济的主体，城乡之间具有紧密的交互作用。当然，这4个区块发展水平也不尽相同，或者说各有特点。

长江三角洲以宁—沪—杭为核心的地区最为典型。本区以700多万人口的上海为主要发展极和口岸，包括100万人口以上的南京和杭州，50万人口以上的苏州、无锡、常州等其它重要的核心城市，宁波、南通为辅助口岸，宁—沪—杭—甬铁路作为交通走廊贯通全区，大运河、长江航道和正在建设中的宁沪杭高速公路与铁路轴线多层次平行。全区有近30个建制市和大量的发达小城镇，城乡经济的紧密联系促进了区域经济的一体化水平。无论从劳动力结构或产值结构来看，基本上已经非农业化。是中国经济实力最雄厚、人口最多和面积最大的城市群和都市连绵区。它以占全国1.4%的面积，容纳了全国6.54%的人口，1986年工业产值占全国27.05%。

珠江三角洲的香港—广州—澳门地区以香港、广州作为主要发展极和主要口岸。广九铁路、公路、水路和建设中的深圳—广州—珠海高速公路组成多层次的发展走廊。就近依托香港和澳门是本区发展的独特地理背景和最有利的条件。它面积虽小，近年来经济发展速度却超过长江三角洲。包括香港、澳门在内的总体实力可和长江三角洲相匹敌。

京津唐城市群的结构特点是北京、天津两个超级大城市和特大城市唐山呈三足鼎立之势相互靠近，有华北大港塘沽作为出入口门户。辽中南城市群以沈阳为中心，大连为副中心和主要门户，沈阳、抚顺、鞍山、本溪、辽阳组成了中国最密集的大城市聚合体。相对说来，这两个地区因空间上过于集中、经济结构上过于重型化、以旱作农业为主等特点，区域的非农化和城乡间联系的深度和广度不如前两个南方城市群。

其它有希望向都市连绵区方向演变的可能是山东半岛的城市群。它具有发展极、口岸、发展走廊的基本框架，资源丰富，人口稠密，中小城市众多，乡镇企业发展非常迅速，对日本、朝鲜半岛的开放处在有利位置。

在中国国内普遍存在一种误解，以为大都市连绵区是大城市建成区无限蔓延、首尾相连的一种超负荷的经济、人口集聚形式，持否定态度者多。事实上，它是以若干大城市为中心的与周围县保持强烈交互作用，沿交通走廊分布的一种多核心的城乡共生体。它能把人口和产业的集中与分散结合起来，是一种高效率的空间组织形式。中国东部沿海的这几块城市密集区若能有意识的按都市连绵区的形式组织起来，相信对于整个国家的发展，以至参与世界经济体系都将有极为深远的意义。

在内地还有几个城市分布相对密集的地区，如以郑州为中心的陇海、京广两轴线的十字交叉地带；以武汉为中心的京广、长江两轴线的十字交叉地带；湘中地区；川西平原等。不过，这些城市集聚体无论它们的规模、经济实力，还是它们所在地域的非农化水平、内部的经济联系强度和对外联系的便捷程度均难以和沿海的几个巨大城市群相比。

古代的城镇为了接近水源、利用水运，大多沿江河分布。到了近代，铁路运输成为促进城市发展的重要条件，海运在经济联系中的重要性也上升了。在原来沿河、沿海的城市，如果又有了铁路运输手段，往往就特别迅速地成长起来，变成大城市或特大城市。从线上来看，中国城市分布沿交通线集聚的特点也十分明显。例如从哈尔滨到大连、从沈阳到北京、从北京到上海和从北京到广州这4条最重要的南北向铁路干线上，就有城市70个；从满洲里到绥芬河、从北京到兰州，从连云港到乌鲁木齐和从上海到昆明等4条最重要的东西向铁路干线上就有83个城市。1990年中国通铁路的城市336个，占城市总数的72%，其中接近50%集中在这8条铁路干线上。

城市沿着水上交通干线集聚的现象以长江和东部海岸带最为明显。从上海到宜宾，分布在长江干线两岸直接利用长江航道的城市已经有28个之多;实行沿海开放政策以后，沿海岸线分布的港口城市增加很快,现在已不下39个。可惜的是有近一半的沿江和沿海城市还没有铁路与它们的腹地相通，制约了它们作用的发挥。

城市沿铁路干线、沿江、沿海呈线状集中的结果，使得中国城市密集的东部地区,城市分布也仍然是不均匀的。例如浙赣、湘赣铁路以南和海岸带以西、以北之间的地区；浙赣、湘赣铁路以北和长江、宁沪铁路以南的地区;京汉铁路以东、大运河以西和长江以北的地区都是城市空间分布的低谷，相对稀疏。今后只有建立起稠密的交通运输网,特别是完善和加密铁路网络,才能改变这种状况。

（二）从新城市看中国城市分布的宏观变化

从1918年广州率先设市至1947年，全国只有设市城市69个,其中台湾9个,大陆部分60个。当时大连、旅顺和汉口、武昌分别设市,按现在可比的口径计,实为58个设市城市,这对于一个世界人口最多的大国来说,实在是少得可怜。由于政治、经济的需要,一些县城相继被改为市的建制，到1949年底，设市数增加到136个。新中国成立后,在3年恢复时期，继续有一些城镇改为市的建制,1952年底城市数增加到156个。经过“一五”时期建设和“大跃进”,设市城市在1961年达到一个高峰207个。随后是困难时期的下降和“文革”时期的一度停滞。1978年为194个，尚未超过1961年的数字。改革开放以后,设市城市迅猛增长，1990年底已达到467个，这种超常增长似乎也体现了一种补偿性的增长规律。城市数的变化曲线与城镇人口比重的变化曲线十分相似

(图 92)。

大量新设城市的出现，大大改变了中国城市分布过于偏集于

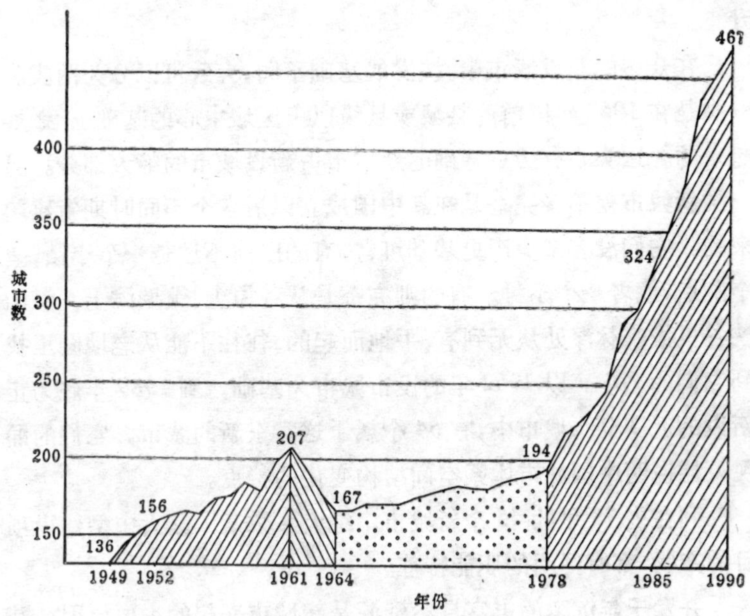

图 92 中国历年城市数变化曲线

东部沿海的不合理状况。城市总量的增加反映了中国经济40年来在面上的长足发展。城市在三大区分布比重的变化一定程度上

表78 中国城市在三大区域的分布变化

地区	1947年		1952年		1957年		1964年		1980年		1990年	
	个数	比重(%)	个数	比重(%)	个数	比重(%)	个数	比重(%)	个数	比重(%)	个数	比重(%)
东部沿海	29	48.3	67	42.9	73	41.5	68	40.2	78	35.0	181	38.7
内地	24	40.0	73	46.8	84	47.7	80	47.3	118	52.9	231	49.5
边远地区	7	11.7	16	10.3	19	10.8	21	12.4	27	12.1	55	11.8
合计	60	100	156	100	176	100	169	100	223	100	467	100

反映了城市体系扩展的方向(表 78)。在 80 年代以前，内地和边远省区是发展的主要重点，文革以后，沿海地区的发展趋于回升。

在众多的新设城市中,按发展基础不同,大致可以分为两类。一类是在 1952 年以前的县城或县级以上区域中心的基础上发展起来的。这类略有历史基础的新城市占新设城市的绝大部分。另一类新城市差不多完全是在新中国成立以后各个不同时期新建起来的。它们没有多少历史基础可言,有的以前不过是一个小镇,一个矿点,或者一个小村。有的则完全是从荒原上、戈壁滩上、深山峡谷里或密林深处从无到有、平地而起的,往往不能从老地图里找到它们的名字。以 1952 年的设市城市为基础，到 1989 年底为止新设的近 300 个城市中,有 54 个属于这类全新的城市，它们的涌现更能说明中国城市体系空间结构变化的特点。

列在表 79 里的 45 个新城市，绝大多数是国家大中型建设项目的产物,都有鲜明的职能特征。

开发千年沉睡的丰富自然资源是新城市兴起的主要原因，其中以能源新城数量最多。以煤炭或煤电开发为主的新城有东北的双鸭山、七台河、铁法,华北的平顶山、鹤壁、义马、古交，华东的枣庄、新泰、淮北,西北黄河岸边的乌海、石嘴山和陕西铜川，位于大西南的六盘水和合山。50 年代在甘肃老君庙新建起第一座石油新城后，然后是新疆的克拉玛依和以提炼油页岩的人工石油城茂名,60 年代大庆油田的开发建起了大庆市,70 年代开发胜利油田,诞生了东营。配合大型水利枢纽的建设兴起了三门峡市、青铜峡市、丹江口市,而廉价电力又为它们工业的进一步集聚提供了良好条件。就地或就近利用铁、煤资源兴起的大中型钢铁联合企业,使中国的钢铁工业城市行列中增加了江南钢城马鞍山、西北钢城嘉峪关、西南钢城攀枝花和湖南的娄底。牙克石和伊春分别是东北

林区大、小兴安岭的林业新城;石河子和奎屯是在开垦新疆荒地资

表79　1952年后在非县城基础上兴起的新城市一览表

兴起原因和主要职能	分布地区和设市时间		
	沿　　海	内　　地	边　　远
煤炭或煤电	铁法(1981,1986) 枣庄(1960) 新泰(1960,1982) 合山(1981)	双鸭山(1956)、七台河(1970)、平顶山(1957)、鹤壁(1957)义马(1981)、古交(1988)、淮北(1961)、铜川(1958)、六盘水(1978)	乌海(1961)、石嘴山(1960)
石油	茂名(1959) 东营(1982)	大庆(1960)	玉门(1955)、克拉玛依(1958)
水利、水电		三门峡(1957)、丹江口(1983)	青铜峡(1960,1984)
有色冶金		铜陵(1956)、东川(1958)	白银(1958,1985)、金昌(1981)
黑色冶金		马鞍山(1956)、攀枝花(1965)、娄底(1961;1980)	嘉峪关(1965)
林业		伊春(1957)	牙克石(1983)
农垦			石河子(1976)、奎屯(1975)
机械制造		十堰(1969)、华蓥(1985)	
交通运输	河池(1983) 日照(1985) 张家港(1986) 汕尾(1988)	侯马(1958,1971)、鹰潭(1979)	格尔木(1960;1980)
门户或特区城市	深圳(1979) 珠海(1979)	图们(1965)	二连(1966)

续表

兴起原因和主要职能	分布地区和设市时间		
	沿　海	内　地	边　远
少数民族行政中心	通什(1986)		德令哈(1988)
风景与纪念地		五大连池(1983)、井冈山(1984)	
其它	石狮(1987)	浑江(1960)	
合计	14	26	14

源中兴起的工业新城。

交通因素也是新城市形成的重要因素。鹰厦铁路建成促使了铁路枢纽鹰潭市的诞生，青藏公路修通促使入藏的重要交通枢纽格尔木的兴起。侯马取代曲沃县城，金城江(河池市）取代河池县城，也都由铁路走向所决定。类似的例子还有日照港和张家港的兴建，促使地位倍增的新建港城分别设市取代了日照县城和沙洲县城。二连和图们是中蒙、中朝边界线上的交通要冲，属于边境口岸城市，建市于60年代中。深圳、珠海则为紧邻港澳的口岸，因最先对外开放，于1979年设市。虽然设市前已有县的建制，但它们成为县驻地却只在50年代以后。深圳建市时不过5万人，1990年已超过35万人，加上流动人口，总计不下50万人，它“新”的速度和程度令其它城市瞠目，称为“深圳速度”最为妥帖。

十堰和华蓥是技术和产品相当先进的机械工业新城，却偏偏深居鄂西北和川东的山谷之中，这种不近常理的区位选择只能用“三线”建设的特定历史背景来解释。

全部54座新城市遍布24个省区。内地（34个）和边远省区(14个)多于沿海省区(14个)，北方省区(34个)多于南方省区（20个)(图93)。

城市的新和旧本来是相对而言的。这里所言的新城市远远没

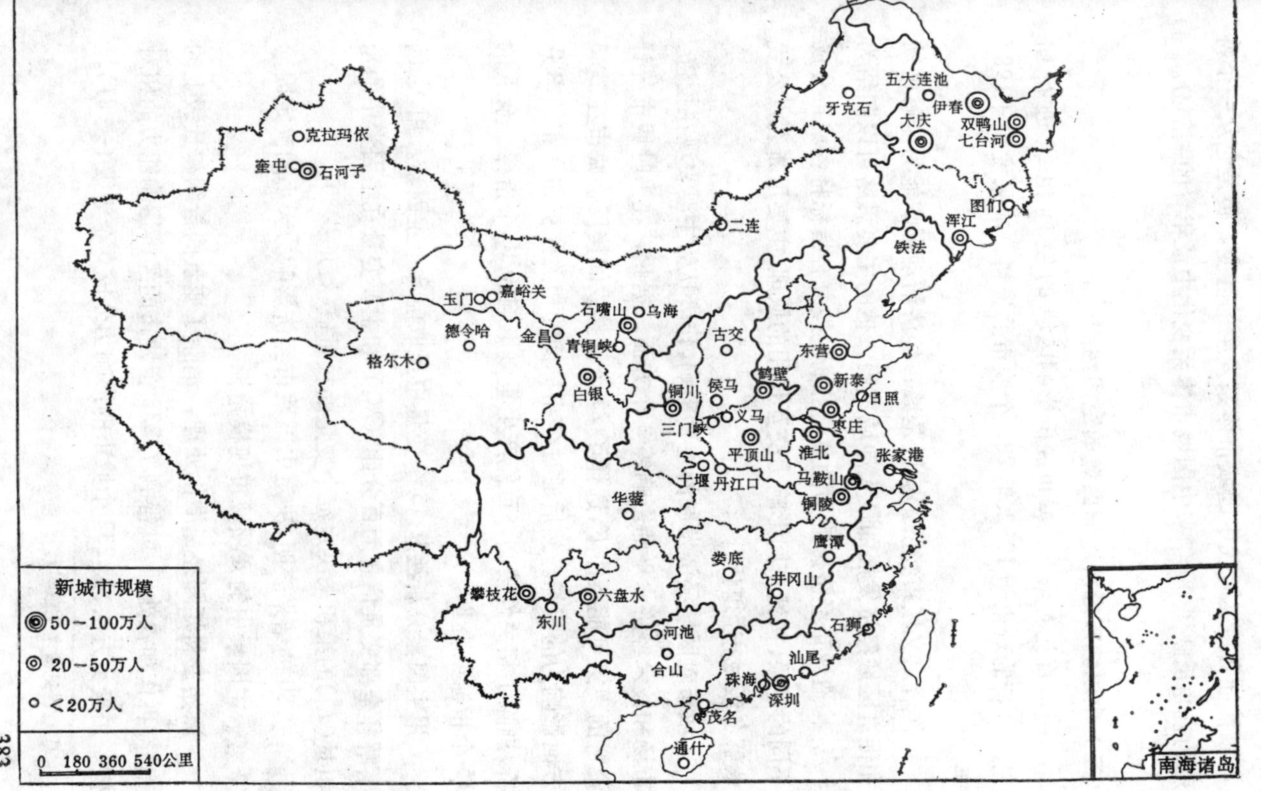

图93　中国新城市分布图

有概括社会主义时代中国城市体系发生的巨变。但是它从一个特殊的视角反映了40年来中国城市体系变化中最年青的一部分。

（三）中国城市经济影响区域的空间组织

陈田首先对全国性城市经济影响区域的空间组织进行研究，分析的对象为1982年232个城市的资料，成果发表于1987年。①

作者定义城市经济影响区是城市经济活动影响能力能够带动和促进区域经济发展的最大地域范围。他的主要思路可以归结为3点：构造城市经济影响力的复合指标；按复合指标将各城市分成不同的等级；按城市间影响力交互作用的原理，主要用断裂点公式求解各级城市影响区。

城市对区域经济发展的主要影响，作者认为主要表现在投资、市场和技术经济水平的影响等3个方面。据此，在当时城市统计资料的现实可能条件下，选择了25个直接或间接反映城市在这3方面影响力的指标。然后通过各指标间的相关分析和分布频率分析，剔除了相关性较高，可能产生重复影响的10个指标。余下的15个指标见表80。

用主因素分析法从15个变量中提取前3个主因素。用主因素解释全部变量信息的百分比（λ'_i）和主要变量在主因素中的承担量（d_{ij}）的乘积来决定每个变量的权重值（k_i）（表80）。

表80的结果表明，决定中国城市经济影响力大小的决定因素是第一主因素中的8项城市规模指标。

原始资料矩阵经标准化处理，消除了变量间量纲和量级上的差异，再作加权处理，就得到了232个城市的经济影响能力的相对值。用聚类方法，把232个城市的影响力分成5个等级（表81）。

① 详见参考文献211。

在陈田得出的中国城市经济影响系统中，一级中心有6个，基本上相当于全国性的大区级中心城市，西南、西北缺一级中心；二级中心 25 个，相当于发展水平较高的大区次中心或省区中心。其

表80　城市经济影响力的主因素分析结果和变量权重

因素类别	主要变量	承担量(d_{ij})	权重
第一主因素: 经济活动规模	1.城市非农业人口	0.8733	48.99
	2.工业固定资产净值	0.8172	45.84
	3.工业总产值	0.9721	54.53
	4.全部职工人数	0.9046	50.75
	5.工业企业利润	0.8961	50.27
	6.城镇居民储蓄	0.8671	48.68
(λ'=56.1%)	7.商品纯购进总额	0.8853	49.67
	8.地方财政收入	0.9433	52.92
第二主因素: 投入产出效益	1.人均财政收入	0.4390	8.23
	2.百元固定资产产值率	0.8337	15.62
	3.劳动生产率	0.5827	10.92
(λ'=18.74%)	4.百元固定资产利税率	0.7845	14.47
第三主因素: 技术经济效益	1.人均产值	0.4392	4.12
	2.劳动生产率	0.4356	(4.08)
(λ'=9.37%)	3.人均固定资产率	0.7954	7.45

资料来源:表中数据均来自陈田原作,原表劳动生产率出现两次,缺商品零售额指标的权重3.88,它来自第四主因素$\lambda' d_{ij}=4.95\times0.7837=3.88$。

表81　中国城市经济影响域系统

影响域名	第一级城市	第二级城市	第三级城市	第四级城市	第五级城市
京、津—华北影响域	北京、天津	唐山、石家庄、太原、济南、淄博、青岛	邯郸、保定、张家口、大同、包头、呼和浩特、潍坊、烟台、枣庄	临汾等13个	侯马等4个

续表

上海—华东影响域	上海	南京、杭州、无锡、苏州	徐州、清江、淮南、蚌埠、合肥、安庆、芜湖、马鞍山、扬州、镇江、常州、南通、湖州、嘉兴、绍兴、宁波、温州、福州	淮北等9个	宿州等4个
广州—华南影响域	广州		厦门、汕头、韶关、桂林、柳州、南宁、佛山	深圳等12个	梅州等5个
沈阳—东北影响域	沈阳	锦州、营口、大连、鞍山、抚顺、长春、吉林、哈尔滨	辽阳、本溪、丹东、齐齐哈尔、大庆、伊春、牡丹江、佳木斯	朝阳等14个	图们等7个
武汉—华中影响域	武汉	郑州、长沙	安阳、新乡、开封、洛阳、十堰、襄樊、宜昌、沙市、黄石、湘潭、株洲、衡阳、南昌	鹤壁等25个	洪江等11个
渝、成、昆—西南影响域		重庆、成都、昆明	自贡、渡口、贵阳	南充等13个	西昌等4个
西、兰—西北影响域		西安、兰州	宝鸡、西宁、咸阳、银川、乌鲁木齐	铜川等10个	延安等7个

资料来源：陈田原作。

中，把西安、兰州和重庆、成都、昆明分别作为经济发展水平较低的西北和西南的大区级经济发展中心。第三级中心63个，为一般省级中心和发展水平较高的省内经济区中心。第四级中心为省、区一般经济区中心，地方性主要城市及职能比较专业化的城市，共96个。第五级为一般地方中心及具有特殊职能的城市，共42个。

研究者以城市综合经济影响力指标替代人口规模，取城市间铁路、公路或水路的实际距离，用断裂点模式来划分城市的经济影响区域，最后所得区域系统的主要特点是一、二级区域与我国的大区和省区的格局基本一致。但成果表现在地图上并不注重于边界的准确性，而侧重于表现经济联系方向。

从一级影响区看，以京津为中心的华北区包括河北、河南、山东、山西及内蒙古的中段；以上海为中心的华东区包括江苏、浙江、安徽和福建北半部；以沈阳为中心的东北区包括东北三省和内蒙古东段；以武汉为中心的华中区基本包括湖北、江西、湖南三省；以广州为中心的华南区包括两广、海南和福建南部；以西安、兰州为中心的西北区包括陕西、甘肃、宁夏、青海和内蒙古西段，新疆因距西安、兰州过远，且乌鲁木齐有一定的经济实力，故以乌市为中心的新疆区具有一定程度的独立性；以拉萨为中心的西藏也较特殊，因缺乏资料，该研究未予涉及。

每个一级城市经济影响区以下，一般由几个地域较完整的省区组成二级影响区域单元。打破省区界线的主要例外是福建分别以福州和厦门为中心，分为2个三级区域分属华东和华南；内蒙古分成3块分别成为东北、华北、西北大区的子系统。其它省区在边缘部分也有一些小的交错，如赣州为中心的赣南主要受粤北韶关影响，南阳为中心的豫西南主要受鄂西北襄樊影响等(图94)。

对中国城市空间结构方面的研究一直比较薄弱。因此，陈田的工作不失为一次成功的最早尝试。

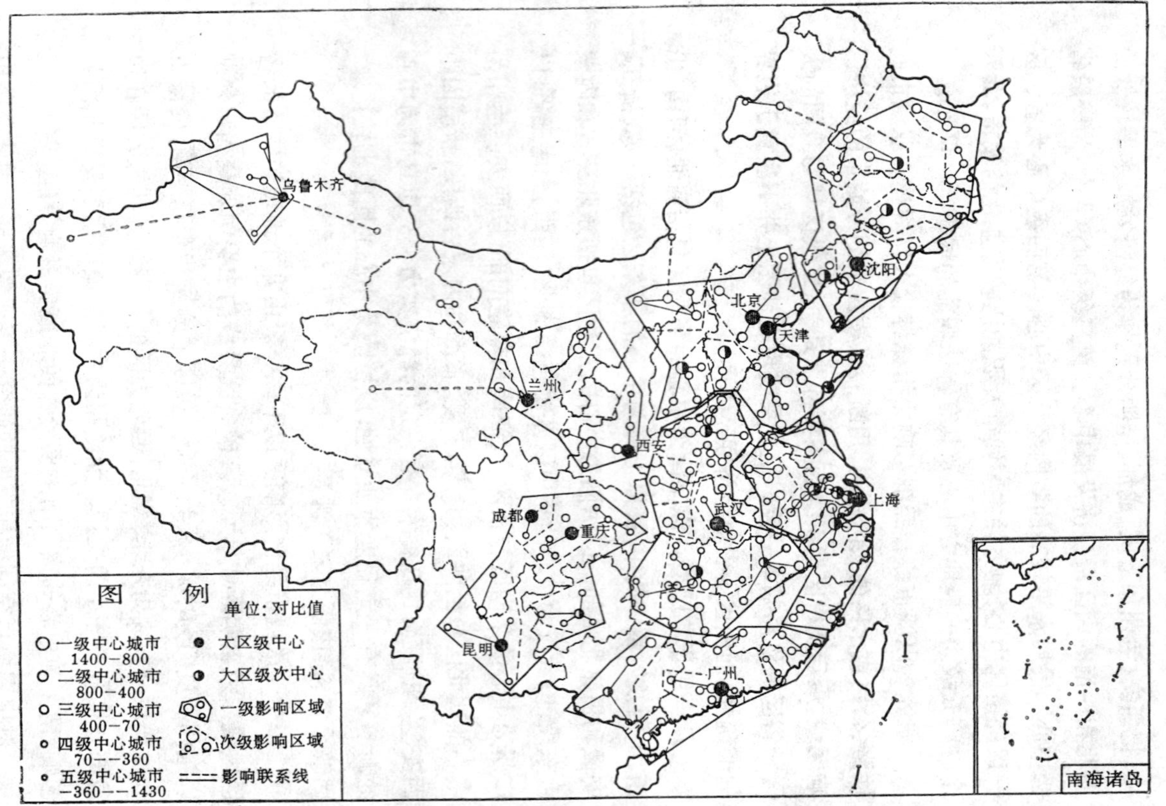

图 94 中国城市经济影响区域地域分布图(引自参考文献 211)

（四） 中国的城市经济区

中国的城市经济区是以大中城市为核心，与其紧密相连的广大地区共同组成的经济上紧密联系、生产上互相协作、在社会地域分工过程中形成的城市地域综合体。[①]它是为了发挥中心城市作用，促进整个国民经济发展为目的的一种综合性的城市地域的空间组织形式。它与综合经济区的区别主要在于城市经济区更注重中心城市的合理联系以及它在组织区域经济中的关键作用。城市经济区的划分要以城市经济影响区的分析为基础，二者的结构要素是相似的。但城市经济影响区更侧重于客观的现状分析，城市经济区要在现状分析基础上为组织经济发展和建设提供具体的空间组织方案，带有一定预测和规划的意义，为了便于实施，习惯于和某级行政单元相一致，给出明确的边界，尽管这种边界仍具有一定的相对性和象征性。

顾朝林同志最近将图论原理与因子分析方法相结合，应用33个指标对全国1989年的434个城市进行了综合实力评价，借鉴经济区划的$D_{\triangle}$系理论和R_d链方法，[②]提出了中国两大经济地带、3条经济开发轴线、9大城市经济区和33个II级区的城市经济区区划体系的设想。从而为这方面研究的深入提供了第一个讨论的基础。

顾朝林研究的主要思路是，在社会、经济、科技、教育中有一定的实力并和交通线结合在一起的一个城市，称为一个d系，三个d系组成一个三角形的基本经济单元，称之为$d_{\triangle}$系。按照不同层次的$d_{\triangle}$系，进一步把两个或两个以上的$d_{\triangle}$系连接起来，即为R_d链。一个R_d链的范围就是组建城市经济区的范围。

---

① 参见参考文献212，第9～10页。

② 关于$D_{\triangle}$系和R_d链还可见何传博：《山坳上的中国》，贵州人民出版社，1989年，160～164页；和陆卓明："现代生产力地理分布的规律与我国生产力布局的原则，"北京大学学报（哲社版），1985年第3期，第40～50页。

434 个 城市的实力指数的求取方法和前一部分度量城市经济影响力相对值的方法基本雷同，只是所用指标和提取的主因素更多，对城市综合实力的反映更加全面。按照计算所得的城市实力指数和实力指数差，把 434 个城市中的前 102 个城市分 成 3 个 d 系层次。表 82 列出了其中前两个 d 系层次的 42 个城市，便于读者和表 81 加以对照。

表82　中国城市实力指数及d系层次分析表(1989年)

序号	城市	实力指数	实力指数差	d系层次	序号	城市	实力指数	实力指数差	d系层次
1	上海	214.497	—	I_1	22	兰州	22.866	2.66	II_3
2	北京	170.927	44.07		23	石家庄	22.091	0.775	
3	天津	102.225	68.702	I_2	24	抚顺	21.322	0.769	
4	广州	94.483	7.742		25	吉林	20.744	0.578	
5	沈阳	77.406	17.077	II_1	26	昆明	20.610	0.134	
6	武汉	67.657	9.749		27	郑州	20.178	0.432	
7	南京	51.359	16.298	II_2	28	贵阳	19.549	0.629	
8	哈尔滨	49.696	1.663		29	无锡	19.081	0.468	
9	大连	46.318	3.378		30	唐山	18.637	0.444	
10	重庆	45.150	1.168		31	长沙	18.195	0.442	
11	成都	41.173	3.977		32	苏州	15.211	2.984	II_4
12	西安	39.941	1.232		33	福州	13.729	1.482	
13	青岛	32.110	7.831	II_3	34	乌鲁木齐	13.689	0.040	
14	济南	30.516	1.594		35	南昌	13.550	0.139	
15	长春	30.035	0.481		36	宁波	13.393	0.157	
16	太原	29.967	0.068		37	合肥	12.860	0.533	
17	杭州	28.349	1.619		38	洛阳	12.373	0.487	
18	深圳	28.280	0.069		39	包头	12.190	0.183	
19	大庆	27.779	0.501		40	徐州	11.744	0.446	
20	鞍山	27.419	0.36		41	本溪	11.349	0.395	
21	淄博	25.526	1.893		42	常州	11.223	0.126	

资料来源：引自参考文献212，167页，原表中的III级d系此处从略。

按照表中城市实力指数及 d 系层次分析可见，中国的 4 个 I 级 d 系城市，构成了以北方京津、中部上海、南方广州为顶点的中

国一级 d_{Δ} 系，形成了中国东部经济发展地带；与此对应的是西部经济发展地带。

38 座 II 级 d 系城市，它们在空间通道网的组合下构成了中国的 II 级 d_{Δ} 和 R_d 链(表 83)。在这个基础上，再参照全国省际货物流量流向，从建立全国分区城镇体系入手，提出了中国可逐步建成以下 9 个 I 级城市经济区：

(1) 沈阳经济区：以沈阳为中心，哈尔滨和大连为副中心，包括黑龙江、吉林、辽宁 3 省和内蒙古东三盟一市在内的东北城市经济区。

表83　中国II级 d_{Δ} 系和 R_d 链组合表(1989年)

R_d 链	d_{Δ} 系
沈　阳	大连、沈阳、鞍山 d_{Δ} 系，鞍山、沈阳、抚顺 d_{Δ} 系，长春、沈阳、吉林 d_{Δ} 系，哈尔滨、长春、吉林 d_{Δ} 系
京、津	太原、京津、石家庄 d_{Δ} 系，石家庄、京津、济南 d_{Δ} 系，郑州、太原、石家庄 d_{Δ} 系，济南、石家庄、郑州 d_{Δ} 系，淄博、济南、青岛 d_{Δ} 系、济南、郑州、徐州 d_{Δ} 系
上　海	南京、上海、杭州 d_{Δ} 系，合肥、南京、南昌 d_{Δ} 系
武　汉	郑州、武汉、长沙 d_{Δ} 系，南京武汉、重庆 d_{Δ} 系
广　州	深圳、广州、香港 d_{Δ} 系，武汉、广州、上海 d_{Δ} 系
重　庆	贵阳、重庆、成都 d_{Δ} 系，成都、昆明、贵阳 d_{Δ} 系
西　安	西安、兰州轴系
乌鲁木齐	乌鲁木齐 d_{Δ} 系

资料来源：参考文献212，第169～170页。

(2) 京津经济区：以京津为中心，济(南)青(岛)徐(州)为副心，包括河北、山东 2 省，京、津 2 市及苏北、皖北、豫东北、内蒙古锡盟和河套地区在内的华北城市经济区。

(3) 西安经济区：以西安为中心，郑州、兰州、包头为副心，包括山西、陕西、宁夏、甘肃4省区及青海东部地区在内的西北城市经济区。

(4)上海经济区:以上海为中心,南京、杭州为副心,包括上海、江西(除赣州地区)两省(市)区及苏皖中南、浙东北在内的华东城市经济区。

(5) 武汉经济区:以武汉为中心,长(沙)株(洲)(湘)潭为副心,包括湖北、湖南2省区及豫南在内的华中城市经济区。

(6) 重庆经济区:以重庆为中心,成都、贵阳、昆明为副心,包括四川、云南、贵州3省区及桂西、陇南武都地区在内的西南城市经济区。

(7) 广州经济区:以广州—香港为中心,台北、福州为副心,包括广东、福建、海南、台湾4省区以及桂东、浙南和港澳地区在内的东南沿海城市经济区。

(8) 乌鲁木齐经济区:近期以乌鲁木齐为中心,包括克拉玛依市、石河子市、吐鲁番地区、昌吉自治州和塔城地区的乌苏县所辖的地区。远期可进一步扩大到包括整个新疆和青海柴达木盆地在内的外西北城市经济区。

(9) 拉萨经济区:因青藏高原远离大经济中心城市,自然环境恶劣、人烟稀少、经济基础薄弱、区域交通网络还未形成,暂时划出以拉萨为中心包括西藏自治区及青海玉树自治州在内的青藏高原城市经济区。

原著对九大城市经济区组织有更为详尽的论述,并附有区划方案图(图95)。图文之间有一些差距,笔者难以判断孰是孰非。有兴趣的读者可以研究原著。

总之,中国有如此庞大而复杂的城市体系,理清楚全国城市经济区的空间组织是一项十分艰难的任务,可喜的是已经有人在这方面迈出了第一步。继续深入下去,还有不少问题值得研究。例

图 95　中国城市经济区区划方案(引自参考文献 212)

如城市经济区和综合经济区究竟是什么关系；城市经济区究竟是专门性的还是综合性的经济区；如何处理好城市经济区与现状城市吸引范围的关系，两者既不可能完全一样，也不应迥然不同，它们的差异应该符合结构要素变化后的某种演化的规律性；衡量城市等级的指标究竟应该注重结节性指标还是中心性指标；指标选择究竟是多多益善还是少而精为好，关键是指标选择如何充分反映理论概念的内涵；城市经济区在地域上应该是全覆盖还是可以部分覆盖；究竟有界还是无界；目前中国的城市统计资料在地域单元上严重不可比的缺陷如何加以修正；等等。在这方面，今后一定会有更多的成果涌现。

第九章 城镇体系规划

一、基本概念

（一）城镇体系

体系或系统(system)一词源自古希腊语，有"共同"和"给以位置"的含义。现代科学认为系统常常是由诸多部分的约束构成的整体，这个整体以有规则的相互作用和相互依存关系，构成有组织的或被组织化了的诸要素的集合。它可以是本来就有的，也可能是经过加工而形成的。

城镇体系来自 urban system，也译为城市体系或城市系统。指的是在一个相对完整的区域或国家中，由不同职能分工、不同等级规模，联系密切、互相依存的城镇的集合。它以一个区域内的城镇群体为研究对象，而不是把一座城市当作一个区域系统来研究。

对区域城镇群体的研究早在本世纪二三十年代就开始了，克里斯塔勒、廖什、哈里斯、乌尔曼、维宁(R.Vining)都有很杰出的贡献。然而，正式提出城镇体系概念却是在60年代。1960年邓肯(Otis D.Duncan)和他的同事出版了一本书，名叫《大都市和区域》，重点讨论美国城市的专业化作用在国家系统中的变化以及区域间、大都市区之间的相互依存关系。首次使用了城镇体系一词，并用这种新的观念来描述美国的国家经济和国家地理。1964年贝利把中心地等级体系的研究与一般系统论的语言联系起来，使城镇体系成为一个正式术语迅速流传开来。

这一概念的出现，也是经济发达国家城镇化进入高级阶段以后，城市急剧离心扩散的客观反映。城乡二分法的区域结构已不能满足这一阶段的要求，城市的概念延伸到与中心城市在职能上联系密切的广阔地域，提出了诸如大都市区、通勤场、大都市带、城镇场等新的广义城市地域概念，这种趋势促进了城镇体系的研究。

同时，越来越多的国家政府重视城镇化政策的制订。逐渐认识到国家要实现经济的均衡、协调发展，人口的合理再分配，处理好经济与社会公平、经济与环境的相互关系，已经不能在单个城市本身得到满意的解决，需要一个城镇发展的国家战略，从而也刺激了国家尺度的、甚至跨国的城市研究。

（二）城镇体系的基本特征

城镇体系具有所有"系统"的共同特征。

（1）整体性。城镇体系是由城镇、联系通道和联系流、联系区域等多个要素按一定规律组合而成的有机整体。其中某一个组成要素的变化，例如某一城镇的兴起或衰落、某一条新交通线的开拓、某一区域资源开发环境的改善或恶化，都可能通过交互作用和反馈，"牵一发而动全身"。

（2）等级性或层次性。系统由逐级子系统组成。城镇体系的各组成要素按其作用都有高低等级之分，全国性的城镇体系由大区级、省区级体系组成，再下面还有地区级或地方级的体系。这就要求制订某一级城镇体系规划时要考虑到上下级体系之间的衔接。

（3）动态性。城镇体系不仅作为状态而存在，也随着时间而发生阶段性变动。这就要求城镇体系规划也要不断地修正、补充，适应变化了的实际。

从城镇体系的个性特征来看，它既不是简单的机械系统或自然系统，也不是严格的经济系统或政治系统，而是兼有自然、经济、政治、文化等多种层面的社会系统。社会系统的开放性特点，使城镇体系很容易受到来自外部的、难以预言的复杂影响，因此按系统的变化状态而论，它有高度的不稳定性。作为社会系统的另一个特点，城镇体系不能象自然系统那样，通过某种给定的变化可以得到明确的决定性的结果。城镇体系的演变虽然有总的规律性趋势可循，但对每个具体变动的反馈都存在着很大程度的不确定性。因此按系统的规律性质而论，不属于必然性系统，而属于随机性系统。

（三）城镇体系规划的提出

中国以往的城市总体规划基本上是以单个城市的合理发展为目标制订的，城市发展的区域研究常常受到忽视。但大量的经验和教训证明"就城市论城市"的城市规划不符合城市的本质特征。本世纪80年代，城市规划和区域规划、国土规划在中国不约而同地掀起了热潮，区域城镇体系规划也应运而生。

在经济体制改革中，中国十分重视发挥城市的作用，提出"要以经济比较发达的城市为中心，带动周围的农村，统一组织生产和流通，逐步形成以城市为依托的各种规模和各种类型的经济区"。而且在这种指导思想下，1983年以来，大面积推广了"市带县"和"整县改市"的行政体制。这时，市政府的管理对象已经不是单个城市，而是一个相当大区域的城镇群体，各市领导为了指导全局，客观上对城镇体系规划提出了要求。

1984年公布的中国城市规划条例第一次提出："直辖市和市的总体规划应当把行政区域作为统一的整体，合理布署城镇体系"。随后，地理界以及城市规划部门积极进行了市域城镇体系规划的实践，积累了一些经验。

1989年底中国人大常委会通过施行的《中华人民共和国城市规划法》进一步把城镇体系规划的区域尺度向上下两头延伸，明确规定“全国和各省、自治区、直辖市都要分别编制城镇体系规划，用以指导城市规划的编制”，“设市城市和县城的总体规划应当包括市或县的行政区域的城镇体系规划”。①

中国已经形成一套由国土规划⟶城镇体系规划⟶城市总体规划⟶城市分区规划⟶城市详细规划等组成的空间规划系列。城镇体系规划处在衔接国土规划和城市总体规划的重要地位。城镇体系规划既是城市规划的组成部分，又是区域国土规划的组成部分。城镇体系规划应以区域国土规划为指导，但它又以其特有的综合特点充实国土规划，并与国土规划的主要成果——综合规划有极密切的联系，组成区域经济与社会开发的总体结构。城市总体规划的制订和修订应以城镇体系规划为指导，而城市总体规划的合理部分也可以被纳入城镇体系规划。

正常情况下，如果国土规划先行一步，先有国土规划大纲，明确了区域资源利用和经济开发方向，提出重点开发地区，落实主要规划项目及布局意向，城镇体系规划的工作量则相对减轻。有时因条件限制，城镇体系规划超前进行，则基础资料调查和分析都需从头开始，工作量就相当大。在这种情况下，城镇体系规划可以成为国土规划的前期准备，反过来为国土规划提供基本思路。

城镇体系规划要达到的目标是通过合理组织体系内各城镇之间、城镇与体系之间以及体系与其外部环境之间的各种经济、社会等方面的相互联系，运用现代系统理论与方法探究整个体系的整体效益。在开放系统条件下强化体系与外界进行的“能量”和物质交换，使体系内负熵流增加，促使体系向有序转化，达到社会、经济、环境效益最佳的社会、经济发展总目标。② 虽然相对于城市总体规划和小区规划来说，它是更为粗线条的，但却是战略性的，十

① 参见参考文献218。

② 参见参考文献219。

分重要。

二、城镇体系规划流程和内容

（一）工作流程

城镇体系规划的工作流程与城市规划、国土规划、区域规划大同小异。一般地说，可按以下的步骤进行（图96），无须作进一步解释。

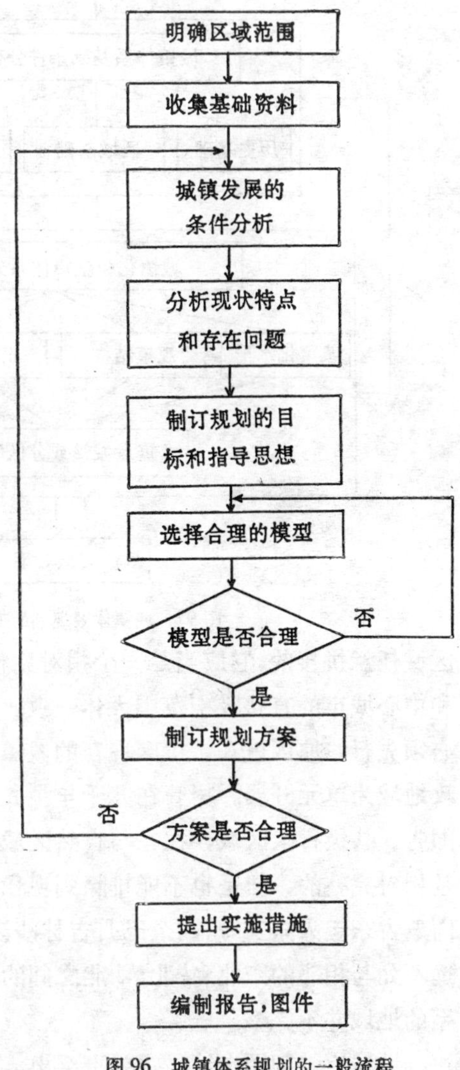

图96　城镇体系规划的一般流程

（二）工作内容

城镇体系规划是一项新的工作，目前还没有建立起一套规范的编制办法。这里就笔者个人的理解和在实践中的体会，谈一点看法。

城镇体系规划的主要工作内容和它们的内部联系可用下图表示（图97）。在此，笔者逐项作些说明。

1．中心城市吸引范围的分析是城镇体系规划的必要准备

城镇体系所在的区域是不能从大区域任意肢解或以若干个小

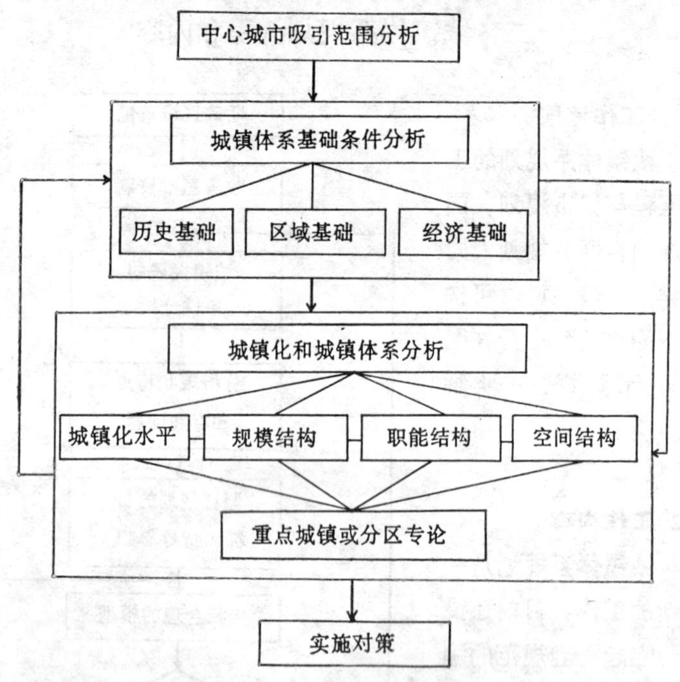

图 97　城镇体系规划的工作内容

区域任意拼接的，它应当是一个相对完整的区域，即这个区域应当和中心城市的直接吸引范围大体一致。这一项工作之所以重要，必须先行，原因就在于中国现在的城镇体系规划几乎全以各级行政地域为单元开展。尽管在几千年漫长岁月中逐渐演变而来的中国省、县级行政区域，往往与自然区域、社会经济区域高度一致，是相对完整的，但是也不能排除到现代有不相一致的部分。例如内蒙古东起大兴安岭、西至巴丹吉林沙漠，区内城市之间的联系远远不如与相邻的东北、华北、西北之间的联系密切，它作为城镇体系的地域并不完整。

地域完整问题在地级市就更突出。在实行市带县体制时，中国对带县的合理范围没有制订具体的标准和依据，地级市的市域范围有各种各样的情况。当规划的市域范围与中心城市的实际吸引范围差距很大时，把它当作一个完整体系来规划，其科学性就值得怀疑。

规划开展之初先分析一下中心城市的吸引范围，有利于规划人员对规划的对象有一个正确的认识。当地域不完整时，规划人员可对调整行政区域提出建议。即使未能及时调整，在规划中充分考虑到体系不完整的特点也是十分有益的。

举例来说，济宁市域和泰安市域与中心城市的吸引范围基本一致，前者略为偏小，后者略为偏大，二者以市域范围进行规划基本可行。济南市原来只辖章丘、长清、平阴3县，市域范围远小于吸引范围，经过论证，辖区增加了济阳、商河两县。广西梧州市的吸引范围基本包括整个梧州地区，但后来梧州市辖苍梧一县从地区分出，梧州市域就成了几乎没有腹地的区域，而梧州地区成了没有中心城市的区域，它们作为城镇体系的地域都是不完整的。因此，进行梧州地区的城镇体系规划时，就得时时处处考虑到区外中心城市的存在，并着力处理好地市之间的关系。在这种情况下，地市合在一起进行规划比较理想。

2. 城镇体系的基础条件分析是此项规划的重要依据

只有对城镇体系存在和发展的基础有了透彻的理解，才能提出正确的规划指导思想，建立正确的规划目标，采取适当的发展战略，选择符合实际的空间模式。

基础条件分析主要有以下3个方面：

(1) 城镇体系发展的历史背景。主要内容是分析该区域历史时期城镇的分布格局和演变规律，揭示区域城镇发展的历史阶段及导致每个阶段城镇兴衰的主要因素，特别要重视历史上区域中心城市的转移、变迁。研究城镇体系历史上发展演变的规律，目的是解释当前城镇体系的形成和特点，从而为预测未来影响城镇体系发展的主要因素及其作用提供启示。这项工作要避免陷入个别城市城址变迁的繁琐考证，防止历史研究重古代轻近代的倾向。

(2) 城镇体系发展的区域基础。目的是分析区域经济和城镇发展的有利条件和限制因素。它涉及到自然资源和自然条件，环境生态结构，劳动力，经济技术基础，区域交通条件，地理位置等广阔的领域，具体到特定区域不必面面俱到，应抓住要害，重点深入。在济宁城镇体系规划中，笔者重点分析了人们有争议的或容易被忽视的水资源、矿产资源、环境生态、地理位置等重大因素。

区域条件评价要坚持辩证唯物论的立场。具体地说：①不能只讲有利条件，不讲限制因素，或对有利因素片面夸大，对限制因素轻描淡写。只有看准了地区的优势，才能看到区域发展的前途；同时，只有认清了地区的劣势，才能找到开发的正确途径，扬长避短，把潜在优势变成现实。二者是缺一不可的。②有利条件和限制条件是可以转化的。例如煤炭资源丰富的平原地区，能源开发是带动地区经济和城镇发展的有利因素，但随着资源耗竭，在农业平原上一面是矸石山的隆起，一面是肥沃耕地和稠密村庄的塌陷、搬迁、积水，优势将向劣势转化。为了扭转颓势，人们又要从中寻找新的积极因素，建立新的平衡。泰安临近省会济南，长期以来难以和济南竞争获取投资，当地众口一词认为这是泰安发展的不利区位因素。如果看到随着济南规模膨胀，今后进入离心扩散阶段时，泰安处在最佳扩散半径范围内的最佳区位，这时就成了优势。只有持这样的观点，才会理解区域经济开发和城镇发展要有一定的时序和阶段。

(3) 城镇体系发展的经济基础。区域城市规划要统筹兼顾经济、社会、环境 3 个方面，它们之间又是有内在联系的。现阶段经济的合理安排是主体，是核心。因此，城镇体系发展的经济基础的论证对城镇体系规划具有特别重要的意义。一般要求深入分析各产业部门的现状，找出现状特点和存在的问题；并通过对进一步发展的条件分析、方案比较，指出主要部门发展的方向；最后要具体落实到每个城镇。通常需要回答的问题有：区域的工业发展方向，工业结构的调整及时序安排，主要城镇的工业布局和工业结构；区域的农业发展方向，农业结构的转变以及对城镇发展的影响；综合运输网的改善与城镇发展的关系；旅游资源的开发和城镇发展的关系；以及城镇其它第三产业的发展。工作深度停留在罗列各部门发展的计划指标和一般化的泛泛而论是远远不够的。如果该区域原先有较好的区域规划或国土规划的工作基础，这一部分的工作量就可大大节省，但这项工作绝对不可缺漏。

在经济条件分析中，有两种倾向需要避免，一种是资源丰富，国家投资较多的地方，要避免头脑过热，不顾客观条件和需要，规划新建项目过多、过大。另一种在国家投资少、项目少的地方，当地领导都可能感到无所作为，规划者则要避免迁就现状，多从合理发展的方向上，积极提供建议，供领导筹集资金和争取项目作参考。

3．城镇化和城镇体系分析是城镇体系规划的主体部分。

按工作的基本内容，可以分成以下几部分：

（1）人口和城镇化水平预测。城镇体系规划主要考虑区内建制镇及其以上等级的居民点的合理发展，适当考虑与集镇的关系。因此，在规划期内，区域人口可能发展到多少，城镇人口可能发展到多少，即城镇发展总水平的预测及区内差异是城镇体系规划首先需要回答的问题。其中总人口的预测因资料丰富，方法成熟，相对比较简单。问题是要设法排除现有人口统计和自然增长率中的虚假部分，对今后人口增长率的预测应采取实事求是的态度，避免简单按上级下达的指标办事。城镇化水平的预测比较复杂，起码应该从农业人口向城镇转移的可能性和城镇对农业人口可能的吸收能力两个侧面进行预测和互校。在中国城镇人口统计口径严重混乱的情况下，关键是要以极大的耐心去收集每个城镇最接近实际的城镇人口资料。可以肯定地讲，把现有市镇行政辖区的总人口作为城镇人口用于规划，一定会得出错误结论。

（2）城镇体系的等级规模结构。内容包括：新中国成立以来，特别是改革开放以来，各城镇人口规模的变动趋势和相对地位的变化，预测今后的动态；分析现状城镇规模分布的特点；确定规划期内可能出现的新城镇，包括某些农村集镇的晋升和因基本建设而可能新建的城镇；结合城镇的人口现状，发展条件评价和职能的变化，对新老城镇作出规模预测，制订城镇体系的等级规模规划，形成新的、较为合理的城镇等级规模结构。

各城镇的规划人口规模之和要与城镇化水平预测得到的城镇人口基本配平。值得提起注意的是城镇的规模分布有自身的发展规律，各地城镇体系的等级规模规划应根据自己的条件和特点酌情处理，切忌不分青红皂白，生搬硬套国家对于大城市（大于 50 万人）、中等城市（20～50 万人）和小城市（小于 20 万人）的发展方针；20 万、50 万或 100 万人等整数界线也不一定是所有区域城镇规模等级的最好标志，各地要根据实际的规模分布来确定等级；城镇的职能等级和规模等级严格说是不同的概念，但在一般情况下，两者之间存在密切的内在联系，不相匹配的例外可能出现在专业化的工矿业城市。

（3）城镇体系的职能结构。一个体系中的城镇有不同的规模和增长趋势，决定性的因素是它们执行不同的职能和区域职能结构的倾斜。

城镇职能结构的规划首先要建立在现状城镇职能分析的基础上。通常情况下，都可以收集到区域内各个城镇经济结构的统计资料，通过定量和定性相结合的分析，不难明确各城镇之间职能的相似性和差异性，实现城镇的职能分类。越是大型的城镇系统，越需要定量技术的支持。

现状的城镇职能和职能结构不一定是完全合理的。长期以来，中国许多城市存在着重复建设、职能性质雷同、主导部门不明显、普遍向综合性方向发展的趋势。这种城市职能结构助长了地方保护主义，削弱了竞争机制，是中国城市经济缺乏活力、效益低下的重要原因。而在另一些工矿业城市，一味注重采油、开矿，忽视了城市的综合功能和单一经济结构的及时转化。正因为这样，对城镇现状职能要加以分析，肯定其中合理的部分，寻找其中不合理的部分，然后制订出有分工、有合作，符合比较利益原则，充分发挥各自区位优势的专业化与综合发展有机结合的新的职能结构①。

最后，对重点城镇还应该具体确定它们的规划性质，其表述不宜过于简单抽象，力求把它们的主要职能特征准确表达出来，使城市总体规划的编制有所依循。

（4）城镇体系的空间结构。这是对区域城镇空间网络组织的规划研究。它要把不同职能和不同规模的城镇落实到空间，综合审度城镇与城镇之间、城镇与交通网之间、城镇与区域之间的合理结合。这项工作主要包括以下内容：① 分析区域城镇现状空间网络的主要特点和城市分布的控制性因素；② 区域城镇发展条件的综合评价，以揭示地域结构的地理基础；③ 设计区域不同等级的城镇发展轴线（或称发展走廊），高级别轴线穿越区域城镇发展条件最好的部分，连接尽可能多的城镇，特别是高级别的城市，体现交互作用阻力最小或开发潜力最大的方向。本区域的网络构架要与更大范围的宏观结构相协调；④综合各城镇在职能、规模和网

---

① 对地域分工与区位优势的系统阐述，可参见参考文献229。

络结构中的分工和地位，对它们今后的发展对策实行归类，为未来生产力布局提供参考；⑤根据城镇间和城乡间交互作用的特点，划分区域内的城市经济区，为充分发挥城市的中心作用，促进城乡经济的结合，带动全区经济的发展提供地域组织的框架。

总之，城镇体系的空间结构规划集中体现了城镇体系规划的思想和观点，是整个成果的综合和浓缩，是最富于地理变化和地理创造性的工作。

城镇体系的空间结构没有统一的、固定的模式，为说明这个问题，笔者在这里对比一下济宁、泰安、梧州3个地区经过简化的城镇体系空间网络规划图，它们在形态上丝毫没有相似之处。济宁市域是以济宁—兖州—邹县三角形复合中心为顶点的放射状结构，形成金三角复合中心是规划构思的核心。原因是中心城市济宁交通直达性差，建成区压煤，发展受到限制，无力带动全区各县(市)。而兖州、邹县位居交道要道，与济宁三足鼎立，十分接近，平均相距30公里，彼此联系便捷。近年来，发展速度遥遥领先于济宁。区域近远期的开发重点也正好是位于三城市之间的兖济煤田。因此，把区域交通枢纽和机械、食品工业中心兖州镇和兖济煤田综合

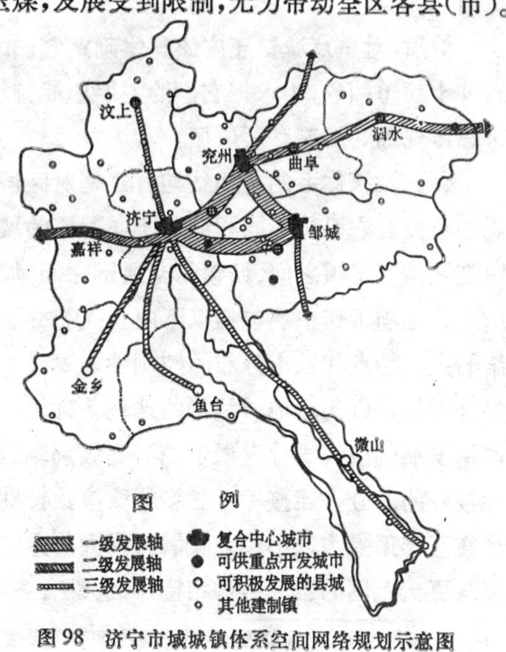

图98 济宁市域城镇体系空间网络规划示意图

性开发基地邹县城关镇作为区域的两个副中心，与全市域现在的综合性中心城市济宁实行职能互补，构成复合中心，弥补单中心实力的不足，就成了带动全区发展的关键一举(图 98)。

而泰安市域是以连接泰城和大汶口—磁窑的津浦线和 104 国道为中轴的双环结构。长期以来，泰安地区建设的重点放在东部的莱芜和新泰，形成了较大的煤、铁开采和钢铁、电力等工业生产能力。中部地带尽管区位条件很好，却没有得到很好发展。囿于风景旅游城市不能发展工业的认识（关键是发展什么工业和在哪儿发展的问题），泰城的中心城市地位日益受到削弱。因此，规划的空间结构希望加强泰城中心城市的地位和实力，加速开发大汶口—磁窑一带的丰富化工资源，加强东部工业集中区与区内外的联系，改变单纯输出煤、铁的局面，实现巩固东路、发展中路、带动西路的战略(图 99)。

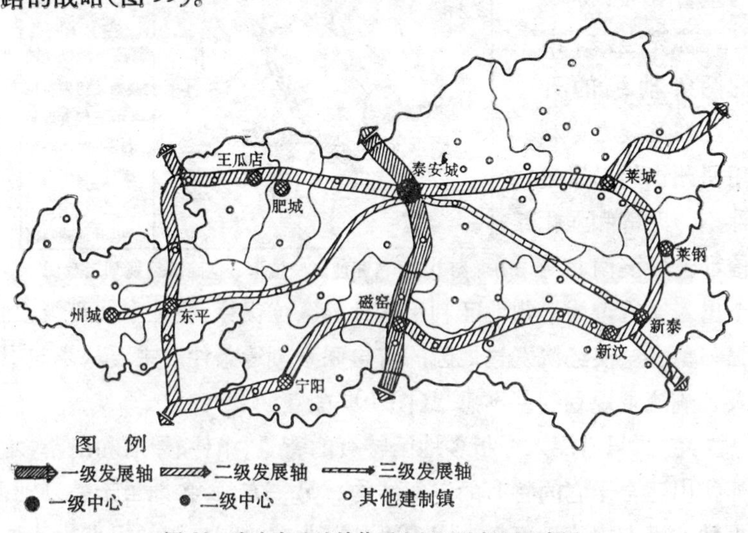

图 99　泰安市域城镇体系空间网络规划示意图

梧州地区基本上是以梧州市为中心的五指放射状结构，这是由区域的基本地域结构决定的。但是考虑到：①梧州市不通铁路的致命弱点，它作为广西门户的重要性已日益下降；②西江在地区境内长度有限；③再加上行政和经济上地市分割，梧州地区本身的工业基础集中在北部，近年发展速度最快的地区在南部等情况，因此在规划中保留西江轴与全自治区协调外，优先考虑了南北两条轴线的开发。在继续充分利用梧州市的口岸条件下，开辟和强化信都、岑溪南北两个出入通道，为梧州地区利用本身的区位优势，绕过中间等级，加强与穗、港、澳经济发达地区的直接联系创造条件。主要从东向引入负熵流是规划的基本思想(图 100)。

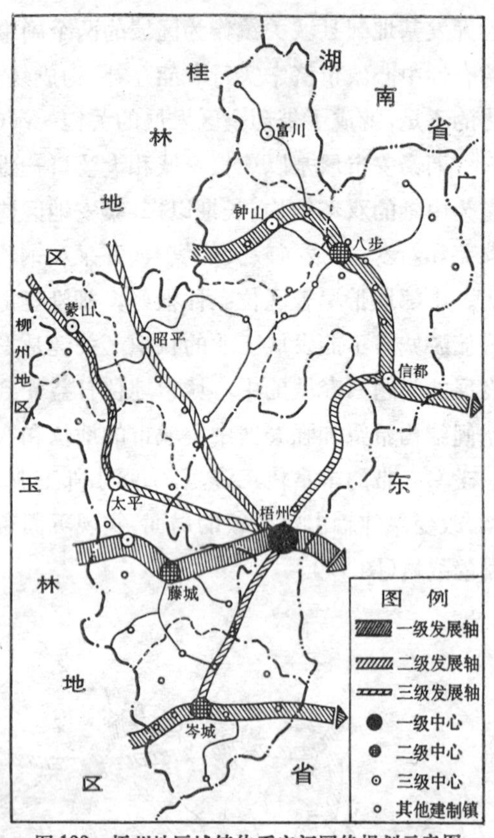

图 100 梧州地区城镇体系空间网络规划示意图

总之，只有深入分析各地区特有的背景、条件、矛盾和出路，才能找出适合于它的特有的空间结构。另一方面，各地虽千差万别，也并非没有规律性可循。图 101 是以北美为背景概括出来的 4 种城镇体系组织的模式，每一种模式有它自己的年代和特定的区位。第一种是通过老中心的投资促进边远地区低级子系统发展的边远

-商业模式，在北美流行于1740～1910年；第二种是各级中心以专业化的初级产品为主向上逐级联系的原材料出口模式，流行于1700年以后，目前还存在；第三种是以复杂的市场联结带动整体发展的工业专门化模式，1840年以来流行于美国，以本世纪前半叶的制造业带最典型；第四种是高度开放的，取决于技术、信息、劳动力供应的变化而发展的社会变动模式，具有多变的特点，目前美国属于这种类型。

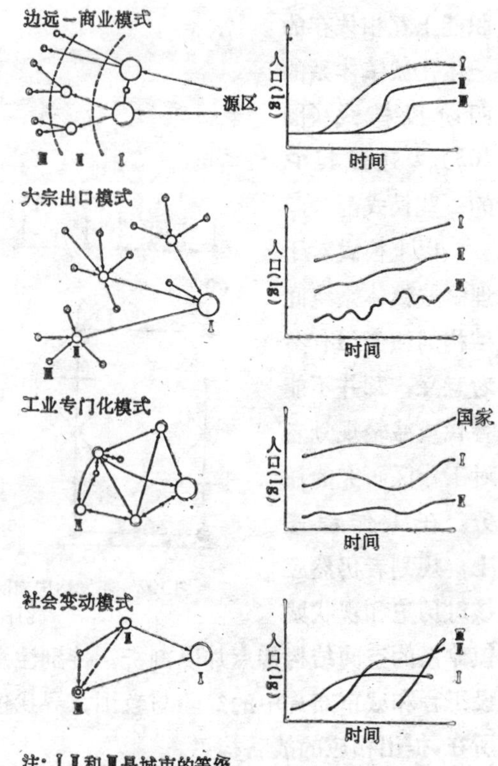

注：Ⅰ Ⅱ 和 Ⅲ 是城市的等级

图 101　城镇体系组织的模式：空间结构和发展途径

（引自参考文献 1，第 64 页）

塔弗等人 60 年代对加纳、尼日利亚、巴西、东非和马来西亚的研究，提出了不发达国家交通网络发展的四阶段模式（图 102）。①弗里德曼后来从城市核心与边缘的关系提出一个从没有等级体系的各自独立的地方中心，经过发展单一的强大首位城市，形成核心-外缘结构，到经济活动扩散，在外缘部分发展次中心，到最后形成

① 详见参考文献 83。

职能上互相依存的一体化城镇体系的四阶段模式(图103)。① 还有其它的一些模式。

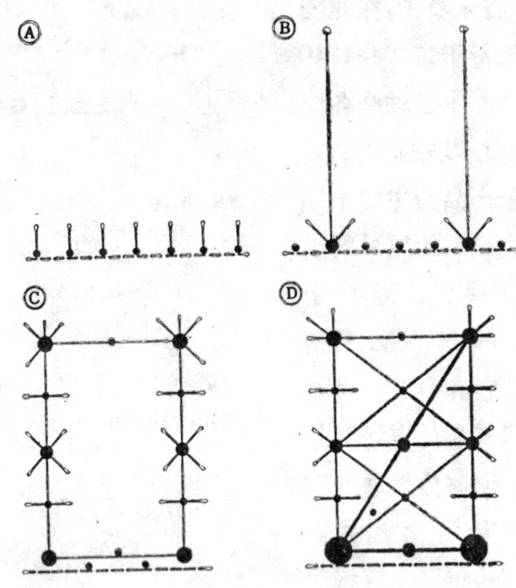

图102 不发达国家网络发展的四阶段模式
(引自参考文献83)

以上模式对于理解城镇体系空间结构的演变虽有参考意义，却并不能替代或减轻规划者对工作区研究的任务。在工作程序上，规划者仍然应该对历史和现状城镇体系的空间结构特点加以剖析，特别注意总结解放以后重大建设工程和城市布局中的经验与教训，寻找进一步合理发展的矛盾所在，提出相应的战略构思。

(5) 重点城镇或分区专论。以上4部分内容基本上把规划区作为一个整体来研究，不可能对重点城镇、专题性的重点问题或各个分区的情况加以充分的阐述。但实际上，这些问题常常是当地政府主管部门，特别是其下属单元如县或重点城镇的领导非常关心的，他们迫切希望了解自己单元在整个体系规划中的作用和地位，以及与其它单元的关系。其实，这样也便于通过地方领导，真正发挥城镇体系规划对城市总体规划的指导作用。

这部分内容不必拘泥于某种格式，可视需要而定。在泰安市域城镇体系规划中，这部分专论有泰城发展战略、大汶口和磁窑、

① 参见参考文献33。

莱城和莱钢、新泰和新汶、肥城县的新城、老城和王瓜店、东平镇和州城镇、乡村居民点发展等7个需要特殊处理的问题组成。有时，也分城市经济区或分县概要介绍规划的意图。

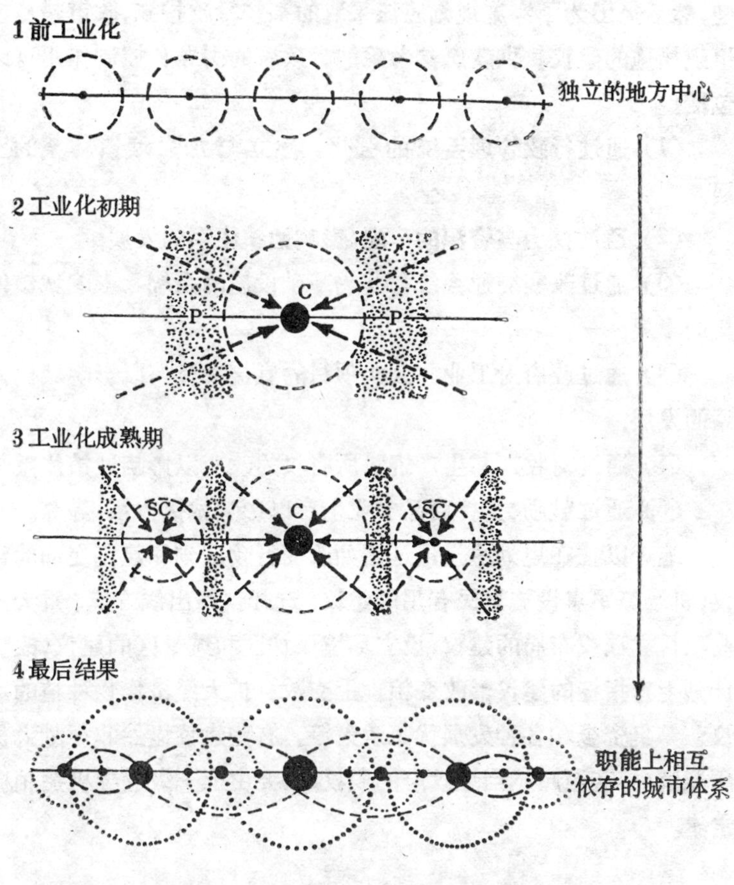

图 103 空间组织的阶段（引自参考文献33）

4. 实施规划的措施和建议

城镇体系规划是规划人员认识和预测客观世界的一种反映。

主客观相脱节的规划，只能是“纸上画画、墙上挂挂”。即使一个好的规划，若没有可操作性的政策和措施的配合，也终会变成一纸空文。因此，在这一部分有必要纲要性地把整个规划的要点介绍清楚，然后提出为了实施规划应该采取的某些行政措施、政策措施或组织措施的建议，供政府参考采纳。政府的引导和控制作用可以包括：

(1) 通过行政管理系统的强化，建立与加强城镇体系的发展；

(2) 通过权力与资源的分配，影响城镇体系的发展；

(3) 通过改变交通系统与其它基础设施的系统，影响城镇体系的发展；

(4) 通过政府对工业与公共项目的直接投资，以影响城镇体系的发展；

(5) 通过对收入与生产资料所有权的改变以影响城镇体系；

(6) 通过鼓励、支持商品农业生产以影响城镇体系，等等。

笔者以往在规划中提出过诸如改变行政区划和建制变动的建议；机场等军事设施军民合用的建议；选择铁路出线方案、重大工业项目立项或布局的建议；设立环境保护区和风景区的建议；改变计划生育指标的建议；改变粮食上交数、扩大经济作物种植的建议；筹集资金和各种发展优惠政策等。有些建议显然非规划人员所能解决，甚至超越当地政府的职权，需要由上一级领导机关拍板定案。

(三) 工作方法

本书的前面各章实际上为如何进行城镇体系规划作了必要的准备，除了有关的概念和基本理论以外，已经介绍了城镇体系规划中一些实用的方法和模式。例如第二章中中国城镇人口统计概念的采用;第三章中有关预测区域城镇化水平的方法;第四章中有关城镇发展条件的综合评价方法;第六章中城市职能分类的方法;第七章中量测城市规模分布的方法;第八章中城市吸引范围和城市经济区划分的方法等等。具体的方法和数学模式当然还有很多,今后还会尽出不穷。这里不再赘述。

需要补充的是,从总体上讲,工作方法要注意4个结合:

1. 注重调查研究,上下结合

向上级和当地领导部门调查,了解领导的意图和精神;向下面实际工作部门和基层单位调查,取得第一手材料;再由规划工作者分析研究,去粗取精,去伪存真,形成观点。"没有调查研究就没有发言权"是千真万确的真理。

有人认为,"在区域城市规划和发展战略制定中,应该强调规划的制定者、研究者的价值观都要服从上级单位的价值观,这是区域规划制定的准则,但是也允许在满足上级单位的价值观的情况下,有制定者的价值观和研究者的价值观"。①这一观点值得商榷,至少这只有在上级单位的价值观是正确的前提下可以成立。就城镇体系规划而言,它涉及到方方面面的知识和错综复杂的关系。上级单位的意见常常比较正确.但也不能排除他们有时会作出错误的判断和决策的可能,在实践中这类例子不在少数。强调规划过程要贯穿上下结合的调查研究,目的就是要发挥规划人员的主观能动性,鼓励他们在调查中有所发现、有所突破。上级单位的正确意见无疑应该采纳,对他们不符合实际的计划、设想,则应该坦诚地交换意见,尽可能取得协调一致。无法取得一致时,规划人员应该保留自己认为正确的意见,写入规划报告,供规划在审批的程序中引起注意和讨论。

2. 宏观、中观、微观分析相结合

① 参见参考文献220,第43页。

大的方向性问题要注重宏观分析，和中央、省的有关正确精神保持一致；中观分析是城镇体系的主要工作领域，这一点与城市总体规划、小区规划不同。虽然在工作中不以微观分析为主，但常常需要从微观中抓典型。

3. 定性分析和定量分析相结合

既不要固守传统的缺乏分析论证的定性描述，又要防止不切实际的纯数学游戏。脱离了定量分析的定性结论，常常缺乏说服力；脱离了定性分析的定量化，不过是花架子、装饰品，有时还不免是"rubbish in, rubbish out"的把戏。正确的结合应是定性在前，定量在后，正确的定量分析结果还应转化为定性化表述，以便为人们所理解。总的说来，目前定量分析仍较薄弱，应该提倡计量化、模式化和其它一切有用的新方法，更应提倡使用"适用技术"，能用简单数学模型解决的问题就避免用复杂的模型。

4. 文字表达和地图表达相结合

文字部分可由总报告和附件两部分组成，城镇化和城镇体系部分的内容一般占总报告篇幅的一半或略多，基础条件分析约占1/3。在研究的深度和广度已经满足规划的前提下，文字报告的组织形式、章节安排可以灵活，无须千篇一律，特别是城镇体系的职能结构、等级规模结构、空间结构3部分是根据中国目前的研究状态，考虑到规划工作条理的清晰的工作的方便而划分的。在内容上联系密切、互有交错，文字表达上要有重点地加以揉合组织。若过于机械，容易造成内容的重复。也有人主张把城镇体系的组织结构分解为地域空间结构、等级规划结构、职能类型结构和城镇网络结构4部分，①也是可以考虑的。从更严密的理论体系来看，哈格特等认为枢纽区域系统的空间分析由6部分组成，即交互作用(interaction)，网络(networks)，结节(nodes)，等级层次(hierarchi-

① 参见参考文献219。

es)，面(surfaces)，扩散(diffusion)。①这样的体系是否也用于城镇体系规划似可进一步研究。还有一种意见认为，城镇体系规划应该包括不同等级规模城市基础设置配置标准和测算城镇发展用地及城市近期建设投资。反对者则认为这不是城镇体系规划的任务，且实际上也不容易做到。笔者对此持后一种态度。

地图在空间规划研究中是一种不可缺少的重要工具。它既是地理工作者擅长的一种空间思维的方法，也是成果表达的一种直观、通俗、生动活泼的手段，可以和文字报告相得益彰。不必追求图件的数量，但是表示城镇体系各要素的现状和规划的基本图件不可缺少，再配合必要的分析图。图件要兼顾信息量(太简单则信息量贫乏，说明可以归并)、可读性(主题突出，能读得懂，内容太庞杂会令读者不得要领)、科学性(内容正确、位置准确)和艺术性(美观)。

城镇体系规划在中国还只有几年的实践，距离建立起一套规范的编制程序和一系列有关规划的标准还有大量的工作要做。要把基点放在不断加强城镇体系的理论建设上，不能只停留在分别对城镇体系的职能结构、规模结构和空间结构作一般分析，应加强对它们的动态演变、合理模式、结构调整和科学预测的研究。只有对城镇体系三大结构各自的演变规律及其相互之间的联系机制有所了解，才可能谈得上城镇体系规划的系统优化和合理调控。否则，规划的科学性就无法得到保证。

三、城镇体系规划的战略构想

(一) 问题的核心

城镇体系规划的战略构想也就是城镇体系规划的指导思想，

① 参见参考文献4，第7页。

其核心是要处理好区域内均衡发展与不均衡发展的关系。究竟采用均衡发展或不均衡发展的战略，又取决于规划所要追求的目标：经济发展或区域公平。从理论上讲或从长远来看，这两个目标应该统一，但在实践上或从近期来看常有冲突。一般认为，追求经济发展速度和良好的经济效益，常和不均衡发展战略（或称地区倾斜战略）相联系；追求社会公平的原则和良好的社会效益，一般和均衡发展战略联系在一起。

在城镇化问题的讨论中，笔者认为城镇化在空间的绝对均衡是不存在的。只能要求城镇化发展与有关条件之间相适应的相对均衡。这一认识也可推广到区域间的经济发展水平。经济发展水平均衡的相对性还表现在均衡的空间尺度上。以人均收入水平为例，假若两个省的人均收入差距较大，则被认为发展不均衡。经过努力，若干年后这两个省的人均收入都有增长，且差距大大缩小以至相似，则被认为发展比较均衡。实际上，在这时，若以市县为空间单元的尺度，可能高低差距反而拉大了，即发展中却较少均衡。若尺度再缩小到乡镇一级，就可能更不均衡了。这个例子说明，真正的均衡是一个非常非常长远的目标，是要到共产主义实现之时才能达到的。

为了达到这个长远目标，一条途径是通过均衡发展达到均衡的目标，例如以前的扶贫补贴，现在的扶贫开发，这对改善贫困面貌不无补益，但道路漫长，因为随着经济水平的提高，“贫”的标准也会提高。另一条途径是通过地区上的不均衡发展，达到最后的相对均衡，通过局部时段的不均衡发展达到长远的相对均衡。在中国地域差异过于巨大、总体实力还较薄弱的情况下，这一条道路也许是不可逾越的。社会主义制度的性质可以使地区间经济水平的差距发生在共同富裕的总过程中，并限制在可以接受的范围内。

均衡或不均衡发展战略在城镇体系规划中的直接反映是生产力布局和城镇发展采取分散还是集中的问题。在80年代以前，分散是中国的主要倾向，50年代后期遍地开花的“大跃进”和六七十年代的大小“三线”建设都是追求均衡开发而实行的分散布局措施，由于经济效益太差，结果事与愿违，巨额的投资并没有使经济水平的地区差距有效地缩小，反而使全国人民长期处于贫困的状态。80年代以后，集中是主要的趋势。建设重点首先放在东部沿海，对中部地带以建设大型能源和原材料基地为中心，对西部地区则作积极开发的准备工作，使中国近十几年的经济发展取得了巨大的成功。当东西部间的收入差距略有拉大之时，国家在新的十年规划和“八五”计划中又提出了新的生产力布局原则，“统筹兼顾、合理分工、优势互补、协调发展、利益兼顾、共同富裕”，“把产业倾斜和地区倾斜结合起来”。①在指导思想上把经济增长和区域公平两个目标兼顾起来。从理论上讲，这个原则无疑是正确的，关键是在实际操作中掌握在什么“度”上。

上面是指整个国家而言。具体到特定区域的城镇体系规划，正确处理好集中与分散的关系同样是非常重要的一项任务。

针对“均衡与不均衡”、“集中与分散”的国土开发战略的讨论，许多学者提出过“梯度推移”、“跳跃式开发”、“墨渍扩散”、“辐射扩散”等主张。笔者认为，无论是哪一种主张，任何区域的经济发展，特别是非农业经济的发展都离不开沿着一定级别的交通轴线并集中于一定级别的城镇来展开。从这个意义上讲，区域点轴系统的设计也就是城镇体系空间结构规划的框架。

---

① “中华人民共和国国民经济和社会发展十年规划和第八个五年计划纲要”，人民日报，1991年4月16日。

（二）西方城市发展战略的一些理论概念

1．核心-边缘范式(The Core/Periphery Paradigm)

这种范式来源于弗里德曼。他把国家的空间经济作为一个系统来看待，系统内的权力分配是不平衡的。核心区是发达的首位城市或大城市所在的区域，它是具有较高的产生和吸收革新性变化能力的社会子系统，它能够掌握自己的命运，虽然也可能对外部世界金融资本中心有所依赖。边缘区是欠发达的依赖于核心区并被其控制的子系统。核心-边缘的关系本质上是一种殖民地式的体系。边缘区的资源(劳动力、资金、原材料、半成品)被吸收到核心区，其发展模式和速度也被核心区所控制。核心-边缘模型也是一种有关经济、社会和政治发展的冲突理论。这个观点强调了政治性和社会性的变化对区域经济发展前途的重要性。

核心-边缘范式有助于解释在发展中国家观察到的许多现象。例如，边缘区地方银行为刺激区域发展而采取的种种努力的失败，常常是由于地方的土地所有者控制银行，并把资金转移到了核心区。再例如，首位城市及其周围地区商务的空间集中，不仅仅是由于面对面的联系、优良的基础设施条件和广阔的市场等经济方面的因素，同样也是由于商人们靠近政府权力中心以寻找保护以及取得合同和贷款保证的方便。

弗里德曼认为核心-边缘结构是不完善的，他主张利用政府力量使新的核心地区在边缘活起来，通过不断扩展的市场联系、资源开发、空间的扩展和收入的增长，逐渐使边缘区的中等城市成为有吸引力的工业区位，甚至政治权力也在一定程度上被分散到有利于作为发展中心的省的首府，这样逐级发展下去，核心-边缘模式就可能破裂，形成空间经济的一体化(图 103)。

2．极化倒转(Polarization Reversal)

极化倒转是指国家经济向核心区空间极化的趋向让位于核心

区向其它区域空间分散的转折。它必须是区域内的分散同时伴随着区域间的分散，单单从首位城市向周围核心区的分散化不在此列。一种相似的概念"城镇转型"(urban turnaround)已被用来描述发达国家非大都市区比大都市区具有更快增长速度的空间过程,大都市区的人口或者停滞,甚至衰减(见第三章逆城镇化)。当本世纪70年代第一次发现城镇转型之前,极化倒转在发达国家已经发生了。

极化倒转的概念有助于选择采取分散战略的适宜时机。当预见极化倒转可能自发产生之前，就适度地采取分散战略，效果最好;如果延迟采用，可能失去意义;如果超前采用，则可能浪费投资,因为基础设施已经大规模投入,而工业资产可能迟迟不从首位城市或大城市地区流入而造成浪费。

尽管认为极化倒转是不可避免的过程，然而在那些最不发达的低收入国家中,几十年内都不会发生极化倒转。在这种情况下,就不要期望工业会从首位城市或大城市分散出来，发展中等城市战略和乡村发展战略可能是合适的。

但是,当经济发展到一定的阶段,极化倒转的假设则可能是人口和生产力再分布的一种重要政策。要理解这一点,需和扩散-回波模型联系起来。在发展中国家，大城市周围同时存在着扩散和回波效应,其作用随距离而衰减,可以用引力模型来量度。扩散效应的衰减速度比回波效应的衰减速度要快得多,结果,大城市周围腹地的经济发展可以从大城市扩散的有利影响中受惠。而回波效应覆盖了全国,包括乡村边缘。

这种解释为那些需要刺激极化倒转的地方提供了一种可能的战略,那就是通过促进若干个国家区域中心城市的增长,增加新的扩散源动力,使扩散效应通过每一个区域中心传播到它们的腹地,让广大的空间受益，同时可以削弱从边缘区到核心区的回波效应。

3．增长极与有关概念

增长极（growth pole）理论的中心思想是经济增长不可能在各地同时出现，而只能以不同的强度发生在有限的区域极点内，然后以不同的程度扩散到周围地区。经济活动在空间上集中于少数几个城市比分散状态能形成更快、更有效的区域发展。

但现实的经验常常不是这样。尤其是当增长极的推动性工业是资本密集型工业时，增长极和国内外的大城市有密切的联系，而与它周围腹地之间却缺乏相互依赖的密切联系，形成人们常说的"两张皮"。增长极吸引周围腹地的劳动力，资金的回波效应常常超过了新思想和原材料工业后向联系等扩散效应。因此一些学者认为增长极的基本观点并不成熟，另一些学者则认为通过加强城乡联系，寻找能诱发地区经济发展的推动性工业，而不是通过发展资本密集型的基础工业来刺激增长极的发展，仍然是可行的。

反磁力中心和发展轴是增长极学说的延伸。反磁力中心实际上是一个用来削弱首位城市对人口和就业拉力的非常巨大的增长极，它只有在至少50万人，最好超过100万人，并且至少远离首位城市400公里时才能奏效。反磁力战略的问题在于：第一，成功的反磁力中心可能会重蹈首位城市的弊端，形成巨大的极化拉力，导致空间集聚的进一步加强；第二，首位城市很强的国家，如泰国、黎巴嫩、塞内加尔等，常常因为其它城市实在太小而反磁力中心难以培养出来。

发展轴（或发展走廊）战略旨在通过促进城市间运输走廊沿线城市的发展来补救个别增长极的有限的吸引力。由于运输成本减少而支持了生产成本的降低，发展轴战略能刺激产生集聚经济效应。一条成功的发展轴要有大容量的运输系统，相对更高的运输速度，有大型的终点城市和最多250公里的适中的长度。发展轴要吸收大量的投资，因此运用时要经严格的选择。

4．选择性空间封闭 (Selective Spatial Closure)

在核心-边缘模型中，边缘地区要打破对核心区的依赖以及核心区对它的控制是很困难的。因此对边缘地区一个可以选择的模式是找出一条自力更生的道路谋求发展，这就是首先由赫希曼(A. O. Hirschman)提出的选择性空间封闭战略，即一个企图发展其落后地区的国家，为了使回波效应趋于最小，应该为该地区提供相当的自主权。其前提条件是：在空间发展政策中要考虑包括政治和社会；把距离摩擦不是当作空间均衡的障碍，而是当作增加分散化决策的潜在好处来处理；在规划和政策制定中强调小规模经济活动；把权力从行业机构(条条的)转移到空间单元(块块的)；对边缘地区进行交通运输投资，对基础性服务和有利于边缘区的单向运输支出给予补贴。

尽管近年来不断强调自力更生的发展方式和行政管理的分散化，但至今还未有完全应用选择性空间封闭战略的尝试。

5．乡村城市的发展 (Agropolitan development)

乡村城市的发展战略是由弗里德曼提出来的，它代表了一种空间发展的基本需求战略，适合于那些人口稠密、人口增长率高、处于早期城市工业化、高度对外依赖、不平衡指数在上升的发展水平较低的农业社会国家，以亚洲和部分非洲国家最为典型。

这一战略主张：①通过增加在乡村的投资，引入城镇化生活方式，把乡村聚落转型为“乡村城市”或“田里的城市” (city-in-the-fields)，以缓解城乡冲突。②在村庄以外发展社会交互作用的网络，创造一个更大的社会、经济、政治空间，称为乡村城市地区，它也可以成为大城市外缘的基本聚落单元。③在同一个地域社区内把农业和非农业活动结合起来，增加各种生产性工作岗位，稳定乡村和城镇的收入，并缩小它们之间的差距。④加强对乡村城市地区自然资源的开发，包括发展农业生产、完善区域的保护性工程和水控制工程、修建乡村公共建筑，扩充乡村服务和农业指向型工业，更加有效地使用劳动力。⑤建设和改善乡村城市地区之间的交通通讯，把乡村城市地区联成区域的网络，通过一定的高级服务的区域化来扩大城镇。据认为这一规划方法是在总结中国六七十年代发展经验的基础上提出的。

有趣的是这种强调自下而上发展的乡村城市规划方法也要求中央政府的强烈干预。不过，国家的作用在这里只是保护性的(保持乡村城市的安全，避免来自外部的掠夺性力量)、发展性的(协调区域结构的改变和发展，承担公共福利工程，增强乡村城市地区的能力)，起着时刻准备支持乡村城市实现自己的目标的积极作用。

乡村城市发展战略的问题之一是现存的城市在战略中所处的地位不很清楚，它和乡村城市的发展是互相结合还是互不干扰？问题之二是乡村城市不依赖集聚经济，从生产力发展的观点看，也许是低效益的。问题之三是只要求满足基本需求，所以人均收入是低水平的。

(三) 发展中国家城市发展战略类型

表 84 把发展中国家常用的城市发展战略分为两大类，即集中战略和分散战略。

表84　发展中国家城市发展战略类型

A 集中战略
- I　自由放任战略
- II　首位城市地区的多中心发展战略
- III　核心地区内的跳跃式分散战略

B 分散战略
- IV　反磁力中心战略
- V　增长极战略
- VI　发展轴和发展走廊战略

VII　区域性都市和亚系统发展战略
VIII　省(州)首府战略
IX　次级城市战略
X　小服务中心和乡村发展战略
XI　混合战略

资料来源：引自参考文献75。

集中战略都强调核心地区的重组，这种重组可以是自然发生的(类型I)，也可以是通过各种形式的都市区的规划实现的(类型II和III)。类型II和III之间的区别在于，类型II是指用一个交通系统(可能是公共的或私人的公共汽车系统)把或多或少邻接的多个中心联系起来的一个大都市区域；类型III是在首位城市核心以外一定距离促进分散化的一个都市区。所有这3类都会产生高度空间集中的后果(除了类型I在发展的后几个阶段可能导致分散)。

而分散战略包含了某种程度的地区间分散和促进核心区以外城市的发展，不过在空间分散的程度和优先发展的规模级上有所不同。

反磁力中心、增长极和发展轴(类型IV,V,VI)属于同一主题的不同形式，前面已经有所介绍。反磁力中心是想用极化发展的形式与首位城市的极化效应相抗衡，其风险在于可能重现在首位城市所观察到的极化效应的种种消极现象。对于增长极战略，由于它不能成功地对其腹地产生扩散效应，本身吸收劳动力的能力又有限，并且出于政治上的妥协，有时设计的增长极过多，而人们对它的期望却很高，因此近几年来这个战略不那么受人喜爱了。发展轴战略试图克服单个增长极的有限活力，如果发展轴战略和改进轴沿线的交通条件结合起来，则效果不错。

类型VII，区域性都市和亚系统发展战略通常优先发展区域性城市并最大限度地带动小城镇。特别鼓励在区域性城市的重点产业和小城镇企业之间建立起后向联系，实施全区域的运输规划，向亚区级分散行政管理职能。此战略虽然很少被尝试，但是对正在形成强大区域聚落体系的地区可能是有效的。由于资源短缺，这种战略不能同时在所有区域实施。这样，从候选区域中决定优先实施的区域就成了一个困难的政治问题。因此它更适用于地区性规划而非全国性空间规划。

许多国家都由大量的省(州)级行政地域单元组成。省(州)首府战略(类型 VIII)采取加强国家亚区规划和促进行政管理分散化相结合的措施，也是一种相对分散的战略。然而，该战略旨在促进所有省(州)首府的发展，效果不大，因为一旦被帮助的首府城市太多，其平均的影响力势必削弱。有些首府其实缺乏发展潜力，而具有很大潜力的非首府城市却被忽视了。该战略要达到的行政管理和政治上的目标远远超过经济目标。

次级城市 (secondary cities) 战略是空间选择性的，它包括促进某些省的首府或非首府城市的发展。次级城市有时也叫中间(intermediate)城市或中等规模(medium-sized)城市。该战略表面上和增长极战略有类似之处，其实不然。增长极战略强调从外部吸引推动性产业，而次级城市战略倾向于土生土长的发展，加强城乡联系，注重于社会和经济的基础设施，促进许多中心的发展。

该战略不仅有利于空间平等，还可以兼顾经济效率。因为：①如果规划期很长，极化倒转的假设成立，那么投资于次级城市迟早会有效率；②次级城市可以成为首位城市、其它特大城市与小城市、乡村地区的联系节点；③在一些发展中国家和许多发达国家，次级城市往往占有国家最有效率的区位，甚至有的城市产出水平高于首位城市。这样，发展次级城市就不一定要牺牲经济效率来换取区域公平。

最后，在次级城市战略中要注意的问题就是对次级城市的确定。人口规模显然不是很合适的标准。在巴西，中等城市的人口规模在50～100万人，而许多非洲国家，即使首位城市人口规模也在50万人以下，中等规模城市可能不到2万人。因此，根据国家的地理规模、人口、经济发展水平以及其它方面的不同，规模完全不同的城市却可能起类似的次级城市的作用。当然各自的职能可能有所不同，在注重农村发展的国度，次级城市的主要作用是给周围地区提供高级服务，以稳定乡村人口；在强调工业发展的国家，次级城市被作为核心地区工业扩散的理想区位。在同一个国家的不同地区，它们的作用也可能有差异。这就说明此战略需根据国家和地区的具体情况加以设计和实施，它不是一个通用的药方。

（四）中国城市发展战略的回顾与探讨

国外已经对城市发展战略和人口再分布战略有过大量的研究。上面所述只是对联合国人类聚落中心在这方面大量研究成果的简单概括，①目的是为读者在规划实践中提供一些启示。

过去中国也提出过一些与城市发展有关的理论与方针政策，诸如："一五"时期配合重点建设项目推行重点城市建设的方针；1956年毛泽东提出"充分利用沿海、大力发展内地"的正确处理沿海工业和内地工业关系的理论；1964年根据对当时国际形势的分析，又提出"三线"建设的方针以及不建集中城市的思想；等等。近十几年来，中国又有以设立经济特区、对外开放城市、沿海对外开放地区为内容的沿海发展战略；在一些城市批准设立高新技术产业区，带动各地区产业结构转变的战略；实行市带县体制，发挥中心城市作用的战略；控制大城市规模、发展小城市，提倡离土不离

---

① United Nations Centre for Human Settlement (Habitat) (1985年), Population distribution and urbanization: a review of policy Options. Nairobi, Kenya。谢东晓等同学的翻译为笔者提供了参考，特此致谢。

乡、就地消化农村剩余劳动力、大力发展乡镇企业的战略，等等。

中国是世界的一部分，而且是非常重要的一部分。中国实行过的和正在实行的战略、方针、政策，无论是成功的经验还是失败的教训，都毫不例外要引起国际上的关注和研究。中国实践中的不少对策，也多多少少可以从上述国外的各种理论和战略中找到对应点。这说明，世界城市问题有其共性的一面，借鉴西方的理论，取其精华、为我所用，很有必要。但是国外的理论一般都建立在资本主义市场经济体制的基础上，即使在西方世界，它们也不是完美无缺的。运用到发展中的社会主义中国，就必须经过一番检验和分析，溶汇和发展，形成一套适合中国国情的理论和模型。

进入 80 年代后，中国出现了许多以前少有的空间趋势，例如：与前 30 年的人口迁移方向正好相反，常住人口大规模向沿海发达地区移动，伴随着的是大量的流动人口向内地各省区的相向流动；中国经济重心区出现了明显的南移趋势；上海、北京、天津、辽宁等全国最重要的工业基地在全国工业中的比重稳步下降，城镇人口的增长速度成为全国最慢的省区行列；许多特大城市市区的工业发展速度赶不上它的周围腹地；个别特大城市市中心区的人口开始出现下降的苗头，但又不同程度受到"人口盲流"的冲击；乡镇企业在面上开花，出现超高速增长，等等。这说明改革开放以来，集中和分散的空间过程正在不同层次加速进行，而我们对这些重大趋势产生的机制、后果及进一步演化的方向似乎仍然若明若暗，在理解上存在歧见。

因此，为了减少失误，给今后地域空间开发和城市发展战略的制订提供充分的依据，迫切需要对一些基础问题进行深入的研究。例如：

（1）以乡镇为基本单元的集聚与扩散研究，核心是中国乡村城镇化的机制和政策调控；

(2) 以大中城市为基本单元的集聚与扩散研究，核心是中国城市化和城市郊区化的机制、转换形式、转换条件和政策调控；

(3) 以城市密集地区为单元的集聚和扩散研究，重点是中国式大都市区和大都市连绵区的形成机制和政策调控；

(4) 以国家东西之间、南北之间、发达与不发达地区之间的空间流动和协调、互补关系的研究；

(5) 中国在亚洲太平洋地区和世界城市体系中的地位、分工和相互作用的研究。

问题的难点在于社会、经济的空间过程是一个在多层次上交错进行的复杂过程，表现在区块上因地理位置、历史和现状基础的不同又存在着巨大的地域差异，需要把不同空间层次和不同区块的研究，宏观研究和微观研究，现状分析和动态分析，经济因素和行为、政策因素研究有机结合起来。正确地回答这些问题，不仅在我国建设实践中具有现实意义，而且也将为丰富城市地理学的基本理论作出贡献。

主要参考文献

1. Bourne, L. S. and Simmons, J. W. Systems of cities, New York: Oxford University Press, 1978.

2. Carter, H., The study of urban geography, London: Edward Arnold, 1972.

3. Clark, D., Urban geography: an introductory guide, London: Croom Helm, 1982.

4. Haggett, P., Cliff, A. D. and Frey, A., Locational Models, London: Edward Arnold, 1977.

5. Herbert, D. T. and Thomas, C. J., Urban geography: A first approach, Chichester: John Wiley & Sons, 1982.

6. Kiang, Y. C., Urban geography (2nd ed.), Chicago: Illinois Teachers College, 1966.

7. King, L. J. and Golledge R. G., Cities, Space, and Behavior: the Elements of Urban Geography, Englewood Cliffs: Prentice-Hall, Inc., 1978.

8. Northam, R. M., Urban geography, New York: John Wiley & Sons, 1975.

9. Yeates, M., and Garner, B. (1980), The North American city, New York: Harper & Row, 1980.

10. 于洪俊、宁越敏:《城市地理概论》,安徽科学技术出版社,1983 年。

11. 许学强、朱剑如:《现代城市地理学》,中国建筑工业出版社,1988 年。

12. Alexanderson, G., The industrial structure of American cities, London: Allen & Unwin, 1956.

13. Auerbach, F., Das gesetz der bevölkerungskonzentration, Petermann's Geographische Mitteilungen, 59, 74—76, 1913.

14. Auronsseau, M., The distribution of population: a constructure problem, Geographical Review, 11, 563, 1921.

15. Bell, G., Change in city size distributions in Israel, Ekistics, 13, 103, 1962.

16. Berry, B. J. L., City size distributions and economic development, Economic Development and Cultural Change, 9, 573—588 1960.
17. Berry, B. J. L. The geography of the United States in the year 2000, Transactions of the Institute of British Geographers, No. 51, 21—54, 1970.
18. Berry, B. J. L. (ed.), City classification handbook: methods and applications, John and Sons, 1972.
19. Berry, B. J. L., The counterurbanization process: urban America since 1970, in: Urbanization and counterurbanization, Beverly Hills: Sage, 1976.
20. Berry, B. J. L., Barnum, H. G. and Tennant, R. J., Retail location and consumer behaviour, Regional Science Association, Papers and Proceedings, 9, 65—106, 1962.
21. Berry, B. J. L. and Garrison, W. L., The functional bases of the central place hierarchy, Economic Geography, 34, 145—154 1958.
22. Burtenshaw, D., Cities and towns, London: Bell & Hyman 1983.
23. Carroll, G. R., National city-size distribution: What do we know after 67 years of research? Progress in Human Geography, 6 (1), 1—43, 1982.
24. Carter, H., An introduction to urban historical geography, London: Edwards Arnold, 1983.
25. Champion, A. G., Counterurbanization in Britain, The Geographical Journal, 155 (1), 52—59, 1989.
26. Chandler, T. and Fox, G., 3000 years of urban growth, New York and London: Academic Press, 1974.
27. Chang, S. D. and Kim, W. B., An analysis of urban system in China: a preliminary investigation, Paper Presented at the International Workshop on Urbanization in China, East-West Center, 1988.
28. Written by Christaller, W. Translated by Baskin, C. W., Central place in Southern Germany, Englewood Cliffs, N. J. and London: Prentice Hall, 1966.
29. Converse, P. D. Elements of marketing, Englewood Cliffs, N.

J., 1930.

30. Davis, K., World urbanization 1950—1970, in Bourne, L. S. and Simmons, J. W. (ed.) Systems of Cities, New York: Oxford University Press, 92—100, 1978.

31. Doxiadis, C. A., Man's movement and his settlements, Ekistics, vol. 29, No. 174, 1970.

32. Fielding, A. J., Migration and urbanization in Western Europe since 1950, The Geographical Journal, 155 (1), 60—69, 1989.

33. Friedmann, J., Regional development policy: a case study of Venezuela, Cambridge, Mass: MIT Press, 1966.

34. Friedmann, J., The urban field as human habitat, in Bourne, L. S. and Simmons, J. W. (ed.), System of Cities, New York: Oxford University Press, 42—52, 1978.

35. Friedmann, J. and Miller, J., The urban field, Journal of the American Institute of Planners, 31 (4), 312—320, 1965.

36. Gibson, L. J. and Worden, M. A., Estimating the economic base multiplier: a test of alternative procedures, Economic Geography, 57, 146—159, 1981.

37. Goldstein, S. and Sly, D. F. (ed.), The measurement of urbanization and projection of urban population, Dolhain: Ordina Editions, 1975.

38. Gottmann, J., Megalopolis, or the urbanization of the northeastern seaboard, Economic Geography, 33 (3), 189—200, 1957.

39. Gottmann, J., Megalopolis system around the world, Ekistics, 243, 109—113, 1976.

40. Grauman, J. V., Orders of magnitude of the world's urban population in history, in United Nations Population Bulletin, No. 8, 1976.

41. Green, H. L., Hinterland Boundaries of New York and Boston in Southern New England, Economic Geography, 31, 283—300, 1955.

42. Gryztzell, K. G., The Demarcation of comparable city areas by means of population density, Lund Stud. Geogr., Series B, Hum. Geog. 25, 1964.

43. Haig, R. M., Regional survey of New York, Major economic factors in metropolitan growth and arrangement, vol. 1, New

York, 1928.
44. Haggett, P., Measuring instability in the growth of urban system: a biproportionate index, Geoforum, 1976.
45. Harris, C. D., A functional classification of cities in the United States, Geographical Review, 33, 86—99, 1943.
46. Isard, W., Location and space-economy, New York: MIT Press and John Wiley & Son, 1956.
47. Jefferson, M., The law of the primate city, Geographical Review, 29, 226 — 232, 1939.
48. Johnston, R. J., The American urban system, New York: St. Martin, 1982.
49. Kivell, P. T., Hinterlands of rural — urban interaction with special reference to the North — West Midlands of England, Geographic Polonica, 24, 189—200, 1972.
50. Kwok, Yin-wang(ed.), Shenzhen Special Economic Zone: China's experiment in modernization, Hong Kong: Hong Kong Geographical Association, 1982.
51. Lösch, A., The Economics of location, New Haven: Yale University Press (first German edition 1940), 1950.
52. Lotka, A. J., Elements of physical biology, Baltimore: Williams and Wilkins, 1925.
53. Ma, L. J. C., Preliminary results of the 1982 Census in China, Geographical Review, 73 (2), 198—210, 1983.
54. Ma, L. J. C. and Cui, G. H., Administrative Changes and Urban Population in China, Annals of the Association of American Geographers, 77(3), 373—395, 1987.
55. Maddern, C. H., On some indications of stability in the growth of cities in the United States, Economic Development and Cultural Change, 4, 236—252, 1956.
56. Mather, P. M., Computational methods of multivariate analysis in physical geography, John wiley, 1976.
57. Mattila, J. M. and Thompson, W. R., The measurement of the economic base of metropolitan area, Land Economy, 31, 215, 1955.
58. Maxwell, J. W., The functional cities: a classification of cities, Geographical Bulletin, 7, 79—104, 1965.

59. McGee, T. G., The emergence of Desakota regions in Asia: Expanding a hypothesis, in N. Ginsburg et al (ed.), Extended Metropolis: settlement transition in Asia, Honolulu: University of Hawaii Press, 3—26, 1991.
60. Moore, C. L., A new look at the minimum requirements approach to regional economic analysis, Economic Geography, 51, 350—356, 1975.
61. Morrisset, I., The economic structure of American cities, Papers and Proceedings of the Regional Science Association, 4, 239—256, 1958.
62. Nelson, H. J., A Service Classification of American Cities, Economic Geography, 31 (3), 189—210, 1955.
63. Orleans, L. A. and Burnham, Ly. The Enigma of China's Urban Population, Asian Survey, 24 (7), 788—804, 1984.
64. Palm, R. The geography of American cities, New York: Oxford University Press, 1981.
65. Pannell, C. W., China's urban geography, Progress in Human Geography, 14 (2), 214—236, 1990.
66. Parr, J. B., Models of the central place system: a more genera approach, Urban Studies, 14, 35—49, 1978.
67. Pownall, L. L., The function of New Zealand towns, Annals of the Association of American Geographers, 43, 332—350, 1953.
68. Pratt, R. T., An appraisal of the minimum-requirements technique, Economic Geography, 44 (2), 117—124, 1968.
69. Pred, A. R., Behaviour and location: foundations for a geographic and dynamic location theory, Part 1, Lund: C. W. K. Gleerup, 1967.
70. Pred, A. R., City systems in advanced economy, London: Hutchinson, 1977.
71. Preston, R. E., The structure of central place system, Economic Geography, 47, 136—155, 1971.
72. Preston, R. E., A comparison of five measure of central place importance and of settlement size, Tidjschrift Voor Economische en Social Geografie, 66, 178—187, 1975.
73. Ran, Maoxing and Berry, B. J. L., Underurbanization policies assessed: China, 1949—1986, Urban Geography, 10 (2), 111—

120, 1989.

74. Reilly, W. J., The law of retail gravitation, New York: The Knickerbocker Press, 1931.
75. Richardson, H. W., National urban development strategies in developing countries, Urban Studies, 18, 267—283, 1981.
76. Richardson, H. W., Whither national urban policy in developing countries? Urban Studies, 24, 227—244, 1987.
77. Saey, P., Three fallacies in the literature on central place theory, Tidjschrift voor Economische en Sociale Geografie, 64, 181 — 194, 1973.
78. Singer, H. W., The 'Courbe des populations': a parallel to Pareto's law, Economic Journal, 46, 254—263, 1936.
79. Skinner, G. W., Marketing and social structure in rural China, Journal of Asian Studies, 24, 3—4, 195—228, 363—399, 1965.
80. Sombart, W., Der Moderne Kapitalismus, volume 2, Leipzig 1902.
81. Steward, J. Q. and Warntz, W., Macrogeography and social, science, Geographical Review, 48 (2), 167—184, 1958.
82. Stouffer, S. A., Intervening opportunities: a theory relating mobility to distance, American Social Review, 5, 845—867, 1940.
83. Taaffe, E. J., Morrill, R. L. and Gould, P. R., Transport expansion in underdeveloped countries: a comparative analysis, Geographical Review, 53, 503—529, 1963.
84. Taylor, P. J., Distance decay model in spatial interaction, Norwich, 1975.
85. Thomas, I., City-size distribution and the size of urban system, Environment and Planning A, 17 (7) 905—913, 1985.
86. United Nations, Patterns of urban and rural population growth, New York, 1980.
87. United Nations, Demographic Yearbook 1980, New York, 1980.
88. United Nations, The Prospects of world urbanization—revised as of 1984—1985, New York, 1987.
89. United Nations Centre for Human Settlement (Habitat), Population distribution and urbanization: a review of policy options, Nairobi, Kenya, 1985.

90. Ullman, E. L., Dacey, M. F. and Brodsky, H., The economic base of American cities, Seattle: University of Washington Press, 1969.
91. U. S. Department of Commerce, Bureau of the Census, Population and land area of Urbanized areas for the United States and Puerto Rico: 1980 and 1970, 1980 census of population supplementary report, Washington D. C., 1984.
92. Ward, J. H., Hierarchical grouping to optimize on objective function, Journal of American Statistical Association, 58, 236—244, 1963.
93. Webb, J. W., Basic concepts in the analysis of small urban centers of Minnesota, Annals of the Association of American Geographers, 49 (1), 55—72, 1959.
94. Weber, N. V., A comparison of the central place hierarchy pattern of central Indiana to the Walter Christaller Model, Proceedings, Indiana Academy of Science, 79, 1969.
95. Weimer, A. M., and Hoyt, H. Principles of real estate, New York, 1939.
96. Winsberg, M. D., Suburbanization of higher income blacks in major metropolitan statistical areas, Urban Geography, 10 (2), 172—177, 1989.
97. Yeates, M., North American Urban Patterns, New York: Edward Arnold, 1980.
98. Yeh, A. G. O. and Xu Xueqiang, Provincial variation of urbanization and urban primacy in China, The Annals of Regional Science, 18 (3), 1984.
99. Yeung Yueman and Zhou Yixing, Human geography in China: evolution, rejuvenation and prospect, Progress in Human Geography, 15 (4), 373—394, 1991.
100. Zipf, G. K., Human behavior and the principle of least effort, Cambridge, Mass. : Addison — Wesley, 1949.
101. Zhou Yixing, The future of urbanization in the People's Republic of China, in Recherches de Geographie Urbaine, Presses Universitaires de Liege, 227—237, 1987.
102. Zhou Yixing, Definitions of urban places and statistical standards of urban population in China: problems and solutions, Asian

Geographer, 7 (1), 12—28, 1988.
103. Zhou Yixing, The metropolitan interlocking region in China, in N. Ginsburg etal. (ed.), Extended Metropolis: settlement transition in Asia, Honolulu: University of Hawaii Press, 89—111, 1991.
104. 宋俊岭:"城市发展周期规律与文明更新换代",《北京社会科学》,1988年第2期,第124～131页。
105. 刘易斯·芒福德著,倪文彦、宋俊岭译:《城市发展史》,中国建筑工业出版社,1988年。
106. 国家统计局城市社会经济调查总队编:《中国城市统计年鉴1989》,中国统计信息咨询服务中心、中国城市经济社会出版社联合出版,1990年。
107. 李春芬:"地理学的传统和近今发展",《地理学报》,第37卷第1期,第1～7页。
108. 吴传钧:"国际地理学发展趋向述要",《地理研究》,第9卷第3期,第1～13页。
109. 江美球:"城市生态系统的特点、结构和功能",《人文地理学论丛》,人民教育出版社,1985年,第160～186页。
110. 杨吾扬:"美国的地理学",《人文地理学论丛》,人民教育出版社,1985年,第338～351页。
111. 普雷斯顿·詹姆斯著,李旭旦译:《地理学思想史》,商务印书馆,1982年。
112. D.J.沃姆斯利,G.J.刘易斯著,王兴中、郑国强、李贵才译:《行为地理学导论》,陕西人民出版社,1988年。
113. 张其昀:"中国之国都问题",《东方杂志》,第24卷第9期,第1～8页。
114. 张其昀:"首都之地理环境",《科学的南京》,1932年。
115. 王益厓:"无锡都市地理之研究",《地理学报》,第2卷第3期,第23～63页。
116. 陈尔寿:"重庆都市地理",《地理学报》,第10卷,第114～138页。
117. 李孝芳:"昆明都市地理",《科学集刊》,第2卷第1期。
118. 沈汝生等:"成都都市地理之研究",《地理学报》,第14卷第3、4期。
119. 吴传钧:"南京上新河的木市",《地理》,第6卷,第2、3、4期。

120. 褚绍唐:“中国都市之地理的因素”,«地学季刊»,第1卷第2期。
121. 沈汝生:“中国都市之分布”,«地理学报»,第4卷,第915～935页。
122. 严钦尚:“西康居住地理”,«地理学报»,第6卷,第43～58页。
123. 林超:“聚落分类之讨论”,«地理»,第6卷,第1期,第17～18页。
124. 李文彦:“煤矿城市的工业发展与城市规划问题”,«地理学报»,第33卷,第1期,第63～79页。
125. 侯仁之:“城市历史地理的研究与城市规划”,«地理学报»,第34卷第4期,第315～328页。
126. 杨吾扬、董黎明:“关于风象在城市规划和工业布局中的运用”,«中国科学»,1979年,第11期,第1101～1107页。
127. 宋家泰:“城市-区域与城市区域调查研究——城市发展的区域经济基础调查研究”,«地理学报»,第35卷第4期,第277～287页。
128. 曾怀正、许学强:“城市规划中的人口分类问题”,«经济地理»,第1卷第1期,第69～73页。
129. 周一星、张勤:“关于我国城市规划中确定城市性质问题”,«地理科学»,第4卷第1期,第27～37页。
130. 周一星:“城市总体规划中的风象原则”,«地理科学»,第8卷第2期,第156～164页。
131. 宋家泰等:«城市总体规划»,商务印书馆,1985年。
132. 蔡人群等:“深圳特区经济开发中几个关键问题的初步研究”,«地理学报»,第40卷第2期,第109～118页。
133. 姚士谋等:“厦门经济特区经济辐射功能与发展趋势”,«地理学报»,第44卷第2期,第140～146页。
134. 于洪俊:“试论城市地域结构的均质性”,«地理学报»,第38卷第3期,第241～251页。
135. 宁越敏:“上海市区商业中心区位的探讨”,«地理学报»,第39卷第2期,第163～172页。
136. 汤建中、严重敏:“上海市经济发展的空间分析”,«地理研究»,第4卷第3期,第5～13页。
137. 徐放:“北京市的商业服务地理”,«经济地理»,第4卷第1期,第40～45页。
138. 许学强等:“广州市社会空间结构的因子生态分析”,«地理学报»,第44

卷第 4 期,第 385～399 页。
139. 武进:《中国城市形态: 结构、特征及其演变》,江苏科学技术出版社,1990 年。
140. 董黎明、冯长春:“城市土地综合经济评价的理论方法初探”,《地理学报》,第 44 卷第 3 期,第 323～333 页。
141. 夏鼐:“谈谈探讨夏文化的几个问题”,《河南文博通讯》,1978 年第 1 期第 32～33 页。
142. 俞伟超:“中国古代都城规划的发展阶段性”,《文物》,1985 年,第 2 期,第 52～60 页。
143. 马世之:“略论城的起源”,《中州学刊》,1982 年第 3 期,第 121～124 页。
144. 张鸿雁:“论中国古代城市的形成”,《辽宁大学学报》,1985 年第 1 期,第 45～49 页。
145. 杜瑜:“中国古代城市的起源与发展”,《中国史研究》,1983 年第 1 期,第 148～157 页。
146. 陈伯中:《都市地理学》,三民书局(台北),1983 年。
147. 张一耿主编:《城市统计工作实用手册》,中国统计出版社,1990 年。
148. “中国城乡划分标准专家研讨会关于中国城乡划分标准及有关问题讨论意见书”,《人口与经济》,1988 年第 5 期,第 3～6 页。
149. 周一星:“关于明确我国城镇概念和城镇人口统计口径的建议”,《城市规划》,1986 年第 3 期,第 10～15 页。
150. 周一星、史育龙:“关于我国市镇人口的几个问题”,《人口与经济》,1990 年第 6 期,第 9～13 页。
151. 李成瑞:“国际人口学会佛罗伦萨会议对我国 1982 年人口普查结果的评价和提出的问题”,《人口研究》,1985 年第 6 期,第 1～5 页。
152. 田雪原:“中国城市人口划分标准问题研究”,《人口与经济》,1989 年第 1 期,第 3～8 页。
153. 周一星:“中国城镇的概念和城镇人口的统计口径”,《人口与经济》,1989 年第 1 期,第 9～13 页。
154. 王嗣均、韩波:“关于城乡划分标准问题的几点意见”,《人口与经济》,1989 年第 1 期,第 14～15 页。
155. 严重敏:“试论我国城乡人口划分标准和城市规模等级问题”,《人口与经济》,1989年第2期,第50～55页。
156. 张庆五:“中国城乡划分与城镇人口统计问题”,《人口与经济》,1989年第3期,第3～7页。
157. 公安部编:《1988年度全国分县市人口统计资料》,中国地图出版社,1989年。
158. 国家统计局编:《中国城市统计年鉴1989》,中国统计信息咨询服务中心、中国城市经济社会出版社联合出版,1989年。
159. 周一星、孙樱:“对我国第四次人口普查市镇人口比重的分析”,《人口与经济》,1992年第1期。
160. 谭其骧:“建议更改现行行政区划名称”,《地名丛刊》,1989年第6期,第9页。
161. 郭振淮:“世界城市化发展的趋势及我国城市发展中的若干问题”,《人口与经济》,1980年第2期,第1～7页。
162. 吴友仁:“关于我国社会主义城市化问题”,《城市规划》,1979年第5期,第13～25页。
163. 张承安:“城市化不是我国城乡发展的道路”,《建设经济》,1983年第2期,第18～21页。
164. 陈可文等:“论城市化不是唯一的道路——兼与宗寒同志商榷”,《求索》,1982年第5期,第27～32页。
165. 山鹿诚次著,朱德泽译:《城市地理学》,湖北教育出版社,1986年。
166. 李玲:“世界各国城市化水平对比问题”,《地理研究》,第5卷第2期,第37～46页。
167. 周一星:“城市化与国民生产总值关系的规律性探讨”,《人口与经济》,1982年第1期,第28～33页。
168. 都留重人著,马成三译:《现代日本经济》,北京出版社,1980年。
169. 周一星:“城市发展战略要有阶段论观点”,《地理学报》,第39卷第4期,第359～369页。
170. 周一星:“城市化与国民生产总值的规律性探讨”,《人口与经济》,1982年第1期,第28～33页。
171. 孙盘寿:“50年代以来国外大城市及其郊区空间结构的演变”,《工业布局与城市规划》,科学出版社,1981年,第203～217页。
172. 曹洪涛等主编:《当代中国的城市建设》,中国社会科学出版社,1990

年。
173. 胡开华:“我国特大城市人口规模变化的一些情况”,《城市规划参考资料》,1985年第19期。
174. 周一星:“中国城市发展方针的反思”,《城镇经济研究》,1990年第1期,第1～16页。
175. 宋启林:“探讨中国式的社会主义城市发展道路”,《建设经济》,1983年第5期,第13～16页。
176. 周一星:“论我国城镇化的地域差异”,《城市规划》,1983年第2期,第17～21页。
177. 朱宝树:“农业人口分离转移形态探讨”,《华东师范大学学报》(哲学社会科学版),1987年第6期,第33～38页。
178. 宋家泰:“城市-区域与城市区域调查研究”,《地理学报》,第35卷第4期,第277～287页。
179. 巴朗斯基著,邓静中等译:《经济地理学论文集》,科学出版社,1958年。
180. 刘伉:“世界百万人口城市的地理分布特点”,《地理知识》,1982年第12期,第15页。
181. 黄盛璋:“中国港市之发展”,《地理学报》,第18卷第1、2期。
182. 鲜肖威等:“自然环境、人文因素与城市聚落发展的关系”,《地理科学》,第3卷4期,第311～320页。
183. 杨齐、王法辉:“城镇发展条件的评价方法——以漳州市为例”,《地域研究与开发》,第9卷第3期,第20～22页。
184. 国家统计局:《中国统计年鉴1990》,中国统计出版社,1990年。
185. 曾怀正、许学强:“城市规划中的人口分类问题”,《经济地理》,第1卷第1期,第69～73页。
186. 阿历克山德森著,刘丕竞译:《美国城市的经济结构》,商务印书馆,1963年。
187. 清华大学等四校合编:《城乡规划》(上册),中国工业出版社,1961年。
188. 周一星:“我国地图上的新城市”,《地理知识》,1985年第3期,第2～4页。
189. 周一星、张勤:“关于我国城市规划确定城市性质问题”,《地理科学》,第4卷第1期,第29～37页。
190. 孙盘寿、杨廷秀:“西南三省城镇的职能分类”,《地理研究》,第3卷第3

期，第17～28页。
191．国家统计局综合司编：《中国城市统计年鉴1985》，中国统计信息咨询服务中心、新世界出版社联合出版，1985年。
192．周一星、R.布雷特肖："中国城市（包括辖县）的工业职能分类：理论、方法和结果"，《地理学报》，第43卷第4期，第287～298页。
193．田文祝、周一星："中国城市体系的工业职能结构"，《地理研究》，第10卷第1期，第12～23页。
194．孟晓晨："嘉兴市对外经济联系初步分析"，《城市规划》，1984年第3期，第58～60页。
195．周一星："确定城市性质需要解决的几个问题"，《经济地理》，第7卷第3期，第222～225页。
196．高阪宏行："都市规模分布的动态分析——以新泻县为例"，《地理学评论》（日本），第51卷第3期，第223～234页，1978年。
197．严重敏、宁越敏："我国城镇人口发展变化特点初探"，《人口研究论文集》，华东师范大学出版社，1980年，第20～37页。
198．许学强："我国城镇体系的演变和预测"，《中山大学学报》（哲社版），1982年第3期，第40～49页。
199．王法辉："我国城市规模分布的统计模式研究"，《城市问题》，1989年第1期，第14～20页。
200．孙盘寿："我国城市人口规模的变化"，《地理学报》，第39卷第4期，第345～358页。
201．周一星、杨齐："我国城镇等级体系变动的回顾及其省区地域类型"，《地理学报》，第41卷第2期，第97～111页。
202．费孝通："小城镇、大问题"，《江海学刊》，1984年第1期，第6～26页。
203．郭凡生、王伟："城市规模和城市效益"，《经济理论与经济管理》，1988年第3期，第10～17页。
204．K.J.巴顿， 上海社会科学院部门经济研究所城市经济研究室译：《城市经济学》，商务印书馆，1984年。
205．周彬："美国城市系统的地区结构和规模结构——兼谈我国城市的建设和布局"，《经济研究参考资料》，总第1477期，第1～15页。
206．周一星："中国城市工业产出水平与城市规模的关系"，《经济 研 究》，1988年第5期，第74～79页。

207. 周一星、杨齐:“中国城市经济效益的多因素分析”,《经济地理》,第10卷第1期,第43～50页。
208. 丁金宏、刘虹:“我国城镇体系规模结构模型分析”,《经济地理》,第8卷第4期,第253～260页。
209. 克里斯塔勒著,严重敏译:“城市的系统”,《地理译丛》,1964年第4期,第52～55页。
210. 隆国强:“确定城市吸引范围方法的进一步探讨”,《城市问题》,1988年第1期,第12～16页。
211. 陈田:“我国城市经济影响区域系统的初步分析”,《地理学报》,第42卷第4期,第308～318页。
212. 顾朝林:《城市经济区理论与应用》,吉林科学技术出版社,1991年。
213. 高小真:“空间相互作用模型的发展与应用”,《经济地理》,第9卷第4期,第251～255页。
214. 高松凡:“历史上北京城市场变迁及其区位研究”,《地理学报》,第44卷第2期,第129～139页。
215. 蔡渝平、杨齐:“我国中心地的初步研究,”《地理学与国土研究》,第1卷第3期,第55～60页。
216. 牛亚菲:“中心地模式的实验研究——江苏省赣榆县和灌云县城市网的优化设计”,《地理学报》,第44卷第2期,第167～173页。
217. 虞蔚:“我国重要城市间信息作用的系统分析”,《地理学报》,第43卷第2期,第141～149页。
218. 建设部城市规划司:《中华人民共和国城市规划法解说》,群众出版社,1990年。
219. 宋家泰、顾朝林:“城镇体系规划的理论与方法初探”,《地理学报》,第43卷第2期,第97～107页。
220. 林德金:《实用省市地现代规划》,光明日报出版社,1990年。
221. 周一星:“市域城镇体系规划的内容、方法及问题”,《城市问题》,1986年第1期,第3～8页。
222. 吴友仁:“市县域规划的任务、内容和方法”,《经济地理》,第5卷第4期,第260～266页。
223. 胡俊:“城镇体系规划研究中的几个问题”,《经济地理》,第11卷第3期,第35～38页。

224. 叶舜赞:“我国区域城镇体系建设浅议”,《城市问题》,1988 年第 4 期,第 18～22 页。
225. 顾朝林:“地域城镇体系组织结构模式研究”,《城市规划汇刊》,1987 年第 2 期,第 37～46 页。
226. 沈道齐、崔功豪:“中国城市地理学近期进展”,《地理学报》,第45卷第 2 期,第 163～171 页。
227. 周一星:“中国的城市地理学:评价和展望”,《人文地理》,第 6 卷第 2 期,第 54～58 页。
228. 严重敏:“区域开发中城镇体系的理论与实践”,《地理学与国土研究》,第 1 卷第 2 期,第 7～11 页。
229. 杨吾扬、梁进社:“地域分工与区位优势”,《地理学报》,第 42 卷第 3 期,第201～209 页。

索　引

（按拼音字母排列）

D

E

F

G

H

J

K

L

M

N

P

Q

R

S

T

W

X

Y

Z